[目 錄]

關於俄英音譯與譯名的說明

　　本書使用的西里爾俄文字母對音，是美國國會山莊圖書館版本的簡化版，省略了硬音符號、軟音符號、音調符號。引用書目與參考書目使用了硬音與軟音符號。英文中經常使用的一些俄文單字與名稱，拼寫並沒有遵循上述規則（比如圓薄餅〔blini〕、甜菜湯〔borscht〕、盧布〔rouble〕、蘇維埃〔soviet〕、米高揚〔Mikoyan〕、葉爾欽〔Yeltsin〕），有些則採用對應的英文單字（比如彼得大帝是 Peter the Great 而非 Petr the Great）；這兩種情況下，我使用的都是大家熟悉的英文版本。附有註明之外的所有俄文與法文翻譯都是我自己做的。英文引文沿用其拼字與標點。

符號標示說明，例：
〔1〕引用書目
1 阿拉伯數字為譯注

兩名男子喝茶，桌上有一具茶炊（samovar）。十九世紀中葉至世紀末，威廉·凱瑞克（William Carrick）、約翰·麥克葛雷格（John MacGregor）攝影。

前言
從湯開始說起

　　一八三七年，也就是俄羅斯的偉大詩人亞歷山大・普希金（Alexander Pushkin）死於決鬥的那一年，弗拉基米爾・布爾納舍夫（Vladimir Burnashev）出版了兩本書，屬於另一種頗為不同的文學領域，即兒童讀物。布爾納舍夫的職業生涯始於一八三〇年代初，他從事新聞業，在報紙《北方工蜂》（*The Northern Bee*）發表關於俄國實業家的文章，這是當時俄羅斯帝國讀者最眾多的期刊。接下來，他擔任過俄羅斯自由經濟協會（Russian Free Economic Society）報導的編輯，出過幾本烹飪書，撰寫回憶錄，晚年又以農民群眾為對象撰寫故事。不過在一八三〇年代中葉，他轉向了兒童文學。他（以筆名）撰寫了一系列書籍，向小讀者介紹俄羅斯帝國、世界地理，尤其是經濟學。他的經濟學介紹內容廣博，不只有交易與製造，不只有農業，也包括家庭經濟。而且他明確指出，廚房以及廚房產出的所有好東西，也是家政的一部分。

　　他寫道：「且讓我們從湯開始。」因為湯是最重要的俄羅斯菜餚：

　　湯的種類繁多。以肉清湯做成的湯，最重要的基礎是一塊上好牛肉、在水中煮熟，煮出來的湯汁就是肉清湯；可按照喜好，在肉清湯裡加上雜糧、青菜、碎肉丸、可內樂魚丸[1]（quenelle），或者小餃子（pelmeni）。你們知道小餃子是什麼嗎？這是一道西伯利亞菜餚，是小小的包餡食品，以牛肉製成，但不是煎炸的，而是在湯裡煮熟的。奶湯的材料是煮沸的奶、一點穀物和麵條；麵條的作法是混合麵粉與雞蛋，做成扎實的麵團，然後用擀麵棍擀平，切成細條。豌豆湯用的是煮熟的大豌豆，以豬肉增添風味，撒上油炸麵包丁（grenki）[2]，麵包丁是以白麵包煎炸乾燥做成的。[1]

　　一餐之始就有這麼多種選擇！簡單的肉清湯、比較複雜的豌豆湯，甚

1　主原料為魚或肉、蛋白、鮮奶油，打成泥，過篩，打成蓬鬆狀，以特製調羹舀起放入沸水中煮熟。
2　Гренки，現代多指點心油炸麵包片，如法國吐司。

過去從農民到貴族，俄國每個人都吃麵包。這張印刷圖片屬於十九世紀街頭小販系列，圖中一名男子扛著托盤，上面放滿了圓麵包，而且幾乎可以確定是酸味的黑麥麵包，這種麵包是俄羅斯食物的代表。

至還有餃子。

　　布爾納舍夫在書中不單描述食品，還寫下食品的製造說明。一開始是湯，麵包緊跟在後，以他的話說，麵包是「我們最主要的飲食基礎」。布爾納舍夫雖然寫下了麵包的製作步驟，但是看來沒法給小讀者們帶來什麼幫助；因為這些步驟雖然明確，包括諸如烤製時長（最大的麵包需三小時），他卻忘了在材料表裡加上酵母。[2]他忘了解釋如何讓俄羅斯酸麵包發酵：以上次在攪拌盆裡剩下的少許麵團，當作下一次和麵時的麵種。（不過並非只有他沒寫清楚這件事，翌年有一本新書開頭即說：烤製麵包時，「每個做麵包的人都知道黑麥麵包的麵團發酵法」，對新手而言，這實在不是什麼有用的建議。[3]）

　　布爾納舍夫在描述各種食品的時候，筆鋒一轉，謂「俄羅斯烹調」在歐洲烹調當中是獨特的：

在俄羅斯，家家戶戶的飲食融合了最精緻的法國菜，以及其他地區最高雅的菜餚，包括日耳曼、英格蘭、俄羅斯，因為你在一頓晚餐就能吃到魚冷湯（botvinia）[3]，接著是一道暖胃的法國濃湯，然後是英國牛排、義大利通心粉、搭配烤肉的日耳曼甜味沙拉，等等等等。大致而言，每個民族都有自己偏好的食物。幾乎每一國人民都有最喜愛的民族菜餚：土耳其人、希臘人、波斯人、喬治亞人、亞美尼亞人、阿拉伯人，他們坐在當作餐桌的地毯旁用餐，不能沒有抓飯（pilaf）……英國人總是吃烤牛肉和牛排……義大利人愛極了通心粉、細麵條，還有一種叫做玉米糕（polenta）的獨特主食。日耳曼人特別喜愛血腸、啤酒湯、塞了包心菜絲與蘋果的填餡鵝。[4]

在這段俄國飲食的描述中，布爾納舍夫提到一道獨特的俄羅斯菜餚——魚冷湯是冷湯，原料是一種稍微發酵過的飲料克瓦斯[4]（kvas），加上甜菜、綠葉蔬菜、魚——但是他也暗示，至少在某個沒有加以界定的社會階層內，人們的飲食很難說得上是單純的「俄羅斯式」。可是與此同時，他又在同一個段落裡明確表示，不同的民族有不同的特有食品。

俄國的中等菁英階級也許喜歡來自許多國家的食品，但是「俄羅斯的國菜」也存在。布爾納舍夫在書中其他部分加以記載：

俄國的菜餚有包心菜湯（shchi）[5]，而非一般的湯，還有加了脂油或者奶油的蕎麥粥（kasha）、魚肉大餡餅（kulebiaka）、蔬菜冷湯（okroshka）、魚冷湯、辣根（horseradish）調味的乳豬、酸包心菜（sour cabbage）、各種克瓦斯、蜂蜜熱飲（sbiten）；用來做謝肉節圓薄餅（Maslenitsa blini）[6]的是克拉斯涅（krasnye，字面意義是「美麗的」，不過此處意為小麥麵粉）或者蕎麥粉。天生堅韌的俄羅斯人喜歡這些食品，而非精緻細巧的法國餐飲，那些法國菜不但經常危及腸胃，對於開支也很不留情。[5]

上述這些俄國菜是什麼呢？shchi 是包心菜湯，kasha 是粥飯[7]、通常以蕎麥粒煮成。kulebiaka 是一種特別的烤製鹹味派餅，內餡是魚肉（聞名國

3　ботвинья，來自「發胖」及「根莖類的葉片」。
4　中譯名又稱酸汽水。
5　щи，來自古斯拉夫語，意指食物。
6　блины，來自古斯拉夫語「煎餅」。
7　каша，粥糊、粥糜、穀飯。含水量可以如稀飯，也可以如米飯。

外，稱為 coulibiac）。okroshka[8]與 botvinia 都是以克瓦斯為湯底的冷湯，克瓦斯則是以麵包稍微發酵做成的飲料，通常描述為酸味。sbiten[9]是加香料的熱飲，blini 是以酵母發酵的小麥粉或蕎麥粉圓薄餅，人們在大齋期開始前的謝肉節期[10]大量食用這種餅。在布爾納舍夫筆下，與代表精緻的法國烹調相比，這些食物的作法較簡單、更濃郁飽足，也比較便宜。

　　強健的俄國腸胃與法國的細緻形成對比，這在布爾納舍夫對於烹調技術的描述中也有所鋪陳。他寫到現代化的「英式」爐灶，能夠烹煮「著名精巧的醬汁與慢燉肉塊（fricassee）……這些食品是外國人傳入的，能夠滿足我們有教養的品味」，而傳統的俄國爐灶，「從節儉的家庭主婦、甚至古老的波亞爾貴族夫人[11]（boyarina）在廚房裡親自勞作的時代開始，至今不曾改變。」這種爐灶烹煮出來的是真正的俄羅斯食物：

　　他們做出美味的蔬菜湯（pokhlebki），肥美的烤鵝、雉雞與火雞，烘烤的餡餅（pirogi）、蜜酒（mead）、果汁甜酒（cordial）……我們的祖先不是細緻的美食家，他們只喜歡吃飽，滿足於加了鹹肉或牛肉的包心菜湯、烤網油肉捲[12]（salnik）、各種烤肉、餡餅、圓薄餅、花式大麵包科羅法耶（karavai）。[6]

　　布爾納舍夫在這一段裡又提到幾種食品：pokhlebka（單數形）是一道湯，比法國烹調以肉清湯為湯底的湯更為豐盛；salnik 是以網油包裹的內臟與肉；pirogi[13]是有內餡的派餅或者半月形派餅一類；karavai 是有花飾的麵包，有些包餡，通常麵團用料濃郁，往往用於慶典與節日。在此，布爾納舍夫再次將俄羅斯烹調描繪得豐盛飽足，而且比較簡單（雖然這些菜餚實際上做起來並沒那麼容易）。

　　以上這些文字裡的世界，屬於當時俄羅斯一小群人，但這群人數在增長中──也許並非俄羅斯貴族當中最富有的那些人，而是住在自己的莊園裡、擁有農奴的小地主，以及俄國城鎮的商人與官員。甚至對於「俄羅斯

8　可能來自 крошить，意為使其碎裂成小片。原料為細切的根莖類與香草類、白煮蛋、以麵粉發酵做成的克瓦斯、以麵包發酵做成的克瓦斯，最後加上酸奶油。
9　сбитень，來自動詞 сбить，「攪稠、混合」，原料為蜂蜜、水、香料、果醬，也可以紅酒或烈酒代替水。
10　大齋期又稱四旬齋，從聖灰星期三到復活節，共四十天，從儒略曆二／三月至三／四月。俄國正教會的謝肉節期是大齋期前的一週，俄文名 масленица 意為「奶油週」，原是古代的送冬迎春節慶。
11　陽性形為 boyar。古代斯拉夫地區的貴族頭銜，地位僅次於統治者大公，在基輔羅斯時期及莫斯科公國前期擁有極大政治權力。後來指地位僅次於沙皇的親王級貴族。
12　сальник 原意是動物的網油，用以包裹切碎的肉與肝等內臟，烤熟。
13　通常是圓形或半月形。kulebiaka 是長方形。

爐灶」的描繪也強調這可能是古代「波亞爾貴族夫人」使用的。在同一年出版的一本童書中，布爾納舍夫又描寫了另一種事物，即「俄羅斯老百姓的飲食」，他指的是俄國農民，尤其是俄國農奴（serf）。以下這段描述與前述內容相關，但是明顯不同：

他吃得很多，喜歡健康、營養、簡單的食物：麵包、肉、包心菜湯或者別的熱湯、蕎麥粥；在節日，他喜歡餡餅；在齋日是魚與蘑菇。這是冬天的日常食物；在其他季節，他吃很多蕪菁、櫻桃蘿蔔、胡蘿蔔、洋蔥、小黃瓜，菜園裡的各種蔬菜。洋蔥、克瓦斯、麵包與鹽，最窮的農民利用這三樣基本食物做出許多不同菜餚。[7]

湯、麵包、蕎麥粥、餡餅，這些食品同時出現在對於俄羅斯食物的兩種描述裡。中上層階級的飲食受到國外影響，而在上面這段文字中，布爾納舍夫記述了影響俄國老百姓飲食的其他因素：季節時序，以及宗教行事曆與齋期。這兩者左右了俄羅斯人飲食方式與內容，在夏季帶來一定程度的充裕豐富，在齋期帶來一定程度的限制。並且布爾納舍夫進一步寫道，俄國農民與工人的飲食方式不同於中上層民眾。俄國農民並非於固定時間坐在餐桌前用餐，而是「無論早餐還是晚餐，無所謂何時何地。他

在過去與現在，蘑菇都是俄羅斯餐桌上的特色食品。十七世紀旅人遊記的這幅圖中有幾個種類，包括 smorchki（2，羊肚菌 morel）、rizhiki（3，乳菇 milk cap）、masleniki（6，黃牛肝菌；奶油菇 butter mushroom）。

感覺自己必須吃飯的時候，就可以隨地進食」。因此，俄國城鎮沒有「老百姓光顧的酒館或者小飯館」，但是有：

按著季節、走街串巷或者站在橋頭附近，兜售食品飲料的眾多小販……賣的是鬆軟的白麵包、圓麵包、麵包圈、各種餡料的熱餡餅、圓薄餅、肉凍（studen）、果子凍基塞爾（kisel）、煮熟的魚、魚子醬、鹽醃蘑菇、小黃瓜、烤蛋、蔬菜等等。冬天的飲料是加了香料的蜂蜜熱飲，裝在白細麻布裏住的紫銅大缸裡；夏天有克瓦斯，或者莓果蜜酒，後者是很可口的飲料，在玻璃長頸大瓶中起泡。俄羅斯人喜歡吃點好吃的，在每條街上都能找到甜點出售。路過的小販以托盤盛放各種香料糕（prianiki）[14]、堅果、長角豆莢（carb pod）、葡萄乾、鮮莓果與蘋果、煮過的梨、櫻桃等等。[8]

這段描寫裡有小麥麵包及魚子醬，因此已經不限於「最窮的農民」可能吃的「簡單」食物。之前提到的許多食品再次出現，比如圓薄餅、蜂蜜熱飲、克瓦斯；但也有一些新的：studen 是肉凍，kisel 是以澱粉增稠的果汁，prianiki 是香料糕。

布爾納舍夫對俄羅斯食物的描述，是對於標準食品或常見食品非常個人的看法，最醒目的例子可能就是一段關於酥皮千層糕點的研究，篇幅之長令人驚訝，人們也很難不懷疑，也許他列出的不是最常見的菜餚，而是他自己最愛吃的。不過，即使他的敘述帶有個人意見，但依然有很多地方與其他記載相呼應，包括與他同時代的，以及更接近我們當代的記載。湯類是始，尤其是包心菜湯，而麵包是終，尤其是黑麥酸麵包，這兩者貫穿起一切。穀粒粥通常使用蕎麥，差不多與這兩種食物一樣普遍。雖然他寫到的酥皮千層糕點、各式鮮奶油、果醬在當時並不常見，但是其他美點諸如香料糕、莓果、果乾與堅果，據他所說都是大多數人能吃到的。

也許這就是布爾納舍夫的俄羅斯食物紀錄中最重要的元素。每當人們想到俄羅斯食物，浮現的往往是兩種彼此矛盾的景象；一是貧窮與匱乏，年景最好的時候也不過是少量馬鈴薯或者粥，最糟的則是大規模饑荒，另一種景象則是豐足，甚至是過剩，以壓榨自由為代價：在過去，沙皇與貴族吃著魚子醬、喝著香檳，這種奢侈來自幾百名甚至幾千名農奴的勞動；

---

14 單數形 prianik。材料是麵粉與蜂蜜，香料包括肉桂、小豆蔻、肉豆蔻、小茴香、大茴香等。

後來則是共黨上層階級享用特供商店裡種種充裕豐盛的物資，而群眾在門外排著長隊購買麵包與馬鈴薯。

這兩種景象都是由來已久。奧古斯特・馮・哈克斯陶森（August von Haxthausen）在一八四三年遊歷俄羅斯帝國，他的遊記在俄羅斯國內外都擁有極大影響力。最著名的是他對俄國農民村社（commune）的評論，他認為，這種集體農場式的架構，就是俄羅斯農民生活與西方明顯不同之處，有些俄國人將這些評論進一步發展，成為俄羅斯特色社會主義的理論基礎。他也對俄國食物發表了看法，包括他在上層階級家宅宴請時吃到的，以及俄羅農民的食物。在他筆下，這兩者之間對比鮮明。他記述一位典型的地主宅中晚宴如下：

晚餐即將開始之前，先提供咖啡與利口酒，這是俄國習慣，可能自瑞典傳入，在瑞典也是晚餐前先端上幾種利口酒。這些飲料搭配滋味刺激的開胃點心，比如乳酪、魚子醬、緋魚等等，人們站著食用，然後就座。除此之外，我們這頓晚餐都是西式的，在所有富裕的俄國家宅中都是如此，不過也少不了代表性俄國菜餚與飲品，比如餡餅、克瓦斯，還有結束時的

這張照片出自蘇聯時期食譜《美味健康的食品》（*The Book of Tasty and Healthy Food*），展示的是絕大部分蘇維埃人民享受不到的豐盛美食：流淌的葡萄酒、一盆盆水果、許多小碟裡的魚子醬，甚至還有一隻烤乳豬。

與俄國及蘇聯上層的食前方丈形成對比的是農民的簡單三餐。圖中數名農民圍坐在小桌旁，吃的可能是一碗包心菜湯，一塊麵包，一杯水、啤酒或者克瓦斯。

nalivki（加味的烈酒或果汁甜酒）。[9]

　　這是一頓品味高級的豐盛晚餐，俄羅斯與外國的食品及習慣可說是和諧並存，給他留下了愉快回憶。另一方面，他對俄國農民飲食的描述則大不相同。據他記載，俄國農民主要吃的是

　　麵包，大部分地區根本沒聽說過馬鈴薯，唯一經常食用的蔬菜是包心菜。極少食用肉食、奶類、奶油。軍隊裡的士兵每天配給兩磅半麵包，此外還有雜糧等。一名健康的俄國農民每天需要三磅麵包才活得下去，收割季節得吃五磅、在白俄羅斯甚至得吃七磅。如果把婦女、老人、兒童都計算在內，則平均每個人必須有一磅半。[10]

　　以上這段文字記述的並不是挨餓，而是克制（甚至限制）。在他筆下是兩個截然不同的飲食世界：上層階級的豐裕奢華，以及農民的單一乏味。
　　雖然有部分例外，但是情況類似的兩個飲食世界──一邊豐盛奢侈，另一邊貧窮匱乏──在帝俄時代的遊記中很常見。上層階級家宅擁有「周

到的筵席，滿是精選的可口佳餚，稀有的香醇美酒，來自法國、西班牙、日耳曼最好最貴的物產」，甚至在外省城鎮也是如此。[11]至於「老百姓」，則苦於「生活必需品普遍匱乏」，只能吃「鯨油燉煮不明雜菇、比德國酸菜糟得多的包心菜湯」。[12]甚至在眾人奉行的飲食限制期，也就是大齋期間，這兩個世界的情況也不一樣。一名來自法國的旅人記載，老百姓在齋期的食物只有「麵包、洋蔥、油、蘑菇」，而上層階級可以吃到「花椰菜、蘆筍、新鮮小黃瓜、豌豆、豆角」。[13]

　　一邊是富足，另一邊是受限，俄羅斯飲食的兩個不同世界始終存在，並且貫穿了整個蘇聯時期。出生在牙買加的美國人羅伯特・羅賓森（Robert Robinson）是一名機械師，於一九三〇年代移居蘇聯。他描述莫斯科商店的食品「劣等而單調」，店裡「食品區貨架一片空蕩，只有罐裝芥末醬和黑麵包，當時我已經明白了，蘇聯各地唯一供應正常的就是這種芥末醬」。不過至少在一開始，他身為「外國專家」，能夠進入提供更多商品的上層階級商店。他的文章稍後描述了有資格進入特供商店的人所能享用的各種美食：「我們大嚼熟火腿、香腸、鮭魚、小牛肉、沙丁魚、乳酪、酸黃瓜、番茄、紅色與黑色魚子醬。我們喝的是香檳、紅酒與白酒、伏特加、各種無酒精飲料。還有蛋糕、糖果、茶炊裡倒出來的茶。」[14]

　　在許多方面，這些差異反映了俄羅斯社會普遍存在的問題：俄羅斯缺少中產階級。一位十九世紀初的英國旅行者描述道：「俄羅斯只有兩類人，貴族和奴隸。」[15]還有一名旅行者特別指出，缺乏中產階級在烹飪等領域尤其造成問題：「不幸的是，沒有中產階級，」他指出，「在其他國家，中產階級對整個文明的進步，尤其是對家庭責任和美德的培養，貢獻極為重要。」[16]也不只有外國旅人從這個方向分析俄羅斯的情況，十九世紀初的俄羅斯統計學家康斯坦丁・阿森耶夫（Konstantin Arsenev）說，「俄羅斯沒有多少中產階級（tiers-etat）」，他估計可以算作中產階級的人口，僅為總人口的二十五分之一。[17]蘇聯解體後，對於缺乏中產階級的擔憂再次浮現，尤其是在外國專家眼中，他們認為中產階級對於政治與經濟穩定、民主增長，都至關重要。

　　當然，以上這些描繪並不完整。無論在伊凡雷帝時代、凱薩琳大帝時代還是布里茲涅夫（Leonid Brezhnev）[15]時代，都有（而且現在仍然有）許

---

15 一九〇六－一九八二。一九六四－一九八二任蘇聯共產黨中央委員會第一書記，一九七七－一九八二任蘇聯最高蘇維埃主席團主席（蘇聯國家元首）。

這是十九世紀畫報的插圖，描繪出富裕與貧窮的對比，這一點至今依然是俄國境內飲食實況的一部分。此圖名為《在糖果店前面》，畫的是衣著樸素的女子，挽著簡陋的藤籃，站在富麗的一盒盒糖果前面，嚮往著自己吃不起的美點。

多人只能滿足於麵包配包心菜湯或者一碗蕎麥粥，但也有一些人的生活（與膳食）介於兩者之間。布爾納舍夫也許過分強調了街頭小販的奇景。即使如此，他筆下的俄羅斯飲食是包羅萬象的世界，因此其記述頗有價值，從鋪著細麻桌布的餐桌、家中農奴呈上最好的野味與香檳，到街頭小販兜售香料糕與蜂蜜熱飲，再到鄉下農舍，農民在此以包心菜湯與蕎麥粥勉強填飽肚子。這一切一齊構成了俄羅斯飲食與俄羅斯烹飪的世界。

　　不過，這種對俄羅斯烹飪的概觀也隱藏著一個複雜的因素。對於研究俄羅斯歷史的學者、尤其是試圖涵蓋其一千多年歷史的學者們來說，最大的挑戰就是在每一個時期定義何為「俄羅斯」乃至「屬於俄羅斯」。「俄羅斯」是一連串名稱不同、疆界不同的政權的簡稱。當代俄羅斯聯邦的疆界西起波羅的海與黑海，東至太平洋；北起北極海，南至裏海與日本海。俄羅斯帝國在幾個不同時期往西延伸，囊括芬蘭、愛沙尼亞、拉脫維亞、立陶宛、波蘭、白俄羅斯、烏克蘭、摩爾多瓦；往南則包括喬治亞、亞塞拜

然、亞美尼亞、哈薩克斯坦、土庫曼斯坦、烏茲別克斯坦、吉爾吉斯斯坦、塔吉克斯坦，往東則抵達阿拉斯加；這些地區構成了俄羅斯曾經擁有的最大疆域。在早期，它受到較多地理上的限制。與俄羅斯誕生有關的最早期政權，集中出現在波羅的海到黑海的狹長地區；俄羅斯本土的發源地則位於稍遠的東部與北部，在道加瓦河（Dvina）以及伏爾加河（Volga）流域，及其匯入支流的北方河域。

俄羅斯歷史主要始於一個現在不再完全屬於俄羅斯的地方，也就是基輔羅斯（Kyivan Rus）。沿著第聶伯河（Dnieper）與沃爾霍夫河（Volkhov），從諾夫哥羅德城（Novgorod）到基輔城（Kyiv），許多不同「部落」定居並爭鬥。他們主要是東斯拉夫人，也受到伊朗部族與芬蘭部族的一些影響。早期的定居點遭到一波接一波襲擊，於是被驅離了肥沃的草原土地；在北邊從事農業，生活比較艱苦，也更受限，但是森林提供的食物比較豐富。據最早的編年史記載，西元八六二年，在一位名叫留里克[16]（Riurik）的瓦良格人（Varangian，即維京人）王子的統治下，這些獨立的部落差不多都聯合了起來。留里克後代統治的國家，也就是基輔羅斯[17]，在十一世紀達到了巔峰。九八八年，基輔的統治者弗拉基米爾大公[18]（Grand Prince Vladimir）宣布，他的疆土是更大的東正教[19]世界的一部分。東正教帶來某種程度的團結，也帶來各種節慶以及頻繁齋戒的日常生活，倒是非常符合俄羅斯森林農業的種種限制。一二四〇年，基輔遭蒙古人洗劫，維持統一的希望與城市本身同時被摧毀。接下來兩個多世紀裡，羅斯各公國從屬於欽察汗國[20]（Qipchaq Khanate），即蒙古帝國的一部分。

其中的莫斯科公國開始擴大影響力的時候，情況發生了變化。當初基輔陷落時，莫斯科公國與之相比較為年輕（建於一一四七年），也比較偏僻（位於莫斯科河〔Moskva〕上，是奧卡河〔Oka〕的匯入支流，奧卡河則注入伏爾加河）。不過它有一些聰明的大公統治，他們利用自身與教會及汗國的關係為自己牟利。莫斯科享有為汗國收稅的特權，並成為東正教會俄羅斯大主教的主座所在地。莫斯科的威望與財富日漸增長，當汗國開始衰落，莫斯科就開始擴張。到了十六世紀初，莫斯科不再是一個小公國，而

---

16 八三〇-八七九，在八八二年創建基輔羅斯，是留里克王朝的先祖。
17 八八二-一二四〇，由許多城邦組成，基輔大公奧列格創立，亡於拔都西征。
18 弗拉基米爾一世・斯維亞托斯拉維奇，九五八-一〇一五。
19 正式譯名為正教。
20 又稱金帳汗國，一二四二-一五〇二。成吉思汗將欽察草原分封給長子朮赤，即鹹海、頓河、伏爾加下游一帶。朮赤次子拔都征服黑海北岸、統一基輔羅斯諸繼國、伏爾加的保加爾人、東歐及中歐，一二四二年定都薩萊，即阿斯特拉罕附近，建欽察汗國。

是龐大國家的中心，這個國家向北延伸至北極圈，向西抵達波羅的海，向東至烏拉山（Urals）北部。這個新的莫斯科國在許多方面都是當代俄羅斯的起源。到了這個時候，莫斯科雖然在許多方面取得成功並擴張，但它的糧食系統也經常面臨一個巨大挑戰，也就是饑荒，這一點在十七世紀初的「混亂時期」[21]（Time of Troubles）尤為明顯。

　　儘管有這樣的動亂時期，在十六與十七世紀，莫斯科沙皇國依然繼續擴張。據後來的某些意識形態擁護者的說法，直到當時為止，它的擴張至少「將俄羅斯的土地聯合起來」。也就是說，莫斯科以外交或者戰爭吞併的獨立國家，從根本來說都屬於俄羅斯，也就是都信奉東正教，而且主要由俄羅斯人定居並統治。但是在實際上，情況一向複雜得多，因為這些不同的「俄羅斯的」土地一直以不同方式發展，而且居住著許多其他民族，尤其是在波羅的海、北極圈與亞北極圈。十六世紀後期，莫斯科沙皇國的疆界幾乎向四面八方擴大，其治下的其他民族人口也隨之大量增加。伊凡四世[22]（「令人敬畏的伊凡」，Ivan IV the Terrible，一五三三－一五八四在位）在一五五〇年代併吞了欽察汗國分裂而成的幾個國家，其中先是喀山[23]（Kazan），然後是阿斯特拉罕（Astrakhan），於是將他的疆域擴展至整個伏爾加流域。接著從一五八〇年代開始，莫斯科的影響力開始向東方進一步擴張，不過並非根據什麼宏大的國家計畫，而是由經濟活動的冒險家與毛皮貿易推動的。莫斯科政府緊跟著貿易商，藉由西伯利亞交錯縱橫的河流，往東迅速推進，在一六三〇年代末抵達太平洋岸，在一六四七年建立了俄國第一個太平洋港口鄂霍次克（Okhotsk）。莫斯科在西伯利亞的擴張破壞了當地原住民之間的關係。其中有些人與莫斯科人結盟，有些則與他們對抗。最後是俄羅斯的武器取得了勝利。

　　雖然莫斯科往東擴張似乎只受到海洋侷限（至少在十八世紀末拓展至阿拉斯加之前），但是其他方向存在著不同的地緣政治限制。它的國界沿著伏爾加河往南延展，但是在東面與西面，仍然保持在偏北的位置；克里米亞汗國（Crimean Khanate）有鄂圖曼帝國支持，對於前來開墾的定居者而言，這片歐洲草原充滿危險。中亞擁有絲綢之路，依然是連接東西方的活力空間，相對而言並不容易擴張勢力，而這樣的快速擴張曾經使得莫斯

科占據整個西伯利亞，直到北方。哥薩克人在這些區域之間找到了一個位置，在北邊是發展中的莫斯科，南邊是幾個不同的強大勢力[24]。哥薩克人沿著河谷定居，包括第聶伯河、頓河（Don）、雅伊克河[25]（Yaik）。

彼得一世[26]（Peter I the Great，彼得大帝，一六八二－一七二五在位）在十七世紀末即位，他開始了更自覺、更主動與「西方」接觸的進程。在過去，基輔羅斯一直屬於基督教世界，其王室與瑞典、法國甚至（可能與）英格蘭都曾締姻。然而，東西方教會之間日益分裂，加上蒙古入侵的破壞，削弱了這種關係。但這種紐帶並未完全消失，諾夫哥羅德依然在波羅的海從事貿易，最後成為漢薩同盟[27]（Hanseatic League）的前哨，而義大利建築師在十五世紀末為莫斯科克里姆林宮設計了一些教堂。不過與從前相比，這些關係更加脆弱，也更加受限。結果，當英國商人探險家在伊凡雷帝統治時期尋找北方海路[28]（Northeast Passage），卻意外發現了通往莫斯科的北海航道（Northern Sea Route）。這些商人幫助俄羅斯與外界的關係進入一個新時代。愈來愈多外國商人與軍事專家來到莫斯科，不過他們只能居住在指定的郊區，不允許與其他人群混在一起，這是由於恐懼宗教上的汙染，也是為了保護俄羅斯自己的商人、免於外國競爭。

在彼得一世治下，情況有了改變，幾乎所有人都認為俄羅斯歷史進入了新的時代。為了奪回波羅的海，他與瑞典打了一場曠日費時的戰爭，並將首都遷往聖彼得堡，這是他的新港口城市，位於他的新領土上。他不再僅僅是莫斯科的沙皇，而是俄羅斯帝國的皇帝。彼得為了避免外交儀節的限制，「隱瞞真實身分」前往西歐，並且以各種方式說服、鼓勵甚至強迫臣民中的菁英，而且特別針對這些人，要求他們接受西歐時尚與習慣。俄羅斯十八與十九世紀的偉大敘事之一，是西化派（Westernizers）與斯拉夫派（Slavophiles）之間的論戰，而該論戰主要肇因於彼得一世的改革。西化派相信俄羅斯的未來應該展望與歐洲更強大的聯繫，斯拉夫派則浩嘆彼得一世的新方向，主張回到彼得之前的模式。數世紀以來，這兩派的名稱各有更迭，但這種類似於外向型改革與內向型傳統之間的緊張關係始終存在。飲食方式也是這種競賽的一部分。新的農業實務、新的作物、新的進口產

---

24 包括哈薩克汗國、準噶爾汗國、中國（清康熙朝）。
25 雅伊克河在一七七五年後至今稱為烏拉河，歐亞界河。
26 一六七二－一七二五。
27 十二至十三世紀，中歐的神聖羅馬帝國與條頓騎士團諸城市之間形成的商業、政治聯盟，以德意志北部城市為主，諾夫哥羅德是最東端的成員。一六六九年解體。
28 中譯名又稱東北航道，連接北太平洋與大西洋的航道，在北極海域沿著俄羅斯與挪威海岸線航行。北海航道是其一部分，沿著北極海域的俄羅斯海岸線，連接白令海峽與卡拉海。

ПЕТРЬ I IМПЕРАТОРЬ ИСАМОДЕРЖЕЦЬ ВСЕРОССНIСКИЙ.

雖然現在的史學家強調，彼得大帝建立的制度，是以當時俄羅斯正在發生的變化為基礎，而非重新創造一切，但他的統治依然代表著舊「傳統」世界與新世界之間的分水嶺。簡言之，俄羅斯貴族以及更大範圍內的某些城鎮居民，開始改變衣著，在經濟、軍事與國家事務上扮演不同的角色，而且當然也改變了飲食。這幅十八世紀後期的木刻畫，暗示彼得連接了（此類版畫中的）過去世界、以及（西方服飾與西方飲食的──雖然圖中沒有刻劃飲食）新世界。

品，都開始改變人們的飲食方式。正如語言或衣著的變化，上層階級受到的影響最大，但有些變化對整體人民的影響更為廣泛。

彼得一世開創的帝國時代是一個富庶與農奴制的時代，帝國不斷擴張，官僚專制不斷演變。十七世紀中，草原上的國界基本穩定，彼得與繼任者試圖將國界進一步南移，但真正做到的是凱薩琳二世[29]（Catherine II the Great，凱薩琳大帝，一七六二－一七九六在位）。她取得的「新俄羅斯」將帝國往南延伸到了黑海北岸與克里米亞，她參與瓜分波蘭[30]，因此極大改變了俄羅斯的西邊疆界。十九世紀，俄羅斯在西邊（芬蘭與摩爾多瓦）取得一些面積較小但意義重大的土地，接著是一場平定高加索地區的漫長戰爭，然後在中亞與太平洋沿岸急速往南擴張，在此期間，俄羅斯帝國利用了部分由其他歐洲帝國活動造成的政治動盪[31]。

專制與農奴制是一切的基礎。俄羅斯所有農民的遷移都受到限制，其中一半是私有農奴，他們也不能完全控制自己的勞動。即使在一八六一年廢除農奴制之後，遷移限制依然存在，不過國內護照制度稍微改善了遷移流動性，這是從彼得一世時期開始實施的。農民的勞動為上層文化買單，農民團體參加帝國的戰爭。俄羅斯的一些統治者相信，專制政體能夠由上往下對社會加以徹底啟蒙並改革，從他們穿的衣服，到從事的經濟活動，再到他們種植的作物。但尤其是在十九世紀後期，統治者也開始從獨裁立場動用武力以捍衛獨裁，對抗教育程度日益提高、某些情況下顯得激進的社會，這個社會在其治理與未來方面要求更多自主權利。亞歷山大三世（Alexander III，一八八一－一八九四在位）與尼古拉二世（Nicholas II，一八九四－一九一七在位）沒有集中心力在改革的可能上，而是推行沙文色彩日益濃重的俄羅斯民族主義，當作他們團結統一的神話。這一步以失敗告終。

糧食方面更大的問題預示了俄羅斯帝國晚期的危機，甚至造成了此一危機。一八九〇年代初發生的大規模饑荒——這是將近三世紀前的混亂時期以來第一次大規模饑荒——明確指出獨裁政權已經不再穩定。接下來，在一九一七年二月，因麵包而起的一場婦女抗議活動引發了一連串抗議，最終推翻了沙皇政權。沙皇政權崩解了，但是帝國本身並沒有，至少大部

---

29 一七二九－一七九六。
30 一七七二年，俄羅斯、奧地利、普魯士瓜分波蘭。俄羅斯占領西道加瓦河、德魯蒂河和第聶伯河之間的白俄羅斯，以及部分拉脫維亞。
31 指一八五八年英法聯軍入侵中國，俄羅斯趁機以武力威脅清朝黑龍江將軍奕山，簽署《璦琿條約》，以黑龍江為兩國邊界。一八六〇年簽訂《中俄北京條約》，吞併整個外滿洲（外興安嶺以南、烏蘇里江以東、江東六十四屯）和庫頁島，並取得不凍港海參崴。

分短暫脫離的地區在短短五年之後就組成了新的蘇聯。許多力量促成了獨裁政權的崩潰，其中最重要的是第一次世界大戰的壓力。布爾什維克成功建立了新的蘇維埃政權，基礎是其自身在組織方面的能力——以及延伸並擴大使用暴力的意願——而且其他單一團體都未能將反對者團結起來。

蘇聯帶來了重大變化，有些是創傷，有些則僅限於紙上，並未實現。與帝國時代最熱切的啟蒙者相比，對於自上而下的社會改革，蘇維埃政權有著更激進的目標；他們希望創建一個統一的、沒有階級的社會，而他們的手段是提高群眾地位、消除菁英上層階級——有時藉由消除上層階級的特權，有時則是直接消滅菁英人物本身。在史達林（Stalin）[32]領導下的一九三〇年代，這種社會重組經歷了最嚴酷的階段，集體化與大迫害聯合起來，或流放、或消滅了數百萬人。在革命與內戰、集體化與第二次世界大戰帶來的狂濤之中，饑荒也是蘇維埃生活的一部分。蘇維埃政權也著手以其他方式重塑蘇維埃飲食，從生產方式到食用地點，再到食品的確切內容，都融合了、但也超越了「俄羅斯」食品。在大多數蘇聯人的生活中，這些計畫中的改變並沒有完全實現，但的確實現了一部分。

第二次世界大戰的創傷與最終勝利奪走了數百萬平民和軍人的生命。它也為戰後重建提供了新起點。戰後蘇聯並非從一九三〇年代過度激烈的措施中復原，而是以軍事勝利為基礎，開始努力從毀滅性戰爭中復甦。戰爭甫結束，生活水準就直線下降；首先從戰爭中恢復，然後在布里茲涅夫時代超越了戰前，達到某種程度的普遍繁榮，這是一個緩慢的過程。這種相對的繁榮並不是普遍豐足，當然也並不代表著政治鎮壓與國家控制已經完全結束，但是尤其在一九五三年史達林去世之後，赫魯雪夫（Khrushchev）[33]時代出現了「解凍」（Thaw），這也是此一時期的代稱。然而，到了布里茲涅夫（Brezhnev）時代結束、戈巴契夫（Gorbachev）[34]時代開始時，分裂開始顯現。當時人民已經受過良好教育，他們因為自己的意見不被聽取而惱怒。許多民族共和國的分離主義運動開始更加提高音量、收攬更多追隨者。普遍的物資充裕曾經短暫兌現，然而隨著蘇聯供應問題

---

32 一八七八──一九五三。一九二二──一九五二任全聯盟共產黨（即布爾什維克）中央委員會總書記，一九四一──一九五三任蘇聯人民委員會（後改稱蘇聯部長會議）主席（即蘇聯政府首腦）。

33 一八九四──一九七一。一九五三──一九六四任蘇聯共產黨中央委員會第一書記，一九五八──一九六四任蘇聯部長會議主席（蘇聯政府首腦）。

34 一九三一──。一九八五──一九九一任蘇聯共產黨中央委員會總書記，一九八八──一九八九任蘇聯最高蘇維埃主席團主席，一九八九──一九九〇任蘇聯總統。一九九一年十二月二十五日蘇聯總統戈巴契夫辭職，蘇聯最高蘇維埃於次日（一九九一年十二月二十六日）通過決議宣布蘇聯停止存在。

這張十九世紀末的農民用餐擺拍，展示了俄羅斯農村在此一變化時期中新舊並存的情況。一名農民穿著時髦的帽子與皮靴，還有一名在彈奏巴拉萊卡琴（balalaika）；桌上擺著一具茶炊、一套茶具、一個小玻璃杯，一個男孩正在往玻璃杯裡倒飲料，可能是伏特加。但這幅景象的背景是泥濘的街道與茅草屋頂，不過小屋窗上裝著玻璃。

愈來愈多人口湧向城鎮，餵飽他們成了一個難題，甚至比帝俄後期更加緊迫。在這幅一九一九年伊萬・弗拉基米羅夫（Ivan Vladimirov）的水彩畫中，人們在「公共食堂」外排隊，其他人餓得坐在門外吃飯。食堂牆上褪了色的海報暗示著這座建築曾經的模樣——這裡有舞會與舞蹈。

突顯，也開始崩潰。短缺影響了日常生活的許多方面，尤其是農村與城鎮的糧食供應。蘇聯早期的經濟增長真實而顯著，卻是以犧牲農民為代價。一旦赫魯雪夫及布里茲涅夫開始調整政策以改善蘇聯農村人口的處境，這種「輕鬆」（雖然對農村人口來說是致命的）增長的來源就消失了。一九九一年，一切都崩潰了。戈巴契夫的開放（glasnost）與改革（perestroika）政策是為了重建蘇聯經濟、鬆緩社會限制；而後者發展超越了前者，於是導致不可避免的衝突。但最終，蘇聯真正崩潰是因為各民族共和國要求掌控自身主權，其中也包括俄羅斯蘇維埃聯邦社會主義共和國（Russian Soviet Federated Socialist Republic，縮寫 RSFSR）本身。

　　一九九一年八月，共產黨保守派發動政變，時任俄羅斯共和國總統的鮑里斯・葉爾欽[35]（Boris Yeltsin）深具群眾魅力，反對政變最烈。政變最終失敗，在此之後，葉爾欽成為新的俄羅斯聯邦的領導人，這是蘇聯解體後十五個繼承國之中最大的一個。

---

35 一九三一－二○○七。一九九○－一九九一任俄羅斯蘇維埃聯邦社會主義共和國最高蘇維埃主席團主席，一九九一－一九九九任俄羅斯聯邦總統。

　　新的俄羅斯聯邦面臨巨大挑戰，其中很重要的一點是必須釐清這個不再擁有大帝國的俄羅斯到底是什麼；當然，這麼說太簡化了。俄羅斯「聯邦」的中心概念，就是它承認了許多一直生活在這廣闊歐亞大陸上的其他民族。此外還有一點，尤其是蘇聯時代留下的遺產，即不僅人口遷移造成如今各繼承國有不少俄羅斯族人口，俄羅斯聯邦境內也有不少俄羅斯族以

莫斯科公國的舊核心首先擴張到所有俄羅斯族的土地，然後進入西伯利亞、波羅的海、波蘭、白俄羅斯、烏克蘭、高加索，最終擴張至中亞，不同的飲食傳統也隨之進入這個廣闊的帝國。其中有些飲食傳統始終保持區域性，有些最終成為泛帝俄帝國（尤其是泛蘇聯）飲食世界的一部分。這張照片拍攝於二十世紀初的中亞，圖中兩名男子站在一張放著烤麵餅[36]（flatbread）的桌子旁。時至今日，在俄羅斯各地的雜貨店與市場上，各式類似的麵餅依然很常見。

---

36 即饟（nan, naan, non, noon）。

外的少數民族，而且產生了一種著重俄羅斯文化的泛蘇聯文化，其目的當然是為了融合廣闊的蘇聯。在一九九〇年代經濟與政治極度不穩定的背景下，要為新俄羅斯尋找定位並非易事。自從弗拉基米爾·普丁[37]（Vladimir Putin）當選總統以來（然後任總理，接著繼任總統），普丁政府一直積極試圖解決俄羅斯的這個問題，堅持加強政治控制，並至少在一段時間內曾受益於全球大宗商品趨勢，有助其穩定經濟。

此外，蘇聯過往的遺產在一九九一年之後仍繼續影響飲食。俄羅斯聯邦必須從蘇維埃政權的殘餘中建立新經濟與新文化。食品供應線在戈巴契夫時代末期已經被拉長，此時進一步中斷。新一波外國產品與食品造成不同的裂解，因為飲食模式演變並融合了一些新食品。從這些變化中，在二十一世紀初，新的、充滿活力的俄羅斯飲食世界誕生了。這個世界遵循著古老的傳統，願意吸收新事物，也希望保留舊模式。

這段漫長的國界變動歷史不僅反映了更大的地緣政治問題，有時也對廣大的歐亞大陸地區人民的日常生活產生重大影響，包括他們的飲食方式。比如，俄羅斯的烹飪習慣隨著俄羅斯人在西伯利亞傳播，以至於根除了或至少改變了當地原住民的烹飪方式。當然也有不同之處保存了下來。比如俄羅斯人喝茶，可能加糖、糖漬水果（varenye）或者檸檬，絕不加牛奶；但是西伯利亞的原住民布里亞特人[38]（Buriat），卻認為茶水中一定要加牛奶（甚至更傳統的其他形式的動物脂肪），這一點明顯的區別至今依然存在。[18]

俄羅斯帝國的其他烹飪傳統對俄羅斯人的飲食產生了重大影響。十九世紀中，來自俄羅斯帝國的兩種發酵乳製品受到新的關注，部分是因為它們的確對健康有益；這兩種食品是來自俄羅斯中亞新領土的發酵馬奶，即酸馬奶（kumys），以及來自高加索的發酵奶品，即克菲爾酸奶（kefir），這種通常使用的是牛奶。十九世紀末，飲用酸馬奶成為時尚療法；一八八〇年代，已經可以通過藥劑師買到克菲爾酸奶。或者在克里米亞旅行的時候，可以前往度假勝地葉夫帕托里亞（Evpatoriia），那裡的希臘人經營的美髮店也出售酸馬奶和克菲爾！尤其在二十世紀，克菲爾開始大量生產，出現在雜貨店貨架上，現在已被列為發酵的益生菌超級食品。[19]

帝國的其他食品甚至整個菜系，也在俄羅斯烹調中發揮了重要作用。

---

37 一九五二一。第三、四、五、七、八屆俄羅斯聯邦總統（二〇〇〇－二〇〇八／二〇一二－）。二〇〇八－二〇一二任俄羅斯聯邦總理。
38 蒙古族一支，在俄羅斯聯邦境內分布於貝加爾湖以東及以北，俄羅斯聯邦有布里亞特自治共和國。

在一八三〇與一八四〇年代，一些最早的俄羅斯烹飪書重要作者開始將帝國各地食譜寫進書中，這些菜餚通常被稱為「亞洲飲食」。比如在一八三七年的一本食譜中，作者格拉西姆・斯捷潘諾夫（Gerasim Stepanov）聲稱自己是第一位寫到這類內容的俄羅斯作家。他的書中包括了來自帝國中亞與高加索的烤肉串（shashlik）與抓飯（plov，調味濃郁的米飯，與肉和蔬菜在平底大鍋中烹製），還有「波蘭包心菜湯」，這道菜根本算不上是「亞洲」的，不過也很獨特（部分原因是需要一種出人意料的配料：荷蘭乳酪！）。[20] 到了二十世紀初，另一種重要菜系也開始出現在俄國烹調書籍中，即喬治亞菜。A. I. 尼基紹娃（A. I. Nikishova）在一九二八年的烹飪書中介紹了一種燉雞「chakhokhbili」，以及兩種「喬治亞式」羊羔肉作法。[21] 部分因為史達林其實是喬治亞人（他的真正姓氏是朱加什維利〔Dzhugashvili〕），他希望在莫斯科吃到自己童年的食物，（還可能因為喬治亞菜很美味），於是喬治亞菜來到蘇聯首都，喬治亞餐廳遍布俄羅斯各地的城鎮。[22] 其他民族也在蘇聯各處遷移，帶來了自己的食物，包括亞美尼亞族、韃靼族、烏茲別克族，當然也有俄羅斯族。[23]

在俄羅斯西部邊境，帝國的差異尤其錯綜複雜，不僅在地緣政治上是這樣，在烹調上也是如此。當地的許多民族——烏克蘭人、白俄羅斯人、波蘭人、猶太人、俄羅斯人——擁有相互重疊類似的烹調傳統，盛產各種湯與餃子，只是製作方法略有不同，名稱也不同。包心菜湯在俄語中是shchi，在烏克蘭語中是 kapusniak，在白俄羅斯語及波蘭語中是 kapusta。餃子的變化更多：小小的西伯利亞／俄羅斯餃子，裡面是肉餡；較大的烏克蘭餃子（vareniki），裡面是馬鈴薯、包心菜、乳酪或櫻桃；波蘭餃子（pierogi），包的餡和烏克蘭餃子一樣多變。不過最能反映邊境競爭的也許是甜菜湯（borscht），部分原因是此湯的烏克蘭起源已經被掩蓋了許多。它已經披上了經典「俄羅斯」湯的外衣，這令俄羅斯及烏克蘭的烹飪純粹主義者都感到極為不滿。有一次，當代俄羅斯烹飪歷史學者馬克西姆・西爾尼科夫（Maksim Syrnikov）要俄羅斯年輕人列舉幾種俄羅斯傳統食品。後來他表示：「他們的答案很可怕，事實上甜菜湯是烏克蘭的，馬鈴薯是美洲的。」[24] 但是不只當代俄羅斯人把甜菜湯與俄羅斯連在一起；在食譜書與幽默文章裡都是這種說法，甚至在香港的餐廳，這道湯改用紫色包心菜，名稱就是「俄羅斯湯」。[25]

雖然有這些可能造成差異與困惑的因素，但依然有一些共同點組成了俄羅斯烹調的核心——歷史悠久的食品飲料，今天仍在食用，這些是第一

喬治亞飲食

　　在所有經由俄羅斯帝國進入俄羅斯的食品中，至今喬治亞菜是最受歡迎的，而且其來有自，因為十分美味。現在的喬治亞共和國，在一七八〇年代開始分為幾個階段併入俄羅斯帝國。喬治亞位於黑海東端，由於俄羅斯帝國、鄂圖曼帝國與波斯之間的地緣政治操作，而遭併吞。喬治亞菜餚在某些方面讓人想起波斯或土耳其菜（比如喜愛石榴子與大蒜），但也有明顯不同之處。首先，磨碎的核桃是常用配料。喬治亞烹調還有一些新鮮與乾燥的香草植物，比如用乾燥的孔雀草[39]（marigold）花瓣取代番紅花，或者一種帶胡椒味的綠色蔬菜 tsitsmat[40]。喬治亞菜一直是一種地區性烹調，直到蘇聯早期，當時在莫斯科的喬治亞籍布爾什維克黨人（如史達林）想吃老家的味道，於是情況開始改變。阿拉格維餐廳[41]（Aragvi）成為莫斯科最著名餐廳之一，接著還有一些喬治亞餐廳開業。近年來，喬治亞烹調更是大受歡迎，獨立餐廳與連鎖店紛紛湧現。

　　喬治亞是多山的國家，因此各地區發展出彼此相關但獨特

章的主題。在某種程度上，這些共同點是由於某些長期的環境與技術限制，這些將在第二章論及（以及在某些方面，國界變化開始改變這些限制，使得新的作法或食品成為「傳統」）。此外，要界定俄羅斯烹調，會遇上一些困難，然而除了這些困難，還有涉及範圍更廣的故事，那就是食物在俄羅斯社會中的作用，以及有時缺乏食物這個事實在俄羅斯社會中的作用。這個範圍更廣的故事將在後面的章節中展開，從我們所知的北方森林第一批斯拉夫定居者的飲食習慣開始，到最近針對飲食方式的制裁與反制裁浪潮所造成的情況。總而言之，俄羅斯境內食物的歷史是豐富、匱乏、多樣、簡單、連續的，但其中最重要的，也許是變化。

---

39 學名 Tagetes patula，又稱法國萬壽菊、小萬壽菊，原產墨西哥與尼加拉瓜。花瓣中提取的色素可作為食物與織品染料。
40 цицмат，garden cress，家獨行菜，學名 Lepidium sativum。
41 阿拉格維河是格魯吉亞境內河流。該餐廳一九三八年開業，二〇一九年歇業。

的文化（及烹飪）傳統，要總結其豐富多彩的烹飪非常困難。其中兩種食品大概是最有名的。一種叫做 khachapuri[42]，是填滿了乳酪的麵包，但是這種平淡描述完全無法表達食用時的樂趣：鹹津津的餡料濃郁流淌。這種麵包也有地區差異，其中阿札爾[43]式（Adjarian）最著名，在融化的一掬乳酪與奶油餡料上放了一個蛋黃。另一種是 khinkali[44]蒸餃，通常是肉餡，但現在也經常有蘑菇或蔬菜餡。這種蒸餃外型特殊：底部扁平，周圍打褶，褶在頂端緊密合攏，形成細梗，人們留下這根細梗不吃，部分原因是為了數清楚自己吃了幾個！ Lobio 是一種溫熱的燉豆子[45]，pkhali 是煮過的蔬菜做成的沙拉，最常見的是甜菜、菠菜或者豆角，加上大蒜、核桃、香草植物一起搗碎。茄子菜餚繁多，隨處可見。Chakhokhbili 是鮮美的香草植物燉雞。satsivi[46]是一道冷雞肉，澆上磨碎的核桃醬。

42 名稱來自喬治亞語「乳酪」及「麵包」。呈船型，中間凹陷，放上乳酪、奶油、雞蛋等，通常作為主食。
43 喬治亞共和國的一個自治共和國，位於喬治亞西南，南與土耳其接壤，西臨黑海，東面和北面毗鄰喬治亞本土，首府巴統。
44 語源不明。外型類似小籠包。
45 通常有香菜、核桃、大蒜、洋蔥。
46 字面意義「冷盤」。

第一章
俄羅斯菜餚的基本元素

　　莫斯科俄羅斯國立圖書館（Russian State Library，通常稱為列寧卡[1]〔Leninka〕）的食堂總是很繁忙。圖書館距離通往克里姆林宮及其珍寶的遊客入口只有幾步之遙，擁有近五千萬件館藏，是世界第五大圖書館。進入圖書館，經過衣帽間與警衛之後，讀者有兩個選擇，可以登上通往閱覽室和藏書的大樓梯，也可以左轉沿著衣帽間周圍的狹窄走廊，走到一道樓梯，從這裡，可以選擇往上到藏書、往下到地下室與食堂。

　　如果選擇去食堂，就會通過外面的「自助餐」區，那裡有咖啡、茶、瓶裝水、無酒精飲料、甜鹹點心，可以在此休息一下。食堂本身寬敞、明亮且乾淨，木製餐桌之間距離得當。食堂一角有一座巨大的開水壺，人們可以用杯子接滿熱水。這一點表明了在這個龐大城市某些貧困居民的生活中，該圖書館與食堂所扮演的角色：這裡是避難所，一個溫暖的地方，只要從家裡帶茶包來，一整天杯子裡就可以有源源不絕的熱水。

　　食堂的大多數顧客並不在此停留。如果讀者在午餐時間到達，排隊人龍可能很長；但是如果晚一點來，一些特別受歡迎的食品可能已經賣完。人們無論什麼時候到，都會拿起托盤，看一眼總是貼在服務台盡頭的每日菜單。每個人都會看菜單、考慮，可能向排隊的其他人打聽，但通常只有在看到食物時才做出決定。首先是一個冷藏櫃，裡面裝滿小碟沙拉。不是綠葉沙拉，而是不同材料的沙拉，有些很簡單，比如切碎的煮熟甜菜、上面放一點蛋黃醬與乳酪，或是速成酸菜。有些是更複雜的組合，蔬菜、有時是肉、有時是米或馬鈴薯，加上以醋或蛋黃醬為主的淋醬。名稱有時是顯而易見的材料列表，不過通常是抽象的，比如「奧利佛」、「春天」、「國會大廈」。如果你是在蘇聯與蘇聯解體後的食堂與食譜世界裡長大的，對你而言這些名字就有意義了。不過幸好，列寧卡食堂的菜餚標籤上有材料表，有助於分析這些名稱的含意。

1　該圖書館曾經名為蘇聯國立列寧圖書館（V. I. Lenin State Library of the USSR），因此暱稱為 Leninka。

俄羅斯國家圖書館食堂的一餐：水蘿蔔切片沙拉，沒有第一道湯（這就有點大逆不道了！），抓飯——加肉與蔬菜的香料米飯，從中亞傳入蘇聯及現在的俄羅斯——搭配茄子與菜椒，這一點類似高加索地區，而非古老俄羅斯腹地的習慣，最後是一個肉桂麵包捲當作甜點。

　　沙拉是自助式的，但下一階段的食堂體驗包括一段對話。站在櫃檯後那個人（通常不是女性）問：「第一道（菜）要什麼？」接著再問：「第二道呢？」第一道通常指的是湯。無論什麼季節，這裡總是有兩三種湯。包心菜湯、甜菜湯、酸味蔬菜湯（rassolnik，通常加了酸黃瓜）、魚湯（ukha），還會有麵條雞湯、豌豆湯、蘑菇湯、蔬菜泥，偶爾還有調味濃重的喬治亞牛肉湯[2]（kharcho）。通常接著還會問一句：「要加酸奶油嗎？」幾乎每個人都要加。

　　第二道菜種類更多。通常有一種煎肉餅（kotlet），不是一整塊肉，而是一塊碎肉餅，混合著麵包屑和雞蛋，常見還有香草植物，可以油炸或者烤。幾種魚、一些家禽，也許還有肝臟或豬肉。這些菜餚可能烤、燉，或

2　材料為牛肉或其他肉類、米、櫻桃李果泥、碎核桃，吃的時候加上碎香菜。

者搭配特定醬汁食用。如果讀者點了其中一種，對方就會問：「要什麼配菜？」也就是說，要蕎麥粥、麵條，還是馬鈴薯泥、烤馬鈴薯，或者蔬菜。節儉的人有時只要一碗粥，加上一匙肉菜上的醬汁。經常輪換的菜單裡，有幾種是沒有配菜的，包括帶肉與蔬菜的香料抓飯，以及 enivye golubtsy[3]——「懶人」包心菜捲，指的是絞肉、洋蔥與米混在一起，包進菜捲裡，與碎包心菜一起烤。

在食堂的餐飲服務櫃檯上，擺著幾種烘焙食品，讀者可以自己選擇。其中有麵包片，包括白麵包與黑麥麵包，還有一盤又一盤擺得高高的烤餃子[4]（pirozhki），這是一種發酵麵點，包著各種餡料，比如包心菜、蘑菇、雞蛋、青蔥、雞肉、肝、米、蘋果、杏乾、櫻桃。讀者還可以自己取用飲料，不過食堂的飲料與外邊的自助餐飲料不同。自助餐有咖啡與瓶裝飲料，食堂裡只有茶和糖水水果（kompot）[5]，後者是一種加糖的果汁，通常以果乾與水煮成，杯底有一點水果。

這種食堂模式遍布俄羅斯乃至蘇聯解體後的各地。沙拉、第一道湯、第二道肉加配菜，然後是一些麵包與帶餡的麵包捲，各機關的內部食堂以及城市街邊的類似餐館，全是這些食品組合。如果這種模式沒有與本書此前的內容互相呼應，也就沒有什麼趣味了；這不只是對於個別食品的單一描述，而是對餐點組合的描述。第一批出版的俄羅斯烹飪書可追溯到十八世紀末，這些書的重點包括一道道俄式菜餚，以及呈現菜餚的用餐順序，這種順序是讀者家中常見的飲食模式。當時的這種順序，後來成為標準，基本上與典型後蘇聯食堂的順序相同，包括一道冷菜、一道湯、一道燉菜或烤肉、一道帶餡的油酥麵點。當時與現在也有差異。當時的冷盤是魚或肉，而不是沙拉；如果出現沙拉，通常是配著烤肉。湯也可以被稱為「熱菜」，但通常湯只稱為湯，不算是一道菜。不過整體而言，這種模式從古到今都是十分一致的。

當時的烹飪書裡也沒有不切實際的理想，因此這種基本描述可以反映現實的膳食。在富裕家庭，一頓飯的菜餚數量可能是這些的好幾倍，但整體梗概依然相同。一七九七年，一份提供給新餐廳的詳細提案列出了最昂貴的套餐，包括一道冷盤、一道「湯或包心菜湯」、一道加了醬汁的肉、一道烤肉、一道帶餡的油酥麵點。這份套餐定價一盧布。減少一道肉菜，就

3　ленивые голубцы。
4　使用奶油發酵麵團，通常做成半月形餃子狀，烤製。
5　源自法語 compote。

DÉJEUNER

DU 9 AOÛT 1899.

Potage Sélianka de Sterlet

Rastigais et petits pâtés

Canetons de Rouen froids

à l'Alsacienne

Soufflé d'Ecrevisse à la Normande

Longe de Veau de Moscou

aux légumes nouveaux

Plombière glacée à la Parisienne

Dessert.

Palace of Emperor Nicholas II.
St. Petersburg.

一八九九年聖彼得堡一次晚宴的菜單，混合了「俄羅斯」食物與外國食物，用餐順序在彼時的一百多年前就已經成為標準，包括一道湯——菜單上是俄羅斯小體鱘（sterlet）、拉斯特蓋敞口派餅（rasstegai，小的橢圓形敞口派餅）、一道盧昂（Rouen）小鴨冷盤、幾道熱菜，最後以一道甜點作結。

降價到七十五戈比[6]；三道菜定價是五十戈比，兩道菜是二十五戈比。[1]十九世紀中，飯館與餐廳的食品組合仍然類似：

　　常見的正餐價值四分之三盧比（半個五先令硬幣），包括一道湯，一道碎肉或者蔬菜餡餅，一道正菜、通常是烤肉，一道甜食。這也是中等收入者每天在家裡吃的正餐。[2]

　　以下則是在一八〇五年記述的一頓俄羅斯正餐：

　　我在此簡要介紹俄羅斯正餐，這頓正餐通常在三點之前：客廳的餐具

6　一百戈比等於一盧布。

矮櫃上，總是有一張餐檯，上面擺滿了魚、肉、香腸，香腸包括鹽醃的、醃漬的、煙燻的不同種類，還有麵包、奶油、利口酒；然而這些小吃食只不過是正餐的小兵。正餐的順序如下：一道冷盤、通常是蝲魚或其他魚類，然後是湯，接著是一些拼盤、許多烤肉與水煮肉，其中烏克蘭牛肉與眾不同，還有大量的可口蔬菜；接著是油酥糕點，餐後甜點是非常精美的甜瓜，與栽種在園圍內、酸澀無味的果子[7]（wall fruit）。桌上擺滿許多種葡萄酒，還有上好的麥酒與啤酒。負責切肉的是主人或廚師，切好的每一道菜依次傳遞給客人。我經常在餐桌上看到最令人滿意的物品是一個大缸，裝著許多碎冰，客人用它來冷卻葡萄酒和啤酒。[3]

這幅靜物出自鮮為人知的藝術家沃爾霍夫[8]（Volkov），大可以命名為《開胃菜》，因為畫中正是經常當作正餐前奏的食品與飲料。其中有一盤香腸與乳酪、幾瓶酒——中間那瓶的標籤是「雪利酒」，方形瓶看起來是紅酒或者紅色的果汁甜酒，綠色瓶子裡可能是伏特加。這些都可能是開胃菜儀式的一部分——還要抽點菸草、吞雲吐霧一番，盤子旁那盒火柴正暗示了這一點。

7　以高牆圍住幾棵果樹，可為果樹防風保暖。
8　此畫作於一八二五至一八五〇年之間，收藏在莫斯科特列季亞科夫畫廊，畫家生平不詳。

在某些方面，面對各種新食物時，堅持這種用餐模式，是為了能夠保存俄羅斯飲食習慣。第一本述及這種模式的食譜書是瓦西里・列夫申[9]（Vasilii Levshin）的多卷著作《烹調、上菜、糖食製作及蒸餾辭典》（*Cooking, Serving, Confectionery-making and Distilling Dictionary*）。[4] 這部書的全名裡，「俄國烹調」這個詞只是一系列民族烹調之一，這意味著他所描述的世界正在發生劇烈變化，而這樣的變化就展現在目標讀者所吃的食品種類上。列夫申甚至聲稱，俄羅斯烹調正在被上層階級拋諸腦後，或者至少是被外國菜餚排擠。列夫申所展示的用餐順序，也是二十與二十一世紀的標準做法，我們將按此順序審視俄羅斯的餐食，這就是描述並定義俄羅斯烹調的最佳方式。

一餐之始：開胃菜（zakuski）

首先，俄羅斯有一種烹調傳統，並沒有出現在十八世紀的烹飪書中，也沒有出現在二十一世紀的自助餐廳中，但至少十八世紀末，開始前往俄羅斯的旅人經常提到。就是如今眾所周知的 zakuski：一桌各種小量吃食，通常是鹽醃或燻製，人們很快喝一杯的時候以此搭配。十八世紀末葉的俄羅斯作家伊萬・博爾金[10]（Ivan Boltin）記述了這個習慣，並以此反駁法國旅人勒克萊爾（Leclerc）的說法，勒克萊爾寫道：「（俄國人）為了喚醒食慾，吃一點麵包加鹽、蕪菁或者櫻桃蘿蔔之類，然後喝伏特加或其他烈酒。」博爾金認為他的說法是錯誤的。博爾金說，這完全是倒過來了，事實上：

晚餐前一刻鐘左右，我們喝伏特加或其他烈酒，但我們吃點心是在喝伏特加之後、而非之前，點心是切成小塊的上述食品；這種習慣在俄羅斯各地都是一樣的。在一些家庭，尤其是在農村，不只蕪菁可以當作開胃菜，還有其他許多類似的東西，比如火腿、燻鵝、燻香腸、風乾雞肉或野味、鹹魚或醃鯡魚或鰉魚、奶油、乳酪、小麵包圈等等；在這種情況下，這也可以當作一餐，但伏特加總是排在前面的。[5]

換句話說，博爾金認為勒克萊爾關於餐前小吃與飲料傳統的說法並不準確，因為他把飲酒與吃東西的順序寫錯了。

9　一七四六－一八二六。作家，撰寫並翻譯多種經濟與農業方面著作、小說及民間故事。
10　一七三五－一七九二。歷史學家，凱薩琳大帝創立的俄羅斯學院成員。

　　博爾金可能覺得這很令人不悅，因為他認為這代表了勒克萊爾並沒有注意，也不關心，但是從這個例子也可看出其他端倪。十九世紀中葉，一些英國旅人感到非常訝異，因為俄羅斯人士在晚餐前喝伏特加或葡萄酒、吃乳酪，有時接下來乾脆不吃晚餐。其中一位英國旅人是亨利‧薩瑟蘭‧愛德華茲[11]（Henry Sutherland Edwards），他指出，英國人與俄國人的相反做法可能導致文化交流時的混亂——以及吃喝過度，因為雙方都鼓勵對方在用餐的不同時間喝酒。[6] 還有一位旅人記述自己感到驚訝，因為此一習俗居然如此通行無阻：

　　雖然我絕對從來沒有以乳酪與白蘭地當作正餐的開頭，但此時我覺得自己必須入境隨俗，而當時的真實情況令我不得不說，我的胃口並沒有變糟。事實上，一個人在世上如果還沒有嘗試過某事，就無法下定論自己到底能不能做到。[7]

　　這個傳統一直延續到蘇聯時代，並一直導致一些旅人飲食過度。美國人查爾斯‧塞爾[12]（Charles Thayer）於一九三〇年代在莫斯科協助設立美國大使館，他也很喜愛俄羅斯的開胃菜傳統，甚至承認自己有點過於樂在其中。有一次，他相識的一位演員舉辦宴會，他提供了一些酒。除了酒，還有「在莫斯科能弄到的每一樣開胃菜：白煮蛋、火腿、紅魚子醬、黑魚子醬、小黃瓜、櫻桃蘿蔔、沙丁魚、鯡魚，還有一大堆白麵包與黑麵包，甚至奶油。」[8]

　　倫敦德里侯爵查爾斯‧威廉‧范恩[13]（Charles William Vane, Marquess of Londonderry）在一八三〇年代前往歐洲北部的遊記中提到這種習俗。與上述其他旅人不同，他覺得這種習俗棘手，不過他的理由比較特殊：

　　晚餐前，休息室裡總是為男士準備了一些點心，讓胃感到渴望，激起食慾。女士不參加這種場合。通常有魚子醬（在這個國家以其完美聞名）、鰻魚、乾醃鮭魚、乳酪，以及其他類似食品，還有利口酒、甘邑、水果烈酒[14]（eau de vie）等等。接著男士回到女士聚會的房間，一面吃著這些討

11　一八二八－一九〇六，英國記者。
12　一九一〇－一九六九，美國外交官、作家。
13　一七七八－一八五四，軍人、政治人物、貴族。
14　法文名意為生命之水。以水果、穀物、根莖類、甘蔗，甚至竹筍做成的蒸餾烈酒，透明無色，酒精度 29～60%。也有譯名為水果白蘭地。

人厭的吃食、一面對女士們說話，彷彿完全沒有察覺自己散發出難聞氣味，在這種時候，違背這個習俗反而是比遵行不悖更尊重他人了。我堅決譴責這種習俗。它無益於社交，也不可能是健康的；如果所有人都坐下用餐，引人食慾的食品自會奉給每一個人（如果想吃的話）；但是這樣一面走動、一面以油膩的手指取食，然後沒漱口就在女士面前自吹自擂，這種做法實在不符合俄羅斯人平時對女士的尊重殷勤。[9]

　　侯爵強調的是飲食的社交層面，而且這種飲食方式屬於男性世界，而非女性世界（甚至對於上層階級女性來說是很不愉快的）。這個看法肯定有點道理。十九世紀上半葉，貴族家庭戈洛赫瓦斯托夫（Golokhvastov）一家的帳簿裡，大部分的廚房開支是記錄在廚房帳本，但是有些食品相關開支卻記錄在男主人德米特里‧巴甫洛維奇‧戈洛赫瓦斯托夫的相關帳本上（Dmitry Pavlovich Golokhvastov）。其中包括購買葡萄酒（一批接著一批！），還有書籍報刊。帳本裡還有一張題為「一八四一年七月二十九日晚餐」的購物便條，但採購的不是這頓飯本身，而是飯後甜點（甜點通常是水果，而這次有很多：櫻桃、西瓜、甜瓜、二十個李子、十五個桃子、三俄磅[15]〔funty〕葡萄），以及這一頓晚餐的開頭，也就是各種開胃菜。這個採購計畫要一盒沙丁魚、半俄磅帕瑪森乳酪（Parmesan）、義大利火腿、香腸、橄欖（根據另一張字條說明，兩家商店的帶餡橄欖已經賣完，所以採購者必須去其他商店）、魚子醬（半俄磅）。[10]

　　這桌開胃菜是俄羅斯式的，但並非因為這些食品——尤其其中的乳酪並非俄羅斯傳統口味——而是因為這種習慣的整體性。至少在大多數情況下，關鍵並不是食品本身，只有魚子醬是例外。正如英國人喬治‧奧格斯特斯‧薩拉[16]（George Augustus Sala）所言：「這種我所厭惡、其他人喜歡的提味食品，魚子醬：純魚子醬，放在箍了桶圈的黃色小桶裡；塗在麵包與奶油上的魚子醬；巧妙地夾在糕點中間的魚子醬。」[11]魚子醬可能是與奢華富裕的形象最密切關聯的食品，也是與俄羅斯最密切相關的食品。它出現在各種回憶錄書名以及歷史書籍中（包括本書），尤其是與蘇聯時代有關的書，它與奢侈生活的關係，正與大範圍的短缺或恐怖形成鮮明對比，這種對比給人留下深刻印象，比如《魚子醬與諸位政委》（*Caviar and Commissars*）、《魚子醬早餐》（*Caviar for Breakfast*）、《在那魚子醬裡的群

15　單數形 funt/фунт，等於四百零九點五公克。
16　一八二八－一八九五。記者、作家。

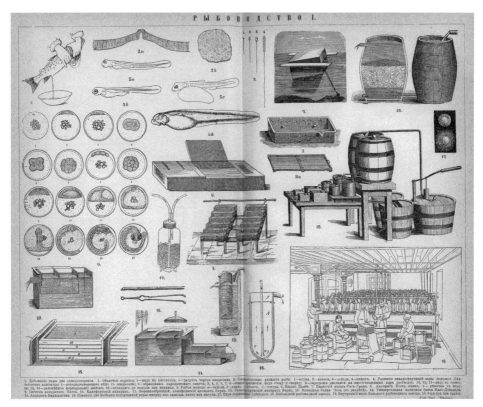

到了十九世紀末，魚子醬（以及更普遍的魚類養殖業）成了大生意。此圖展示一些用於養殖魚類及收穫魚子醬的技術。

熊》（*Bears in the Caviar*）。[12]

　　雖然現在「魚子醬」有許多品種，但最能代表奢侈與俄羅斯的魚子醬是取自某幾種鱘魚體內，這些鱘魚是大型底棲魚類，產在伏爾加河及其他流經俄羅斯草原的河流，有些會游到裡海與黑海。哥薩克人與河流沿岸其他定居者以鱘魚肉為食，也依靠一些需要更多加工、價值更高的產品為自己帶來收入。鱘魚的脊筋乾，稱為 viziga [17]，可以加在餡餅與湯裡；魚鰾可提取魚膠，用於啤酒與葡萄酒製程，並可作為凝凍類菜餚的增稠劑。當然，還有魚子醬。自有紀錄以來，最大的雌性鰉魚（beluga）是在十九世紀初捕獲的，體重一千一百四十三公斤，其中四百零八公斤是魚子。即使一頭普通大小的鰉魚也能產出一百公斤甚至更多魚子，這些魚子都是立刻

17　виɜига。整條取出後製於特製棚屋中風乾，使用時浸水膨脹，切碎。

加工。小魚子一個個被分開來，沖洗乾淨，加鹽混合。預計的魚子醬儲存或運送時間愈長，加的鹽就愈多，吸收的鹽也愈多。

　　直到十八世紀末，魚子醬主要是當地人食用。當時凱薩琳二世併吞了整個黑海北岸，接著平定南部草原，使得該地成為更大利潤的可能來源。也就是在這個時候，希臘商人冒險家愛奧尼斯・瓦爾瓦克斯[18]（Ioannis Varvakis）設法讓凱薩琳注意到他，最終得到了阿斯特拉罕的壟斷捕魚權，然後他想出方法包裝魚子醬以便出口。俄羅斯進入國際市場之後，其他國家又在市場上挑戰俄國、甚至擊敗俄國，成為更大的魚子醬供應國。雖然如此，魚子醬與俄羅斯及俄國貴族的關聯，仍然是其神祕性的重要元素。[13]

冷盤與沙拉

　　一頓像樣的俄羅斯餐，在開胃菜之後是一連串已經規定好的菜餚。從十八世紀的烹飪書和酒館菜單，到後蘇聯時期的食堂陳列，開頭通常都是某種冷盤。在十八與十九世紀，這些開頭的菜通常是冷盤肉或魚；在蘇聯和後蘇聯時代，往往是沙拉——經常是煮熟的蔬菜，有時加上肉。

　　凱特琳娜・阿芙傑耶娃[19]（Katerina Avdeeva）的烹飪書在十九世紀中葉成為暢銷書，正如她所說，當時的冷盤是「簡單的」。她列出十二種選擇：雞肉、火雞、野禽、鵝或鴨、舌頭，煮熟後切小塊，冷食，通常撒上碎雞蛋、醃黃瓜或檸檬片。乳豬也是煮熟、切好、放涼，配上磨碎的辣根混合酸奶油。Buzhenina 是一種新鮮熟火腿，經過清洗、修整、烘烤，「可依個人喜好加上大蒜」。這道菜是冷食，搭配辣根、芥末、醋或檸檬汁。醃火腿[20]（vetchina）也可煮熟，不過阿芙傑耶娃建議將其厚厚裹上一層黑麥麵糊，然後烘焙，上菜前去掉麵糊外殼。母牛蹄可以煮成肉凍，綿羊頭與羊蹄也可以用類似方法烹調食用。牛肚也是加上肉凍。最後是 okroshka，內容並不簡單，但是作法節儉，是把剩下的熟肉混合洋蔥、蒔蘿、小黃瓜、雞蛋，然後澆上克瓦斯。[14] 這些是阿芙傑耶娃在「俄羅斯的一頓飯」一節中提到的冷盤。她在「常見的一頓飯」一節中也提到其他冷盤，大部分幾乎都是相同的冷肉，但醬汁稍微複雜一些，以豌豆、花椰

18　一七四五－一八二五。為凱薩琳二世效力，並獲亞歷山大一世封為貴族。
19　一七八九－一八六五。出身殷實商人之家，寫作出版內容包括日常隨筆與烹飪書。
20　буженина，新鮮火腿、水煮或烤豬腿肉；ветчина，醃火腿、燻火腿。

菜、包心菜製成。

　　阿芙傑耶娃還提供了一道名為 vinegret（油醋汁、油醋冷盤、vinaigrette）的冷盤食譜。就跟 okroshka 一樣，這道菜本來用的是剩下的肉。但是這些肉混合了煮熟的馬鈴薯、甜菜、小黃瓜（新鮮或鹽醃的都可以）。最後加上以醋、芥末、橄欖油與鹽做成的醬汁。[15] 在許多方面，這道食譜是二十世紀出現的冷開胃菜——沙拉的祖先。在蘇聯時代，沙拉成為更普遍的開飯第一道食品，有時加了肉，但更常見的是蔬菜或澱粉類食物。《美味健康的食品》（*The Book of Tasty and Healthy Food*）一書是蘇聯烹飪權威的終極之作，從一九三〇年代到蘇聯解體後發行了許多版本，書中的沙拉大部分都是非常簡單的蔬菜沙拉加醬汁。其中一份「生蔬菜沙拉」，裡面有小黃瓜、胡蘿蔔、蕪菁、櫻桃蘿蔔，加上酸奶油；有些沙拉用的是燙過或醃過的包心菜、煮熟的甜菜或馬鈴薯。也有稍微複雜一點的沙拉，加了肉和蛋黃醬，或者魚和馬鈴薯。其中有一道沙拉現在也叫做 vinegret，已經成為一道標準菜餚，使用馬鈴薯、甜菜、胡蘿蔔、小黃瓜，有時還有洋蔥與罐裝豌豆，醬汁是油、醋、鹽混合（換句話說，很像阿芙傑耶娃的版本，但沒有肉）。此外還有醃漬魚肉或鯡魚，尤其是肉凍，都是可以追溯到革命前的肉類冷盤。[16]

　　然而蘇聯的沙拉世界真正發生轉變，是在一九六〇年代末與七〇年代初的布里茲涅夫時代。開始出現頂著各種名稱的即食沙拉，有些起先與某些地方有關，但很快就擴展到更大範圍的烹飪界。這些沙拉通常都有蛋黃醬，這不是新佐料，但愈來愈多蛋黃醬不是家裡自製的，而是工業製造，在商店出售。其中最著名的沙拉有兩種。其一是分層沙拉，裡面也含有一種雖非新發明卻是令人矚目的產品，也就是魚罐頭。第二次世界大戰後。蘇聯投入大量資源擴張其捕魚船隊，於是年捕獲量與食用量都增加了。「金合歡」[21]（Mimosa）沙拉裡面，罐頭魚之間是一層層切碎的水煮馬鈴薯、分成蛋白與蛋黃的白煮蛋、煮熟的胡蘿蔔，還有蛋黃醬。切碎的熟蛋黃鋪滿最上層，這道沙拉就因此得名，因為這些蛋黃看起來彷彿金合歡花。另一種著名沙拉是 seld pod shuboi，字面意思是「穿著毛皮大衣的鯡魚」，這道沙拉類似前一種，但用的是鯡魚，並且在頂層的蛋黃醬與碎蛋黃之下添加一層磨碎的白煮甜菜。紫紅色甜菜泥滲入蛋黃醬，使得這道沙拉成為俄羅斯餐桌上最鮮豔的菜餚。[17]

21　學名 *Acacia farnesiana*，豆科相思樹屬灌木或喬木，不是豆科含羞草屬同名 mimosa 的含羞草。

本來 okroshka 是利用剩下的熟肉做成的沙拉，現在則是一道以克瓦斯為湯底的蔬菜冷湯。

第一道菜：湯

　　弗拉基米爾·布爾納舍夫對俄羅斯食物的描述是從湯開始，而且理應如此，因為湯是俄羅斯餐食的核心。在十八世紀就已經使用音譯字 sup，但還有其他更古老的字也代表「湯」。有幾種特別的湯，擁有屬於自己的名稱：shchi（包心菜湯）、borscht（甜菜湯）、rassolnik（酸味蔬菜湯）、botvinia（酸味冷魚湯）、ukha（魚湯）。還有一個字是 pokhlebka，比較通用，可能主要是以蔬菜為湯底的。烹飪書可能會寫明書中有包心菜湯及湯的食譜，甚至分為兩個不同的章節。湯，尤其是包心菜湯，在農民的諺語中有其地位，比如：「包心菜與蕎麥粥，這就是我們的糧食」；「要是連包心菜湯都不會做，算得上什麼老婆？」

　　最重要的是，家常的包心菜湯在過去和現在都是俄羅斯菜餚的精髓。就像伊萬·博爾金在十八世紀末所說的：「從最上層的菁英到最末尾的農民，幾乎每天都吃它，區別只在於富人用的材料較好，窮人用的材料較差。」[18] 十九世紀中葉一位英國旅人也記述了包心菜湯在整個社會中的重

「油醋」沙拉起先是用來消耗剩肉，現在是一種常見的沙拉，包括甜菜、豌豆與其他蔬菜，以簡單的油醋汁調味。

要地位：

　　包心菜湯是以牛肉、包心菜、歐芹、胡蘿蔔、鹽，以及「英國胡椒」[22]
製成，是所有俄羅斯湯之中最地道的民族菜餚。農民、軍人、商人、貴
族，都喝這種湯。其實農民很少吃其他食物，但是農民的包心菜湯與地位
較高的人吃的包心菜湯之間有個重要區別，那就是農民的湯裡沒有牛肉。
不過在莫斯科的工廠裡──我參觀了大約十二家──工人吃得很好，包括
帶牛肉的包心菜湯、黑麵包、加了油的蕎麥粥。在此要說明的是，黑麵包
是所有階層都吃，尤其是搭配包心菜湯一起吃，即使在最講究的宅子裡，
白麵包與黑麵包、或者白麵包與棕色麵包都是一起放在餐桌上。[19]

　　對窮人來說，這種湯就是一位旅人略帶嫌惡描述的「包心菜清湯」。
[20] 根據俄羅斯最早的民族誌學者伊萬・斯涅吉廖夫[23]（Ivan Snegirev）所述，

22　即胡椒。
23　一七九三－一八六八。他幾乎詳細記錄了莫斯科每一座教堂與修道院。

包心菜湯通常的材料是每戶農家在每年秋天製作的發酵碎包心菜。這種湯通常是「空的」，也就是沒有肉，只有在節日才加肉。為了讓平日沒有肉的包心菜湯更濃一點，會「撒上一些麵粉」，吃的時候加一點點大麻籽油（hempseed）或者酸奶油，視當天是齋日或者允許肉類與奶製品的日子而定。[21] 在某些地區，最常見的是「灰色」包心菜湯，這是最儉樸的版本，用外層菜葉和邊角料做成的。[22] 就算在今天，餐廳、自助餐或家裡的包心菜湯也不過是包心菜與一點洋蔥和胡蘿蔔，放在水裡或肉清湯裡煮熟。它的濃度來自加在每一碗裡的一點酸奶油。

從前還有更豪華的變化，使得包心菜湯成為富人餐桌上的食品。比如，聚焦中上層社會讀者的食譜中，指導人們用牛肉、火腿或豬肉，甚至同時用「豬肉、牛肉、火腿、一隻鵝、兩隻雞」。[23] 還有一位烹飪顧問推薦他所謂的「包心菜濃湯」：煮好包心菜湯，過篩，然後當作第二次的湯底。[24] 包心菜湯也是冬天旅行的一部分，旅人攜帶冰凍的包心菜湯，沿途重新加熱。某位匿名回憶錄作者自稱「草原上的老太太」，據其所言，在十九世紀初，貴族家庭在冬天從莊園前往莫斯科的時候，會帶上：

> 冷凍包心菜湯，材料是酸包心菜、牛肉、羊肉、鵝、鴨、火雞、雞；這些都結凍了，途中在村裡停下來的時候，白天是為了餵馬，晚上是為了住宿，我們就從這塊冰磚砍下一些，在農家的爐灶裡加熱。我們每個人都從湯裡選一塊自己要的肉。[25]

嚴格來說，甜菜湯——以甜菜根為主要材料的蔬菜湯——是烏克蘭的，而不是俄羅斯的民族菜餚，但它在俄羅斯烹飪中也已經無處不在。至少在十八世紀末，它已經成為俄國飲食的一部分。俄羅斯最早的烹飪書作者謝爾蓋·德魯科夫佐夫24（Sergei Drukovtsov）在一七七九年的《烹飪筆記》（*Cooking Notes*）裡有一道甜菜湯食譜。[26] 一八二〇年代，貴族沃隆佐夫（Vorontsov）在莫斯科的宅邸中經常供應甜菜湯（可能是提供給辦事員，而非上流社會賓客，但至少這種湯在宅中仍然普遍食用）。廚房登記簿裡有「用於甜菜湯的甜菜」或者「用於甜菜湯的酸奶油」的購買紀錄。[27]

在一八四〇年代凱特琳娜·阿芙傑耶娃的暢銷烹飪書裡，有一道甜菜湯是大齋期食譜，此外在「俄羅斯人食用的外來菜餚」一節，還有一道「小

24　一七三一－一七八六。學者，收集並出版俄羅斯民間故事及食譜。

俄羅斯」甜菜湯（當時稱呼烏克蘭為小俄羅斯）。到了十九世紀末，甜菜湯與包心菜湯的地位似乎互換了。雖然葉蓮娜・莫洛霍韋茨[25]（Elena Molokhovets）著作《給年輕家庭主婦的禮物》（*Gift to Young Housewives*）的早期版本裡，包心菜湯列在「小俄羅斯」與「波蘭」甜菜湯之前，但她的後期著作把（沒有外國字眼修飾的）甜菜湯放在包心菜湯之前；蘇聯時期的《美味健康的食品》也是如此。

　　在二十世紀，甜菜湯也經常被抹去烏克蘭的根源。一九三〇年代，餐桌上出現了「無產階級甜菜湯」；後來則有「莫斯科甜菜湯」──最重要的是，這種湯裡有許多肉類。[28]

　　以上是兩種最著名的「俄羅斯」湯，但也有其他常見的。魚湯（ukha）是最古老的一種。起初這個詞比較常用於肉湯，但到了十七世紀末，就專指魚湯了，尤其是俄羅斯常見的淡水河魚。魚湯可以做得非常簡單。葉蓮娜・莫洛霍韋茨有一道魚湯食譜，用的是梅花鱸[26]（ruffe）或者鮈魚[27]（gudgeon）。如果是活魚，那麼只需要魚與馬鈴薯；如果魚「睡著了」，她建議加一片月桂葉、胡椒粒，「甚至根莖類：一根胡蘿蔔、一條歐芹根、一兩個洋蔥。」[29]更常見的魚湯是同時使用幾種不同的魚。有一種需要鯉魚（carp）、鱸魚（perch）、梅花鱸和鮈魚；其他食譜建議用「小魚」做出清湯底，用來烹製鱘魚（sturgeon）。

　　有些俄羅斯湯具有特殊的酸味。酸味蔬菜湯與酸味索良卡湯[28]（solianka）之間有點關聯，都是用醃漬蔬菜及其滷水增添酸味。要嚴格區分這兩種湯很困難，在當代俄羅斯烹調中，它們看起來截然不同[29]，但在十九世紀的食譜中，區別就不那麼明顯：都有醃漬／鹽醃黃瓜，很可能有滷水，以及一些其他蔬菜，但種類不很多，通常還有肉或魚。酸味冷魚湯[30]（botvinia）在十九世紀尤其是俄羅斯烹飪的象徵之一，可能是因為它有幾個特徵：湯裡用了酸味克瓦斯或者其代替品，一種有氣泡的克瓦斯（kislye shchi）[31]，以及很常見的魚（至少在上層社會常見），還有甜菜葉。

25　一八三一一一九一八。俄羅斯烹飪著作的代表性人物。
26　學名 *Gymnocephalus cernua*，產於歐亞北部。
27　很多種魚以此為俗名，此指鯉科鮈屬的鮈（Gobio gobio），產在歐亞溫帶。
28　字面意義為「開墾者的湯」。中譯名也稱俄羅斯雜拌湯。
29　現在的索良卡湯裡往往有肉或魚，吃的時候加酸奶油。
30　botvinья，得名於「根莖類的菜葉」，原料包括甜菜葉、甜菜根、酸模、大蔥、蒔蘿、蕁麻、黃瓜、以麵粉製作的氣泡克瓦斯、以黑麵包製作的，少量芥末、檸檬汁、辣根和香料。食用時搭配紅魚類，比如鮭魚、鱘魚，以及少量螯蝦或介殼類，並不時加入碎冰。
31　кислые щи 字面意義為「酸 shchi」，以小麥麵粉及蕎麥粉製作的克瓦斯，此處 shchi 並非指包心菜湯。

包心菜湯最能代表俄國，通常以發酵的酸包心菜做成。

這道湯可以冷吃，根據某些記載，這道佳餚是俄羅斯夏季菜餚的一項特色，是炎熱夏季所必需。[30] 有一份國寶清單將其列為俄羅斯最偉大的特色菜餚，清單中包括「俄羅斯酸味冷魚湯、英國版畫、德國泡菜、義大利冰淇淋，這些都是其他國家只能模仿的特製品」。[31]

　　尤其是對外國旅人來說，酸味冷魚湯是其所見過最純粹的異國食品之一；它代表了俄羅斯菜餚的奇特之處。比如，英國旅客理查·索斯韋爾·柏克[32]（Richard Southwell Bourke）寫到自己訝於一種「非常好看的綠色湯，叫做 badvinieh（我不為名稱正確與否負責）」，結果這個湯是：

　　由鮭魚、歐芹、酸黃瓜與醋混合而成的冰鎮湯，而非我所期望的熱騰騰美味豌豆湯！實在不太妙，所以我勉強嚥下第一口，然後一臉嚴肅、放

32　一八二二─一八七二。第六代馬約伯爵（Earl of Mayo），曾任印度總督。

雖然甜菜湯起源於烏克蘭，但已經成為俄羅斯的同義詞。也許是因為其鮮豔的顏色，它似乎與俄羅斯膳食最主要的麵包、粥、馬鈴薯形成了鮮明對比。

下湯匙，這使得我周圍的人極為歡樂。[32]

　　被酸味冷魚湯禍害的俄羅斯外國訪客不只這一位。還有一位英國人將其描述為「克瓦斯（當作湯底）、克斯利斯氣（kislistchi）[33]、鹹魚、螯蝦、菠菜、鹽醃黃瓜、洋蔥，全部組成一種混合物（報復的混合物！），上菜時以及吃的時候在裡面加上冰」。[33]不過對於更有冒險精神的人來說，這道湯可能是夏季佳餚；一位英國旅人指出：「我們的一些同行旅伴表現得毫不含糊、十分受用──其實根本不喜歡！」[34]

第二道菜吃什麼？

　　正菜類（entrée）[34]，現在通常被稱為「第二道菜」，大致而言，與該

---

33 即 kislye shchi，氣泡克瓦斯。
34 法文原意是「開頭」，本來是一些分量較小的菜餚或點心，排列在兩種主要肉菜之間。現在指主菜。

地區的一些湯和沙拉相比，沒有那麼明顯的「俄羅斯」特色，可能是因為這類菜餚不是俄羅斯歷史上農民大眾的日常食物。大多數記載稱，俄羅斯農民主要吃湯、麵包和粥；多道菜組成的一頓飯並不是他們的膳食。當然了，過去上層階級總是吃得比較好，至少是吃得比較多，但是這個上層階級的三餐並沒有創造出特別著名的菜餚。就和歐洲許多地方一樣，常見的是烤肉與燜燒肉（braised）。不過與其他地方比起來，可能更傾向於使用辣根、芥末、大蒜等特殊調味品，或者在燜燒肉中加入醃漬或發酵的黃瓜、蘑菇、包心菜，或者把蕎麥糊當作餡料。據一些早期的旅人記載，享用烤天鵝也是俄羅斯人特有的奢侈與古怪行為[35]。不過在大部分情況下，俄羅斯餐桌上並沒有如此戲劇化的特色菜餚。

　　這種普遍的烤肉與燜燒，加上一些法國、德國、英國烹飪，是整個十九世紀的常態。十九世紀烹飪書的第二道菜大部分是各種燜燒或燉牛肉，或者烤肉。凱特琳娜‧阿芙傑耶娃的「俄羅斯的一頓飯」食品列表中，「第二道菜」的食譜主要是一連串關於烤製不同肉類的說明，包括鵝、鴨、火雞、雞、乳豬、羊羔、野味、小牛肉、牛肉、羊肉、舌、牛的乳房，以及綿羊或牛的腸子，塞滿了蕎麥糊做的餡，最後這種是這些「烤肉」當中最特別的。大多數是簡單的火烤或烘烤，有些人建議用餡料，通常是切碎的白煮蛋，有些人建議在烤盤裡加上蕎麥粥或其他穀粒粥。阿芙傑耶娃在其他章節列出了更多肉類菜餚，包括燉菜、「醬汁」（sauces，在當時指的是肉與蔬菜一起烹製的菜餚）、慢燉肉塊（fricasee）。直到十九世紀末，情況變化也不大。到了這個時候，葉蓮娜‧莫洛霍韋茨的烹飪書列出的依然是燉牛肉或燜燒牛肉、烤肉及魚；這些書將湯標示為「第一道」、正菜是「第二道」。

　　俄羅斯餐食的確與西歐有一個顯著區別。即使是針對中產或上層階級的烹飪書，雖然這些讀者不同於農民、買得起肉，但阿芙傑耶娃與莫洛霍韋茨的書中依然包括了大量蔬食主菜。原因很簡單，那就是東正教信仰有嚴格的飲食規則，規定什麼時候可以吃什麼東西。虔誠的東正教徒不但在大齋期間不吃肉（還有乳製品與蛋），而且一整年中的每一週都有幾天不吃這些東西。所以，他們的書中不僅有大齋期包心菜湯或甜菜湯（不加酸奶油），還有更豐盛的蔬食，比如「蔬食包心菜」，這是把一整顆包心菜填上蕎麥，然後烘烤，還有「扁豆醬」或「蘑菇片」。不過作者也加入了一些以

---

35 英國伊莉莎白一世統治時期（一五五八－一六〇三），烤天鵝也是奢侈食品。

齋期的食物

實行齋戒是為了提醒東正教徒，他們有責任過樸素的生活，並記住基督一生中的特殊時刻。避免食用一切動物製品，包括奶類、奶油與乳酪，這並不完全是贖罪，而是一個明確的，棄絕令人愉悅事物的過程。大體上，尤其對俄羅斯的農民來說，持齋催生了許多儉樸的膳食。到了十八與十九世紀，上層階級都在尋找方法，一方面按照齋戒規定進食，一方面在某種程度上又能吃得快活。某位烹飪作家稱齋期菜餚的三要素是植物油、蘑菇、洋蔥，他接著也將胡椒與月桂葉列入「齋期烹調的必需品」，因為這兩種可增添許多風味。他還提供一道香檳醬俄羅斯小體鱘食譜，這道菜並未違反齋期規定[36]，但也算不上是儉樸吃苦。即使是非魚類菜餚也可能頗為奢侈。還有一位烹飪作家提供了如何製作「齋期奶油」，基本上是將堅果磨細，與水混合，用於以蘑菇與栗子為主料的煎「肉」餅，或者一道以松露為主體的菜。這位作者還建議，所有齋期食品都可以「添加英國醬汁」以改進味道，「比如哈維牌醬汁[37]（Harvey Sauce）及寇拉奇牌（Coratsch）」，但不要用市面上的其他品牌，因為「種類很多，但並非全部都是好的。」[35]

蔬菜為主體、但不符合齋期要求的菜餚，因為其中加了奶、蛋或者少量的肉。這些菜包括烘烤或火烤南瓜、奶醬蔬菜，或者把酸味索良卡湯做成主菜，用的是發酵的酸包心菜、肉或魚、醃漬黃瓜與蘑菇，一層層鋪上。

俄羅斯餐食裡的正菜尤其受到蘇聯時代的影響。在當時，「公共飲食」（obshchestvennoe pitanie[38]或者 obshchepit，字面意義「社會營養」）這個新創造出來的概念，以及對於烹飪書籍寫作的管制，都使得一套固定的食品

---

36 齋期可吃魚。
37 哈維醬汁以鯷魚為主要材料，寇拉奇不明。
38 общественное питание，公共餐飲服務。

成為標準蘇聯烹調的一部分，而蘇聯烹調在很多方面得益於俄羅斯餐食。湯的變化不大，包心菜湯、甜菜湯、酸味蔬菜湯繼續存在。但是「第二道菜」的確變化較大，部分是因為它們在從前的定義並沒有那麼明確。

　　有一種「第二道菜」，應該是這個時期最常見的，而且顯然與革命前的俄羅斯食品有關，那就是煎肉餅（kotlet）。這不是整片肉，而是小的碎肉餅，或者是蔬菜與雞蛋混合，經常加上某些澱粉類，也許還有些調味料，通常是裹上薄薄一層麵包粉，然後油煎。像莫洛霍韋茨這樣的早期作者，他們的食譜中有許多種煎肉餅，但是在他們那個年代，這種菜餚是以蔬菜為主料。一位法國旅人甚至評論了某種似乎是煎肉餅的東西，這種食物在當時到處可見：「給我端上的又是那種可惡的包心菜湯，湯裡漂著一片牛肉；然後是躲不掉的黃瓜，以及一盤永遠不變的肉丸。」[36]

　　在蘇聯時代，煎肉餅開始取代整塊烤肉。這道菜很經濟，可以用麵包屑或其他澱粉為一點肉增加分量，而且可以讓比較韌的肉可口一些。這道菜也是一項挑戰。一九三三年，《公共飲食》（*Obshchestvennoe pitanie*）期刊的撰稿人描述了「供應『碎絞肉』的鬥爭史」。難題在於「運輸碎絞肉是危險的」，所以不能先在工廠處理然後運往市場。撰稿人哀傷地總結道，蘇聯科學家們費盡心血，依然沒有解決這個難題。不過，第二次世界大戰之後，更可靠的冷藏技術問世，碎絞肉在俄羅斯食品中就更常見了。到了一九五四年，《美味健康的食品》書中說，現在人人都吃得起碎絞肉，但仍然只能購自具有良好冷藏設備的商店，在這樣的商店裡，絞肉是現場加工，而非事先由工廠做好，但是由工廠做好才是最終的目標。[37]

　　此外，俄羅斯餐食擴展最多的部分，也是在第二道菜的範圍，包括來自蘇聯──過去的俄羅斯帝國──的食品。一九四五年版的《美味健康的食品》，就有了紅燴牛肉[39]（goulash）、烤千層茄子[40]（moussaka）、烤肉串、喬治亞燉雞、抓飯。一九五四年的版本增加了更多新菜餚：除了煎肉餅，現在多了炸豬排[41]（schnitzel）；包心菜捲[42]（golubtsy，有餡，通常與烏克蘭有關）與紅燴牛肉及釀蔬菜[43]（dolma）相提並論。蘇聯世界開始融合為

---

39 源於匈牙利，通常譯名為匈牙利燉牛肉，配料為馬鈴薯等蔬菜，調味料為紅椒粉及其他香料。
40 名稱詞根來自阿拉伯語，意為「加了液體」，或者「搗碎的」，是一道流行於鄂圖曼土耳其疆域內的菜餚，將小火煎熟的茄子、碎羊肉一層層鋪上，加上乳酪或白醬，烤熟。
41 源於奧地利。
42 голубцы，意為「小鴿子」。
43 土耳其語意為「有餡料的東西」，流行於鄂圖曼土耳其疆域、高加索、中亞，最常見的是釀青椒、葡萄葉捲、包心菜葉捲。

單一的、一元化的蘇維埃烹調。這種烹調的主體是俄羅斯，但也遠不止於此。

麵包、粥、餃子、餡餅

　　麵包、穀粒粥、餃子、餡餅，這些以穀物為主的食物，在過去與現在都是俄羅斯餐食的核心，無論是當作維生主食，還是假日與節慶的美食（最終也可能成為日常的美食）。對不同人群來說，穀物食品的功能不同，可能一頓飯幾乎都是穀物，甚至全部膳食內容都是；二十世紀初，俄羅斯歐洲地區的農民幾乎每天攝取的熱量三分之二都來自穀物。[38] 但是對於社會地位更高、財富更多的人來說，穀物只是他們的精緻膳食的「配菜」或「第三道菜」。在某些方面，這些食物超越了與俄羅斯的關聯，因為歐亞大陸大多數人都吃各種麵包、粥、餡餅、餃子，於是這些食物明顯的俄羅斯特色在於材料與技術。

　　麵包就是俄羅斯人的主食。麵包（khleb）與鹽（sol）象徵著慷慨好客（khlebosolstvo）。民間諺語強調麵包的重要：「麵包與水，這就是農民的食物。」「要是沒有麵包，人怎麼能吃飽而且強壯？」[39] 麵包也跨越了財富的鴻溝，富人和窮人都吃麵包，不過正如一位十九世紀作者所說，只有富人才能思考不同的麵包製作方式，而窮人必須思考基礎大事，也就是找到足夠的麵包。[40]

　　真正的俄羅斯麵包有兩個特點：以黑麥製作，而且是酸的，不習慣的人覺得難以下嚥。就像英國旅人羅伯特・平克頓[44]（Robert Pinkerton）在一八三〇年代描述的那樣：

　　黑麥麵包在整個帝國都很普遍，農民與王子的餐桌上每天都有它，每個家庭都會自烤自食。它通常發酵良好，而且具有某種程度的酸味，對不熟悉的人來說，這種酸味一開始並不惹人喜愛，但是必須有它才能滿足俄羅斯人的獨特口味。這種麵包是圓形，直徑從十八英寸到二十四英寸，厚六到七英寸。這種黑麥麵包，通常稱 tschernoi hleb（黑麵包），是老百姓的主食。有了三磅黑麵包、一盎司鹽、一罐克瓦斯，勞動者就能完成最辛苦

44　一七八〇－一八五九。傳教士、語言學家、作家。，關於俄羅斯境內正教會的著述與遊記很著名。

的工作，士兵就能經受最艱鉅的任務，毫無怨言。一般來說，他們更喜歡黑麥麵包而非小麥麵包，因為他們相信前者更有營養。老百姓與軍隊很少吃白麵包。[41]

　　平克頓說的大部分都是對的。每個人都吃黑麥麵包，尤其農民吃了大量黑麥麵包。黑麥麵包是酸的，形狀通常是巨大的圓形。十七世紀，一位來自安條克[45]（Antioch）的修士前往莫斯科，看到一個個黑麥麵包「彷彿大磨石」，由「四五個人」抬著。他和旅伴們也發現自己厭惡這種麵包：「然而，我們根本無法下嚥……〔它的〕滋味與氣味都和醋一樣酸。」[42] 十九世紀一位作者記錄了烤製麵包的時長，重量十二俄磅的一個麵包（將近五公斤），需要三小時。[43] 由於人們大量食用，因此必須製作如此巨大的麵包。十九世紀中葉，俄羅斯士兵每天配給的麵包約為一點二五公斤——他們吃的麵包可能比農民少，因為口糧中還有肉。[44] 但是這麼大的麵包很難烤透。一八四〇年代，一位俄羅斯作者描述自己在農家不幸遭遇這種麵包的情景：「上帝啊，這算什麼麵包啊！龐然巨物整個都是灰色的、沒烤透，像泥巴一樣黏住我的牙！」[45]

　　黑麥麵包浸泡在湯裡，或者與其他食物一起食用，最常見的也許是單獨食用。奶油是奢侈物資，鹽才是常見的。在田裡耕作的農民有時以黑麥麵包做出一種混合物，叫做丘里亞（tiuria）[46]，是在一塊（可能已經放了太久的）黑麥麵包上，澆上克瓦斯或水，加上大麻籽油，撒上洋蔥。[46] 這一類分量大、富含熱量的食物，才能支撐農民在短暫緊張的農忙季節裡勞動。蘇聯時代晚期，在著名烹飪歷史學家暨烹飪專欄作者威廉・波赫列布金[47]（Viliam Pokhlebkin）的文章中，這種原本不受關注的麵包湯脫穎而出。據他說，丘里亞就跟包心菜湯、酸味冷魚湯一樣，是俄羅斯的國湯。不過其他烹飪作家認為，這種湯從當代餐桌上消失其實是件好事，也代表著國家日益繁榮。[47]

　　有一種傳統的俄羅斯小麥麵粉白麵包，叫做卡拉奇[48]（kalach），但它是節日麵包，不是真正的日常俄羅斯麵包。在十九世紀中葉，它依然被視為莫斯科的特產。一位英國旅人接受建議一試，結果發現它很可口：「它的

---

45 位於今天土耳其南端，鄰近地中海及敘利亞，古希臘時代的名城。今名安塔基亞（Antakya）。
46 тюря 來自突厥語系的其他語言，意為「餅屑」。
47 一九二三－二〇〇〇。也是俄羅斯外交史與國際關係史專家、記者。
48 名稱來自古斯拉夫語，意為「圈」或「車輪」，東歐數個民族的節日與儀式食品。

形狀像是一個扁平的提籃，熱著吃的時候，加上許多奶油，能讓英國人的胃想起瑪芬鬆糕（muffin）與烤麵餅[49]（crumpet）的結合。」

這是莫斯科的特產，「火車上一位同行者告訴我們，每當他在冬天去莫斯科的時候，都會帶一批回聖彼得堡，掛在窗外凍起來。」[48] 還有一位外國旅人指出，莫斯科「有九十多家店鋪只做這種麵包，不做別的」，而且「當皇帝（尼古拉一世）[50]讓出生在莫斯科的王儲首次公開與百姓見面的時候，他稱王儲為『我的莫斯科卡拉奇』。」[49]

不過，最後小麥白麵包變得更普遍了。從十八世紀開始，外國麵包大師來到俄羅斯，銷售其他種類的白麵包。十九世紀中葉，一名穿越西伯利亞的旅人注意到：

麵包師在伊爾庫茨克（Irkutsk）很有勢力，其中許多是日耳曼人。Frantsooski khleb（法式麵包）在西伯利亞盛極一時，所有麵包師都任意採用這個標誌。所謂「法式麵包」就是白麵包捲，很可口，在農村買不到，旅人們帶上一批，從這個城鎮到下一個。[50]

在二十世紀，小麥麵包愈來愈普遍。但是最適合傳遞俄羅斯風味的依然是黑麥酸麵包，它是包心菜湯與甜菜湯的正確搭檔，而且幾乎三餐都有它。

蕎麥粥是俄羅斯餐桌上的另一種主食。民間諺語說：「蕎麥粥是我們的母親。」[51] 托爾斯泰的《安娜·卡列尼娜》開頭的一幕裡，講究生活的時髦人物斯特潘·奧伯朗斯基（Stiva Oblonsky），與性格真誠的友人尼古拉·列文（Nikolai Levin），一起上餐廳吃晚飯。在前往的路上，斯特潘計畫了自己要吃的一整套菜餚，可是侍者告訴他，今天只有來自弗倫斯堡[51]（Flensburg）的鮮蠔，於是打亂了他的安排。當然他要吃鮮蠔，可是現在他必須想出一套不同的晚餐來搭配這些鮮蠔。不過列文不要這些。「我想要包心菜湯和蕎麥粥，」他悶悶說道，「可是這裡沒有。」侍者說：「啊，您想點俄羅斯式卡莎（kasha à la russe）[51]嗎？」（最後美味征服了列文的原則，他高興地吃了斯特潘點的大餐。）

---

49 以麵粉或馬鈴薯和酵母製成。圓形略扁，扛面有許多小孔，熱吃，加奶油蜂蜜等。
50 一七九六－一八五五。一八二六即位。王儲為繼位的亞歷山大二世（一八一八－一八八一）。
51 這個名稱是法語。

某些食物比如燕麥糊，是特別在忙碌時食用的——軍營中的士兵、田裡的農民，正如這張二十世紀初的照片所示。農民正暫停勞作，休息一下；也許他們吃的不是燕麥糊，但是圖中有一把水壺，也許可以將燕麥粉加上水，變成快速而熱騰騰的一餐。

　　雖然俄羅斯有許多種穀粒粥：燕麥、小麥粗穀粉（farina）、小米、稻米，但是，就好比黑麥麵包才是真正的俄羅斯麵包，蕎麥粥才是真正的俄羅斯粥。正如一位農業作家在十九世紀所說：「世界上沒有其他國家播種了這麼多蕎麥、使用了這麼多蕎麥粒、煮了這麼多蕎麥粥、烤了這麼多蕎麥圓薄餅……蕎麥之於俄羅斯人，就像馬鈴薯之於愛爾蘭人與德國人。」[52]十九世紀的一位貴族，弗拉基米爾・奧多耶夫斯基[52]（Vladimir Odoevskii）以「煙霧博士」（Doctor Puf）為筆名，偽裝成烹飪作家寫道：「在我們日常

---

52 一八〇三－一八六九。哲學家、作家、樂評家。

這種甜點澱粉糊，利用馬鈴薯或其他澱粉將煮過的水果汁增稠，做得稀一點就可以喝，做得稠一點就用調羹吃。

的、芳香的、熱騰騰的蕎麥粥面前，其他所有粥糊都像是太陽面前的蠟燭一樣！」[53]

最初，蕎麥粥是盛在陶鍋裡、放在烘爐中烘製。凱特琳娜・阿芙傑耶娃建議，蕎麥的分量要比陶鍋容量的一半再多一點，加入鹽與沸水，攪拌，然後放進烘爐。一旦粥變稠了，就把陶鍋倒過來，繼續放在烘爐裡，好讓蕎麥稍微變成棕色。這種粥是與奶油或油一起吃的，或者冷卻之後與牛奶一起吃。[54] 隨著烹飪工具的變化，蕎麥粥的製作過程也發生了變化。十九世紀末，莫洛霍韋茨提供的食譜依然是在烘爐中烘烤蕎麥粥，但是在蘇聯時代，粥搬到了爐口上——至少大部分情況下是這樣。《美味健康的食品》建議，先將蕎麥粥放在爐口上煮，再放進烤箱。

過去俄羅斯人經常吃的還有另外兩種以穀物為主、十分儉樸的食品（其中一種現在也經常吃）。一個是燕麥糊托拉克諾[53]（tolokno），使用燕麥（較少見的是用大麥）浸泡在水中，然後晾乾並磨成細粉。如此不用烹煮，就可做成一餐，因此成為農忙時的食物。據一八四〇年代一位作家記載：

燕麥糊是農民桌上的主要配料，是農民在路上必備的乾糧……它可以撒在包心菜湯上，加上油、像煮粥一樣烹製，但最常見的是在農忙的夏季，特別是在收割與製作乾草的時候，人們吃燕麥糊、喝燕麥糊，與克瓦斯和麥芽汁混合，搭配酸奶油與青蔥。[55]

---

53 源於芬蘭（稱為 talkkuna）與愛沙尼亞（稱為 kama）的穀物糊。材料包括燕麥、大麥、黑麥、豌豆，將粉末加水即可食用。

　　在俄羅斯歐洲地區某些古老的北部省分，該食品尤其受歡迎；據說當地農民們被稱為托拉克諾尼基（tolokonniki），就是因為他們深愛這樣食品。[56]

　　一八三〇年代，民族誌學者斯涅吉廖夫記載，十七世紀前往莫斯科的旅人目睹強壯的俄羅斯軍隊如此驍勇善戰，吃的卻是燕麥糊這樣簡單的食物，都感到震驚；而且在他們看來，更令人驚訝的是這些燕麥糊甚至都沒有煮過！斯涅吉廖夫指出，這正是其關鍵；他引用一位農民的話說：「燕麥糊是一種速食，混合後就可以直接吃了。」[57] 燕麥糊能夠支撐艱苦的勞動，這不只令十七世紀的外國人感到驚訝；一位軼名的俄羅斯作者認為：「親眼看到這些農夫做工，你想像不出人類的力量怎麼能夠如此長期不斷勞動，再看到他們吃的食物，更是完全無法想像了，因為他們吃的是麵包與燕麥糊。」[58]

　　雖然燕麥糊已經不常見了，但另一道為了節儉而生的食品依然很常見，也是一種美食，那就是果子凍基塞爾。主體是以澱粉增稠的簡單液體。一開始，這是為了留住煮沸燕麥或麩皮後殘留的澱粉糊，加以利用；後來用的是工業化生產的馬鈴薯或玉米澱粉。在它的最基礎版本中，燕麥或麩皮與水一起煮沸，但並不是為了煮粥，而是為了利用澱粉使水變稠。這種澱粉糊本身就可以當作一頓飯，阿芙傑耶娃甚至建議，以麩皮製成的澱粉糊可以當作蕎麥粥的替代品，給僕人吃。[59] 還可以添加鮮果或乾果，做成一種微甜的黏稠液體。這是一道美味的甜食──「快樂就是果子凍與啤酒」，它也是健康的食物──「有了果子凍就不傷胃」並且「果子凍不傷牙」。[60] 果子凍在齋期也有特別的優勢：它的質地滑膩如鮮奶油，通常如果食品裡沒有奶類、蛋或動物脂肪就很難形成這種質地。

　　燕麥糊與果子凍因節儉而生（雖然其中一種已經是美食），從許多方面來說，與它們相對的就是各種餡餅與餃子，這些食品不只在俄羅斯烹調中很常見，在西伯利亞及其他東斯拉夫烹調中也很常見，包括西伯利亞小餃子[54]（pelmeni）、餡餅[55]（pirogi）、烏克蘭乳酪塔[56]（vatrushki）、魚肉大餡餅[57]（kulebiaka）、烏克蘭餃子[58]（vareniki）。其中一些種類算是節儉的，因

---

54 單數 pelmen，名稱源自西伯利亞西部原住民芬－烏語族科米語 komi 及烏德穆爾特語 Udmurt，意為「耳朵餅」。
55 單數 pirog，名稱源自原始斯拉夫語「節慶」、「宴會」，也正是圓形酥皮大餡餅出現的場合。
56 單數 vatrushka，名稱可能源自斯拉夫語「奶渣」，將牛奶中的乳清分離後提煉出的白色渣狀物，在東歐經常用來做點心。
57 кулебяка，來自動詞 кулебячить，意為以手搓圓、彎折、塑形。外型為長方體。
58 單數 varenik，名稱源自烏克蘭語「沸騰的液體」，指煮餃子的方式。這種餃子另一個常用名稱為波蘭語 pierog/pierogi，與節慶大餡餅 pirog 同一語源，但不是同一種食物。

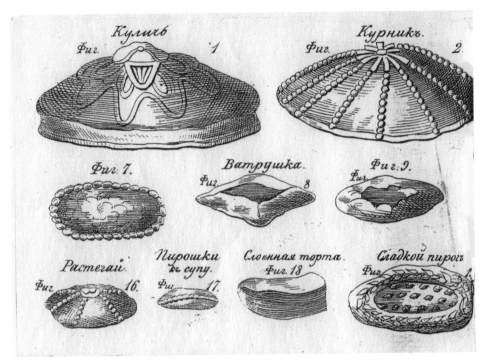

此圖出自凱特琳娜・阿芙傑耶娃在十九世紀中葉出版的書籍，展現了俄羅斯餐桌上眾多餡餅的一部分。占了主要位置的是圖一庫里奇（kulich）[59]及圖二庫爾尼克（kurnik）[60]，都是有麵花裝飾的（後者是雞肉餡餅，前者有許多其他變化）。第二排是幾種不同形狀的烏克蘭乳酪塔，這種點心是敞口的，露出內餡。第三排由左到右分別是圓形的拉斯特蓋[61]（rasstegai，小的橢圓形敞口派餅）、「搭配湯的小的餡餅（pirogi）」、千層派塔（puff-pastry tart）、裝飾繁複的「甜餡餅（pirog）」。

為用的是少量肉或者其他特別餡料，以麵團包住，然後烘烤、水煮或油炸（至於蕎麥蘑菇餃〔kundiumy〕則是先烤再蒸）。其他種類的餡料及裝飾都十分豪華。

　　水煮的餃子有兩種主要形式，以兩種不同路徑發展。西伯利亞小餃子是小的肉餡餃子，外型有點捲曲，略似義大利餃子（tortellini）。這種形狀可能就是它的名稱來源，人們認為其名稱來自科米語（komi）或者烏德穆爾特語（Udmurt）的「pel」，意為耳朵。[61]語言學上的起源正說明了這種餃子本身的起源，因為科米人與烏德穆爾特人都是歐俄極東北部的芬蘭-

59 名稱來自希臘語「一個麵包」。一種圓柱型麵包／蛋糕，主要用於復活節，以及其他大節慶。
60 名稱意為「雞肉餡餅」。源自南俄羅斯的哥薩克人，用於婚禮與慶典。
61 俄文名意為「沒有收口」，通常呈船型。

阿芙傑耶娃的烹飪書也展示了許多其他的烘焙食品。最上一排是各種「普通餡餅」，中間那個是包著果醬餡的餡餅（現在全俄羅斯的食品展示櫃裡都還有相同形狀的餡餅）。第二排是以酥皮千層麵團做成的各種塔，最右邊則是一個餡餅。最下一排是幾種不同形狀的小麵包圈（krendely），類似德國的扭結麵包圈（pretzel）。

烏戈爾語族人，但這個看法尚未確定，因此也反映了西伯利亞小餃子的確切起源並不清楚。十九世紀初，一位俄羅斯記者描述它是陌生的韃靼族菜餚，常見於喀山城[62]周邊，但僅限於伏爾加河沿岸。[62] 更常見的說法是，這種小餃子與東邊更遠的地方有關，即西伯利亞。凱特琳娜・阿芙傑耶娃在西伯利亞土生土長，她稱其為「西伯利亞」小餃子，並列入俄羅斯餐食的基本菜餚。於是這個名稱就固定了。後來的一位食譜書作者，伊格納季・拉德茨基（Ignatii Radetskii）把它寫在自己受到法國美食文化影響的書中，名之為「西伯利亞小餃子」（petits patés à la sibirienne）。[63] 這種餃子被稱為西伯利亞食品，出於普遍流傳的說法，謂這種餃子在秋天大量製作，一整個冬天都存放在袋子或者盒子裡，留在戶外冷凍，可以隨時享用。在蘇聯時代（及現在的後蘇聯），這個傳說又讓小餃子成為展現機械化

---

62 喀山城位於伏爾加河中游，曾是金帳汗國治下的喀山汗國中心，從十五世紀上半葉以韃靼人為統治階層主體。一五五二年，伊凡雷帝征服喀山，將其併入俄羅斯沙皇國。現今喀山城是俄羅斯聯邦韃靼斯坦共和國首府。歷史上韃靼人與俄羅斯人自皇室以下通婚交流密切。

與冷凍技術的完美目標；除了餃子攤，又有了冷凍食品櫃檯出售的一袋袋餃子。

烏克蘭餃子來自帝國的另一頭。這種水煮餃子通常是半月形，不是捲曲的小餃子。餡料各色各樣，通常是蔬菜，比如包心菜、蘑菇、奶渣（tvorog，鮮乳酪）、櫻桃與其他水果。阿芙傑耶娃在「俄羅斯人食用的外來菜餚」一節包括了奶渣餡烏克蘭餃子食譜。到了十九世紀末，莫洛霍韋茨的烹飪書提供了更多種類。和西伯利亞餃子一樣，烏克蘭餃子正好配合包裝食品和機械生產食品的興起。雖然餐廳仍然可提供手工製作的，不過冷凍櫃已經讓這些餃子成為簡易快餐。

有餡的派餅與餡餅種類可能比餃子還多，對部分人來說是節日餐點必有的，對富人來說更是每天都有的。以烹飪為主題的諷刺作家煙霧博士，稱俄羅斯人是「真正的『派』食者（laganovores）」，這個詞是他造出來的，源自拉丁文的 laganum，也就是派餅。[64] 大餡餅即 pirogi，以及較小的烤餃子 pirozhki，都是以酵母發酵的小麥麵團烘烤而成，裡面包著肉、包心菜或蘑菇或馬鈴薯、水果、蛋與洋蔥，然後把麵皮摺起來、封口，烘烤或者油炸而成。烏克蘭乳酪塔用的是同一種麵團，不過餡料放在上頭、不封口，最常見的餡料是奶渣，或者水果、醃漬蜜餞也可以做成一道美食。

最壯觀的餡餅則是魚肉大餡餅。在凱特琳娜・阿芙傑耶娃筆下，它「差不多是各階層人們最喜歡的一道菜餚」，可以「當早餐吃，也可以當晚餐，有些地方把它放在熱菜之前，跟酸味冷魚湯一起吃，有時候跟熱菜一起上，或者在熱菜之後。」[65] 基本上，它是一個大派餅，麵團加了奶油並經過發酵，裡面裝了一整條魚或者魚排，以及一些配料，比如魚肉、蘑菇、鱘魚的脊筋乾、薄煎餅、稻米。它通常是長方體，以呼應全魚的形狀，而且可能裝飾得很華麗。這種大餡餅也傳到了國外[63]，稱為 coulibiac，美國的飲食作家克雷格・克萊本[64]（Craig Claiborne）說，這是「全世界最精彩的一道菜」。[66]

節慶餐飲

即使對上層階級來說，魚肉大餡餅這樣的菜餚也不是日常食品，但是

---

63 二十世紀初，法國名廚喬治・奧古斯特・埃斯科菲耶（Georges Auguste Escoffier）將它寫進自己的著作，引介到法國。
64 一九二〇－二〇〇〇。美食評論家。

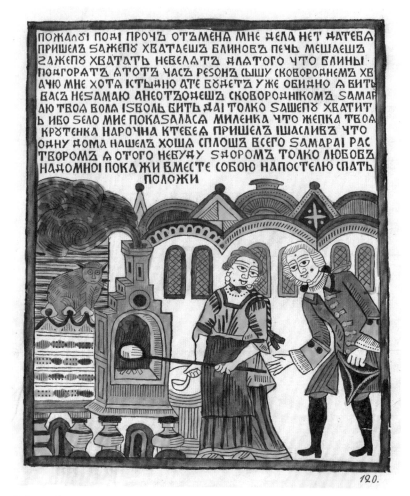

這種發麵小鬆餅是奶油週的獨特美食。奶油週是大齋期之前的狂歡節。起初圓薄餅是在俄羅斯爐灶中以特製小煎鍋烘烤而成，正如這幅十八世紀木刻畫所示。Blinishchitsa，即製作圓薄餅的人，拿著小勺子，將麵糊直接舀到熱鍋中。這幅圖裡是烘焙場景，但上方是一段諷刺文字，描寫圖中的烘焙者在躲避這位「紳士」的不良企圖。

原則上，這些都可以隨時提供。不過有些烘焙食品只在特定節日與場合製作並食用，至少大部分情況是如此。比如婚宴通常有一種特色麵包，形狀特殊、用料濃郁、裝飾精美，稱為科羅法耶（karavai 或者 korovai）。它的麵團加了奶油、雞蛋及／或鮮奶油，表面以渦卷、辮子、植物與動物麵花裝飾，是真正的慶典美食。它曾出現在沙皇婚禮的記載中。一五二六年，

瓦西里三世（Vasilii III）[65]迎娶葉蓮娜‧格林斯卡婭（Elena Glinskaia），在婚禮的儀仗裡，以及婚宴上，都有大量這種麵包。這種麵包也出現在他的兒子，即伊凡雷帝的數次婚禮上。[67] 製作婚禮麵包的過程，也融入了俄羅斯農民的婚前與婚禮儀式中。

其他的特別美食，則與東正教世界最重要的宗教節慶有關，也就是復活節。在復活節及大齋期之前，俄羅斯人慶祝謝肉節，Maslenitsa。這個字通常被譯為「奶油週」，maslo 是奶油或者油，而這段齋戒前的慶祝活動使用了大量奶油；不過並非將奶油做成其他形式，而是以其為圓薄餅增味。在奶油週期間，每個人都塞滿了圓薄餅；正如一位英國旅人所說：

午餐有圓薄餅，晚餐有圓薄餅，而中下層階級一整天什麼也沒幹，都在享用圓薄餅。「好吧，格魯沙，」有一回我對僕人說，「你今天已經吃了幾個？」「夫人，吃了三十四個了；不過我還要再吃一些。」[68]

還有一位英國旅人認為這是「一種非常誘人的食物」，「類似司康（scone），介於鬆餅與烤麵餅之間，與新鮮的奶油及魚子醬一起食用。」[69]

真正的奶油週圓薄餅並非簡單的油煎餅。它有許多種類，基本上是煎鍋做出來的餅，但是據煙霧博士說，「真正的俄羅斯圓薄餅是蕎麥圓薄餅，其他所有種類都是微不足道，妄圖模仿。」[70] 這種餅是經過酵母發麵，需要事先計畫（不過當然節慶中每個人都在期待這件事）。特殊的圓薄餅煎鍋可以做出特有的小而圓的形狀。不過製作起來也不容易。民間諺語說：「做出來的第一片圓薄餅是用來燒火的。」這句話表示了第一片圓薄餅通常會黏鍋，做出來就不盡如人意。製作圓薄餅的動詞是「烘焙」，因此本來是在烘爐中烤製的，但後來普遍在爐口上以平底鍋煎。這種薄餅應該輕巧蓬鬆，有一位作者建議吃的時候不要使用刀叉，因為即使刀子輕輕一碰也會讓薄餅洩氣。常見用來搭配圓薄餅的食品也增添了節慶的奢華，即酸奶油、奶油或魚子醬。[71]

圓薄餅這種美食已經超越了奶油週，平時可以當作早餐，搭配甜味食物，或者當作開胃菜，搭配鹹味食物。使用其他麵粉及發酵法的薄餅也是如此。到了十九世紀末，莫洛霍韋茨的圓薄餅食譜使用酵母或蘇打粉，還

---

65 一四七九──一五三三。莫斯科公國大公，一五○五年即位。他與格林斯卡婭的長子暨繼位者即「雷帝」伊凡四世。

這兩張復活節明信片由伊莉莎維塔‧別姆[66]（Elizaveta Bem）繪製，重點是復活節的美食。上圖中，復活節的葩斯哈奶渣糕居中，旁邊是一藍上色的雞蛋。這種奶渣糕的原料是奶渣，即農夫乳酪，混合其他乳製品、砂糖、果乾，做成金字塔狀，但是頂端截掉。下圖中除了奶渣糕，右邊是高聳的圓柱體花式麵包庫里奇，中間可能是大餡餅。

有另一種薄餅（blinchiki）的食譜，這種餅比較大、比較薄，沒有經過發麵，基本上就是法式薄餅（crêpe）。這種薄餅尤其已經是俄羅斯烹調的重要代表。在當代速食連鎖店特列莫克（Teremok），服務員——他們依然以傳統的敬語稱呼顧客——端上薄薄的、類似法式薄餅的圓薄餅以及蕎麥粥，包裹著或者覆蓋著傳統與非傳統的配料，前者比如包心菜、奶渣、蘑菇，後者比如火腿與乳酪。

---

66 一八四三－一九一四。俄羅斯畫家，明信片設計家。

如圖中所示，與魚子醬和酸奶油一起食用，或者與其他鹹味或甜味的配料一起食用，這種小圓薄餅正好可以一口吃掉，是完美的點心。

　　這些復活節美食可能只是非常壯觀的慶祝活動的一部分。一八二七年四月，貴族沃隆佐夫宅邸有不少「為節日做飯」的特別採購紀錄。其中包括奶渣與酸奶油、肉桂、丁香、葡萄乾、砂糖、火雞肉、一隻乳豬、兩隻雞、香草植物、萵苣、辣根、十俄磅奶油（約四公斤）、一個庫里奇麵包，還有兩百五十個蛋，大都是用來著色後送人的，不是為了做菜。[73]這頓飯享用了所有在大齋期吃不到的東西。

　　當然了，在過去和現在，甜食都不是只在特殊的慶祝場合裡才吃得到的。十九世紀的作者們認為俄羅斯人特別喜愛酸味與鹹味，但是現代俄羅斯的遊客可能認為俄羅斯人都酷愛甜食。食品店通常有整整一兩條走道都是甜食區，海外的俄羅斯移民商店裡甚至比這還要多。童年的特殊甜食甚至對那些離鄉背井的人也有吸引力。莫斯科與聖彼得堡有彼此競爭的糖果工廠，至今依然保持蘇聯時代的名稱，在莫斯科的是紅色十月（Red October），聖彼得堡的是克魯普斯卡婭（Krupskaia，以列寧妻子娜傑日達[67]

67　娜傑日達・康斯坦丁諾芙娜・克魯普斯卡婭（Надежда Константиновна Крупская），一八六九─一九三九。

圖拉城因許多事物聞名，包括同時用於製作軍械與茶炊的金屬工藝。圖拉也自稱是香料糕起源地。這是一種乾的香料糕點，裝在精雕細琢的模具裡烘焙而成。這座紀念碑位於圖拉城中心，紀念「自一六八五年以來著名的圖拉香料糕」。

的姓氏命名）。紅色十月糖果廠位於莫斯科河畔，幾乎直接與克里姆林宮隔河相望，歷史可追溯到革命前，在國有化之前，它的名字是埃能姆（Einem）。這兩家工廠及其他廠家都生產巧克力棒、玻璃紙包裝的單顆巧克力，當然還有精美的展示盒以便送禮。

　　十八世紀末，甜食食譜才剛開始出現，烹飪書裡就收錄得滿滿都是了，但大部分甜食食譜都是進口貨。名稱全是從外語音譯而來：華夫鬆餅（waffles）、比司吉餅乾（biscuits）、李子布丁。此外還有比較傳統俄羅斯的甜餃子、大餡餅、蕎麥粥、果子凍。不少大餡餅與烏克蘭餃子都是水果餡，蕎麥粥可以加上葡萄乾、南瓜、草莓汁，果子凍則經常以果汁為主原料。俄羅斯的糖漬水果稱為瓦列涅（varenye），質地沒有西歐常見的果醬

與果凍那麼濃稠，這種甜食也是歡樂來源，可以加在奶渣上，或者茶水裡。俄羅斯也有一種蓬鬆的炸麵點，稱為普什卡[68]（pyshki）或膨切克（ponchiki）[69]。普什卡與聖彼得堡有著特別的關聯，而且這個名稱源自其蓬鬆的質地。

還有一種特別的甜食是 prianik[70]，即香料糕，關於這種產品的競爭十分激烈。俄羅斯有幾個不同地區爭相宣稱自己才是這種香料糕的起源地。其中之一是圖拉城[71]（Tula），當你開車進入圖拉，就能看到沿路攤位出售著名的「圖拉香料糕」。香料糕不只因為香料濃重，還因為精緻裝飾而聞名，這些裝飾來自烘焙模子上的雕刻。圖案裝飾包括抽象設計、具體圖形、文字，香料糕形狀則從小圓形到大矩形不等。

飲料（以及醉酒）

俄羅斯餐桌上當然不只有食物，還有飲品，其中一些起源於國外，但已經成為俄羅斯文化的一部分，所以不可能將其排除在外。茶搭配甜點，諸如香料糕——圖拉自稱為香料糕的故鄉，多少可能因為圖拉也是茶炊（samovar）的故鄉，這是俄羅斯人喝茶少不了的用具。伏特加伴隨著節慶（無論其結果好壞）。克瓦斯是俄羅斯農民與貴族的日常飲料，也是許多俄羅斯菜餚的原料。飲料的世界與食物的世界是分不開的。

最具俄羅斯特色的飲料不是伏特加，而是克瓦斯。農民的諺語說：「就算糟糕的克瓦斯也比好的水好。」[74]克瓦斯是一種輕度發酵、酒精量極低的飲料，以黑麵包釀造，通常用的是剩下的邊角殘渣。莫洛霍韋茨提供了一道克瓦斯配方，在一天內就能完成，首先用沸水蓋住黑麥麵包屑，靜置。接著把濾出的液體混合酵母、砂糖或糖蜜、半個檸檬（這一點絕非傳統作法！），然後靜置。再將其過濾，注入瓶中，以木塞塞住。其他配方的浸泡或者釀造時間更長，或者材料略有不同，不過克瓦斯基本就是如此。

---

68 在聖彼得堡稱此名，而且是當地著名小吃。
69 單數型分別為 pyshka / ponchika。前者源自俄語「噴出熱氣」，呈圈狀。後者源自波蘭語「小圓形甜炸餅」，圓餅狀，通常有餡。
70 пряник，源自古東斯拉夫語「胡椒」，但傳統的香料糕並不使用胡椒。香料糕經常英譯為 gingerbread，中譯也隨之稱為薑餅，但傳統上也不用薑。
71 位於歐俄中部，莫斯科以南一百六十五公里。

克瓦斯曾經是人人都喝的清爽提神的酸飲料（也許這種酸味對某些人來說是令人不快的），以黑麥麵包發酵製成。

在俄羅斯，每個人都喝克瓦斯，而幾乎每個外國人都受到它的折磨。英國人賈爾斯‧弗萊徹[72]（Giles Fletcher）是最早記載這種飲料的人，他將其描述為「水加了一點麥麩，然後發酵」。[75] 幾個世紀後，一位美國人稱其為「有史以來最令人洩氣的酸飲料」。[76] 在十九世紀，一些俄羅斯評論者驚惶地宣稱，克瓦斯正逐漸過時：

令人遺憾的是，釀造純正的俄羅斯國飲——上好克瓦斯的藝術，正在逐漸消失，並且是隨著每一代人而消失。在此不研究其原因，且讓人們稱我為克瓦斯愛國者吧，因為我心懷喜悅，記得一位來訪的外國旅人的古老軼事，以下這個小故事並非玩笑，但是他相信，在俄羅斯如果有人點了克瓦斯，那麼房間裡的每個人也會立刻大喊：我也要，我也要，我也要。那曾是一段美好的時光！然而今天呢？許多彼得堡的人家裡，首都的老人們，從出生就未曾一嚐克瓦斯的味道。[77]

這幾乎可以確定是誇大其辭了。一位差不多是同一時代的旅人講述的情況與此相左：「如果有人要喝克瓦斯，那麼的確是喝得到的，但如果有人同行時會避免喝它，這就像在英格蘭，啤酒是一種『特殊』選擇一樣。」但是他接著說：「不過我在俄羅斯見到了許多例外；有時我坐在一位伯爵夫人旁，她一瓶接一瓶喝著這種討厭的飲料。」[78]

此外，某些俄國醫學作家認為克瓦斯是俄羅斯農民生活的絕對必需

72　一五四八－一六一一。The Elder Giles Fletcher，英國詩人、國會議員，在伊莉莎白一世統治時期於一五八八年出使俄羅斯。

俄羅斯城鎮經常有街頭小販出售克瓦斯。這張照片攝於一九三一年，照片中的小販有兩種冷飲，供應口味不同的消費者所需，即酸味的克瓦斯，以及甜味的莓果飲料莫爾斯[73]（mors）。

品，尤其因為它為農民原本粗糙的膳食增添了營養。一八九〇年代，公共健康委員會成員 I・M・雅科夫列夫（Iakovlev）博士強烈提出此一論點：

　　俄羅斯老百姓主要食用植物與澱粉類，因此是素食者……而俄羅斯人在吃粗糙蔬食的同時，也總是飲用克瓦斯。克瓦斯這種飲料，也成為許多俄羅斯菜餚與湯的材料。大家都知道，蔬菜與澱粉類食品本身含有大量無法消化的東西。粗糙蔬食含有不易消化的纖維，由於添加了克瓦斯，所以

73　語源不明。通常以越橘 lingonberry 及小紅莓為主，水煮，加糖或蜂蜜。

《莫斯科酒館》（*Moscow Tavern*），鮑里斯・庫斯托季耶夫[74]（Boris Kustodiev），一九一六年，布面油畫。喝茶已經是俄羅斯人社交的重要部分。圖中一群男子在一家小飯館（kharchevnia）圍桌而坐，一起喝茶，這是平民階級的餐飲場所。在蘇聯時代，辦公室同事一起喝茶就代表著暫時小歇。

俄羅斯人依然擁有健康的消化器官，很少受到消化問題所苦。[79]

　　換句話說，克瓦斯是俄羅斯文化的必需品，也是俄羅斯腸胃與健康的必需品，這一論點可說是先聲，預示著當代許多關於發酵食品和益生菌在膳食中發揮正面功效的討論。[80]

　　與克瓦斯有關的飲料是氣泡克瓦斯。這是發泡版本的克瓦斯，釀造方法幾乎完全相同，只是以額外發酵使其冒泡。要做到這一點，可以在每瓶加一兩顆葡萄乾，如此能夠提供更多糖分給酵母，從而產生氣體。氣泡克瓦斯不是克瓦斯這樣的日常飲料，因為它需要更小心的釀造與保存，不過也還是隨處可見，而且和克瓦斯都是許多湯類的基本原料。但是氣泡克瓦斯不像克瓦斯熬過了蘇聯時代。一九二七年，一份在家自製「清爽提神水

74　一八七八－一九二七。帝俄／蘇聯畫家、舞台設計師。

果飲料」的指南裡包括了氣泡格瓦斯的配方，但已經形容它「古老」。[81]
此後，它就從人們的視野中消失了。

雖然克瓦斯是最具俄羅斯特色的飲料，但它並不是最有名的；反而人
們在想到俄羅斯食品飲料的時候，幾乎所有人首先想到的都是伏特加。由
於文化、社會與財政原因，伏特加的確曾經很重要。最終，如同十九世紀
初一位作家所言，伏特加蒸餾生產業（以黑麥製成，並非一般以為的馬鈴
薯）、尤其是國家對伏特加的壟斷，成為「俄羅斯國家經濟中分布最廣、最
有用的部分」。穀物烈酒，即伏特加，是俄羅斯老百姓最喜歡的酒類，也
是國家巨大利潤的絕佳來源。[82]正如民族誌學者斯涅吉廖夫所言，伏特加
「強健俄羅斯人的體魄，在寒冷中、風雨中溫暖他的血液，在逆境中提振
他的精神；因此，他在快樂與悲傷中飲用它。」[83]儘管十九世紀的評論者
擔心生產伏特加可能耗用過多糧食穀物、導致饑荒，但在十八世紀，至少
在某些地區，生產伏特加是消耗過剩穀物的一種方式。[84]

伏特加很早就出現在俄羅斯人的世界裡，但不像啤酒或蜜酒那麼早。
這個詞出現的時間不早於十四世紀，可能在十四世紀之後的某個時候。當
時的確有以穀物蒸餾而非發酵而成的酒精飲料，稱為「麵包酒」（khlebnoe
vino）。Vino 這個字後來繼續用來指葡萄酒，也指伏特加，在閱讀舊文獻的
時候，這一點很可能令人無法辨別。

伏特加的明確出現時間仍不確定──可能早在十二世紀，但更有可能
在十五世紀末或十六世紀。十六世紀確實已經有了伏特加，但在十七世紀
才普遍具有地位。[85]從那時至今，它在節慶、宴會、酒館與酒吧一直占據
了主要位置。最重要的是，至少在整個十九世紀，飲用伏特加是一種公共
或集體慶祝行為；特別是在農村，伏特加是宗教節慶、婚禮、洗禮的常態
慶祝活動的一部分。日常飲用並非常態，但節慶時正常飲用則是常態──
而且消耗量往往到了過量的程度。[86]

俄羅斯釀造啤酒與蜜酒的歷史甚至更長。對中世紀的考古挖掘發現了
用來釀造啤酒的木桶，以及啤酒花的痕跡。[87]十九世紀，民族誌學者暨農
民諺語收集者伊萬・斯涅吉廖夫指出：「俄羅斯人在熟知伏特加之前……喝
的是經過窖藏的濃烈蜜酒，即黑啤酒……他們把酒醉稱為 khmelem〔啤酒
花醉〕。」[88]農民釀造啤酒並非當作日常飲料，而是為了節日與慶祝活動
──克瓦斯才是日常飲料。十九世紀初一則記載稱：「幾乎每個農民都在家
裡用黑麥麵粉釀造啤酒。」[89]斯涅吉廖夫描述了十八世紀一種優質啤酒，
出自其曾祖父位於莫斯科附近伊茲邁洛沃（Izmailovo）的莊園：伊萬・薩

維奇有一名家庭農奴，名叫卡琳娜‧庫茲米奇，她能釀造優質啤酒……這種啤酒滋味芬芳、清爽、可口，而且健康……根據其濃度分為三種：爺爺、爸爸、兒子（dedushka、batiushka、synok）。[90]

有蜜酒必有養蜂，而養蜂在俄羅斯北部森林茂密地區很常見。蜜酒可以簡單釀造，或與啤酒花一起釀，做成口味各異、酒精含量不一的飲料。早在十世紀，蜜酒在俄羅斯就廣為人知，而且現在還在繼續生產（不過現在也自知是個過時產品了）。[91] 十七世紀，亞當‧奧列阿列烏斯[75]（Adam Olearius）在著作中稱，莫斯科人最常飲用的酒類是克瓦斯及蜜酒；「有地位的人」也可能喝啤酒與葡萄酒，不過首選還是蜜酒。他特地指出，他們用櫻桃或莓果為蜜酒加味；「用覆盆子做的蜂蜜酒是最怡人的」。據他記載，這種蜜酒通常會加上「一小袋肉桂、天堂籽（grains of Paradise）[76]、一些丁香」，進一步增味。[92] 當然了，這些香料是從遠方傳入莫斯科，這也暗示著這種「傳統」飲料正在發生的變化。

還有一種以蜂蜜為主的飲料，可能比蜜酒更常見，即蜂蜜熱飲斯畢京（sbiten）。這是一種加香料的熱飲，不含酒精，但是能暖身。一位旅人描述這種飲料：

> 包括盆栽香草植物、薑、胡椒、蜂蜜，一起煮沸，像茶一樣喝，顏色也很像茶水。這是非常古老的俄羅斯飲料，在從前，所有階層都飲用，現在只有平民飲用。莫斯科與彼得堡街上的 izbitenchiki〔sbiten 小販〕四處叫賣這種滾熱的飲料，有人購買的時候，就倒在玻璃杯裡。這是一種提神的熱飲，非常適合那些在嚴寒暴雨天氣裡來到市場的可憐農民。[93]

除此之外，還有其他各種飲料，由水果或蜂蜜製成、含酒精或無酒精：莓果飲料；「白蜜酒、紅蜜酒、小紅莓與櫻桃蜜酒；多種 nalivki（果汁甜酒），比如櫻桃、蘋果、梨、花楸（mountain ash）、覆盆子、藍莓、醋栗等等；還有 berezovitsa [77]（樺樹液發酵飲料），可以做成非常近似香檳的

---

75 一五九九－一六七一。今德國學者、數學家。一六三三年，荷爾斯泰因-戈托普公爵腓特烈三世任命其為使節祕書，出使俄羅斯及波斯，回國後出版了兩本遊記。
76 Aframomum melegueta，又稱梅萊蓋胡椒 melegueta pepper。原產非洲西部，薑科非洲豆蔻屬，種子紅棕色，有胡椒味，名稱源自葡萄牙語 malagueta「辣椒」。
77 在初春，白樺樹尚未長出綠葉的時候，在樹幹上鑽一個小洞，收集樹汁。透明無色，糖分約百分之二，可飲用或藥用，兩三天後自然發酵變酸。

飲料。」[94] 這些飲料種類繁多，給旅人留下深刻印象。阿勒坡的保羅[78]（Paul of Aleppo）記述了某次在修道院用餐情景，當時提供給其團隊的是：

> 各種蜜酒及許多其他飲料……每次我們看到這裡的主事人飲用的這些飲料，色味絕佳，往往不禁驚嘆，其材料包括櫻桃、蘋果以及許多我們不知名的東西。[95]

還有一種無酒精飲料，糖水水果，是鮮果或乾果混合砂糖與水，靜置浸泡，讓甜水吸收水果的滋味。

雖然茶不是俄羅斯原生，而且在最近一百五十年中才真正普遍飲用，但是茶已經成為日常飲品，是俄羅斯飲食世界的重要部分。一位作家稱，早在十九世紀初，茶已經「在俄羅斯是必要的，幾乎和空氣一樣」。[96] 還有一位作家說，在俄羅斯隨處可見的茶葉，人們公認其品質比其他歐洲國家的茶葉高得多，並特地指出比英國茶葉更好。[97] 一八六〇年，一名喀山的報紙記者稱，俄羅斯的茶葉需求僅次於麵包和鹽。[98] 以上這些說法都稍微誇大了，但是茶葉在俄羅斯的確歷史悠久，即使在從前還未完全普及，但也已經廣為人知。十七世紀，俄羅斯吞併西伯利亞，重新建立與中亞及中國的關係，茶葉商隊成為俄羅斯經濟的重要部分。茶葉運進重要的貿易中心，然後進入更廣大的上層階級與農民生活。

也許，尤其再加上茶炊的技術發展，於是不僅茶葉這項商品，還有整個飲茶的體驗——茶會（chaepitie），都成為俄羅斯生活的核心。無論是革命前的商人妻子坐在擺滿了水果、糕點和茶炊的桌子旁（還有一隻貓！）[79]，還是蘇聯辦公室或工廠同事們拿出點心共享、一起喝茶休息的景象，都代表著俄羅斯飲食更普遍地成為俄羅斯文化的一部分。一位十九世紀的記者認為，「幾乎在絕大部分情況下，人們不應該獨自坐在角落裡拿著杯子喝茶，而應該像家人一樣，坐在擺好的茶桌旁聊天，這正是茶的基礎與無價的完美。」[99]

這一章的食物與飲料，有些在過去一千多年中一直綿延不絕，令人矚目，也有一些漸漸不再重要，有時隨著風潮轉變而回歸，有時則幾乎消失。所有食品都受到更大的社會、經濟甚至政治變化的影響。俄羅斯飲食

---

78 一六二七－一六六九。鄂圖曼土耳其帝國敘利亞正教會神職人員。一五五五－一五五六隨同其父安條克牧首馬里亞烏斯在莫斯科。
79 指鮑里斯·庫斯托季耶夫（Boris Kustodiev）的油畫《商人之妻的茶會》（*Merchant's Wife at Tea*），作於一九一八年。

是在特定地區發展起來的，而這個地區只是現在俄羅斯聯邦的一小部分，更不用說更大的前俄羅斯帝國了。

　　帝國擴張，進入新的而且通常是更肥沃的土地，並與其他民族互動，這一切都改變了俄羅斯飲食。俄羅斯社會結構的變化——農奴制的發展、彼得大帝將西方視為文化模範、蘇聯經驗的齊平效果，創造了不同社會成員群體的不同飲食，因此多少影響了俄羅斯飲食。政治決策改變了社會，這些決策藉由鼓勵某些作物或建立新飲食標準，在更基本的層面改變了人們的飲食習慣。有時，戰爭與政治行動帶來飢餓與饑荒，造成了可怕的後果，這兩種情況都是俄羅斯飲食史上無法擺脫的一部分。

第二章
環境、農業、技術

　　俄羅斯是充滿了極限的國家。到目前為止，它是世界上最大的國家，現在俄羅斯聯邦幾乎和美國加上加拿大一樣大，而蘇聯在鼎盛時期幾乎和整個北美洲一樣大。西伯利亞橫貫鐵路從莫斯科到太平洋岸的符拉迪沃斯托克[1]（Vladivostok）需要七天。這是一個民族與環境千變萬化的國家。俄羅斯聯邦有一百多種語言，反映了沙皇擴張帝國的長久歷史，以及蘇聯時代被迫與自願的民族遷徙。它的自然環境從北極圈苔原，到寒溫帶針葉林，再到開闊的草原。這是一個北方國家，大約三分之二的廣大土地被認定是永凍土。

　　這些因素都影響了俄羅斯的歷史，尤其是俄羅斯的飲食史。雖然歷史學家與理論家有時誇大了自然環境的影響，試圖以最明顯的方式解釋俄羅斯的一切，但是有一個領域的影響的確並非誇大，那就是飲食。俄羅斯的環境是種財富，但也有明顯的限制，影響了它養活自己的方式。因此，在這片土地上發展起來的飲食，既反映了農業方面的困難，也反映了人們在經常遇到困難的情況下，如何生存並繁盛。

環境與農業

　　許多俄羅斯歷史書籍的開頭都是描述其嚴酷的環境與廣袤的土地。要思考俄羅斯烹飪的起源，雖然嚴酷的環境是必須述及的，我們至少必須先把廣袤的土地放在一邊。這個日後被稱為俄羅斯人的民族，起源地在比較溫和的溫帶，考古學與語言學證據顯示，斯拉夫人（Slavs）起源於東歐／中歐的多瑙河或維斯圖拉河[2]（Vistula）某處。在一兩千年的時間裡，一波又一波的入侵者，包括斯基泰人（Scythians）、哥德人（Goths）、匈人（Huns）、阿瓦爾人（Avars）、可薩人（Khazars）等等，將斯拉夫人打散，

1　中文名海參崴。
2　波蘭語音譯維斯瓦河，波蘭最長河，起源波蘭南部喀爾巴阡山，北流注入波羅的海。

俄羅斯的農業環境與歐洲大部分地區截然不同；俄羅斯最古老的區域位於小麥易於生長的地區以北，這裡是黑麥、燕麥、大麻與亞麻的土地。

斯拉夫人分布到了南部、北部、東部和西部。斯拉夫人分散之後，語言、宗教與文化上開始產生差異，但是他們共同的過去依然不斷迴響。巴爾幹半島的斯拉夫人與其北方及西方的斯拉夫人不同，而這些人又與東邊的斯拉夫人不同。

　　東斯拉夫人最後進一步分為俄羅斯人、烏克蘭人、白俄羅斯人（以十七世紀的用語來說，是「大、小、白」俄羅斯），這三者一開始都不是統一的整體，而是一群獨立的「部落」，生活在北邊的波羅的海與南邊的黑海之間。他們傾向於聚居在河流附近，包括第聶伯河（Dnieper）、道加瓦河、沃爾霍夫河³（Volkhov），而且他們的大多數定居點位於這些地方的北部，即現在的基輔到波羅的海。這麼做的原因很簡單：南邊是大草原，廣大開

3　第聶伯河是歐洲第四長河，烏克蘭第一長河，發源於歐俄中部的瓦爾代丘陵，流經白俄羅斯和烏克蘭，出海口為黑海。沃爾霍夫河位於俄羅斯西北部。

闊，因此容易受到攻擊。一波一波的入侵者就是來自草原的方向，他們在
草原定居，然後自己又受到下一波入侵者襲擊。北部的土地被森林覆蓋，
給居民提供了一些保護。

　　然而森林地區的缺點是不適宜農耕，至少是不太適合長期農耕。俄羅
斯北部的土壤大體上品質差，土壤層薄，呈灰色，不像草原上肥沃的黑
土。當然，北方也意味著寒冷漫長黑暗的冬天、短暫炎熱的夏天，但這並
不表示該地區完全不適宜人居。事實上，一位十八世紀的作家甚至稱：

　　當大自然的宜人熱度與活力被冬天的寒冷所限制，冬天卻並不白白度
過，白雪覆蓋在大地上的時候，正好給大地的自然物產保暖，並免於傷
害；當積雪消融，硝石一般的熱使得大地生氣蓬勃，穀物播種之後，馬上
就能收成。[1]

　　上面這段描述可能有點誇張（對於俄羅斯北部地區農業潛力是異常樂
觀），但早期居民可以透過許多方法繁衍生息，讓貧瘠的土壤至少可以緩
解一段時間。早期居民在清除了喬木與灌木的區域耕種，木材拿來搭建棲
身之所，灌木與較小的樹枝就地焚燒，然後犁入土中，灰燼可使土壤肥
沃。這種刀耕火種技術的效果很好，於是播種的穀物產量很大；但這也只
能延續幾年，幾年之後，整個家庭、更可能是整個聚落，都會搬到森林的
其他地方，重新開始。

　　當然這是森林的優點之一：範圍廣大、人口稀少。至少在一開始，沒
有必要爭奪耕地，總是有地方可以遷移，遷移也可以阻撓經常的外來掠奪
與襲擊。但是隨著社會與經濟發展變得更加複雜，農民發現自己愈來愈遭
土地束縛，於是這種遷徙的自由開始消失。不過也有辦法可以繞過這個問
題。雖然有些作家持續抱怨，謂俄羅斯農民到了十九世紀仍極度不願意投
資，為自己的土地施肥，但實際上他們仍在設法保持農田的地力。三圃輪
作制（three-field system）開始發展，農民把土地分成三塊，其中一塊種植
春季作物（即春種秋收），第二塊種植冬季作物（深秋種植，第二年收穫），
以及第三塊休耕地。藉著如此輪作，地力不會耗盡，雖然農耕收益依然微
薄，但相對有保障。這也對勞動週期有益。提前在前一年秋季播種，有助
於分散一年的勞動，避免集中在短暫的夏季。

　　三圃制似乎在十六世紀就已經確立，而且成為主要的農耕方式，延續
了數世紀。這樣的農耕環境影響了農作物，因此也影響了俄羅斯人常吃的

食物種類。通常冬季作物是黑麥，冬季黑麥在嚴霜前短暫發芽，然後在短暫的春季又很快抽芽生長。黑麥也保護土壤抵禦嚴冬；颶風時，它的根向下延伸，將土壤固定。春季作物更多樣。在中世紀的諾夫哥羅德，大麥與小米是常見的春季作物，後來在當地及其他地區，燕麥與蕎麥也很普遍。[2]當時也有小麥，而且考古遺跡也發掘出保存下來的穀粒，但是並沒有形成可預測的規律。亞麻與大麻可以提供製衣的纖維，籽可以用來榨油。

　　農民的土地由整個聚落持有，分成小塊分配給各個家庭。在十九世紀，一些俄羅斯知識分子鼓吹此一制度，尤其是其中一個版本——即重新分配制村社[4]（repartitional land commune），被視為俄羅斯本土的社會主義形式。在重新分配制村社中，按照每個家庭的當時規模，每隔幾年便重新分配土地給每個家庭；如果一個家庭人口增加，就獲得更多土地以養活家人，如果家庭人口減少，其分配額也相應減少。這樣做的目標是讓每個家庭都能維持生計。並非每個村落都是這種組織，尤其是在北方，土地以外的勞動也是家庭收入的重要部分。在北方一些村莊，幾乎所有成年男性一年中大部分時間都在外地城鎮從事貿易。

　　最後，可能是在第一批斯拉夫人移居森林數百年後，農村與城鎮也出現了蔬菜種植。包心菜與根莖類，如蕪菁、歐防風（parsnip）、胡蘿蔔、辣根、洋蔥，在一些地區還有甜菜，都是主要的蔬菜作物。在某個時代，小黃瓜也成為常見的食物，不過確切時間還不清楚。種植小黃瓜受到地理條件的限制，北邊居民種植小黃瓜甚至包心菜都不太成功。儘管如此，到了十八與十九世紀，俄羅斯人與外國人都認為俄羅斯人特別喜愛蔬菜，尤其是包心菜與黃瓜。就如同英國神職人員暨旅人威廉‧圖克[5]（William Tooke）描述的俄羅斯飲食：「（包心菜）食用量巨大，吃法多樣，但主要是做成酸菜；而且一年中的大部分時間裡，包心菜每天都為下層階級提供了一道菜。」[3]凱特琳娜‧阿芙傑耶娃稱包心菜是「俄羅斯人的本土食物」。[4]

　　最常見的是將包心菜發酵，保存到冬天吃，而據很多人說，小黃瓜幾乎全年都是生吃的。十七世紀，阿勒坡的保羅記述了莫斯科園丁每年一次的競賽，他們種出每年的第一批黃瓜，先呈給沙皇，以期獲得獎勵。[5]圖克描述的是十八世紀末的情況，謂「老百姓經常生吃〔黃瓜〕，幾乎每一道沙拉裡都有」。[6]小黃瓜並不僅僅是「老百姓」的食物，十九世紀初，貴族

4　通常一個自然村組成一個村社，成員是解放的農奴及其後代。
5　一七四一－一八二○。一七七四至一七九二年在聖彼得堡任職，時為凱薩琳二世在位。

戈洛赫瓦斯托夫的宅邸廚房帳目中記錄，冬季與春季幾乎每天都購買黃瓜（在其他季節可能自產）。

其他蔬菜種類更多變，主要是因為氣候。根莖類種植範圍頗廣，包括洋蔥、大蒜、胡蘿蔔、甜菜、蕪菁、歐防風，但在俄羅斯北部，即使這些也可能歉收。也許是因為氣候，俄羅斯上層階級對於非當令的蔬菜需求愈來愈高，於是有了溫室園藝的發展。十九世紀初一位法國旅人稱，聖彼得堡的居民「和巴黎人不一樣，對太陽與季節所提供的東西感到不滿足」。他還指出：「中等人家膳食的主體並不是普通人常吃的醃包心菜、乾豌豆、各種穀物」，更不用說上層階級了。「勤勞的俄羅斯園丁一年四季給城裡人家帶來綠色蔬菜，菜圃的農產品包括菠菜、花椰菜、用來做湯與正菜的各種綠葉蔬菜及根莖類。」[7]

於是，愈來愈多曾經罕見的食品，漸漸進入（至少部分人的）日常生活：

在莫斯科周圍，種植的蔬菜比聖彼得堡豐富許多，水果的滋味也更濃郁鮮美。莫斯科所在的中部地區，氣候與土壤都比該國緯度較北的地區更利於植物生長。甜瓜、桃子、鳳梨等等產量很大，還有味道最好的蘋果與梨。所有的林地漿果品種都很常見。似乎只有鵝莓不佳。最精緻的水果都是在玻璃房裡培植的。溫室的數量與分布都令人驚嘆。連數百英尺長的溫室都不算少見。矮小的櫻桃樹種在花盆裡，在結果子的季節，這些花盆放在貴族的桌上，聚會時人們就自行取食。馬鈴薯通常又圓又小，而且似乎不像其他蔬菜那樣精心栽培，比如黃瓜和大蒜。這兩種似乎是窮人的主食。街道上不同地點出售成堆黃瓜和大蒜，幾乎令人不敢相信，數量遠遠超過了馬鈴薯與蕪菁。有一種特別的黃色小蕪菁，外皮平滑光亮，很常見；還有一種小蘋果，成熟時變成半透明，但是移植到其他氣候區之後，就失去了這種特性。[8]

這也不僅僅是專業的市場園丁的成果，有些貴族家中也種植這些特殊品種。一八〇一年，沃隆佐夫家族位於弗拉基米爾省（Vladimir）的莊園安德烈耶夫斯寇伊（Andreevskoe），菜圃裡種植了以下購自莫斯科的種子：

大的結球萵苣	洋蔥
散葉萵苣	芹菜

朝鮮薊	冬季苦苣（endive）
「斯拉維揚卡」包心菜（Slavianka）	豌豆莢
用來做粗菸絲的菸葉（馬合菸 makhorka）	羅勒（basil）
早收與晚收的花椰菜	馬郁蘭（marjoram）
紅色包心菜	蘿蔓萵苣（romaine lettuce）
綠色皺葉包心菜	蕪菁
莖藍（Kohlrabi）	歐芹（parsley）
青花菜	菊苣（chicory）[9]

在蘇聯時代，這樣多采多姿的情況在某些方面衰減了，但在其他方面有所增長。依然有包心菜，依然有小黃瓜，依然有胡蘿蔔與洋蔥。有些食物基本上消失了：苦苣、萵苣、朝鮮薊、蘆筍，這些都是十九世紀烹飪書的特色，只保存在高級餐廳與烹飪書中。與此同時，也有一些蔬菜變得更常見了：番茄、辣椒、茄子、南瓜。當然，還有馬鈴薯，原本直到十九世紀中葉幾乎無人食用，到了十九世紀末葉稍微普遍一些，然後在二十世紀上半葉愈來愈重要。

事實上，在所有農業方面的創新中，馬鈴薯逐漸流行，對俄羅斯烹飪造成了最顯著的影響。馬鈴薯在十七世紀末就已經為人所知，但即使到了十八世紀末，它在眾人眼中還只是一種稀罕的東西。據一篇一七五八年的文章所說，至少在聖彼得堡，馬鈴薯是由英國人引進利用的，不過「這裡的馬鈴薯沒有英國產的那麼大」。該作者不確定這是由於栽培方法還是氣候，他只知道自己希望馬鈴薯種植能很快傳播開來，並帶給「俄羅斯極大的用處」。作者還記錄了如何吃馬鈴薯：「可以把馬鈴薯磨成粉，可以用馬鈴薯烤麵包、煮粥、包餃子、做糕點、製成澱粉與烈酒。」[10] 這也正是將馬鈴薯引入歐洲飲食的主要難題之一：要直接食用馬鈴薯本身，而不是當作已知食品如麵包或粥的材料。

凱薩琳二世設法鼓勵種植馬鈴薯。一七六五年，參議院頒布一項政令，規定了「zemlianye iabloki（直譯自法語的 pommes de terres，地裡的蘋果），又稱作 potetes（kartofel）的種植指南」。[11] 換句話說，該政令尚未決定要以哪個詞為標準用語，到底要直譯自法語、還是音譯自英語或德語。最後，德語的 Kartoffel 勝出。農民的迷信可能有一些影響。至少在十九世紀中葉，馬鈴薯推廣者依然面臨擺脫不了的難題，就是農民根本不想吃馬

鈴薯。據許多人說，這個難題與口味無甚關聯，而是與迷信有關。一八六
○年代，V‧O‧克柳切夫斯基[6]（V. O. Kliuchevskii）稱，一些農民認為馬
鈴薯是「魔鬼的蘋果」，因為「馬鈴薯有頭和眼睛，就像人一樣，所以吃馬
鈴薯就是吃掉人的靈魂」。[12]一位法國作家稱，有些農民相信馬鈴薯是魔
鬼的果實，因為馬鈴薯的法語名稱是「地裡的蘋果」，正是夏娃誘惑亞當的
蘋果。[13]所以採用德語名稱而非法語可能有助於抵制這種迷信。

　　最終，人們開始吃馬鈴薯。烹飪書未必是人們實際飲食的可靠指南，
但阿芙傑耶娃在一八三○至一八四○年代的烹飪書中包含了兩道馬鈴薯食
譜，當時正是大力推廣馬鈴薯種植的時候；而到了一八六○年代，葉蓮
娜‧莫洛霍韋茨作品的早期版本已經有許多馬鈴薯食譜。她後來的書中收
錄了諸如「馬鈴薯蕎麥粥或馬鈴薯泥配牛肉或豬油渣」、「馬鈴薯烤豬肉、
火腿或鹹牛肉」、「馬鈴薯片配蘑菇醬」。到了二十世紀中葉，馬鈴薯在俄
羅斯餐桌上的地位更加重要。一九六八年，一份對於俄羅斯農民與工人的
民族誌記述指出，蔬菜通常是俄羅斯飲食的重要部分，但「馬鈴薯占了食
用量的第一位，不僅在農村，而且在城市都是食物配給的重要來源」。[14]
無論是當作配菜、小菜（garnir），還是烘烤，或者以其他方式做成餡料，
馬鈴薯已經成為普遍的食品，不再只是充作齋期的膳食。

富饒的森林

　　雖然林地限制了農業發展，但是從東斯拉夫人最早定居的時候起，森
林也一直是其他物產的來源。其中最引人矚目的是皮草，在接下來的數世
紀裡，皮草也一直是俄羅斯最著名的出口商品。雖然皮草很受歡迎，但無
論是出口或國內自用，它都不是俄羅斯財富的唯一主要來源。為俄羅斯人
提供建材與保護的森林，也提供了許多不同種類的豐富資源：野味、堅
果、莓果、蘑菇、蜂蜜。直到現在，俄羅斯人依然在森林裡尋找蘑菇、莓
果，或者綠色空間的滋養，這些活動不斷重現了一句民間諺語：「森林養活
了我們。」[15]

　　俄羅斯人狩獵是為了維生、消遣、自保。森林裡到處都是動物，雖然
並非每一種都適合食用。關於最早的東斯拉夫人飲食習慣的一些描述表
明，狩獵首先是其飲食文化的重要部分，也有人認為狩獵只是上層階級的

6　瓦西里‧奧西波維奇‧克柳切夫斯基，一八四一－一九一一。歷史學家。所著五卷本《俄國史教程》是十月革命
前唯一一部從古複到十九世紀中葉的多卷本俄國史。

這幅木刻版畫展示了獵人與熊搏鬥的情景。雖然已經距離弗拉基米爾・莫諾馬赫自述功績的年代很遠了，但依然反映了狩獵是飲食的一部分，也是充滿了真正危險的活動。

享受，而非大多數人的活動，這些大多數人的生計是農耕與畜牧。至少，考古學證據的結論傾向於狩獵而食是存在的，但規模比一些人認為的小得多。在俄羅斯北部的考古挖掘中，家畜骨頭數量遠遠超過野生動物，占了出土材料的三分之二到四分之三。[16]

　　狩獵並非大規模的、普遍的活動，這是有理由的。首先，在最早的基輔時代，大公們建立自己的獵場，以展示權力；早期羅斯（Rus）的編年史書《往事紀年》[7]（*Tale of Bygone Years*），記錄了諸位大公的獵場，以及有時他們為了維護這些獵場做出了暴力行為。此外還有一個問題：那些生活在森林中的動物又該如何獵取。比如熊、狼、麋鹿這樣的大型獵物幾乎必然是大型獵隊的目標，而不是二三村民的獵物。這是危險的活動，不是農民的日常消遣。弗拉基米爾‧莫諾馬赫（Vladimir Monomakh）可能是最後一位真正掌握大權的基輔大公，他在給繼任者的《見證》（*Testament*）中，講述了自己對狩獵的熱愛，以及曾遭逢的許多意外。他寫道：「我已經習慣一年全力打獵一百次，並且沒有受傷。」應該是基本上沒有受傷，他也承認（或吹噓）在自己的多次狩獵探險中，曾經有

　　兩頭野牛把我和我的馬頂在角上，有一回一頭雄鹿以角抵我，一頭麋鹿踩踏我，同時另一頭麋鹿撞我，一頭野豬從我的大腿邊咬下我的劍，一頭熊咬了我的膝蓋骨，另一頭熊撞到我的腹側，把我和馬甩了出去。但是上帝保佑我毫髮無傷。[17]

　　然而，即使在早期，狩獵也可以補充食物。野禽、野兔、海狸和松鼠都可能充作食物，有時也為了毛皮。在諾夫哥羅德發掘出大量不同品種的麋鹿和野兔骨頭。當地也有海狸的骨頭，上面的痕跡表明屠宰是為了牠們的肉，而不只是為了毛皮。[18]這種情況大致延續下來，大型獵物是上層階級的消遣，小型禽類與哺乳動物偶爾是大部分人的食物來源。人口增長也對森林的野生動物產生了壓力，於是狩獵受到限制。

　　在某些案例中，法律確認個人有權在自己的土地上獵取動物，或使用自己已經建造的隱棚獵取動物。一六四九年的《法典》（*Ulozhenie*）將當時莫斯科法律集中編纂，該法典規定，在自己的土地上建造的獵鳥隱棚，即為此人的財產。使用他人的合法隱棚會被處以損害賠償。藉由「塗抹焦油、大蒜或其他任何東西，從而驅趕藏身的鳥類」，或者偷竊用於捕獵某些鳥類的網，都是更大的罪行。盜竊會被處以罰款，而破壞隱棚會受到「無情的笞跖刑（bastinado，杖笞腳掌）」，如此其人與他人學會從此不再

7　第一版記載至一一一三年，之後經過了兩次增修，分別增補至一一一六年及一一一八年。根據拜占庭的編年史、西／東斯拉夫的文學作品、官方文件以及口頭文學等史料彙編而成，以史書形式記載了古羅斯由氏族部落向羅斯國家的建立歷程。其間貫穿古羅斯基督教化的歷程、古羅斯民族與異族外邦的交往、古羅斯的內外戰爭史，以及古羅斯民族思想的變遷。

犯。」[19]

　　其他法律也對狩獵規定了更普遍的限制。在十七世紀後半與十八世紀，各種法律禁止在距離聖彼得堡及莫斯科一定範圍內、或以某些方式獵取某些動物。十九世紀初期，法律明確防止過度捕獵野禽。一八二七年，一項政令禁止在野禽產卵季節狩獵或誘捕。十年後，野禽數量增加，市場價格下跌，顯然保護已經很成功。[20]之後不久，出現了兩件以獵人為主角的精彩描繪，代表著狩獵更加進入了休閒運動的領域。屠格涅夫[8]（Ivan Turgenev）的短篇小說集，常用譯名為《獵人筆記》（*A Sportsman's Sketches*），以一位身兼獵人的俄國貴族為敘事第一人稱，他在鄉間遊歷，尋找獵物，沿途與許多農民聊天。在此之後，十九世紀現實主義藝術家瓦西里・彼羅夫[9]（Vasily Perov）創作了一幅畫，如今已經成為俄羅斯最具代表性的狩獵情景：三名獵人在休息中，共享黑麵包、一根小黃瓜、一顆白煮蛋。其中一人顯然在給同伴們講故事，一人抽著手捲的菸捲，此外有一隻狗看守著他們的獵物，一對野禽和一隻野兔。

　　森林裡也到處是可採集的東西。俄羅斯諸邦最早期的森林物產使用情況幾乎無法追溯；編年史裡沒有這種日常小事，零散的商人紀錄裡也沒有，考古挖掘中也不一定顯示出森林物產的脆弱性。不過還是有一點證據，諾夫哥羅德的挖掘發現了榛子、野草莓、野覆盆子、蘋果、酸櫻桃，以及越橘的痕跡，其年代可追溯至中世紀。[21]後來的作家描述了俄羅斯農民及其他人在森林中發現的許多寶藏。蕁麻、酸模（sorrel）、蒲公英、濱藜（orach）等苦澀的綠色植物象徵著初春，也是第一批入鍋的新鮮食物。接下來是各種的野生莓果在森林裡。尤其在極北方，莓果是水果的主要來源（和酸模一樣，也是維生素 C 的主要來源）。最終採集莓果也成了利潤來源。一位英國旅人描述俄羅斯鄉間的莓果種類與品質：

　　俄羅斯有大量野生草莓與覆盆子，森林裡也經常有紅醋栗與黑醋栗。在北方省分，有一種黃色果子，形狀像桑葚，稱為 maroshca〔雲莓 cloudberry〕，可以做成極佳的糖漬水果，也可用來治療水腫。各種野莓，如蔓越莓、越橘等，大量生長在森林中，還有無數種蘑菇；他們用這些東西製成糖漬水果與醃漬品，在漫長的冬季裡代替新鮮蔬菜。農家婦女與孩子大量採集這些，四處出售，這樣就可以掙一點錢過冬。[22]

8　一八一八－一八八三。現實主義小說家、詩人、劇作家。此書出版於一八五二年。
9　一八三四－一八八二。俄羅斯現實主義藝術的重要奠基人。《*The Hunters at Rest*》此畫作於一八七一年。

　　新鮮莓果是美食，保存起來以供日後食用更為珍貴。即使是新鮮的莓果，也經常做成各種食物，利用其甜味為食品增甜。莓果果子凍一直是特別的甜食；莓果可以做成大餡餅的餡料，也可做成莓果飲料和糖水水果。今天，莓果依然是季節變化的一部分，在春天與夏天，男男女女站在莫斯科與聖彼得堡地鐵站入口處，出售塑膠杯裡滿滿的新鮮莓果。有些看起來可能像是本地產，其實是進口貨，但其他顯然是真正的本地產品。

　　堅果也可能是早期就開始採集了，不過在諾夫哥羅德考古遺址中只有很少的證據。雖然後來的一些旅行作家稱俄羅斯平民食用大量堅果——一七九九年，威廉・圖克說：「我們所到之處，城鎮與村莊，老百姓都以吃堅果為消遣，因此我們可以形成結論：當地大量食用堅果。」[23] 但是大多數品種的堅果樹並不生長在歐俄的北部地區。有些堅果（尤其榛子）生長在北部地區，而貿易又帶來了其他種類，比如核桃，諾夫哥羅德的考古挖掘也發現了核桃殼。十九世紀後期，食用松子與松子油成為西伯利亞的獨特風俗，婦女在秋冬晚間嗑松子吃。據民族誌學者報告，由於她們用牙咬開松子殼，因此往往一笑便露出缺損的牙齒。[24]

　　也許最重要的是，俄羅斯森林是蘑菇的來源，而蘑菇在俄羅斯餐桌上扮演著核心角色。幾乎所有記述都說蘑菇是俄羅斯人經常食用的食物，這是因為到處都有蘑菇，也因為蘑菇在齋日餐食中的地位。十九世紀中葉一位俄羅斯記者稱其為「幾乎是最必需的食物」。[25] 歷史學家威廉・寇克斯（William Coxe，一七四八－一八二八）寫到他

　　幾乎每次走進一戶農舍，都能看到許多蘑菇；經過市場時，大量出售的蘑菇令我感到驚訝，它們的種類與數量一樣引人矚目；它們有許多顏色，其中我特別注意到了白、黑、棕、黃、綠、粉色。[26]

一位旅人也對俄羅斯蘑菇的多樣及美味感到印象深刻，大為驚嘆：

　　醃蘑菇……通常放在大玻璃罐裡，有時放在巨大的木桶裡，雖然看起來很噁心，不過最值得一看。我們住在此處某些家宅裡的時候，每當晚餐上出現蘑菇，我們是多麼高興，這是當得上御膳的食物，而且供應源源不絕。在英國只要一提到蘑菇，人們想到的就是富有的美食家，研究美食學理論，以取悅享受過度的味蕾；而在俄羅斯，蘑菇的品質一樣好，可是數

採莓果一直是俄羅斯重要的春夏季活動。這張二十世紀初的照片中，農家女孩展示整盤莓果，可能是她們在位於俄羅斯北部舍克斯納河（Sheksna）的家附近採集的。

量十分龐大，因此在全體人民膳食中占了很大一部分。最重要的是，蘑菇是此地生長得最快的蔬菜之一，有些品種在一天之內冒芽、長高、成熟，第二天尚未到來之前就腐壞、消失；如果在正確的時間摘採，許多種蘑菇比整個菜園的植物都更結實、更像肉類……關於俄羅斯每年食用的蘑菇總量，如果能有準確的報告，會是一份令人震驚的重要文件，不過這不太可能做到，因為大部分蘑菇是採蘑菇的農民吃掉的，他們在產季大吃蘑菇，還把蘑菇醃漬、鹽醃、串在繩子上晾乾，以備冬天食用。蘑菇用少許大麻油炸，與黑麥麵包一起吃，能夠取代動物製品；以一點技術用葵花油炸，就可以做成「蘑菇肉片」，外觀與滋味都很像以同樣方法烹製的雞肉。

蘑菇在俄羅斯是別具特色的食品，採集蘑菇也是特別的活動。從農民到皇室，每個人都採蘑菇，雖然原因各不相同；皇室羅曼諾夫家族可能是當作娛樂，而農民是為了食用或者出售。[27]

　　特別重要的是幾個亞類。松乳菇（ryzhiki）、白色捲邊乳菇（gruzdy）、絨毛乳菇（volnushki）都是乳菇屬的品種[10]。這些蘑菇的傘蓋直徑可達十五公分，可以新鮮時食用（但一定要煮熟），也可以鹽醃或晾乾。belyigrib 字面意思是「白色蘑菇」，以及奶油菇（maslianik）[11]，都屬於牛肝菌（boletus），可以長得更大。最大的用來晾乾，最小的用以醃漬。雞油菌（chanterelle）、牛肚菌（morel）、洋菇（champignon）也很常見。不同蘑菇出現在一年裡不同的時間。一六六〇年代住在莫斯科的英國人山繆·柯林斯[12]（Samuel Collins），記述了每年成車的蘑菇運進城市，大部分保存在滷水中。他也記述了每年不同季節的蘑菇。第一種是在四月或五月，他稱之為「蜂窩蘑菇」（Honeycomb Mushrooms），「裝飾著貴人的餐桌，賣價很好」，還有羊肚菌（smorchk）[13]，「加在派餅與濃湯裡」。接著是松乳菇，「一夜之間冒了出來」，是「一種較不重要的蘑菇」。然後是白色捲邊乳菇，「最大的有一掌寬，像牛肚一樣厚而白，未加工的時候充滿汁液；俄國人用滷水醃這種菇（就像醃海蓴〔sea lettuce〕一樣），否則會令口腔與喉嚨感到燒灼。」[28]

　　在俄羅斯，人們普遍喜愛蘑菇，有些人認為這是斯拉夫人的特點。「沒有一個地方比得上俄羅斯與波蘭這麼經常吃蘑菇，而且吃這麼多蘑菇，」一位俄國烹飪作者寫道，「奇怪的是，瑞典人和芬蘭人根本不在食品中使用蘑菇；大地提供的糧食愈少，人們就更應該尋求其他營養才是。」[29]不只是農民熱衷採蘑菇，羅曼諾夫皇室成員在二十世紀初也參加採蘑菇的聚會。有一次，尼古拉二世的母親與妹妹出門兜風，半路上要求在路邊暫停，下車去找蘑菇找了十五分鐘。[30]在蘇聯，城市居民在蘑菇產季來到夏屋[14]（dacha）甚至市內公園尋找蘑菇。即使在今天，據報導，俄羅斯人每年仍採集超過十萬五千噸蘑菇（及三十七萬五千噸莓果）。[31]

　　最後還有蜂蜜，這是最早的重要森林產品。養蜂人並沒有建造各自分開的、獨立的蜂箱，而是尋找已經有了蜂巢的樹木。養蜂人（bortniki）在森林中四處檢查自己擁有的蜂巢，採集蜂蜜與蜂蠟。[32]兩者都非常重要。蜂蠟可做成蠟燭以供照明，也是防腐劑。蜂蜜是甜味的主要來源，用於飲料，比如蜂蜜熱飲，也可在蜜酒中製造酒精，還可用於醃漬水果。長了蜂

---

10 學名分別為 Lactariusdeliciosus、Lactariusresimus、Lactariustorminosus。俄語名稱字面意義分別為薑（紅棕色）、乳白的、波浪。
11 масляникгриб，字面意義為油質的、奶油的，因菌蓋有光澤。
12 一六一九－一六七〇。曾任沙皇阿列克謝一世的內科醫生。
13 сморчок，英文俗名 morchella。
14 дача，城市居民的郊區別墅或小屋。俄文名稱源自動詞「給予」，指沙皇賜予貴族的土地。

巢的樹是很有價值的，而且法律予以承認。十七世紀，對於破壞他人蜂巢樹的人，莫斯科法律處以嚴厲懲罰。如果藉由「砍樹根或縱火」破壞蜂巢樹，最高處以三盧布罰鍰。如果試圖移走蜂巢與蜂蜜（可能是為了讓蜜蜂移居到自己的樹上），則面臨一個半盧布的罰鍰，以支付蜜蜂的費用。如果同時毀壞一棵樹並挖出樹裡的蜂蜜，將面臨六盧布的罰鍰。[33] 這些法條對竊盜蜂蜜予以十分嚴厲的處罰，因為這是蜂蜜與蜂蠟價值尤高的時代；蜂蜜、尤其是蜂蠟，成了國際貿易的貴重商品，特別是對英國買主而言；在伏爾加地區，蜂蜜的價格是每普特[15]（pud）一盧布，而蜂蠟每普特可賣九盧布。[34]

到了十七世紀，部分養蜂業已經走出森林。在俄羅斯大多數地方，廣大農民建造並維護家庭蜂箱。一些村莊或莊園開始專門養蜂。皇室莊園擁有數百個蜂箱，私人莊園在規模上也可與之匹敵（當然，皇室與私人莊園不一定都這麼大，也可能小得多）。[35] 在蘇聯時代，甜菜的種植與加工使得糖變得便宜，於是蜂蜜失去了主要甜味劑的地位；烹飪作者威廉・波赫列布金甚至建議讀者，製作傳統食品時使用糖，而非蜂蜜，因為到處都可買到糖。[36] 但蜂蜜並未消失。蘇聯解體後，在前莫斯科市長尤里・盧日科夫（Yuri Luzhkov，一九九二－二〇一〇任市長）等人的支持下，蜂蜜甚至更流行了。現在養蜂人把自己的產品從俄羅斯各地帶到大型蜂蜜市場，他們兜售蜂蜜，宣傳特定花朵製造出的蜂蜜，謂其各有益於健康之處。[37]

帝國的作用

能夠用甜菜糖代替蜂蜜，大部分是因為莫斯科沙皇國及其後俄羅斯帝國向南擴張，穿越了草原。北方以莫斯科為中心，是定居的俄羅斯世界，南方是動蕩危險的大草原，這兩者之間的分界早在十七世紀就開始向南移動。建設延長防線，以及克里米亞韃靼人的入侵減弱，多少帶來了安穩保護，更能長久定居。法律也鼓勵人們在該地定居，允許人民自由遷徙至該地，而這樣的自由在其他情況下是不存在的。十八世紀，凱薩琳二世完成歐俄的南向擴展，將領土延伸至黑海北岸，並（或多或少）延伸至高加索。

這些新土地的農業潛力截然不同。該地區的黑土——俄語 chernozem [16]

---

15 英文拼法亦為 pood。等於四十俄磅，十六點三八公斤。
16 чернозём。

通過貿易，來自其他地區的食品一波一波進入俄羅斯，而俄羅斯農學家一次又一次加以研究，希望能在國內生產其中一部分。十九世紀早期，農學家試圖引進馬鈴薯，同時還有藜麥（quinoa）。在蘇聯時代，喬治亞的一個農業站甚至出產鱷梨。

——的產出優良得驚人，而且南方的自然環境更溫和，能夠讓不同作物生長。黑麥依然是主要作物，也是俄羅斯烹飪的重要成分。十七世紀中葉，阿勒坡的保羅經由邊境上「哥薩克的土地」前往莫斯科，當時正是開始向南擴張，他注意到，黑麥使得「人們喜歡這種麵包更甚於白麵包；當地的都督給我們的牧首送禮，總是先呈上黑色的〔黑麥〕麵包，因為他們重視這種麵包；然後才呈上白麵包」。[38] 不過這些南方地區後來轉為主要耕作小麥，並且轉向專供出口，這是俄羅斯早期黑麥生產無法做到的，或者更確切地說，從前還沒有找到市場。然而到了十九世紀末，俄羅斯是世界第二大糧食出口國，主要出口小麥。

　　向南擴張之後，也得以種植其他種類的蔬菜水果。在極北方，果樹無法茁壯，但是在這裡，蘋果、梨、李、桃都成了家庭的食物來源，並供給市場。種植小黃瓜更加隨心，最終番茄、菜椒、南瓜與茄子都成為家庭菜園與市場農作的固定種類。西瓜與其他甜瓜不再是奇珍異品，而是普通水

果。這些新物產（或者更容易取得的物產）在一般的俄羅斯餐桌上愈來愈常見。早在十六世紀初，旅人西格斯蒙德・馮・赫伯斯坦[17]（Sigismund von Herberstein）說，俄羅斯人在種植瓜類方面特別靈巧。[39] 到了二十一世紀初，每年秋天，俄羅斯城市都會出現許多瓜類攤位，將俄羅斯南部地區的產品賣給熱切的北方消費者。

帝俄及蘇聯希望在俄羅斯帝國的部分新疆域發展另一種農業生產，即葡萄與釀酒。十八世紀末，喬治亞王國併入俄羅斯帝國，這個地方可能是葡萄酒的發源地，而喬治亞葡萄酒至今在莫斯科與聖彼得堡依然賣出高價。進入南方草原，尤其是克里米亞與摩爾多瓦（當時稱為比薩拉比亞Bessarabia），也帶來了釀酒業的可能性。貴族實業家（有些只是業餘人士）在自己的莊園開始種植葡萄；在一些地區，來自歐洲產酒區的新移民開始生產葡萄酒。[40] 在蘇聯時代，釀酒業具有新的政治重要性；史達林偏好家鄉的喬治亞葡萄酒，但也開始喜歡其他的蘇聯葡萄酒。為了讓所有工人在原則上都能享受此一奢侈品（雖然在實際上並非如此）而強調增產，卻給釀酒業帶來了一些問題，有時不得不著重數量而非品質。雖然如此，蘇聯葡萄酒仍然在國際品酒會上競賽（並偶爾獲獎），而「蘇聯香檳」也成為慶祝活動的一部分，直到現在的後蘇聯地區都是如此。[41]

往南擴張也使得甜菜產業在十九世紀末得以崛起。以甜菜製糖的技術是十八世紀最後的偉大工業創新之一，那些渴望甜食卻沒有熱帶殖民地可種植甘蔗的國家，急切地採用了這項技術，俄羅斯就是其中之一。從亞歷山大一世（Alexander I，一八〇一－一八二五在位）開始，俄國領袖積極支持甜菜產業發展，但直到十九世紀中葉，依然成果有限。一些俄羅斯農奴主開始在中央農業區種植甜菜並製糖。但是到了二十世紀初，糖產量暴增——從一八六〇／六一年的七萬零四百一十四噸、到一八九七年的七十七萬七千一百二十九噸、再到一九一七年的一百一十二萬八百七十八噸——都發生在較老的俄羅斯疆域以外的地區，即現在的烏克蘭與南部草原邊境地區。在這些地方，更大的糖業公司利用進步技術及更好的農業條件，為俄羅斯與其他國家創造了新的甜味來源。[42]

---

17 一四八六－一五六六。出生於今斯洛維尼亞境內卡尼奧拉公國（Carniola），使節、歷史學家，對於當時俄羅斯的地理歷史人文等有詳盡記錄。

河流與運輸

俄羅斯的地理位置還有一個特點，影響了俄羅斯餐食，那就是河流。早期的俄羅斯人聚居在河流沿岸，河流提供交通、動力與生計。尤其是許多種淡水魚，從巨大的鱘魚，到小型的鮈魚與鱸魚，都生長在遍布歐俄與西伯利亞的水系中，俄羅斯人很早就開始利用這些資源。中世紀諾夫哥羅德的樺樹皮契據（bark charters）[18] 經常提到魚類與捕魚，考古挖掘發現了各種捕魚設備及魚骨。考古學家已經辨認出鱘魚、鰻魚、白鮭（whitefish）、狗魚（pike）、歐鯿（bream）、上口歐鯿（blue bream）、鱒魚（chub）、高體雅羅魚（ide）、湖擬鯉（roach）、白歐鯿（silver bream）、紅眼魚（rudd）、歐飄魚[19]（chekon）、鯰魚（catfish）、鱸魚、白梭吻鱸（zander）、梅花鱸。[43]

伏爾加河、頓河、第聶伯河等大河中的大型河魚特別豐富。這些河流與它們的特有魚類成為俄羅斯飲食世界的重要部分。十九世紀中葉，旅人亨利‧薩瑟蘭‧愛德華茲稱魚湯是「俄羅斯最著名的魚湯」。「最好的一種是用小體鱘做的，」他又說，「肉質油潤、呈黃色，但是又十分細嫩；外型介於鰻魚與牙鱈（whiting）之間。小體鱘是在伏爾加河中捕獲，任何其他河流的水中都沒有這種魚。」[44] 伏爾加河是河流女王，正如一位從事科學觀察的十八世紀旅人說：「我認為歐洲沒有哪條河的魚如此豐富。」[45] 一名旅人也針對頓河說了一樣的話：「這條河裡捕獲的魚種實在數不清，可能世界上沒有哪條河的魚種更豐富、或者更完美。」[46] 他並列舉出一些：

> 主要的魚類有鰉魚、普通蝟魚、小體鱘、白梭吻鱸（俄語 sudak）、鱒魚、銀鯽（Prussian carp）、丁鱥（tench）、狗魚、鱸魚、淡水龜，以及巨大的螯蝦，有些和龍蝦一樣大。螯蝦的捕獲量很大，方法是將直徑約六英寸的小網放入水中，用幾片鹹魚作餌。一百隻的售價是一枚（英國）兩便士銀幣，在某些季節，售價可能只有一半。鰉魚是已知最大的可食魚類……史托蘭伯[20]（Strahlenberg）說他見過一條鰉魚長達五十六英尺、高十六英尺。在頓河，鰉魚的長度很少超過十二英尺。這種魚的體型很像蝟魚。[47]

---

18 十一至十五世紀，以樺樹內層皮為紙張書寫的文書契約等。
19 Pelecuscultratus，英文常用名 ziege、sichel、sabre carp、sabrefish。
20 Philip Johan von Strahlenberg，一六七六－一七四七。瑞典軍官、地理學家，研究俄羅斯帝國地理及人類學，並繪製出俄羅斯全境地圖。

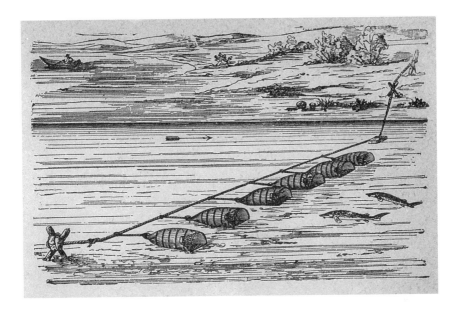

俄羅斯農民發明了各種技術，捕捉大河中的魚。橫跨大河的陷阱用來捕捉強壯的鱘魚（上圖），魚堰用以協助捕捉較小的魚（下圖）。

在某些地區，漁業是主要產業。圖中的工人在阿爾漢格爾斯克[21]（Arkhangelsk）附近將成桶的鱈魚裝船。阿爾漢格爾斯克是歐俄北部港口，建於十六世紀末葉，三個世紀後依然是重要的貿易中心。

　　俄羅斯人用各種方法捕魚，但大多數都是魚堰，或者橫跨河流的網。因此捕魚往往是集體活動，而不僅僅是一個人獨自在河岸上釣魚。對於特定漁場的權利受到嚴密保護，有些人擁有在特定河流捕魚的特殊權利，哥薩克人是其中之一。在某些地區，捕魚首先是商業活動，對於許多辛勤捕魚的人來說，也是糧食來源。（而且也許對那些總是手持釣竿外出的人來說，主要城鎮中心的大橋上「禁止釣魚」的標誌根本不必加以理會。）

　　不管如何定義俄羅斯的地理位置，總之它的一項特點持續深重影響了俄羅斯的飲食史，即其遼闊的疆域。這個國家的廣袤（與多樣性）同時造成了正面與負面影響。其中一個正面影響是，因為俄羅斯夠大，所以即使嚴重歉收也通常是區域性的（不過嚴重的大災就不僅止於此），足以避免全

---

21 位於歐俄西北部，北德維納河注入白海的河口，是白海主要港口。二戰蘇德戰爭期間，是同盟國物資進入俄國的口岸。

國的大規模饑荒。往往在帝國的某個地區總是會有足夠的糧食，但也有例外，饑饉的情況到了令人震驚的程度，尤其是俄羅斯歷史上較晚近的時期。不過在大部分情況下，俄羅斯統治者還是能夠依靠這個國家的規模來抵禦最嚴重的糧荒。

然而與此同時，俄羅斯的幅員遼闊也使得運輸極其困難。有時候，人們對這類問題感觸特別強烈。當彼得大帝在疆域邊緣的沼澤地建立聖彼得堡，向這座新首都運送食物極為費力。[48] 但聖彼得堡還在歐俄範圍內，距離諾夫哥羅德等俄羅斯古城也不遠。到了俄羅斯人開始穿越西伯利亞、發展毛皮貿易時，餵飽這些人就成了大問題，因為這些俄羅斯毛皮貿易商（promyshlenniki）之中沒有農民，對於原住民飲食也興趣缺缺。[49]

在俄羅斯歷史上大部分時間裡，相對稀少的交通基礎建設限制了運送物資的能力。河流是最重要的貨物運輸方式；平底駁船通常由人力拖曳，沿著所有河流運送物資。著名的《伏爾加船夫曲》其實是伏爾加駁船的縴夫。道路很難全程維護，在春季解凍與秋季降雨期間路況尤其差。唯有隨著鐵路興起，情況才開始改善，不過向有需要的人們運送貨物的時候，鐵路網也有效率低下的問題。十九世紀末葉，饑荒襲擊俄羅斯，這是令人震驚不安的時刻，表明這個國家的確出了問題，當時一些作者將部分責任歸咎於交通系統。[50]

但是有些特點是有益的。遍布的水系不僅把歐俄的不同地區連在一起，也把廣大的西伯利亞連在一起。伏爾加河的源頭距離聖彼得堡和波羅的海僅有三百二十公里，下游則從一條間接路線流入裏海。它的支流（以及支流的支流）把古老的俄羅斯中心地帶更多地方連接起來。此外，在交通方面，俄羅斯的寒冷氣候反而是優點，使得雪橇運輸貨物的效率極高。十七世紀，一位來自阿勒坡的旅人訝於這種雪橇的表現，因為它能以相對省力的方式運輸貨物。「我們十分驚訝，這種車可以運送大量農產品與巨石；在這裡一匹馬拉得動的東西，在我們老家二十匹馬也拉不動。」[51] 感到驚訝的不只他。居伊・米耶熱[22]（Guy Miège）在一六六〇年代任英國使節團成員，出使莫斯科，他也對當地冬季交通的速度十分讚嘆。其他季節裡沿著河流網運送大量糧食的駁船也令他驚異。[52]

22　一六四四－一七一八？。在洛桑出生並受教育，其後在英國從事寫作。

鐵路

　　與部分西歐國家比起來，俄羅斯帝國興建鐵路的速度稍遜；它的第一條鐵路在一八三七年開通，只有短短一段，連接聖彼得堡與郊區行宮所在的沙皇村（TsarskoeSelo）。第一條主要鐵路是從聖彼得堡到莫斯科，一八五一年才通車。不過一旦這條路線開通、其他路線跟進，那麼食物也就成了鐵路旅行的一部分。一八六〇年代初一位英國旅人發現，聖彼得堡與莫斯科之間的火車比英國的火車舒適得多。這兩座都城之間的旅程費時二十小時，主要是為了長時間停靠以便用餐，而且「這條路線上的餐飲服務非常出色」。[53] 因此乘客們吃得非常好，甚至是過分地好；正如一位旅人所說，在每一個站台上，都能看到「有人帶著裝滿平底玻璃杯的托盤，以背在肩上的皮帶加以支撐，每個玻璃杯裡盛著一點砂糖與檸檬片，手裡端著擦得亮晶晶的茶炊，四處走動，為乘客倒茶」。火車站的這種茶「十分提神」，他和同伴們「只要遇上這種茶，一定品嘗，簡直視為榮譽所關」。[54] 後來的作者還讚許俄羅斯鐵路上提供的點心，這種服務一直延伸到西伯利亞。一位英國旅人談到他一九〇一年的西伯利亞之旅，最後總結道：「我非常喜愛這些俄羅斯茶點服務。」[55]

　　十九世紀開始發展的鐵路網當然有助於增加運輸便利，但俄羅斯幅員遼闊，人口相對稀少，限制了鐵路的影響。因此雖然鐵路網持續發展，但河流依然是交通的重心。一八六〇年代，一位英國旅人描述莫斯科市中心克里姆林宮附近的景象如下：

　　狹窄的河面，猶如銀色小溪，來自遙遠的內陸，在我們腳下優雅流過，河上點綴著數百艘大駁船，船上裝滿麵包、穀物與商品，上面有船篷遮擋夏日豔陽，在這裡等待卸貨。[56]

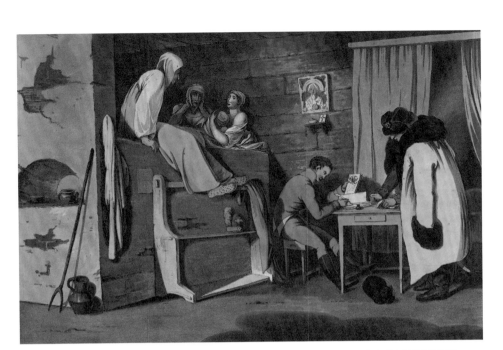

這幅驛站的圖畫左側是一座大型俄羅斯爐灶，爐灶前面的烹飪區放了幾口鍋，幾名女性在主體加熱室頂部取暖。

　　與此同時，鐵路的確開始接手更多的運輸負擔，首先是在歐俄範圍內，然後延伸穿越西伯利亞。

技術：烹調與保存

　　俄羅斯餐食也受到食品加工技術的影響。由於俄羅斯大部分地區的生長季節短、冬季漫長寒冷，必要加工食物以儲藏。對溫暖的需求也是如此，於是影響了俄羅斯人建造爐灶的方式。這兩個因素都影響了俄羅斯人食用的食品種類，從數百年前至今依然。

　　首先是俄羅斯式的爐灶，稱為 pech，這是農舍的心臟。[57] 俄羅斯爐灶的外型比較先進，體量大，有如箱子，於十六世紀在俄羅斯各地流傳甚廣。更早的火爐可能大小相近，但形狀不同，是圓形而非方形。[58] 俄羅斯爐灶有兩個用途：首先是保持溫暖，這是俄羅斯冬季所亟需。據一位英國旅人說，這種爐子保暖效果非常好。對他來說，「在寒冷氣候中，一座俄羅斯 pech 是最好的文明生活奢侈品。」[59] 其次，爐灶能夠烹調並保存食物。早在十九世紀初，許多上層階級就開始鼓勵採用新的現代外國爐灶技

術，取代俄羅斯爐灶——「英國」爐灶的烹飪爐口在上方平面，弗拉基米爾‧布爾納舍夫把這種爐子與「著名精巧的醬汁與慢燉肉塊」連繫在一起。其他人認為這種改變不太可能，因為無法完全替換當時「全俄羅斯六千萬子民使用的爐灶」，而且「俄羅斯人已經習慣了自己的爐灶，這是本民族的生活必需品」。[60]

　　俄羅斯爐灶最值得注意的是尺寸：很大。這是以黏土黏合磚或石頭而成的大型建物，占了一座普通農舍室內面積的六分之一到四分之一。[61]高度有一人高，頂部寬闊平坦，在冬季最冷的日子裡往往是休息或睡覺的地方。爐灶本身有幾個隔間；底部是一個開放空間，可以儲藏木柴（用以取暖，而且上方的熱可使其保持乾燥），需要時甚至可以在此飼養家畜幼崽，使其免受戶外寒冷。上面是爐灶的主體，分為兩個隔間。後面是火爐本身，燒得很熱，讓整座爐灶都熱了起來。前面是工作區，是用於烹飪的開放區域，可以把鍋子放在距離爐火遠近不同的位置，以調節其熱度。為了把所有熱度都留給室內的人，早期的爐灶沒有煙囪，這種沒有煙囪的爐灶一直使用到十九世紀。雖然到了那個時代，人們眼中「黑色」或者「煙燻火燎」的農舍[23]代表著赤貧、落後、缺乏正確衛生習慣，但農民仍然喜愛這種爐灶，因為它更溫暖；據一位作者估計，爐子的熱度有八分之七是從煙囪散逸的。[62]

　　這種爐灶非常適合俄羅斯烹飪——或者應該說，俄羅斯烹飪的發展非常適合這種爐灶。凱特琳娜‧阿芙傑耶娃解釋如何在這種爐子裡烹煮包心菜湯與其他湯類：

　　在簡單爐灶裡烹煮的俄羅斯菜餚，就和放在爐口上烹煮的一樣美味，只須確保以下幾點：一旦木柴充分燃燒、煙已消散，就把盛了包心菜湯或其他湯類的黏土鍋放進爐灶；確保鍋裡的肉清湯不要煮乾；湯上的浮沫要撇乾淨；如果完全去掉浮沫，就不需要過濾；撇去浮沫之後，最好給湯加鹽。一俄磅牛肉加兩瓶水；選用一個分量正好可以裝滿水的鍋子，因為沒有裝滿的鍋子會燒焦，食物會有令人不喜的味道；當爐火燒旺、熱度逐漸上升，不要把鍋子放在爐火附近，要放在可以慢燉但不至於煮沸的位置。[63]

---

23 俄語詞 курнаяизба/kurnaya izba，「冒煙小屋」，沒有煙囪的舊式俄羅斯小屋。

這幅圖集合了在俄羅斯能見到的多種雪橇，而風景大部分是出自想像，不過依然表現出雪橇是這個國家的特色；事實上對旅人來說，雪橇也的確使得俄羅斯的遼闊距離與寒冷天氣稍微沒有那麼可怕。

　　蕎麥粥也是放在陶鍋裡煮熟，先用文火燉，然後蓋上蓋子，放在離火較遠的位置保溫。麵包與餡餅是在烘爐裡烤熟的，圓薄餅也是。肉類也可以明火烤，果子凍可以利用熱度加稠。烘爐也可以用來保存食物，比如烘乾蘑菇；說了這麼多，也許這才是對俄羅斯飲食習慣影響最大的因素。在烘爐裡烹飪的訣竅是調節熱度。一八三八年，一位作者說，如何知道烘爐的熱度是否適合烤麵包：「往烘爐裡扔一點麵粉，如果麵粉沒有燃燒，而是變成棕色，這就是烘爐熱度已經足夠了」。
　　另一個問題是判斷麵包是否已經烤好，因為是用顏色較深的黑麥麵粉製成，顏色並不足以判斷。不過這位作者有解決方法：

　　把麵包放進烘爐的同時，切一小塊麵團、放在裝了水的玻璃杯裡，等到麵團浮上水面，就是把麵包從烘爐裡拿出來的時候了。[64]

　　當然，俄羅斯有寒冷的冬天，也有炎熱的夏天。雖然夏天很短，但也可能極熱。對農民來說，夏季是勞動繁重的季節，也是燕麥糊托拉克諾的

俄羅斯民間故事的經典人物，女巫芭芭・雅嘎[24]，她住的房子建在雞腳上；在伊萬・比利賓[25]（Ivan Bilibin）的這幅作品中，她坐在一只臼裡四處飛翔，手中揮舞一根木杵。此圖中能看到俄羅斯臼的形狀狹長，這種形制在考古挖掘中也有所發現，在俄羅斯使用了很長時間。

季節，這是一種生吃的燕麥粉。對貴族來說，這是酸味冷魚湯的季節，這道加了冰的冷湯令許多外國訪客震驚。夏天也是將烹飪搬到戶外的季節，至少是把廚房搬到另一處獨立的房屋中。夏季廚房是貴族莊園的一部分。dacha，也就是夏屋，一開始出現在聖彼得堡與莫斯科，首先擁有夏季別墅

---

24 Баба-яга，中譯名又稱雅加婆婆。Baba 在古東斯拉夫語意為產婆、女巫、占卜人。現代俄語的 бабушка（babushka，祖母）源於此字。
25 一八七六－一九四二。俄羅斯／蘇聯畫家，舞台美術設計家。他為俄羅斯及斯拉夫民間故事繪製的插圖極為著名。一九一七年十月革命後去國，一九三六年回國，一九四二年於列寧格勒圍城期間逝世。

的是十八世紀的貴族，然後是十九世紀增長中的中產階級，不同的烹飪方式也開始流傳。甚至現在以俄文在網際網路上搜索「夏季廚房」，也能發現無數各式各樣的烤架、磚製烘爐、多種配備，都是為了讓夏季烹飪成為獨立的世界。

在大地的物產進入爐灶之前，必須先以各種方式加工。也許最重要的就是將穀物加工，成為穀粒和麵粉，然後才做成粥或麵包。首先必須將穀粒脫殼。東斯拉夫農民，即俄羅斯人、烏克蘭人、白俄羅斯人，都使用一種大型杵臼來完成這項工作，同時篩出穀糠。中世紀的考古遺址中有一些杵，看起來與十九世紀使用的杵非常相似。[65] 這種做法很普遍，在俄羅斯民間故事中，可怕的女巫芭芭・雅嘎（Baba Yaga）坐在這種臼裡到處飛，手持一根杵為武器。

這樣的加工可以讓農民用穀物做粥，但不能做成麵粉。用來製作麵粉的是手動磨坊及水力磨坊。早期的手工石磨是兩塊石頭，將穀物放在中間磨碎，產出粉粒大小一致的麵粉。這種石磨不大，可以放在農舍角落。後來出現更大的水力磨坊，然後是風力磨坊；十六世紀開始經常使用配有垂直水輪的水力磨坊，這種水輪起源於國外，因此稱為「德國水輪」。[66] 至於為一座村莊或者一個地區磨製大量麵粉的磨坊，通常建造在地主的土地上，出租給磨坊主。

在城鎮，黑麥與小麥粉是商品。到了十九世紀末，各種細度的麵粉都經常使用。莫斯科的法規允許使用六種黑麥麵粉，從最低的「普通」到最高的「烘焙用」，以及三種小麥麵粉。最好最貴的小麥粉稱為 krupchatka 或 krupichataiamuka[26]，這是大餡餅經常使用的麵粉。[67] 這種麵粉的研磨方式與其他麵粉不同。它的特點是「顯著的顆粒」，因此並不如其他麵粉那麼精細，「僅有俄羅斯生產，主要由硬麥製成。」它吸收的水分比其他麵粉來得少，但儲藏時間更長。「外國麵包師使用 krupchatka 並不順手，所以這種麵粉無法外銷。」[68]

還有一種重要的產品製程第一步必須使用杵臼，那就是榨油。俄羅斯使用大量植物油。在其歷史早期，亞麻籽與大麻籽油是最常見的；在二十世紀，葵花籽油占主要地位。在較早的年代，種子先以杵臼壓裂，然後放入榨油機內。後來由較大的工廠製造，在市場上銷售。

---

26 Крупчатка，крупичатаямука，意為「顆粒的／細粒麵粉」。

葵花籽油

　　因為東正教的齋期需要大量非動物油脂，俄羅斯烹調長期以來一直依賴各種種子油與堅果油。在整個十八世紀，通常使用大麻籽或亞麻籽油；最上層階級用的則是核桃油，甚至橄欖油，前者即使在俄羅斯北部也能生產，後者進口。然而在十九世紀，葵花籽油占主要地位。十九世紀中葉，它已經成為南部伏爾加地區的重要產品，薩拉托夫（Saratov）一帶的日耳曼裔移民[27]生產尤多。在蘇聯時期，葵花籽油成為最重要的非動物油脂。米哈伊爾・布爾加科夫[28]（Mikhail Bulgakov）的《大師與瑪格麗特》（*The Master and Margarita*）開篇，當時已經開始普及的葵花籽油驚人登場。這部小說描寫魔鬼撒旦來到蘇聯早期的莫斯科，故事開頭，名叫別爾遼茲的男子遇見偽裝下的撒旦，撒旦告訴他，他將遭斬首而死，因為「安努什卡已經買了葵花籽油，不但買了，還弄灑了」。別爾遼茲無法置信，怒氣沖沖地離開，結果踩上潑灑在地的葵花籽油，失足滑進一輛迎面而來的電車輪下。對於這種日常家用品而言，這真是戲劇性十足的表現。

　　植物油之所以如此重要，是因為東正教的齋期不僅禁止肉類，還禁止奶製品。也因為齋期禁食，於是俄羅斯人有了各種保存牛奶的方法。當然部分牛奶是飲用的鮮奶，但大部分不是。最簡單的作法是 prostokvasha，

---

27 伏爾加下游大城。凱薩琳二世於一七六二及一七六三年頒發詔書，邀請除了猶太人以外的歐洲人移居俄羅斯，從事開墾。大量日耳曼人移民，定居薩拉托夫周邊。一九四一年六月德國入侵蘇聯，史達林將德裔強制移居中亞及阿爾泰邊疆區，隨後大量關入勞改營。
28 一八九一－一九四〇。蘇聯小說家、劇作家。原是外科醫生，十月革命後加入白軍，一九一九年棄醫從文。一九二七年起，與蘇維埃政權關係緊張，作品無法通過審查。一九三〇年，寫信向史達林請求允許移居國外遭拒，但史達林安排他在劇院工作，隨後調往莫斯科藝術劇院，不過工作並不如意。布爾加科夫在生命最後十年寫作帶有自傳色彩的《大師與瑪格麗特》，一九六六年得以出版刪節本，一九七三年出版全本，此書被認為是魔幻寫實主義開山之作。

即人工控制下的發酵酸牛奶，比鮮奶的保存時間長[29]。當它進一步變酸，可以分解出凝乳，這種簡單的乳酪就是奶渣，可以當作餡餅與糕餅的餡料，也可以直接享用。varenets[30]則是一種烘焙牛奶（baked milk），基本上是將全脂奶放進烘爐，泡沫出現的時候，把泡沫或奶皮拌進牛奶中，重複此步驟，直到牛奶呈淡紅棕色，從爐中取出，放在冰上冷卻。[69]它可以單獨食用，也可以搭配其他食物，包括其他乳製品，如奶渣。當然還有smetana[31]，即酸奶油，是在牛奶變酸的時候從表面撇出來的。它可以進一步利用，比如當作湯類的「增白劑」、與蕎麥粥一起煮、添加到麵團中可使其更濃郁，也可當作沙拉的調味品。

俄羅斯人也製作奶油（butter），但並不是千層麵團（puff pastries）使用的甜奶油[32]（sweet butter，不過這種後來也很普遍）。以俄羅斯方法製作出的奶油，保存時間更長。除了甜奶油，從前使用的奶油主要有兩種。一種是楚赫納奶油[33]（chukhonskoe，源自舊時對波羅的海地區芬蘭－烏戈爾語民族的稱呼），以酸奶油製成，而非甜奶油，主要用於烘焙。第二種稱為「俄羅斯式」奶油，是一種澄清奶油。作法是將楚赫納奶油融化，去掉雜質與液體，只留下脂肪。一些家政手冊建議，融化奶油時加上大比例的水，水可集中固態物與雜質，冷卻後倒掉。重複此一步驟，直到水中澄清為止。

以上這些製程還有副產品，以各種方式利用。傳統的酪漿[34]（buttermilk），即製作奶油後留下的液體，稱為 iuraga。這種液態副產品也被保存下來。阿芙傑耶娃建議使用這些液體製作蕎麥粥，並且把這種蕎麥粥（iurazhnaia kasha）列為俄羅斯餐食中的特產。[70]十九世紀早期的一篇文章，描述了所有可從某一定量新鮮全脂牛奶製成的東西。作者指出，在理想情況下，農夫生產供自家食用的牛奶如有多餘，可在附近城鎮出售。比如在莫斯科，一俄升（shtof）[35]牛奶售價為三十至四十戈比。一俄磅楚赫納奶油（酸味奶油）售價四十至五十戈比，但相對於投入的牛奶而言，這個價格的回報差得多了。為了製作一磅奶油，需要至少七至八倍的全脂牛

---

29 простоквáша 源自俄語「使發酵變酸」。將鮮奶靜置在溫暖處，通常是爐灶旁，約一天即成。
30 варенéц，源自俄語「烹煮」。
31 смета́на，原始斯拉夫語 sъmetana
32 即目前市面上的固態奶油 butter。
33 舊時蔑稱芬蘭人及愛沙尼亞人等波羅的海地區的芬－烏語民族為 чухна，楚赫納人。
34 ю́рага，微黃、半透明，不是現在西方市場上同名的發酵乳飲品。
35 約等於一點二公升。

奶，脫脂後的牛奶可用來製造奶渣，可能值四十戈比，剩下的其他部分則值十戈比。[71]

　　直到相當晚近，俄羅斯人才有乳酪——經過熟成的乳酪。英國旅人喬治‧福布斯（George Forbes）在一七三〇年代的文章指出，俄羅斯「奶牛產乳量很大，他們用以製作一種奇怪的奶油，但根本不做乳酪」。[72]俄羅斯人有奶渣，這是略帶酸味、柔軟、色白的新鮮奶酪。早期編年史中有所提及：syr 這個詞現在指所有種類的乳酪，但當時可能指的是一種奶渣。然而至少從彼得大帝時期開始，一些俄羅斯人就對進口的熟成乳酪有了興趣（據說彼得大帝喜歡在餐後吃一塊上好的林堡乳酪[36]〔Limburger〕）。在整個十九世紀，瑞士與荷蘭乳酪、斯蒂爾頓乳酪（Stilton）、帕瑪森乳酪[37]的進口數量驚人。十八世紀末葉開始，俄羅斯才嘗試小規模生產瑞士乳酪或其他乳酪，直到一八六〇年代才開始大規模生產。[73]

　　肉和魚也以不同方式保存，有時是煙燻或乾燥，大多數是用鹽醃。俄羅斯的鹽大多來自鹽湖，也有一些是礦鹽（一般而言沒有海鹽，因為俄羅斯歷史上大部分時間並不濱海）。十六世紀，著名的斯特羅加諾夫家族[38]（Stroganov）在莫斯科沙皇國的東北邊上建起煮鹽的鍋爐，以此發家。他們的中心在索里維切戈茨克[39]（Solvychegodsk），「sol」的字義就是鹽。後來生產遷移到伏爾加地區的巨型鹽湖。在十九世紀的一段時間裡，這些來源無法滿足需求，但到了十九世紀末，由於解決了運輸問題，俄羅斯的鹽基本自給自足（並且是世界第三大產鹽國，次於美國與英國）。

　　常見保存魚類的方法是鹽醃與乾燥，以備將來使用，但不是完美的方法。在一八四〇年代的一段時間裡，報紙上有許多人死於「魚毒」的報導，死因是吃了沒有經過正確烹調的「潮濕魚乾」。儘管如此，乾燥依然是簡單有效的方法。在俄羅斯帝國的北部，牛肉比豬肉普遍，甚至在考古遺址發現的骨頭也是如此，因此鹹牛肉（solonina）可能是比火腿或鹹豬肉更「傳統」的食品。十九世紀的記載指出，鹹牛肉首先是「農民與農奴在冬天的主要食物」。[74]不過還有豬，尤其是在俄羅斯開始往南擴張的時候，以及用豬製造的火腿（vetchina）、鹹豬肉、醃製的豬脂油（salo）與香腸（kolbasy）。

　　影響俄羅斯肉類食用習慣的最重要「技術」，其實可能是俄羅斯天然

---

36 原產於今比利時列日的林堡。
37 斯蒂爾頓原產於英國中部，帕瑪森原產於義大利北部。
38 在伊凡雷帝時代起家，彼得大帝時代被封為貴族，十月革命後離開俄羅斯。
39 位於今阿爾漢格爾斯克州東南部維切格達河畔，地名意為「維切格達河畔的鹽」。

環境的特徵之一，也就是寒冷。《Domostroi》是一本十六世紀的家政指南，書中建議將剩菜及肉凍之類放在冰上保存，如此可食用較長時間。肉和魚可以冰凍起來，並保持冰凍狀態；這讓十八及十九世紀的外國旅人為之驚嘆，他們主要是在莫斯科與聖彼得堡的肉類市場上看見的。這些市場到處是陌生奇特的景象：魚類「美麗奪目，色彩栩栩如生，如蠟製品一般清澈透明」。有些牲口的屠體不可思議，有些則是「十分刺眼。其中體型最大的種類大都剝了皮，並根據品種分類；數百隻直立堆疊著，每一隻都彷彿要從前面那隻背上爬過去」。[75] 湯瑪士・雷克斯[40]（Thomas Raikes）描述這種市場的好處：「在這裡，腐壞的大肆進軍遭到攔截；一個月前宰殺的羊，一個月後還是一樣新鮮；從伏爾加河運來的魚大概能再運上一千俄里[41]（verst）也不會喪失美味。」[76] 不過他也寫到了一個缺點：冷凍肉類「十分無味」。[77]

　　雷克斯說的可能沒錯，關於冷凍肉至少有一點可能是對的，那就是這種肉不會半腐壞；長久以來，介於發酵與腐爛之間的半腐壞狀態使得某些野味與肉類帶有一種強烈的氣味。一八四〇年代，弗拉基米爾・奧多耶夫

位於伊熱夫斯克[42]（Izhevsk）的市場攤位上，出售許多種煙燻與鹽醃豬肉。

---

40 一七四一－一八一三。英國銀行家、商人，專門從事倫敦出口至莫斯科。
41 約等於一點零六七公里。
42 位於烏拉山脈西側，伊日河畔，俄羅斯聯邦烏德穆爾特共和國首府。

斯基以筆名「煙霧博士」寫到，俄國與歐洲其他地區之間的不同飲食習慣，他認為有一部分是由冷凍肉造成的：「南方與北方居民之間的本質差異，」他寫道，「就是前者不吃冷凍肉，而後者吃。」[78] 這一點很重要，因為當時俄羅斯境內能找到的烹飪書籍都是從外國複製與翻譯過來的，完全沒提到如何適當處理冷凍肉。奧多耶夫斯基繼續寫到一些廣泛的建議：把肉放在冷水中，靜置一兩天，待其解凍，並提供了填餡火雞這道特色食譜。

奧多耶夫斯基指出，冷凍只對保存肉類有效，但無法保存蔬菜。這種說法在當時是對的，因為冷凍植物產品需要不同的方法與儲藏環境。不過俄羅斯人用其他方法來保存園圃與森林的物產。蘑菇通常整個或切片乾燥，尤其是大的乳菇與牛肝菌。對於如何乾燥香草植物與綠色蔬菜，莫洛霍維茨也提出建議，以便保存它們的部分風味，留待冬季食用。鹽與發酵法（kvashenie）用來醃製其他蔬菜。甜菜、小黃瓜、蕪菁，都用鹽或淡滷水醃漬，通常也略加發酵。最後是番茄，也以同樣方式保存，讓番茄的夏季風味帶上一點濃烈滋味，在冬季食用。

不過最重要的是 kvashennaiakapusta，即發酵包心菜，有時也稱為 kislaiakapusta，即酸包心菜。為冬天準備包心菜是農民在秋季的重要工作。首先將包心菜切碎或刨成絲，拌上鹽，稍微搗一搗以去除菜汁。這通常是女性的工作，不過一名報導者寫道：

> 幾乎所有西部省分的農奴主和部分農民切碎包心菜的方式，完全不同於北方省分……這種方法不是在木槽或盆裡切碎，而是在一個大箱子裡，通常用鐮刀，所以是由男人而非女人來做。[79]

在二十世紀之前，包心菜儲存在蓋得很嚴密的木桶中，保存在地窖裡。一位作者稱：「如果經常往蓋子澆上滷水，包心菜就可以保存一整個冬季，雖然它會散發出不怎麼怡人的氣味。」[80] 但有人指出，無論如何預防，包心菜在冬天裡很難不變質：「每年春天，我們都會看到街角小店的店主扔掉大量這種腐壞的泡菜。」[81] 玻璃罐漸漸普遍，開始取代了木桶。在二十世紀，人們離開農村，卻沒有把準備包心菜以過冬的渴望拋諸腦後。許多城鎮建築都有雙層窗，內外層之間有相當大的空間，就成了大罐包心菜與其他醃漬物的儲藏室，可以藉由外界溫度保持低溫，又藉著室內的熱度而不至於結凍。

水果也加以醃漬。俄羅斯在十九世紀才發展出大型的甜菜產業，因此

使用蜂蜜或者進口砂糖來保存水果。varenye 是俄國的糖漬水果，用糖烹煮直到形成糖漿，通常要煮到糖漿呈凝膠狀才算完成，這是一種較軟、較似糖漿的水果蜜餞。至於其他水果——大部分是蘋果，以及一些森林莓果，則「浸泡」起來，也就是整個放在容器中，以糖或鹽滷覆蓋。果乾也是烹飪材料，包括本地產以及從南方進口的。

　　所有這些因素，包括環境與技術因素，都影響了俄羅斯人的飲食方式。在過去，有時這些因素可能限制了出現在餐桌上的食品，有時把愈來愈多商品帶到市場上。有許多食品一直存在了數世紀：黑麥與蕎麥是主要糧食作物，蜂蜜與蘑菇是俄羅斯特色的強烈象徵，也是許多美味菜餚的材料。當然，隨著俄羅斯國家的發展、俄羅斯人民經濟地位的改變，也發生了一些變化。這些變化的過程，以及我們對於依舊不變的事物的了解，有助於追溯俄羅斯飲食的悠久歷史，從最早的、缺乏書面記載的年代，直到如今這個不時力圖回歸「傳統」、拒絕數百年歲月帶來變化的時代。

第三章
俄羅斯萌芽歲月的吃與喝

在伊萬・比利賓的插圖中，舊日俄羅斯披上了獨特的新藝術（Art Nouveau）氛圍。迴旋的造型，流暢蒼勁的線條，構成了他想像中的過去世界。半是史實，半是奇幻。民間故事《鹽》的一幅插圖中，一位王家人物端坐在餐桌前，長鬚濃密飄逸，一手拿著餐刀，一手拿著鵝腿。他面前放著一塊麵包、一只杯子、一隻烤鵝與一瓶飲料。身後站著兩名手捧大盅的男子——也許是包心菜湯和蕎麥粥？這位舊日沙皇吃的這頓飯，與此畫（一九三一年）之前數世紀裡任何一個年代的餐食殊無二致。

從很多方面來說，比利賓的插圖經常遇到的難題，就是釐清從前的人們吃些什麼，還有更廣泛的問題是早期人們如何生活。這方面書面資料很少，而且這些資料通常很少討論日常話題。我們有物產清單，有關於歉收的紀錄，有關於膳食事實的大致描寫——雖然對於內容未必詳細說明。考古紀錄有一點幫助，因為揭示了人們日常生活的大致型態、用來烹飪與食用的物品，甚至還有他們所吃的食物殘渣化石。然而在很多方面，對於俄羅斯發展初期人們所吃的東西，我們的了解主要是基於已知的、在其後很晚的時代裡人們的食物，而且我們相信許多食物是從最早期一直流傳到近現代。這點看法的確有充分理由。考古學家注意到，在公元十世紀的考古遺址中，發現了用來研磨穀物的杵臼，其形制與民族學博物館裡十九世紀末葉的杵臼非常相似。於是我們難免得出以下結論：使用這種杵臼的人不僅以同樣的方式磨碎穀物，而且以同樣的方式烹調穀物。

即使如此，關於歐洲東北部俄羅斯人聚居地的最初情況，我們在許多方面所知甚少。但是有一點格外引人入勝，那就是小群體不斷向北與東遷移、進入森林，而森林的冬天更長、土壤更貧瘠，因此是更艱難的環境。然而不知何故，對於這些早期定居者來說，北遷雖然艱辛，但是與他們在南部的生活相比，北遷似乎是更安全的選擇。人們是否在收成之後、第一次霜降時開始遷移，希望在深冬之前定居？但這樣做可能時間不夠，也許是在某個時節，白日開始變短，代表著該出發了？因此，為了開始思考俄

羅斯土地上最早的居民吃了什麼，我們必須思考他們的社會與經濟組織的概觀，希望從文本與考古挖掘中拼湊出一點點證據。

伊萬·比利賓經常為自己的民間故事插畫想像出古老的俄羅斯世界。圖中的國王大嚼的可能是鵝腿，麵包就在手邊。僕人捧著盛滿湯或燉菜的大盅。

早期羅斯的日常生活

根據許多（就算不是大多數）俄羅斯史綱所述，俄羅斯國家的起源位於與今天完全不同的國度，即基輔羅斯[1]（Kyivan 或 Kievan Rus），中心是基輔（Kyiv 即 Kiev）。這座城位於第聶伯河畔，鄰近森林過渡至草原的界線，它出現在公元十世紀末葉，並且地位重要。[1] 羅斯這個國家從基輔向北延伸，至沃爾霍夫河畔的諾夫哥羅德，有時還更往南北兩邊擴張，境內有不同的斯拉夫語部族、芬蘭語支部族、伊朗語部族，都是早已生活在這片廣大地區，而且並非一直和睦共處。在北方與南方存在著更強大的勢力（前者維京人／瓦良格人，後者是拜占庭帝國，以及草原上一連串不同的遊牧群體，其中時代最接近的是可薩人），而基輔在這兩者之間多少維持了穩定地位。基輔的統治者是大公（Grand Prince），至少在原則上，在早期基輔土地上散布的所有要塞城鎮諸侯之中，他的地位最高。然而實際上，諸侯之間經常發生戰爭。因此正如俄羅斯歷史學者瓦萊麗・基弗森（Valerie Kivelson，一九五七－）及政治社會學者羅納德・蘇尼（Ronald Suny，一九四〇－）所說，與其說羅斯是一個國家，不如說是「類似黑手黨的商人與軍閥網絡」，以及「非領土性的、相當機動的朝貢收集與持續戰爭系統」。[2]

理所當然的是，由於有戰爭，在城鎮與農村的廣大人口供養下，發展出了軍事菁英階層。《往事紀年》是目前已知最早的羅斯編年史，主要記述的是基輔與君士坦丁堡之間的戰爭以及羅斯諸侯之間的戰爭，卻無涉於大部分百姓的生活方式。但是從這本書依然能夠得出一項事實，即中世紀羅斯的日常生活是艱難的：土地「豐產而肥沃」，不過指的是毛皮與森林物產，而非穀物。此地氣候嚴酷，因此環境易變。這裡有諸侯，每一個都擁有身為菁英軍人的親隨。城鎮裡有城鎮居民，在當地與外地從事手工業與貿易，通常也從事農業。還有更多人口以更多時間從事農業，從惡劣的自然環境中設法取得一點收穫。諸侯對自己的城鎮負有一些責任，最重要的是予以保護，城鎮與農民則回報以賦稅及擁戴（最無法釐清的是這些基本城邦組織所涉及的高壓統治強度）。當時有奴隸，有些人生來就是奴隸，有些是在戰爭中被俘或者被迫。但大多數歷史學家都同意，還有更大的自由農民群體，能夠遷徙並移居到北方森林中。

1　羅斯其名可能來自原始芬－烏語，而溯源至古北歐語，意為「划船者」。基輔羅斯這個名稱出現在十九世紀，指歷史上以基輔為中心的那段時期，傳入英語後指那段時期的國家。

　　無論社會秩序如何，人們聚集在城鎮與村莊，建造住所，播種土地，在惡劣的自然環境與周遭的威脅下，盡可能安居樂業。從諾夫哥羅德及周邊的考古證據，可發現此處日常生活秩序的詳盡細節。這樣的證據可能無法推及羅斯的所有疆域——事實上，幾乎是絕對無法推及，但是依然能從中一窺早期斯拉夫各部族之間的互動，及其與環境的互動。最重要的是，他們依靠最早的俄羅斯爐灶來保暖及烹飪。與現在依然可見的爐灶相比，這種爐灶的外型不同，但大小與功能相似。這是必需品，而且至少在城鎮裡也是裝飾品：表面刷白，以繁複的圖案裝飾。[3] 諾夫哥羅德居民使用鐵製或複合金屬湯鍋與煎鍋，以陶碗與陶鍋作為食器及儲藏罐。玻璃器皿罕見，但的確存在；金屬杯更常見一些，不過也可能是因為金屬杯比較耐用。大部分湯匙是木製，留存下來的還有些是骨製或金屬製湯匙。即使在城鎮裡，大部分住宅至少有一個地窖，甚至是一兩座獨立的倉庫。城鎮住宅通常也有地闢為園圃並飼養牲口。俄羅斯歷史學家 M・G・拉賓諾維

這是十九世紀俄羅斯北部阿爾漢格爾斯克省的木屋，不過與最早的定居點看起來沒有什麼不同，都是從森林闢出來的一片地，幾戶人家組成村莊。唯一的主要區別可能是取暖方式。在這張照片裡，每一棟房子都有煙囪，但是俄羅斯有更古老的本地傳統，即無煙囪的所謂「黑色」小屋。煙霧留在屋內，很可能導致健康問題，但同時也將爐火產生的熱都保持在室內。

伊萬・比利賓為《沙皇薩爾坦的故事》（*The Tale of Tsar Saltan*，一九〇五）所作的插圖，展示了一場想像中的舊日俄羅斯盛宴。

奇（M. G. Rabinovich）曾做出結論，這種居住環境代表著大多數城鎮居民繼續自己種植大部分食物，並自己儲存，而且大多數城鎮居民的飲食主要是自給自足，並不仰賴外地商品。[5]

　　然而在諾夫哥羅德，顯然至少有一些食物是從外地運進城裡的。比如，該地區並沒有核桃樹，但挖掘中發現的核桃殼年代可追溯至十世紀，這一定是通過貿易傳入的。[6] 遺址挖掘也發現了植物種子，包括小黃瓜、蒔蘿、蘋果、櫻桃、李子，可追溯至十世紀或十一世紀，而且在當地一直沒有消失。[7] 這些食物大多並非諾夫哥羅德周邊的本地物產，而是來自更遠的南方，經交易買入，後來也有一些開始在當地種植，這代表著當時曾付出極大心力，使其在冬季霜降前成熟。

　　俄羅斯人的定居點也擴展到諾夫哥羅德以北與以東。這座城最終擁有了一直延伸到烏拉山脈北部的土地，不過這個「擁有」指的是向該地居民

收取毛皮，而非固定的管理。在公元一千年前後，東斯拉夫人的定居點開始密集遷移到這些土地上（大部分是在公元一千年後）。雖然毛皮是有價值的森林物產，也可以用來納稅，但這些地方並不是想要獵取毛皮的人的臨時定居點。反之，考古證據顯示，人們搬到新地點，通常靠近湖泊或河流，開始定居、砍伐森林並種植農作物。[8]

一九九〇年代以來進行的挖掘，發現了一個沒有城牆限制、令人驚訝的繁榮世界，至少超越了書面紀錄所顯示的繁榮程度。俄羅斯領土最北端（白湖[2]〔Lake Beloe〕與沃洛格達城〔Vologda〕）的定居點都擁有附大型爐灶的兩室房屋，與諾夫哥羅德相同。這些房子並不是分散在鄉間，而是沿著街道整齊建造。遺址顯示這些村莊有密集的定居區，新房子建造在舊房子的相同地點。也就是說，這些聚居族群多年來一直在一起，而非廣泛散布。[9] 在這些地點發現了大量金屬飾品、帶有裝飾的陶器、玻璃珠。人們養了一些豬、山羊、綿羊，牛的數量更多一點，用以取得牛奶與肉。這些人捕魚，也許換取來自較遠地方的大魚。他們一次捕獲大量魚類並加工，可能是為了保存以備日後食用。[10] 因此，無論是在諾夫哥羅德這樣的城鎮，還是在其北邊更遙遠的定居點，這些早期的俄羅斯人都從事農耕、動物養殖、手工藝，並進行交易。

很難確定的是，考古挖掘中發現的魚類、禽類與動植物，在這些早期俄羅斯人的餐桌上是什麼樣的菜餚。由於爐灶設計與炊具形制一直沒有改變，我們可以假設有湯、燉菜、粥，偶爾有烤肉，類似於數世紀後紀錄更明確的烹調。在諾夫哥羅德這樣的地方，尤其是在該城建立了良好貿易之後，考古證據顯示，飼養牛群不只是為了牛奶與運輸，也是為了牛肉。不過在所有地方，乳製品生產都很重要。[11] 所以羅斯早期居民吃的東西很可能類似包心菜湯與蕎麥粥，有時加上新鮮牛肉，更有可能是鹹牛肉，有時加酸奶油，有時加奶渣。他們也吃麵包，因為在諾夫哥羅德的樺樹皮文書手卷中，用以製作麵包的穀物有著重要地位。《聖徒傳》[3]（Paterik）記錄了早期基輔僧侶們的生平，其中提到烘焙麵包的過程可能受到如下干擾：惡靈使得麵粉以及用來發酵的克瓦斯無法順利發酵，或者在揉麵盆裡發現一隻青蛙。啤酒、蜜酒與克瓦斯是常見的飲料，諾夫哥羅德的樺樹皮文書提到了釀造室、啤酒花、麥芽與大麥，考古挖掘也發現了大酒桶、小酒

2　經舍克斯納河注入伏爾加河的雷賓斯克水庫。
3　全名為《基輔洞窟修道院聖徒傳》（The Paterik of the Kievan Caves Monastery）。該修道院建於一〇五一年，此抄本成於十三世紀，匯集聖徒與僧侶生平及歷史人物傳說。

桶、酒壺。[12]

　　雖然《往事紀年》一類的書面資料很少提到食物或飲食，但的確經常提到另一件事，那就是饑荒。各種編年史中第一次記述的饑荒，發生在一〇二四年的蘇茲達爾⁴（Suzdal）一帶。但正如一位十九世紀的歷史學家所說，在那之前絕對已經發生過饑荒，因為當時蘇茲達爾居民已經有了部分紓解的方法，就是向南方的保加爾人⁵（Bolgars）購買穀物——而且因為當時已經將饑荒解釋為上帝對一個民族所犯罪惡的懲罰。[13]一一二八年，在諾夫哥羅德，一場可怕的饑荒把黑麥推高到了不可想像的價位，人們被迫用苔蘚、樺樹皮、樹葉，甚至松針來製作所謂的麵包。飢餓加上疾病，使得街道上堆滿屍體。據編年史家所述，家長們哀求前來該城的外國商人把他們的孩子帶往安全的地方。幾十年後，編年史家甚至直言不諱：「啊，哀悼處處：在市場上——屍體，在街上——屍體，在田野上——屍體。」[14]

　　饑荒通常與作物歉收有關，而作物歉收本身可能是由於天氣太潮濕或太乾燥，這兩種情況在炎夏與寒冬都有可能發生。由於種植冬季作物——通常是黑麥——必須依賴積雪保護發芽的種子免受嚴寒，如果冬雪太少，對於作物的破壞可能就如同夏季雨水太少。一三〇三年的歉收原因就是「整個冬天都沒有雪」，於是冬季作物歉收。[15]氣候造成的作物歉收可能會因為戰爭與入侵而變得更糟，因為可能發生圍困，或者戰爭需要徵收更多人力與物資。據後來的編年史家記載，一四〇〇年代中葉，莫斯科諸侯之間的戰爭與歉收造成「連續十年饑荒」。[16]

　　編年史是由散布在俄羅斯各地的修道院僧侶編撰的，所以他們的紀錄是地方性的。他們記述了十五次「嚴重」饑荒，影響了不只一個地區，是「可怕死亡」的時代，更多的是地方性的饑荒，僅限於當地，但重要性超越了作物歉收，造成了一整個勒緊褲腰帶的時代，從十一世紀初直到十六世紀末。[17]實際上可能曾有更多饑荒。換句話說，在這幾個世紀裡，以基本糧食果腹的基本生活隨時可能因饑荒而中斷。饑荒導致人們為了尋找食物而遷徙，農民來到城鎮，城鎮居民逃往鄉間。整個定居點空無一人，有時會恢復，有時卻復原為森林。

　　雖然饑荒可怕，而且可能對社群與生活造成長期嚴重影響，但饑荒並

4　古城，位於莫斯科東北方約一百九十公里處，曾是弗拉基米爾－蘇茲達爾公國（一一六八－一三八九）的一部分。
5　半遊牧民族，可能起源於中亞，七世紀起半定居在黑海－裏海草原（欽察草原）及伏爾加流域，建立舊大保加利亞（Old Great Bulgaria，六三二－六六八），被可薩人征服，又建伏爾加保加利亞（Volga Bulgaria，七世紀－一二四〇年代）。

非常態。在大多數情況下，人們能夠果腹。至於這一點是如何做到的，中世紀俄羅斯的第一部法典提供了一點線索。第一部《羅斯法典》（*Russkaia pravda*），直譯通常是「俄羅斯公理」，可能追溯至雅羅斯拉夫大公[6]（Iaroslav）在位早期（一○○○年代初），當時他正從根據地諾夫哥羅德前往基輔奪取大權。要做到這一點，他必須擁有龐大的軍隊，其中許多是雇傭兵。《羅斯法典》一開始可能是為了在他的軍事追隨者中維持秩序。這些法條讀起來，顯然像是要在一群慣於使用暴力的人當中維持秩序，開頭就是「若一人殺了另一人，則一名手足可殺其一名手足作為報復」，接下來的法條對於減少暴力也很有限。[18]殺人處以報復，傷害則是罰款（令人驚訝的是，剪掉某人短髭或長鬚的罰款四倍於切掉手指的罰款），也確認了某些財產的權利——最重要的是馬與奴隸。

　　《羅斯法典》也包括了涉及其他種類財產的罪刑，因此它提供了一個窗口，可以一窺該地區人民的生活方式。《法典》對於殺公牛、母牛、小牛、綿羊羔及公綿羊規定了罰款，偷雞、鴿子、鴨、鵝、天鵝、綿羊、山羊及豬也有罰款。《法典》也規定「犁田時越過界線」是嚴重罪行，罰款十二格里夫納[7]（grivna，殺死親王的馬只需罰款三個格里夫納），因此當時認為農地屬於某些個人。蜂巢樹也是如此，若毀壞一棵，就是一筆鉅額罰款，至少對於屬於王子的蜂巢樹是如此。

　　在其後一個世紀裡的某個時候，最初的簡短文件擴展為更多法條，涵蓋更多種類罪刑。其中許多都很相似，對暴力犯罪處以罰款，但是有些法條顯示，認定財產的範圍擴張了，因此對於俄羅斯經濟的了解也隨之擴張。比如提到從「打穀場」偷竊穀物，還有更多關於豬與乳豬的詳細資料。關於劃分土地界線的種類也有更多描述，有界線標記，以及界線橡樹。也提到了蜂巢樹，以及放置在樹上表明所有權的記號。還提到了捕鳥獸的陷阱與圈套。[19]

　　這兩版《羅斯法典》還規定了一份「按日收費表」，這些費用是交給親王的兇殺罰金[8]（bloodwite），由專人收取。《法典》的擴展版包括了這些費用的食品部分（諾加塔〔nogata〕與庫納〔kuna〕是錢幣名稱[9]）：

6　「智者」雅羅斯拉夫一世（英文通常拼寫為 Yaroslav）約九七八～一○五四。諾夫哥羅德及羅斯托夫親王，基輔大公（一○一六～一○一八／一○一九～一○五四），在位時基輔羅斯最為強盛。
7　原始拉夫語「脖子」，《法典》當時作為交易及貨幣的銀條，重量約一百四十至二百公克。今烏克蘭流通貨幣單位亦為格里夫納，烏克蘭文 гривна，俄文 гривна。
8　殺人者交給統治者的罰金，不同於付給受害者或其親屬的賠償金。
9　一條格里夫納等於二十五個諾加塔，或者二十五個庫納。

當我們回顧一段漫長歷史，其中一個挑戰就是釐清那段時間裡的貨幣演變。在羅斯，標準貨幣單位是格里夫納，較小的是諾加塔（nogata）與列札納（rezana）。後來出現了小錢幣，名為「登吉」[10]（dengi，現代意指金錢），單位是戈比（kopek）或者半戈比，如《馬耶伯格畫冊》[11]（*Mayerberg Album*）此圖所示。彼得大帝在十八世紀上半葉建立了一套新標準：一盧布等於一百戈比。但是在接下來的一個半世紀裡，國家發行多種版本的盧布，包括一種金盧布、一種銀盧布，還有一種稱為 assignaty[12]的紙幣。在一八四〇年之前，一個銀盧布等於三又二分之一紙盧布。

　　收罰金者一週要拿七桶麥芽、一隻公綿羊或半頭牛或兩個諾加塔；星期三收一個庫納或乳酪，星期五也一樣；每天兩隻雞、七塊定量的麵包、七份小米、七份豌豆、七份鹽；這些全部都要〔繳交〕給收罰金者及其副手。[20]

　　這些是有地位的人在一週中的飲食。包括了一桶桶的麥芽（malt）

10 деньги，現在 деньга意為金錢。
11 今德國奧古斯丁‧馮‧馬耶伯格（Augustin von Mayerberg）在一六六一年代表神聖羅馬帝國利奧波德一世出使莫斯科時所匯集的俄羅斯風土畫冊。
12 ассигнационныйрубль，名稱與日後法國大革命期間發行紙幣「指券」（交付券）類似，但沒有關聯，凱薩琳二世在位期間，一七六九年首次發行，一八四九年停用。

——在這條文中指的很可能不是用來釀啤酒或其他酒類的乾燥穀物，而是指酒類本身。還包括麵包（可能指穀物、粥的原料，而非烤好的麵包）、小米、豌豆。還有肉、乳酪、魚、雞。這不僅在諾夫哥羅德與基輔是豐盛的飲食，在歐洲大部分地區也是如此公認。

《羅斯法典》的第一個較短版本裡，給收取罰金者的指示中還有一則條款：「如果遇上齋期，就繳納魚；〔可以〕用七個列札納[13]〔rezana〕代替魚」[21] 這是因為在《法典》成文前不久，基輔大公宣布羅斯加入基督教世界。當然，這件事對俄羅斯在歐洲的未來發展有著極大意義，對於俄羅斯的飲食也是如此。東正教是傳入俄羅斯的基督教一支，它有著完善繁複的飲食規定，影響了俄羅斯人的食品種類，也使得食物塑造了一年到頭的行事曆，而這樣的行事曆幾乎是所有俄羅斯人的生活依循。

齋戒與飲宴：正教

羅斯加入東正教世界的經過，是《往事紀年》最著名的故事。當時隨著拜占庭發展壯大，羅斯一直與其保持經常來往，這也意味著與基督教有所接觸。大致而言，羅斯人敬拜多神，包括斯拉夫人、伊朗人、芬蘭－烏戈爾人的神祇，但到了九〇〇年代中葉，已經有少數人皈依基督教。在那個世紀末，弗拉基米爾大公（九八〇－一〇一五在位）就是讓羅斯轉向基督教的最重要人物。九八〇年前後，他擊敗了眾多兄弟，鞏固了自己在基輔的威信。緊接著他轉向宗教，尋求支持他掌權的力量，不過當時還不是轉向基督教。最初他從自己國內崇拜的眾多神祇裡選出一些，組成一套多神偶像，以供祭祀；他將疆域內的眾多部族一一加以分辨，並給每一個部族從眾神中分配一名神祇，令其敬拜。

不到十年後，弗拉基米爾再次將注意力轉向宗教。正如《往事紀年》中的故事所說，他宣布自己對世上的其他宗教感興趣，並派人前往調查這些宗教，然後回稟。某些版本的《往事紀年》文本並未完全包含以下情節，不過最豐富的文本謂弗拉基米爾與大臣決定不要西方／羅馬基督教，因為「我們在那裡看不到光榮」（可能因為他們造訪的不是羅馬，而是皈依基督教不久的日耳曼領土）。他們不要伊斯蘭教（他們透過保加爾人接觸過），因為他們不喜歡清真寺的禮拜方式，也因為不想放棄豬肉與飲酒。他們不

13 當時兩個列札納等於一個庫納。

要猶太教（這是透過可薩人接觸的，可薩人是當時他們在草原上的大敵，上層階級已皈依猶太教），因為他們相信上帝已經摒棄了猶太人，把他們從家園驅散。

弗拉基米爾的使節也前往君士坦丁堡，拜訪了正教會。他們回稟曰：

我們不知道自己是置身天上還是地下，因為世間從沒有這樣的景色與美麗的地方，我們完全無法以語言描述。我們只知道在那裡上帝就在人們中間，他們的禮拜優美，遠勝任何國家的祭祀，因為那樣的美令我們無法忘卻。[22]

顯然這就是正確選擇了，不過在故事中弗拉基米爾又經過了更多曲折，才做出最後的決定。他決定之後，許多親隨立即仿效，然後他命令所有臣民也皈依正教。

這個皈依故事對於俄羅斯宗教史的意義為何，目前依然爭論頗多。很明顯的是，羅斯的上層階級皈依了基督教，並且在整個羅斯的城市與村莊捐獻或建造了教堂與修道院，而且與羅斯基督教信仰關係密切的是拜占庭／東方／正教，而非羅馬的基督教。起初，這個區別並不重要，而且羅斯只是歐洲基督教世界的最東端。統治羅斯的留里克王朝與外國王室聯姻，於是產生了連結，不只有波蘭、瑞典、匈牙利等鄰近國家，甚至有法國與英國王室。[23]然而最後羅斯被捲入東西方教會之間的派系分裂。東西教會大分裂（Great Schism）發生在一○五四年，當時兩個教會的教宗／牧首相互將對方開除教籍，並將對方教會的信徒也一併如此處置。但是對於教會主宰下人們的生活方式而言，這件事並非開始，也遠非結束。

早在大分裂之前，東方教會就已經有了許多不同的儀軌，這些不同之處超過了後來導致教會高層分裂的教義問題。比如，東方與西方教會使用不同種類的麵包進行聖餐；西方教會使用無酵麵包，而東方教會不但沒有這樣做，還深表懷疑。這種懷疑可能基於麵包的文化解釋，也可能基於宗教解釋。在拜占庭世界，食用無酵麵包的主要是猶太人及亞美尼亞人，後者信奉的基督教派別被拜占庭教會視為異端14。因此，既然西方教會也使用無酵麵包，看來就證明了他們的基督教不是真正的基督教。[24]

此外，東方教會的飲食規定比羅馬教會更嚴格。其中有些與肉類有

14 亞美尼亞使徒教會（Armenian Apostolic Church），從五世紀中葉起獨立於主流教派之外。

關；豬肉可以，但小牛肉一度不行。不得食用被圈套或羅網勒殺的動物（更廣泛一點，就是被勒死但沒有流血的動物）。[25] 齋日（postnye）與吃肉日、即非齋日（skoromnye）的區別明顯，而且是每週的重點：每個星期三與星期五都是齋日。在齋日，東正教徒不應該食用動物性食品，不但不吃肉類，而且不吃一切乳製品（不過就如同前文提及的兇殺罰金清單所示，這

東正教行事曆在許多方面都以復活節為中心。復活節之前是大齋期，跟另外三個長齋期比起來都是最「大」的。大齋期之前是奶油週。慶祝復活節所吃的是特定食物，人們一起吃的方式也是特定的。羅斯皈依東正教的最初歲月裡，復活節慶祝活動與此圖中很不一樣，但是已經有了日後慶祝活動的要素。

一點並非每個人都遵守）。大多數齋日也要求不吃魚，不過如果正好碰上節日，就可以吃魚。有些日子甚至連植物油或種子油也被禁止。因此，正教會的飲食規則在齋戒上更嚴格，也更複雜，因為不同種類的齋日之間也有區別。

而且齋戒的日子很多。除了每週有齋日，一年還有一個很長的齋期，包括大齋期（復活節前的四十天齋戒）；使徒齋期（Apostles fast，紀念使

葩斯哈 Paskha [15]

復活節是東正教一年中最重要的節日，以它為中心的各種慶祝與齋戒，使得它因特色食品而與眾不同。在很多方面，復活節的序幕是從奶油週（Maslenitsa）開始的，這是大齋期之前的慶祝週。奶油週期間，戶外有冰雪築成的堡壘與溜滑梯，室內每個人都吃著煎熟並塗上大量奶油的圓薄餅，而奶油很快就要被暫時擱置一旁，因為大齋期間不吃動物性食物——不吃奶油，不喝牛奶，不吃乳酪。如果宗教節日正好落在大齋期，那麼禁食規則就稍微放鬆，可以吃魚，否則就是連續四十天齋戒。所以難怪與復活節關係最密的美食，就是在大齋期禁食的食物。花式麵包庫里奇是一種發酵糕餅，富含雞蛋、奶油、牛奶。奶渣糕葩斯哈——這個字的意思就是復活節，也是復活節的特色食品——混合了微酸的新鮮乳酪即奶渣，以及奶油。這種混合物通常微甜，夾雜著果乾，將其放進一個模子裡，壓製一天。一八三四年的一本烹飪書提出裝飾建議：用奶油雕成一隻綿羊，以金箔裹住羊角，然後放在奶渣糕的頂部。[26]

---

15 Пасха 來自希臘語 Pascha，源自阿拉米語，同源的希伯來語指「逾越節」。在正教會中，這個字也是基督的稱呼之一，尤其是在基督復活與相關慶祝方面。

徒彼得與保羅[16]，從五旬節〔Pentecost〕後的第二個星期一，至聖彼得與聖保羅日〔Feast of Saints Peter and Paul〕前一天，因為五旬節的日期取決於復活節日期，所以此齋期可能短則一週多一點，長至六週[17]）；誕神女安息齋期（在八月的誕神女安息節[18]〔Feast of the Dormition〕前兩週）；主降生齋期（Nativity Fast，從十一月五日至聖誕節）。每一段齋期都有一套稍微不同的飲食規則。大齋期之前的節日奶油週，以及聖週[19]（Holy Week），也都有自己的飲食規則。[27] 十六世紀初，一位到訪莫斯科的旅人稱大齋期比規定的嚴格得多，許多人只以水與麵包果腹，甚至完全禁食，每週有三到五天不吃任何食物。[28]

這一套行事規則對於人們的飲食當然有極大影響。它規定了人們的每星期、每一年，規定了冬天的結束與夏天的結束。對於齋期禁止的食品，還規定了保存的方法，有的需要保存很長時間，有的則符合當時技術允許的最佳保存期限。事實上，有些人認為東正教的齋戒行事曆特別適合俄羅斯，正如一位英國旅人所說：

這套精心設計的做法最能貼合俄羅斯人的習慣。大齋期開始的時候，正是冷凍庫存已經所剩無幾、或者已經不堪食用，於是這段充裕的齋期正好用來採購、屠宰、儲存春天的新鮮糧食。[29]

有人認為，由於東正教行事曆中有許多無肉日，因此在某些人眼中缺乏動物性食品的飲食，反而產生了正面效果。十九世紀的一位醫生伊萬‧扎采平（Ivan Zatsepin）甚至認為，基本上素食——以及遵循齋戒規則的飲食——使得俄羅斯人整體而言很健康。對他來說，這樣的飲食習慣是俄羅斯不可或缺的一部分。[30]

至於這些教義在上層以外的人群中傳播情況如何，並不容易確定。事實上，根據推測，當時皈依東正教的速度緩慢，甚至比表面名義稍微深入一點的滲透也很緩慢，因此產生了（dvoeverie）「雙重信仰」，即俄羅斯農民原則上可能信仰東正教，但實際上依然堅持比基督教古老的信仰與傳

---

16 正教使用的中文譯名分別為聖裴特若、聖帕弗羅。
17 復活節在春分滿月之後第一個星期日，正教會復活節在儒略曆三月二十一日至四月三日之間，即新曆四月四日至五月八日之間。五旬節在復活節後第五十天，又稱聖靈降臨使徒節。聖彼得聖保羅日是六月二十九日，儒略曆該日為新曆七月十二日。
18 羅馬天主教稱為聖母升天節，八月十五日。
19 大齋期的第七週，即最後一週，從週日主進聖城節（聖枝主日）開始，週五是主受難日，週六是復活節前夕。

統。在基輔公國時代，很有可能大部分人口並非東正教徒。但這種情況即將改變，部分原因是降臨在東斯拉夫人身上的最大災難：蒙古人到來，以及所謂「蒙古枷鎖」（Mongol Yoke）時代開始了。

毀滅與復甦：蒙古時代與莫斯科崛起

　　蒙古時代在羅斯與俄羅斯歷史上的更大影響，是一極大的爭論主題。一些後來的思想家與歷史學家稱，這個時代給俄羅斯人的日常生活帶來了巨大變化。維薩里昂・別林斯基（Vissarion Belinskii，一八二一─一八四八）是十九世紀早期偉大的知識分子，他認為舊俄羅斯令他反感的一切，其根源都來自蒙古人（Mogol ／ Tatar，有時寫作 Tartar）的影響：

> 把女性與外界隔絕；害怕暴露自己的財富，於是把錢埋在地下、穿著破布；高利貸；生活方式上的亞洲習性；思想上的懶惰；無知；貶低自己──總之，就是彼得大帝力圖剷除的一切、俄羅斯曾經與歐洲價值觀相反的一切，不是我們本土固有的、是韃靼人[20]移植給我們的一切。[31]

　　其他人則認為這是言過其實，並持相反看法，認為韃靼人與俄羅斯人的日常互動根本不足以「嫁接」如此個人層面的事物。

　　雖然如此，欽察汗國的到來依然是一個轉折點，而且是極富戲劇性的轉折點。欽察汗國是大蒙古帝國的最西端，分封給成吉思汗的一子[21]。《往事紀年》[22]首先在一二二四年提到[23]一支新的、可畏的軍事力量，名叫韃靼人，羅斯軍隊與他們進行了激烈致命的戰鬥，然後他們離開了。「我們不知道他們從哪裡來，也不知道他們去了哪裡，」編年史家寫道，「這些只有上帝知道，由於我們的罪孽，祂降下這些人到我們身上。」[32]這次只是這股新勢力的牛刀小試。十多年後，一二三○年代末，他們再次出現，蹂躪了羅斯東北部，然後再次消失。最後在一二四○年，他們現身洗劫基輔[24]。

　　幾年後，羅馬天主教教宗的使節，若望・柏朗嘉賓[25]（Giovanni de

---

20 從十三世紀金帳汗國時代至近代，歐洲以「韃靼」泛指蒙古各部，以及蒙古西征時麾下各部族，以突厥語族部族為主。
21 長子尤赤 Jochi。
22 此處應為《諾夫哥羅德第一編年史》（Novgorod First Chronicle，一○一六─一四七一）。《往事紀年》增補至一一一八年為止。
23 第一次蒙古西征，一二一八─一二二三，一二二三年卡爾卡河之戰擊敗基輔羅斯與欽察人聯軍。
24 這兩次屬於窩闊台在位時第二次蒙古西征，一二三五─一二四一。

Plano Carpini）寫道：「他們襲擊了俄羅斯，在那裡造成浩劫，摧毀了城市
與堡壘，屠殺生靈⋯⋯韃靼人從那裡，邊戰鬥邊向前推進，毀滅了整個俄
羅斯。」[33]這也許稍微誇大了欽察汗國對羅斯的破壞，但並不算過分誇大。
蒙古軍隊是一支非常高效的武力，執政的大汗們首先以它擴展控制範圍，
然後確保征服的土地安分守己，以此來給養軍隊。這其中動用了兩方面的
力量——一二三七至一三二七年，蒙古十一次大規模入侵羅斯，以及更多
小規模劫掠，此外是比較不暴力的方式，以確保這些領土穩定賦稅與朝貢。

當時有幾件重大後果。北部與東部的諾夫哥羅德領土基本上不是蒙古
人直接控制的範圍。當蒙古人出現在南方與東南方的草原，諾夫哥羅德正
在對抗來自西面與北面的潛在征服者，也就是瑞典人，以及立窩尼亞騎士
團[26]（Livonian Order）。諾夫哥羅德公國的大公亞歷山大（一二二一－
一二六三）擊退了這兩股勢力，最著名的是一二四○年在涅瓦河冰面上的
戰鬥中擊退瑞典，因此他得名亞歷山大・涅夫斯基[27]（Alexander Nevsky）。
在蒙古人襲擊諾夫哥羅德之前（不過蒙古人曾經十分接近該城），他也曾前
往與蒙古人媾和。他責令諾夫哥羅德城向蒙古人納貢，因此這座城市能夠
繼續充任貿易管道，讓俄羅斯貨物向西輸出、將西方白銀運進俄羅斯。

羅斯其他地區就沒這麼幸運了，不僅最初入侵時的暴力造成了傷害，
而且蒙古人的貢品需求在一個多世紀裡壓制了經濟發展。足有半個世紀幾
乎沒有新的石造建築（諾夫哥羅德也是如此）；十三世紀末，北部才重新
開始石造建築，直到十五世紀中葉，石造建築才再次出現在羅斯南部。[34]
除此之外還有黑死病，首先出現在西歐，幾年後於一三五二年出現在羅斯
——因此一直有一種說法，認為此一史實證明了由於羅斯與欽察汗國位置
南北相對，無法接觸絲綢之路這樣的財富來源。[28]黑死病在羅斯也殺死了
成千上萬人口。

蒙古時代也影響了俄羅斯人的飲食方式，部分原因顯然是一些早期貿
易遭到破壞，而這些貿易本來能夠傳播食品。比如在諾夫哥羅德的考古遺
址中，發現了蒙古時代之前的核桃殼，但是十三到十五世紀的文化層中幾

---

25 一一八一－一二五二，天主教方濟各會傳教士。奉教宗諾森四世（依諾增爵四世）派遣出使蒙古帝國，一二四五年
四月十六日復活節自里昂出發，經波蘭、波西米亞、基輔羅斯，翌年四月四日抵達伏爾加河畔拔都帳中，七月二十二
日抵達上都哈剌和林（今蒙古國哈剌和林），隨後晉見新大汗貴由，十一月十三日踏上歸途，翌年十一月返抵里昂。
著有《我們稱為韃靼的蒙古人的歷史》（Historia Mongalorum quos nosTartarosappellamus），中譯《柏朗嘉賓蒙古行
紀》。

26 一二三七－一五六一。條頓騎士團分支，位於立窩尼亞，即今愛沙尼亞及拉脫維亞大部分地區。

27 一二二○？－一二六三。一二四六年起亦為基輔大公，一二五二年起亦為弗拉基米爾大公。一五四七年封聖，俄羅
斯人普遍奉其為民族英雄。

乎完全沒有。葡萄酒也幾乎從文字紀錄中消失了，只剩下宗教儀式方面的文本有所提及。依然維持進口的葡萄酒來自諾夫哥羅德的漢薩（Hansa）貿易圈。[35] 人們為了前往森林尋找更安全的地方而離開草原邊界，在設法養活自己的同時，也不得不接受相對貧瘠的土壤與惡劣氣候。

雖然有這些困難，一些組織還是成功發展起來，甚至開始擴大領域。在這幾百年裡，修建了幾百座修道院，有些是富有的贊助人捐獻，有些是由於某個聖徒而修建。這些修道院遍布俄羅斯大地，十三世紀新建了一百五十座，十四世紀新建二百五十座，十五世紀新建三百多座。[36] 其中一個影響是讓東正教與教會接近更多人。一些地區也繁榮起來，諾夫哥羅德是其中之一，而另一個成為其最大競爭對手的地區是莫斯科。在某些方面來說，這是一個意外。莫斯科大公家族自稱源自留里克王朝，因其始祖是亞歷山大・涅夫斯基的小兒子丹尼爾[29]（Daniil）。蒙古人入侵時，莫斯科是弗拉基米爾－蘇茲達爾公國（Vladimir-Suzdal）東北邊一個較年輕的城鎮。因此它沒有諾夫哥羅德的長期貿易網，也無法避免與汗國直接接觸，因此無法維持相對而言的安全。

不過莫斯科的確有一些優勢。它的環境比較溫和，土壤較肥沃，所以比一些鄰近地區更容易養活自己。[37] 最重要的是，統治它的歷代大公雄心勃勃，結合了野心與靈巧的政治手腕。他們與蒙古人談判，拿到從其他地區代為收稅的權利（並從中抽取一些利潤）。他們說服基輔牧首將俄羅斯正教會聖座所在地遷往莫斯科。他們與鄰國作戰，但也談判，以獲得影響力與土地。到了十四世紀初，他們已經擴張了自己的疆域，看來似乎是諾夫哥羅德的真正對手。但接著是一段糟糕的時期，內戰使得手足親屬對立，再次破壞了領土。但是到了內戰結束，莫斯科恢復元氣，大公就開始繼續往外擴張，吞併了諾夫哥羅德、白海地區（White Sea）[30]、普斯科夫（Pskov）[31]、斯摩稜斯克[32]（Smolensk），都發生在十六世紀初。而且莫斯科大公們宣布，羅斯人民不再向韃靼人納貢（韃靼人的帝國已經支離破碎，因此這項聲明可說是象徵性的，但依然意義重大）。莫斯科公國是新的地區勢力。幾乎

---

28 一三四六年，黑死病從金帳汗國直接控制的裏海與黑海之間及伏爾加下游草原，西傳至黑海及地中海港口，抵達西歐，再往東傳入中歐、東歐，最後進入諾夫哥羅德、基輔、莫斯科等地。由此可證金帳汗國的直接貿易路線沒有經過羅斯。
29 一二六一－一三〇三。約一二七六－一三〇三在位。
30 位於歐俄西北，巴倫支海的延伸部分，阿爾漢格爾斯克為其主要港口。
31 位於歐俄西北，普斯科夫湖南岸附近。
32 位於歐俄西部，第聶伯河畔。

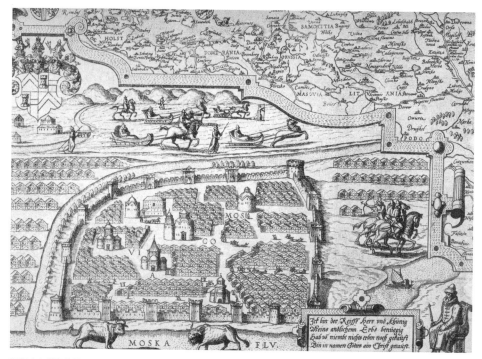

這張十六世紀的地圖細部顯示城牆圍繞的莫斯科，位於莫斯科河上（圖上誤標為 Moska），城牆外有大片定居地。這條河對莫斯科的崛起十分重要，因為它連接了莫斯科與外界更寬廣的地區。地圖上還顯示了另一種交通選擇，即雪橇，圖中的雪橇載了人，但實際上雪橇有時候也為城市運輸物資。

在每一個方面來說，它都是我們今天所知的俄羅斯的真正起源。

莫斯科公國的日常生活

　　與羅斯時代相比，蒙古與早期莫斯科時代的書面資料較多，超出了編年史的範圍——編年史很少有信件與個人記述，但是有聖徒的生活、其他教會資料、特許狀與其他修道院紀錄。編年史未必關心人們生活的細節，但也沒有完全忽視。有些聖徒傳記提到了製作麵包的每一個步驟：將穀物磨成粉，揉麵及發酵，最後烘焙。[38] 書面資料中，提到普通的黑麥麵包，也提到更講究的小麥粉麵包卡拉奇；這些烤製的麵包是按數量計算，而非重量，因此蘇聯歷史學家阿爾捷米・阿爾齊霍夫斯基[33]（Artemy Artsikhovskii）

結論認為，當時麵包通常是按照某種標準的尺寸製作的。[39] 這代表著麵包有固定的製作型態，尺寸是大家都知道的，形狀很可能也是如此。

書面資料中幾次提到包心菜及蘋果樹，不過關於其種植範圍，從這些資料還不足以得出結論。考古發掘顯示了與早期相同的動物骨骼種類：家畜中主要是牛，其次是豬，然後是羊；各種魚，還有雞與鴨。根據阿爾齊霍夫斯基的看法，蜜酒與啤酒是該時代文書提及的唯二飲料，而且蜜酒更為常見。關於齋戒的教會著作中，曾經警告禁止蜜酒這種酒精飲料（在南方，葡萄酒已經是常態）。這是用來納稅及繳交罰金的東西，人們提到它，都說是它讓許多人喝得醉醺醺，令人生厭。啤酒偶爾一見，但是同時幾乎都有蜜酒。

食用這些基本食物的人，在許多方面可能與基輔時代的人沒有太大區別。首先，他們的社會組織基本相同。還有大公，以及由波雅爾貴族及軍隊組成的親信。而現在他們在某些地區根基更為穩固（即莫斯科的大公們），不過諾夫哥羅德並非如此，因為該城是由人民選擇自己能夠接受的大公。仍然有農民辛勤種耕種，為整個社會提供了經濟基礎，以種植糧食、繳納稅賦與資金支撐了軍事貴族。隨著疆域擴張，莫斯科以土地獎勵當地貴族的忠誠，這些土地通常是從忠誠受到懷疑的人手中拿來的。莫斯科授予的不只是土地，還包括土地上的農民，也就是在土地上從事生產的人。一開始，如果這些農民發現新地主太過貪婪，他們可以離開，但是從十五世紀開始，這種權利逐漸消失。不過並非所有人都喪失這種權利，也並非完全喪失，只有負債的農民，而即使是他們，在十一月聖喬治節[34]前後兩週內仍然可以搬家。然而到了一四九七年，聖喬治節限制擴大到了所有農民，這是俄羅斯農民被束縛在土地上的重要第一步。

這代表著莫斯科公國有著明顯不同的社會階層、不同的生活方式——以及不同的飲食方式。地位最高的是莫斯科大公，此時偶爾被稱為「沙皇」，不久之後這就是正式稱呼。波雅爾貴族是軍事貴族，由於為大公效力而取得高位。波雅爾家族之間經常在優先權與影響力方面產生分歧。貴族女性隱居在稱為「terem」[35]的閨房，部分原因是為了保護家族的榮譽。城鎮裡也住著其他人：商人、工匠，尤其是在莫斯科，還有官邸的各種僕

---

33 一九〇二－一九七八。考古學家，諾夫哥羅德樺樹皮文書發現者。
34 十一月二十六日，新曆十二月九日。
35 源自原始斯拉夫語「居所」，是貴族女性在宅第中的生活區域，與其他建築及其他人隔絕。

這兩幅圖展示了十七世紀俄羅斯西北部的兩個村莊。圖中都有耕地或牧場圍繞的房屋群；這種地理布局支配著俄羅斯大多數居民的農業環境，因此也支配著他們的烹飪與飲食。

從。許多人是貴族的奴僕，其他種類的奴僕及契約傭僕在家庭經濟活動中占有重要地位。鄉間是農民的家，他們在不屬於自己的土地上生活耕作。

十六世紀初，出身今奧地利的外交官西格斯蒙德·馮·赫伯斯坦曾在兩次長途旅行途中造訪莫斯科，後來寫了一部詳盡的見聞。他認為，莫斯科周邊地區不易經營，因為土壤多沙，氣候惡劣；他親眼目睹有一年冬天的嚴重霜凍毀掉一整年的水果收成。[40]他描述了此地農業的巨大偏差：雖然穀物與蔬菜大致充足，但沒有櫻桃、核桃（只有榛子），當地生長的果樹也不多。然而他說，莫斯科人在種植瓜類方面付出極大心血，甚至是「特別照料」，他們用糞肥給土壤施肥，可以在如此寒冷的環境中種植瓜類。（歷史學家懷疑他是否真的見過莫斯科種出來的瓜。）[41]他發現當地家畜體型比他在別處常見的來得小，還說莫斯科沒有蜂蜜可供採集。[42]

赫伯斯坦一行受到盛大歡迎，進入莫斯科，分配了住所，並且有專人負責照料他們的一切需要（可能也監視他們的行動）。據他說，莫斯科東道主很清楚任何一個團體中每個人所需的供給種類與分量，因此他們提供基本食物，如麵包、飲料、肉、燕麥、馬的草料、鹽、胡椒、油、洋蔥，「以及其他零碎」，分量通常是「足夠甚至過量」。莫斯科人定期供應五種不同飲料，包括三種蜜酒與兩種啤酒。[43]

他還描述了與他所習慣的飲食風俗不同之處。他說，尤其是要去市場買活魚給自己與隨從加菜的時候，他的東道主們嚇壞了，因為在當地人對食品運輸買賣的認知中，根本沒有市場上的活魚這種事，他們認為出售的魚都是冷凍的、曬乾的或者鹽醃的。[44]與沙皇共進的豪華餐宴，當然是按照上座者的喜好精心安排，但也有一些特別的器具，赫伯斯坦認為是俄羅斯風格的；沿著餐桌擺放著一組一組小碟，每一組有三只，一只放鹽、一只放胡椒、一只放醋，每四位賓客就有一組，以供取用。餐宴上，東道主為赫伯斯坦隆重獻上麵包與鹽，他形容麵包的形狀像是牛軛，並將其視作俄羅斯人民受到奴役的象徵。主菜是烤天鵝，吃的時候加上「像醬汁的醋」，或者酸牛奶（其實也許是酸奶油），或搭配鹽醃黃瓜或醃李子。他認為這些酸溜溜的佐料是俄羅斯人的特殊習慣，其他階層的俄羅斯人可能也是這麼吃。然而，沙皇餐桌上的飲料是社會分層的標誌，既有真正的「希臘葡萄酒」，也有常見的各種蜜酒。[45]赫伯斯坦還看到了富人與普通人之間裂痕不斷擴大的其他跡象。他說，富有的莫斯科人、尤其是波雅爾貴族，將節日視為「大吃大喝，穿著格外華麗，四處遊逛」的日子，而普通百姓，通常只是照常工作，「他們說，歡樂過節不工作，這是主人的事」。[46]

　　現在依然很難確定，那段時期的人們、即使是上層階級，通常吃的是什麼，不過有更多關於當時情況的描述。這類資料的一個來源是《家政指南》（*Domostroi*），很可能編纂於一五五〇年代。[47] 這篇文字內容可歸結為「家政」，指示如何經營體面節約的東正教家庭。也許應該放在第一位的是東正教，因為東正教信仰及良好的東正教行為對於這套指示來說十分重要。為了讓讀者相信這些建議來源可靠，它的內容充滿了聖經引文。甚至像「如何在家裡熱情待客」這類主題也從飯前祈禱開始，而不是從吃飯本身開始。它還將理想的東正教家庭設想為父權家庭。男主人要將良好的家政經濟與宗教行為教給妻兒與僕人，必要時使其敬畏。此外書中也告訴男主人，他也有必須敬畏的事物：如果他行為不檢，上帝會懲罰他。

　　《家政指南》的指示也有更實際的一面（雖然避免懲罰時間過長也可視為一個實際目標）：如何在漫長寒冷的一年中經營廚房及養活全家。當時的家庭規模很大，有主要的居住區、園圃、用於烹飪與儲藏的其他建築。還有僕人（可能是奴僕），包括一名廚師、一名管家（或者保管鑰匙的

《家政指南》是寫給一家之主的，他指導自己的妻子，然後由妻子指導僕人檢點自身行為。《馬耶伯格畫冊》成書大約晚於《家政指南》一個世紀，這幅插圖中，我們看到三位莫斯科家庭中的女性，就像《家政指南》描述的那樣：一位波雅爾貴族女性；一位城鎮女性，可能指的是商人妻子；一位「單純的城鎮少女」，在此顯然指的是女僕。

人）、一名麵包師，還有更多廚師及廚房僕人。《家政指南》建議男主人與女主人每天討論家中狀況，監督僕人的開支，並為他們安排烹飪和採購任務。確保遵守東正教飲食規則，這是主人的責任；並根據特定日子，指定烹飪適當的食物，無論是在非齋日或齋日。主人夫婦也要正確記帳，以確保錢不會丟失。沒吃掉的食物要放在冰上收存，不能扔掉。沒有碰過的食品都可以再拿出來奉給主人夫婦與賓客，其他食物可以作為賞賜。

　　《家政指南》與赫伯斯坦的一些記述相呼應。和他記錄的一樣，這本書也描述了裝鹽、胡椒與醋的碟子，而且可以看出俄羅斯人特別喜歡酸味食品。「醋，以及用來醃蔬菜、檸檬、李子的滷水，過濾之後都可以食用——當然醃菜也是。」（一個世紀以後，荷蘭旅人尼古拉斯·維特森[36]〔Nikolaas Vitsen ／ Nikolaas Vitsen〕談到與沙皇共進晚餐，稱雖然烘烤的食物味道很好，但「肉裡滿是大蒜、洋蔥、檸檬與醃黃瓜，我們的舌頭都無法忍受」。[48]）一餐飯可能包括「魚乾或任何乾貨，有肉凍，也有適合齋期的各種凝凍，以及魚子醬和包心菜」。飲料應該是「清澈的，用篩子過濾」，看來很可能是家釀啤酒或克瓦斯。

　　《家政指南》也詳細描述了常見的一餐，或者一天中吃的常見食品：「在肉食的日子裡，正餐有麵粉過篩製成的麵包、每天的包心菜湯、加火腿的稀蕎麥粥，或者有時換成加肥肉的濃蕎麥粥，如果有肉就再吃肉；晚上的一餐是包心菜湯與牛奶，或者蕎麥粥」。齋期也差不多：「包心菜湯，稀蕎麥粥有時加果醬，有時加豌豆，或者魚乾，或者烘烤蕪菁；晚上的一餐是純包心菜湯，燕麥糊，以及酸味蔬菜湯或酸味冷魚湯」。有時還有更多變化：

　　使用儲藏的大麻籽油、穀粒與麵粉，製作任一種大餡餅或圓薄餅，製作長捲糕與各種蕎麥粥，還有麵條與豌豆或者大豌豆，還有湯、餃子、蜜餞與甜蕎麥粥，還有大餡餅或者薄餅加上蘑菇、罌粟籽、蕎麥粥、蕪菁、包心菜、糖漬堅果，或者用料豐富的餡餅，只要是上帝賜予的都可以。

　　即使在最嚴格的齋期即大齋期，餐食也很難說是淡而無味的：「瑞典蕪菁（swede ／ rutabaga）、辣根、包心菜、濃滷水與各種蔬菜」提供了許多變化。允許吃魚的日子裡，選擇就更多了：「魚、魚子醬、乾魚或水煮

36　一六四一－一七一七。地圖學家、造船專家，與彼得大帝往來，繪製了西伯利亞、中亞、遠東的第一份地圖。

魚，還有以乾魚或燻魚及德國鯡魚製成的魚湯。」

　　假日和週日有更美味的食物：「大餡餅或者濃蕎麥粥，或蔬菜，或者加魚油的蕎麥粥，以及圓薄餅、果子凍，當時上帝賜予的任何食物都可以。」這些食物是供給家中的男性及（男性）賓客；婦女（居住區與男性分開）、孩子和僕人吃的是剩下的。[49]重要節日有更大的盛宴，復活節有各種野禽（包括天鵝）、綿羊肉、雞肉、蕎麥粥、鹹牛肉、舌頭、火腿、「濃包心菜湯」（double shchi）。有魚的一餐則是燻魚（包括進口魚）、乾鮭魚與俄羅斯鱘（osetra）、鱘魚脊筋乾，以及多種不同的魚湯。其他節日也有一長串類似的食品，種類繁多的肉類及特殊的烹調方式，都代表著豐足。

　　在大部分情況下，奢侈首先是表現在數量上，因為從烹製方法來說，這些本質上是簡單的食品，這一點從接下來的說明看得出來。「包心菜、甜菜或醃漬蔬菜，將其切碎、洗淨、煮熟或蒸熟。」「在肉食日，用鮮肉，或火腿，或鹹豬肉，放置〔在鍋裡〕，加上酸奶油或撒上穀粒，然後蒸熟。」鹽醃肉與乾肉要洗淨、刮乾淨、煮熟。「每一道菜也為家裡的僕人準備一份，為其揉製酸麵團，擀好、烤好，也給他們〔烤好〕烤餃子。為他們準備的所有食物都應該像為自己準備的一樣，既乾淨又好。」[50]

　　雖然這些工作是由僕人做的，但家裡的女主人應該知道怎麼做。她應該把任務分配給僕人，「今天是誰做飯，是誰烤麵包」，而且她還應該：

　　　知道如何篩麵粉、如何和麵、揉麵團、如何塑形與烤麵包，要既酸又濃郁；還有卡拉奇麵包和大餡餅，而且她應該知道做一個要用多少麵粉、完成的麵包應該多重，以及〔以不同的分量〕能烤製多少。還有如何烘烤烹調肉類與魚類、各種大餡餅與圓薄餅、各種蕎麥粥與果子凍、所有菜餚——一家的女主人必須知道這一切，以便指導她的僕人。[51]

　　《家政指南》甚至可以讓人看出其中一些食品的起源甚為節約。它建議在烘焙麵包時，所有剩餘的麵團都應該用來製作大餡餅，「在肉食的日子裡，任何肉餡皆可；在齋期，餡料用蕎麥粥或豌豆或甜味的東西，或蕪菁或蘑菇或包心菜，上帝賜予的都可以。」[52]它也暗示了「一個能掌家的妻子和一個好廚師」應該想到的許多事情：一整隻羊的肉吃掉了之後，它的皮就變成一件外套（基本上，各種內臟都加以填餡、烘烤或者以其他方式烹調）。

　　此外，《家政指南》還提供了各種建議，為漫長的冬天（以及一年中

的其他時間）把儲藏室裝滿食物。還有很明智的省錢建議：在食品生產、收穫或者第一批運進城裡的時候，立即購買，此時價格最便宜。沒有馬上吃掉的食物就以各種方法保存起來。家裡的女主人應該具備「所有知識，包括釀造啤酒、蜜酒、蒸餾酒、麥芽酒、克瓦斯、葡萄酒、發酵食品以及廚房與烘焙的每一種儲備材料」。（不過女性只能喝克瓦斯或其他不含酒精的飲料。）秋天「要做鹽醃包心菜，存放甜菜，儲存蕪菁和胡蘿蔔」。每個人都應該養一兩頭奶牛，夏天放牧很容易，冬天牠們能吃各種東西，尤其是釀酒留下的殘渣，包括啤酒、克瓦斯及氣泡克瓦斯。有了一頭奶牛和幾隻雞，一個家庭就擁有了所需的一切，「這樣任一天都可以享受節日的美食與樂趣，不用上市場去買。各種大餡餅、圓薄餅、長捲糕、果子凍、各種牛奶，你想要的一切，都可以在家裡做。」[53] 這些食物也不是唯一可以儲存的東西。莫斯科的世界已經超越了莫斯科公國的邊界，從引文中提到「德國鯡魚乾」就看得出來。但也有其他跡象表明這一點。比如，可能是家中種植的香草植物，與進口香料如丁香及肉豆蔻一起儲存。《家政指南》一類的書所描述的理想生活未必是現實，但一些宗教機構的紀錄表明，書中的描述與其所在的世界距離並不遙遠。當然，修道院跟家庭不一樣，一方面，修道院大得多，另一方面，修道院的組織方式也完全不同。但修道院生活中的一些事情與《家政指南》作者所關切的相呼應。畢竟《家政指南》描述的是完美的家庭經濟模式，是完美的東正教家庭的體驗，這個家庭有能力在市場購買，也有能力自己生產許多食品。修道院規模更大，在經濟活動方面的組織方式也沒有那麼多差異，對於自身的道德基礎也有類似的關注重點。

　　有一組生動的紀錄，來自北邊的戈里茨基耶穌升天女修院[37]（Resurrection Convent in Goritsy）。一五六三年，沙皇伊凡四世（雷帝）強迫他的嬸母斯塔里察公爵夫人葉芙拉辛尼婭[38]（Evfrosinia Staritskaia）發誓出家，並將她軟禁在戈里茨基的修道院裡。雖然她在修道院用的是新名字，成了修女葉芙多基婭（Evdokiia），但她依然以貴族身分生活在修道院裡，有十四名僕人服侍。她有自己的裁縫和衛兵，也有自己的大廚以及「負責飲料與食品儲藏室的管家」。[54] 換句話說，雖然她被軟禁在修道院的高牆裡，但在其他方面，她的生活都與《家政指南》裡具有地位的家庭一

---

37 位於沃洛格達州、基里洛夫區 Kirillovsky，戈里茨基村。
38 一五一六－一五六九。其夫是伊凡三世幼子，斯塔里察公爵安德烈，即伊凡四世的叔父。據說欲推翻攝政的伊凡四世之母葉蓮娜，被捕入獄又釋放。後計畫推翻伊凡四世，在一五六三年被捕，送往修道院。

樣。根據將她送入修道院的詔書，她與隨員都有固定配給：每一名隨員有定量的黑麥、燕麥、鹽、肉；全體有額外的燕麥片與燕麥糊。歷史學家安・M・克萊莫拉（Ann M. Kleimola）計算出這些配給實際上的意義：他們得到的黑麥足夠每人每天烤三個半麵包。

　　此外，葉芙多基婭的家務還有六名修女協助。《家政指南》告訴妻女不要喝酒精飲料，但顯然沒有給這些修女同樣的建議。這些修女的餐食也並不簡樸。她們也收到了黑麥粉、燕麥粉、燕麥片、燕麥糊，不過也有一些明顯不同的食品：釀啤酒用的大麥芽、蕎麥、蜂蜜與桶裝魚（鰉魚、鱘魚、狗魚）。不只葉芙多基婭的隨員得到伊凡四世的補助，整個修道院也收到特殊節日餐食的補給──這些補給相當於每年為七十名修女舉行四次餐宴。她們收到了鹹魚與鮮魚，還有小麥粉與其他麵粉、小米與罌粟籽、堅果與大麻籽油、釀製蜜酒用的蜂蜜、釀好的蜜酒與葡萄酒、梨、蘋果、櫻桃、無花果乾與葡萄乾、用於甜食的糖漿。最後還有香料，包括胡椒、

僧侶們在圖中這樣的食堂一起吃飯，這是一六五三年創建的瓦爾代艾弗斯基修道院[39]（Valdai Iverskii）。

---

39 位於諾夫哥羅德州、瓦爾代區 Valday，瓦爾代湖畔。

番紅花、薑、丁香、肉桂。[56]國內產品與進口貨並列。

　　到這個時期為止發展起來的俄羅斯烹調，其中一種獨特烹調的重點是使用大量的魚，這種獨特烹調就是俄羅斯宗教機構的食物。這當然與廣義的東正教膳食規定有關，但這些規定在修院被賦予新的形式。十七世紀早期，牧首費拉列特[40]的餐食將這種以魚為基礎的東正教烹調提高了水準（Patriarch Filaret，他來自社會關係極其優越且富有的家族，即羅曼諾夫家族）。一頓飯可能包括十幾種魚：新鮮的、醃製的、燻製的，單獨食用（可能搭配小黃瓜或大蒜）或做成魚湯；一碟碟魚子醬；還有更多魚和鱘魚脊筋桿做成大餡餅。偶爾也提及其他食物——當然是包心菜湯！——但在大多數情況下，這種修道院菜餚幾乎都是侷限在一類中，但很豐盛。[57]而且這種豐盛也是特殊的，與東正教及莫斯科沙皇國的環境息息相關。這可能是早期俄羅斯烹調的典範，就像《家政指南》中描述的食物一樣。

　　波雅爾貴族葉芙拉辛尼婭被迫成為修女葉芙多基婭，是出於她的姪子伊凡四世即伊凡雷帝的命令。《家政指南》也可以追溯至他的統治時期。伊凡四世時代在很多方面是俄羅斯的分水嶺。他生於一五三○年，一五三三年繼承父位，一五四七年正式加冕為沙皇。雖然當時他還是青少年，但加冕代表著他擺脫了波雅爾貴族們的監護，以成年人的身分親政。日後伊凡被稱為 Ivan Groznyi，「令人敬畏的伊凡」[41]，這是因為他的軍事成就，也因為他那折磨別人、也深受折磨的性格所引發的許多許多故事。他最惡名昭彰的行為可能是特轄軍時期[42]（Oprichnina），在其統治中葉，他將權力賦予一個名為特轄軍（Oprichniki）的小團體，他們以恐怖手段四出壓迫臣民，波雅爾貴族與農民一視同仁。此外就是他的許多任妻子（都是續娶，如果他不是英國伊莉莎白一世的同時代人，而是與她的父親亨利八世同時，外國觀察家就不至於對他的這種行為感到震驚），還有他殺害了自己的兒子[43]，以及許許多多殘忍的小故事。

　　正因為這些，伊凡雷帝的統治經常被視為專制主義、甚至集權主義暴行的預演。說得客氣點，這種說法是有爭議的。伊凡四世的統治對日後俄羅斯（以及蘇聯）的發展至關重要，因為這是莫斯科公國向俄羅斯帝國的

40　一五五三－一六三三。波雅爾貴族，其子米哈伊爾一世是羅曼諾夫王朝開創者，實際上由其掌權。
41　英譯通常為 Ivan the Terrible，常見中譯「恐怖的伊凡」是誤譯，原意為令人敬畏的。
42　一五六五－一五七二。伊凡四世懷疑波雅爾貴族毒殺其妻、干政、涉嫌叛亂，故創立特轄軍，由其直接管轄，主要行動是鎮壓處決波雅爾貴族，沒收財產。特轄軍 опричник 原意為身旁的隨從。
43　一五八一年，伊凡四世次子、繼承人伊凡，在與其爭吵中遭其以手杖擊中頭顱誤殺。

轉型時期。他的父親與祖父的軍事成就在某種程度上已經是帝國式的，因為莫斯科吞併了大部分鄰國，這個過程有時也稱為「聯合所有俄羅斯人的土地」。在民族及／或宗教上，這些土地的大多數居民與莫斯科人是有關聯的，因此並不是某些差異之間的帝國擴張，但諾夫哥羅德的居民肯定感受到了外來控制的壓力。此外，尤其是在北邊與東北邊，非俄羅斯族一直生活在諾夫哥羅德的勢力下，而現在開始生活在莫斯科控制之下。

　　然而，在伊凡雷帝統治時期，大規模殖民擴張的時代開始了。戰爭導致新方向的擴張，不僅吸收了新的土地，也吸收了新的民族與宗教。這當然導致俄羅斯國家的自我概念產生重大變化，許多非俄羅斯族先是在首都莫斯科控制下生活，接著是聖彼得堡，然後又是莫斯科，這些人的生活也發生了重大變化。這也意味著俄羅斯社會與俄羅斯文化在明顯的新方向產生了變化，俄羅斯人從北部的森林中遷移出來，最終擴展到南部草原，並穿越了廣大的西伯利亞。他們帶來某些風俗習慣，但也適應了新環境，而新環境繼而改變了他們的習慣，這些新習慣又經常回流到羅斯古老的「核心地帶」。

第四章
俄羅斯成爲帝國

　　一五五三年，英國商人冒險家在尋找通往亞洲的北方海路，卻意外發現了通往莫斯科的北方航線，一開始他們可能感到失望，畢竟在這片遙遠的北方土地上能有些什麼呢？沒有人了解這片土地，類似旅人西格斯蒙德・馮・赫伯斯坦的遊記已經傳開了，但數量極少。那片土地上還有一位年輕的沙皇，叫做伊凡四世，他剛剛征服了喀山汗國，這是莫斯科沙皇國以東欽察汗國的殘餘之一。這件事當然值得注意，尤其是幾年後他繼續征服了阿斯特拉罕汗國。

　　然而這些人很快就明白了，自己無意中發現了物產非常豐富的地方，對於需要有強盛海軍與商業艦隊才能保持強大的島國來說，這些商品特別有價值。結果他們發現，莫斯科沙皇國擁有大量大麻纖維、瀝青、焦油與木材，這都是航海必需的材料。因此，當這些冒險家回到倫敦，他們找來更多支持者，成立了莫斯科公司（Muscovy Company），這是第一家股份制大公司，開始了大英帝國在全球的進軍。

　　這些軍事／海軍商品是英國與莫斯科貿易的核心，也是接下來幾世紀裡維持這種貿易的談判核心。[1] 一五八八年，賈爾斯・弗萊徹被派往莫斯科城，他的首要任務是鞏固英俄貿易，但在他留下的紀錄中，不那麼實用的商品也占了一席之地。介紹了莫斯科沙皇國的地理與環境之後，弗萊徹筆鋒一轉，開始記述「該國的本土物產」。當然，對於參與貿易談判的人來說，這種主題是很重要的。但他一開始的敘述顯示出，他在這個未來貿易夥伴國的吃喝飲食，令他感到震驚：

　　他們的水果種類包括蘋果、梨、李子、紅櫻桃與黑櫻桃（不過黑的是野生的），一種 deen〔俄語 dyn〕，即甜瓜，但是更香甜怡人；小黃瓜與一種瓜（叫做 Arbouse〔其實是西瓜〕）、覆盆子、草莓、越橘、許多種莓果，大量生長在樹林與灌木叢中。他們的穀物有小麥、黑麥、大麥、燕麥、豌豆、蕎麥，以及味道有點像稻米的 psnytha[1]。這個國家產出的穀物數量十

分豐富，因此小麥有時是每「四分之一份」[2]（Chetfird）售價兩個阿勒坦[3]（alteen）或者十便士，這個重量相當於英國的三個蒲式耳。他們的黑麥在冬天前播種，其他穀物則是在春天，以及五月的大部分時間。[2]

他繼續描述該國更標準的貿易商品——或者至少是更值得出口的商品。首先當然是毛皮，此外還有蜂蠟、蜂蜜（「除了他們的常見飲料（各種蜜酒）和其他用途大量使用外，還有許多運到國外」）、獸脂、獸皮、「traneoyle」[4]（這個詞後來主要指鯨油，但在此指海豹脂提煉的油）、亞麻與大麻纖維、鹽、焦油、雲母、硝石、硫磺、鐵、森林的走獸、魚。[3]

魚這種東西又把他的話題帶回了可食用物品：

淡水魚除了普通種類（鯉魚、鱸魚、丁鱥、湖擬鯉等等），他們還有優良細嫩的深水魚，比如鰉魚，長達四到五厄爾[5]（eln）；鱘魚，小體鱘，還有外型及滋味都類似鱘魚的閃光鱘（sevruga），不過體型沒有那麼大。這四種漁產在伏爾加河大量捕捉，銷往全國，是極佳的食品。這四種魚的魚子能做成上好的魚子醬，之前曾經提過。

伏爾加河除了這四種魚，還有一種叫做 Ribabela[6]，即白鮭，他們認為比紅鮭更加細嫩，在往北流的河中也有許多紅鮭，比如德維納地區的科拉河（Kola）等等。距離莫斯科不遠，有一座城叫做佩列斯拉夫爾[7]（Pereslave），城附近有一座湖，湖裡有一種小魚，稱為淡水鯡魚，外型與滋味有點類似海裡的鯡魚。[4]

弗萊徹對於商品的描述，讓我們對俄羅斯當時食用的食物種類有了另一面了解，而且從這些描述也可看出，莫斯科的帝國擴張已經開始改變這些食物。不僅有來自莫斯科沙皇國邊疆的毛皮與海豹油。他指出蜂蜜尤其是喀山附近地區的特產，以及喀山與阿斯特拉罕是主要漁場，供給當地以及「整個王國」食用的魚。這些地區只不過在數十年前才併入莫斯科公國，

1　пшеница，小麥。
2　當時稅法規定某特定面積耕地所能產出的穀物量。
3　莫斯科公國一種硬幣，名稱來自蒙古／突厥語「金子」。
4　現代英文 train oil。
5　以成年男子前臂長度為準的單位，在英格蘭等於四十五英寸。
6　белорыбица，白魚。
7　佩列斯拉夫爾 - 扎列斯基（Переславль-Залесский/Pereslavl-Zalessky），位於普列謝耶沃湖東南岸（Плещéевоóзеро/Lake Pleshcheyevo）。此魚為歐白鮭（Coregonus albula，ряпушка/vendace）此城的市徽圖案即是兩條歐白鮭。

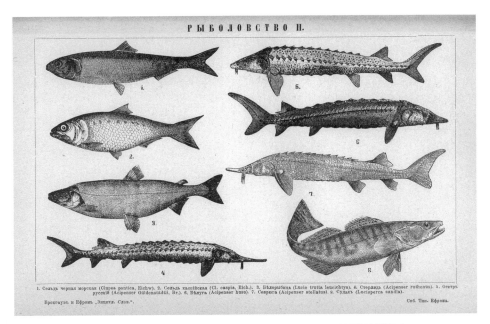

РЫБОЛОВСТВО II.

1. Сельдъ черная морская (Clupea pontica, Eichw). 2. Сельдъ каспійская (Cl. caspia, Eich.). 3. Бѣлорыбица (Lucio trutta leucichtys). 4. Стерлядъ (Acipenser ruthenus). 5. Осетръ русскій (Acipenser Güldenstädtii, Br.). 6. Бѣлуга (Acipenser huso). 7. Севрюга (Acipenser stellatus). 8. Судакъ (Lucioperca sandla).

Брокгаузъ и Ефронъ „Энцикл. Слов.". Спб. Тип. Ефрона.

賈爾斯‧弗萊徹列舉了伏爾加河著名的魚類，這些魚的肉及魚子都很重要。包括俄羅斯小體鱘（sterlet，*Acipenser ruthenus*，圖中編號 4），俄羅斯鱘（osetr，*Acipencer Güldenstädtii*，圖 5），鰉魚（beluga，*Acipenser huso*，圖 6），閃光鱘（sevruga，*Acipenser stellatus*，圖 7）。這幅年代稍晚的圖裡還有黑海及裡海常見的鯡魚（分別為圖 1、2）；當時裡海盆地常見的 belorybitsa，意為白魚（極北鮭，*Stenodus leucichthys*，圖 3）；以及 sudak，即白梭吻鱸（zander，*Sander lucioeperca*，圖 8）。

但已經對莫斯科領土上的飲食文化有了更廣泛重大的影響。此外，弗萊徹來到莫斯科，也暗示著伊凡四世統治時期的另一個變化因素，即當地與西歐各國往來愈來愈多。這些互動也將影響俄羅斯本土的飲食文化，引進新產品與新菜餚，最終形成俄羅斯文化新的一面。

莫斯科公國的擴張

伊凡四世於一五四七年正式加冕。在接下來的十年內，他征服了喀山汗國與阿斯特拉罕汗國，因此擴大了莫斯科對整個伏爾加流域的控制。在俄羅斯歷史的許多版本中，這都代表著俄羅斯從一個地方強國轉變為帝國。現在它必須吸收新的民族：韃靼人、馬里人[8]（Mari）、莫爾多維亞人[9]

8　居住在伏爾加河及卡馬河流域，屬於芬蘭－烏戈爾語族，舊稱切列米斯人 черемисы，現在俄羅斯聯邦有馬里埃爾共和國（Mari El Republic）。
9　居住在伏爾加河中游，屬於烏拉爾語系摩爾多維亞語支。現在俄境內有摩爾多維亞共和國。

（Mordvy）、楚瓦什人[10]（Chuvash）。當然，伊凡四世父祖統治時期的擴張也自有其帝國特徵，首先是合併了明顯獨立的政體，其次是諾夫哥羅德公國境內不僅有俄羅斯族，還有科米人（Komi）[11]及薩米人[12]，他們是北極圈與副極圈的芬蘭－烏戈爾語民族。但是，伊凡四世的統治與征服的確戲劇性地轉向了東方，結果是帝國的創建進入了戲劇性的新階段。

從一五五〇年代末開始，伊凡四世轉向西北部，意圖使莫斯科成為波羅的海強國。他從漫長的立窩尼亞戰爭（一五五八－一五八三）取得暫時的成功，在波羅的海得到了新的土地與立足點。但這些收穫大多是短暫的，而且戰爭的高昂成本超過了它的微小利益。伊凡四世徵集軍費的方法，是在已經擴大的疆域裡將租稅及其他行政稅務分包出去。他的高階軍事親隨，也就是那些可以按照《家政指南》生活的人，向自己土地上的農民收租，以此為自己提供資金，這些土地可能是家族繼承的土地，也可能是獎勵其效勞而賜予的土地；他們還負責提供一定數量的士兵參加伊凡四世的戰爭，因此他們提供的包括士兵，以及支持他們戰鬥的軍需補給。

這些普通士兵英勇作戰，但他們得到的補給十分粗劣，觀察家們對此感到震驚。弗萊徹注意到，士兵吃的是：

> 一種乾麵包（他們稱之為 Sucharie），以及一些粗穀粉，加一點水使之變軟，做成球狀，或者小麵團狀，叫做 Tollockno。他們生吃這種東西以取代麵包。他們吃的肉是培根肉，或者像荷蘭習慣那樣，吃其他肉乾或魚乾。[5]

當然肉乾與魚乾並不是「荷蘭習慣」，而是長久以來的做法。不過大致而言，這段描述讓人注意到，俄羅斯人開發技術，使得基本食品便於攜帶。Tollockno 即燕麥糊托克拉諾（Tolokno），這種磨碎的燕麥不需煮熟即可食用，日後繼續在農民生活中發揮重要作用，帶到田裡當作速食的一餐。Sucharie 即 sukhari，乾麵包片，在俄羅斯很常見，類似於其他國家的陸軍或海軍裡常見的乾麵包或者硬餅乾。魚乾與肉乾也是日常食物，變成了農民士兵從家中趕赴戰場時能夠攜帶的補給。

---

10 居住在伏爾加河中游，屬於突厥語系烏古爾語族（Oghur）。今俄境有楚瓦什共和國。
11 居住在歐俄東北部維切格達河、伯朝拉河及卡馬河流域。今俄境有科米共和國。
12 居住在拉普蘭（現稱薩米地區 Sápmi），其中一部分為現今俄羅斯莫曼斯克州，即科拉半島全境。
13 對方是由丹麥挪威聯合王國、瑞典帝國、波蘭-立陶宛聯盟組成的聯軍。

　　西伯利亞是莫斯科擴張的另一個主要地區，這些士兵在西伯利亞也發揮了作用，雖然只是次要的。此一新階段開始較晚，在一五八〇年代，而且是藉由完全不同的機制。吞併西伯利亞並不是莫斯科統治者有意的擴張，而是始於俄羅斯批發商與貿易商，他們希望保護並擴大自己的利益。最初越過烏拉山脈的主要推動者是斯特羅加諾夫商人家族的成員，他們獲得了權利，得以在莫斯科沙皇國東北方邊境開發土地。起初他們在其據點索里維切戈茨斯克一帶從事鹽業。長久以來，這一直是可靠的利潤來源，因為鹽是食品保存的關鍵。[6] 在伊凡四世統治期間，該家族也開始遷移，將勢力擴大至東部。

　　因此在一五五八年，伊凡四世授予該家族許可，允許他們在莫斯科沙皇國東北邊境上的「空地」殖民。此外他們的利潤還享有各種稅收減免，不過他們也有一項責任，即保護俄羅斯人在該地區的定居點。也就是要保護他們免受西伯利亞汗國（Khanate of Sibir）的侵襲，這是蒙古帝國分裂後的最後一個小汗國。其國君庫楚汗（Kuchum）的根據地就在烏拉山脈東邊，該地還有許多原住民族。汗國從這些民族納貢，而且擔憂在他們的西面有愈來愈多俄羅斯人到來。伊凡四世征服喀山與阿斯特拉罕之後，西伯利亞汗國歷任汗王同意以毛皮向他進貢，以避免遭到正式併吞。然而庫楚汗停止進貢，也許是因為他認為伊凡的統治日漸衰微，也許是擔心俄羅斯人的新定居點正在侵犯他的領土。

　　這種緊張關係在一五七〇年代達到頂峰。一五七二年，庫楚汗的軍隊襲擊該地區的俄羅斯人定居點，殺死一名前往西伯利亞汗國重新收取貢品的莫斯科使節。這次事件導致一波新的俄羅斯定居者進入該地，尤其是在一五七四年，斯特羅加諾夫家族獲准在烏拉山面東邊建立定居點，從而進入西伯利亞汗國領土。新定居點的存在是為了獲得土地所有權，也是為了發揮緩衝作用，其西邊是比較成熟的莫斯科沙皇國領土，東邊是汗國。

　　終於在一五八一年，名叫葉爾馬克・齊莫菲葉維奇[14]（Ermak Timofeevich）的男子，帶著大約八百名哥薩克人，穿越烏拉山脈，攻打庫楚汗。這支人馬可能是由斯特羅加諾夫家族派遣，保護自身在該地區的投資。葉爾馬克成功了，由於技術優勢及汗國內部分裂，他的軍隊打敗了西伯利亞汗國，

---

14 一五三二－一五八五。哥薩克人酋長。十三世紀起，一些斯拉夫人逃到頓河、第聶伯河下游和伏爾加河，十五世紀起有俄羅斯、烏克蘭、波蘭農奴及貧民逃至該地，混合成為哥薩克人，突厥語意為自由人，並建立定居點。庫楚汗在擊殺葉爾馬克後，仍連續受到莫斯科公國軍隊進攻，一五九八年家人被俘，隻身逃亡，約一六〇五年死於中亞布哈拉城。其家人子女被帶往莫斯科公國，授予王子及其他貴族頭銜。

並開始在鄂畢河（Ob）及額爾濟斯河（Irtysh）來回游擊，以示莫斯科的權威。雖然葉爾馬克及其人馬在一五八五年被殺，但他們的死亡並不能阻止莫斯科向該地及更遠的地區擴張。愈來愈多俄羅斯人湧入該地區。

　　俄國軍隊在一六三九年到達太平洋岸。沿途他們於一五八六年建立了秋明（Tyumen），一五八七年建立托博爾斯克（Tobolsk），一五九四年建立蘇爾古特（Surgut）與塔拉（Tara），一六〇四年建立托木斯克（Tomsk），一六三二年建立雅庫茨克（Yakutsk）。十七世紀中葉，他們建立了一連串其他要塞城鎮：一六四八年是太平洋濱的鄂霍次克（Okhotsk），一六五二年是貝加爾湖邊的伊爾庫茨克[15]（Irkutsk）。一六八九年，一部條約確立了俄羅斯與中國及蒙古的邊界[16]。這樣極快的速度（莫斯科與鄂霍次克之間的距離為五千六百公里）進度並不平均，而且是由一些不同人群完成的。貿易商、獵人、批發商前去尋找毛皮。哥薩克經常受雇加入穿越這些土地的團體。士兵、行政人員、教會人員隨之而來，定居在要塞城鎮，協助建立定期貿易（以及定期納稅／納貢）。西伯利亞原住民也前往其他地區，部分是由於俄羅斯人入侵，一些人被驅逐或殺害，一些人加入俄羅斯軍隊擔任翻譯和嚮導，或者被迫提供勞役以協助運輸貨物。一些人還認為與俄羅斯人結盟、對抗其他原住民團體是有好處的；漢特人[17]（Khanty）將自己描述為哥薩克的盟友，一起對抗「叛徒與造反的人、卡爾梅克人[18]（Kalmyk）與韃靼人、奧斯蒂亞克人（Ostiak）、薩莫耶德人[19]（Samoed）、通古斯人[20]（Tungus）、布里亞施人[21]（Buliash），以及各種反叛。」[7]

為擴大的莫斯科公國提供補給

　　俄羅斯人進入該地區的主要問題之一是補給。[8] 西伯利亞長期以來養

---

15 均為西伯利亞或濱海區大城。
16 清康熙二十八年，尼布楚條約（俄方稱為涅爾琴斯克條約），俄方伊凡五世在位。雙方約定國界為黑龍江支流格爾必齊河到外興安嶺直到海，嶺北屬於俄羅斯；西以額爾古納河為界，南屬中國，北屬俄國。
17 帝俄時期與奧斯蒂亞克人及薩莫耶德人一起被稱為奧斯蒂亞克人，屬於芬－烏語族烏戈爾語支，居住在烏拉爾山脈東側，西伯利亞平原西部，現為漢特－曼西自治區。
18 主要為厄魯特蒙古（衛拉特蒙古、瓦剌，即西蒙古）之土爾扈特部及杜爾伯特部，十七世紀上半葉開始在伏爾加下游遊牧，建立汗國，卡爾梅克之名來自周邊穆斯林對其稱呼。由於逐漸受到俄國壓迫，土爾扈特部渥巴錫汗於一七七一年底（乾隆三十六年）率部東遷，清政府將其安置於新疆北部，但伏爾加河南岸的杜爾伯特部未東遷。今俄境裏海北岸有卡爾梅克共和國。
19 奧斯蒂亞克人及薩莫耶德人從一九三〇年代開始被稱為凱特人 кеты 及謝爾庫普人 селькупы。前者居住在葉尼塞中下游盆地，其語言是葉尼塞語系凱特－尤格語族僅存語言；後者在西伯利亞西部塔茲河及圖魯漢河，屬於烏拉爾語系薩莫耶德語族。
20 泛稱東西伯利亞、俄羅斯濱海區、中國東北、庫頁島使用通古斯語系的原住民，包括女真、錫伯、鄂溫克（埃文基）、鄂倫春、烏德蓋、赫哲（那乃）等等。
21 屬於葉尼塞語系的葉尼塞人部族，又稱布倫人 Bulen，今已不存。布里亞施是埃文基人對其稱呼，意為「敵人」。

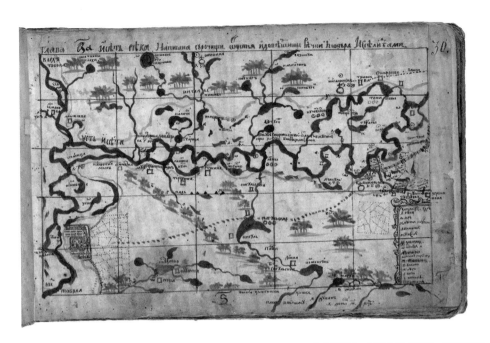

俄羅斯人逐漸穿越西伯利亞，建立了定居點，開始發展毛皮貿易，還開始農業活動。這張圖出自謝苗·列梅佐夫[22]（Semën Remezov）的《*Khorograficheskaia kniga*》（地圖繪製本），畫出了托博爾斯克城外的一些田野，城在圖中左下角。

活了自己的原住民人口，但相對大量的新人口到來，給西伯利亞的天然資源帶來了壓力（到十七世紀末，大約有兩萬五千戶俄羅斯人住在西伯利亞），而且因為新來者的口味不同，產生了不同需求。[9]最重要的是，新移民習慣吃穀物；因此，令農民移居到西伯利亞，以養活當地的毛皮貿易商與批發商，是早期的優先任務。從十六世紀末開始，農民被安置到西伯利亞，都是「按照政令」（即強制）或者「個人選擇」（有時也多少涉及強制）。一開始，他們在西伯利亞的實際成果有限。[10]然而俄羅斯人並不是散居在整個西伯利亞，而是集中在西伯利亞的各分散定居點，因此最終農業情況有了變化。此外，農民來到西伯利亞定居時，帶來了他們熟悉的農耕實務——歷史學家珍妮特·哈特利（Janet Hartley）寫道：「只要力所能及……他們帶來了種子，以便在此種植歐俄的主要糧食作物，還帶來了牲口及農

---

22 通常英文拼法為 Semyon Remezov。約一六四二－一七二〇之後，出生於托博爾斯克，歷史學家、建築設計師、地理學家。著有三冊西伯利亞地圖、各種圖表及素描。

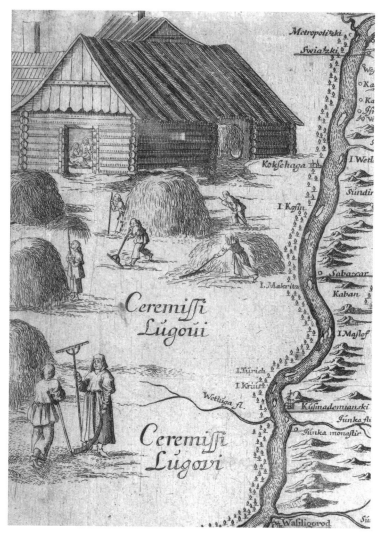

俄羅斯人進入新征服的領土，帶來了許多俄羅斯腹地使用的農耕技術。十七世紀的亞當・奧
列阿列烏斯繪製的伏爾加地圖，描繪農民在割草；雖然圖上標示此地是「切列米斯人的土地」
（Cheremis，該民族現名為馬里人〔Mari〕），但伏爾加河流域的這一帶已經是較古老的
俄羅斯領土。

具。」[11]

　　這些或出於選擇、或者被強迫遷往西伯利亞的俄羅斯人，帶來了自己
的烹飪傳統。這些傳統當然與其他地方的傳統有關——西伯利亞的俄羅斯
人也吃黑麥麵包、蕎麥粥、包心菜湯與大餡餅。十九世紀作家暨烹飪書作

者凱特琳娜‧阿芙傑耶娃甚至認為，到了她的時代，西伯利亞已經是真正的俄羅斯的故鄉，因為在當地，「老俄羅斯」的習慣與食品保存得最好。但是也有差異，部分是由於氣候，部分是由於生活方式的特點。蕎麥粥可能使用小米或大麥，而不是蕎麥。野生韭蔥代替了洋蔥。[13] 十九世紀末的評論者指出，西伯利亞人特別喜愛一切濃郁多油的食物，他們的蕎麥粥、大餡餅，甚至包心菜湯，「在油脂與奶油裡載浮載沉」。[14] 據稱，西伯利亞人吃的肉也比舊核心地區的俄羅斯農民多：「除了齋戒日，幾乎一半的家庭天天吃肉。」[15] 然而存活的果樹不多，導致一些人聲稱西伯利亞根本沒有水果。不過有莓果，「不少於二十種」，而且據一些報導，「西伯利亞主婦以製作醃漬水果聞名。」[16]

　　至於其他方面，西伯利亞的環境創造了一個俄羅斯農民食物的世界，這些食物演變自歐俄食物。西伯利亞著名的嚴寒也幫助創造了俄羅斯傳統食物的新變化。鹹牛肉（solonina）是歐俄保存肉類的傳統方法，但十九世紀下半葉的作者記述了鹹牛肉的西伯利亞版本。西伯利亞的一道特色菜是風乾「掛」牛肉（provesnaia goviadina）。它的製作方法類似鹹牛肉，但借助西伯利亞的寒冷及風的乾燥特性。作法是待嚴霜降臨，把一塊略帶鹽分的牛肉掛在戶外的架子上，在寒冷與大風中晾乾。[17] 當然，西伯利亞也是小餃子（pelmeni）的傳奇發源地，這是一種肉餡小餃子，後來在全俄羅斯到處可見。據說這種餃子來自西伯利亞，但並非因為它的作法，而是因為儲存方法；這種小餃子是冬季食品，首先大量製作，然後存放在戶外的木箱中冷凍。

　　多產的德國劇作家奧古斯特‧馮‧科策布[23]（August von Kotzebue）在一八〇〇年偶然短暫流亡到西伯利亞，並寫下他旅行到庫爾干[24]（Kurgan）的精彩故事。庫爾干位於現在的哈薩克斯坦邊境上。在喀山，他的東道主（或獄卒）給了他許多食物：

　　一大早就有咖啡，搭配麵包和奶油；一小時後是餡餅（一種肉派餅）與白蘭地；過了兩小時，又來白蘭地，配上醃魚、香腸之類。接著就是正餐，四道大菜；然後三點鐘咖啡配餅乾；五點鐘喝茶，來幾樣糕點；在這麼大吃大喝之後，晚上還有一頓豐盛的宵夜。[18]

---

23 一七六一一一八一九。於一七八〇年代在俄羅斯。
24 位於烏拉爾聯邦管區最南端的庫爾干州。

最重要的是，眾所皆知西伯利亞是小餃子的故鄉。Pelmeni 是一種肉餡小餃子，已成為許多人冰箱裡的主食。

　　進入西伯利亞之後，眼前的富饒景象也令他印象深刻。在托博爾斯克，他發現「所有民族的人，尤其是俄羅斯人與韃靼人、吉爾吉斯人、卡爾梅克人」都在購買各種物資。他接著描述了對他而言「非常新奇的一景」，即魚市場：

　　從前只聞其名的大量不同種類的魚，死的活的都有，都放在桶裡與駁船裡出售。小體鱘的售價只有一些零角子。鰉魚（huso），又稱王家魚（royal fish，*Acipenser huso*），以及巨鯰（*Silurus glanis*）等等，還有各種顏色的魚子醬，價格也都很公道。如果不是因為市場氣味難聞，我應該會經常在那裡閒逛。[19]

　　只有在庫爾干當地，他才發現了一些問題（以及與經濟學定律的矛盾之處）：一方面食品價格極為低廉、品質往往很好（他說「在全世界其他地方」沒吃過這麼好的奶油），但另一方面供應往往不足；正如他所述：

許多旅人記述了在冰天雪地的市場上出售的魚，而科策布所述出售的魚「死的活的都有，都放在桶裡與駁船裡」。這幅圖顯示，魚販可能拉著一桶桶活魚在城內行走，以招徠更多顧客。

　　整個城裡沒有麵包師，也沒有屠戶；每星期只有一次，在星期天下午，有一場市集，居民必須在那裡買足整整一週的麵包和肉。而市集沒有肉的情況也經常發生。[20]

　　不過這都是後來的發展情況，俄羅斯起先向西伯利亞擴張的時候，生活困難得多。從很早開始，國家就把不受歡迎的人物送往西伯利亞。其中一位是大司祭阿瓦庫姆[25]（Archpriest Avvakum），與十七世紀俄羅斯東正教大分裂有關，他也是俄羅斯歷史上第一本自傳的作者。他最初在一六五〇年代被流放到西伯利亞，故事充滿了戲劇性，也充滿了飢餓。居住在外貝

加爾地區期間，他描述了營地的可怕環境，他認為，這主要是該地無恥殘
忍的監督者造成的：

　　那是我離開托博爾斯克的第四個夏天。當時人們在河上放流原木編結
的浮排，用以建造房屋與城鎮。那裡開始沒有東西吃了，人們開始死於飢
餓，以及在水裡無休無止的工作。河流水淺，浮排沉重，監工無情，長棍
堅硬，短棒瘤節，皮鞭撕咬，苦難殘酷，猶如烈火與烤架；人們飢餓，精
疲力盡，而阿法納西（Afanasy）開始折磨其中一人，眾目睽睽之下，死在
他手中。唉呀，多麼悲慘的一刻！他看來幾乎完全瘋了。阿瓦庫姆夫人還
留著一件莫斯科的長袍，沒有毀於潮濕。在莫斯科至少可以賣到二十五個
盧布；但是在這種地方，他們只給我們四袋黑麥作為交換，我們又拖了一
年，住在尼布楚河邊[26]（Nercha），靠河岸上生長的根莖與野菜維持生命。
人們一個接一個餓死了，而他要親眼確保沒有人逃跑，於是他們被限制在
一個狹小的地方，他們在草原和田野上遊蕩、挖掘野草根莖，而我們跟他
們在一起。在冬天，我們只能以松果果腹，有時上帝送來母馬的肉，有時
我們會發現狼群留下臭氣熏天的野獸殘屍，我們吃的是狼吃剩下的東西；
有些人吃冰凍的狼與狐狸——事實上，他們吃掉所有能摸索到的東西。唉
呀！多麼可怕的年月啊！[21]

　　阿瓦庫姆受到早期聖徒傳記的影響，寫作可能有點誇大。但他的故事
當然也是被迫遷徙至西伯利亞的特殊故事之一。由此可見，飢餓的確是俄
羅斯進入西伯利亞行動的一部分，造成飢餓的部分原因是地形困難，部分
是西伯利亞與俄羅斯在食物產出與消耗方面有差異，也有部分是距離影響
了物資運送。因為在莫斯科公國的舊核心地區，人們對飢餓也毫不陌生，
在這些年的擴張與增長之中，饑荒也是主題。

十七世紀的饑荒

　　雷帝伊凡四世對其領土臣民造成了壓力，跡象之一就是饑荒經常重
現。一五五三年出現「饑荒造成的可怕死亡」；一五五七年及一五七〇年

---

26 位於外貝加爾邊疆區，石勒喀河的左支流，全長五百八十公里。尼布楚城（涅爾琴斯克）距離尼布楚河流注入石
喀勒河口七公里處。

出現「全羅斯大饑荒與死亡」。[22] 這些饑荒與他的偉大軍功及特轄軍暴行都是同時出現的，可見他的戰爭與特轄軍不僅給軍隊及波雅爾貴族帶來苦難，還有廣大人民被迫資助他的戰爭與追隨者，也同樣困頓艱辛。伊凡去世數年之後，賈爾斯・弗萊徹來到俄羅斯，他記述了潛在的巨大富源，也記述了那些年月給人民帶來壓力的跡象。他寫道，俄羅斯境內的許多城鎮「除了城牆內的許多廢墟，沒有什麼值得紀念的東西」。為什麼呢？因為廢墟「顯示了在這個政府統治之下，羅斯人口減少」。[23]

　　然而，與十七世紀伊始襲擊俄羅斯的那場饑荒相比，這一切顯得微不足道。當時俄羅斯的統治者是鮑里斯・戈東諾夫[27]（Boris Godunov），他是第一位並非出身留里克家族的沙皇，之前其妹夫費奧多爾・伊萬諾維奇[28]（FedorIvanovich，伊凡四世唯一倖存的兒子）統治期間，實際上掌權的是他。費奧多爾在一五九八年去世，沒有兒女，因此產生了繼承人的問題。鮑里斯・戈東諾夫利用自己在宮廷中的地位以及與留里克家族的關係，成功被推舉為新沙皇。但是他的權威始終不甚穩固，部分是因為他自己的個性，部分是因為波雅爾貴族政治的特點。一五九九年、一六〇〇年和一六〇一年連續三年歉收，對於他的權威造成更大的挑戰。俄羅斯多少消納了前兩次歉收，但一六〇一年歉收規模太大了。雨連續下了十個星期，什麼也收不到。然後在八月十五日，出人意料的嚴重霜凍提前襲擊，摧毀了剩下的作物。[24] 在前兩年的歉收之後，庫存已經所剩無幾，於是現在出現了大規模嚴重饑荒，一直持續到一六〇三年春。

　　戈東諾夫統治時期面臨的問題，正是他避免饑荒的處理方法。首先，他向公眾開放了沙皇自己的糧倉，但貪婪的貴族們買下這些廉價穀物，然後轉賣以賺取利潤。接下來，據說他主動向人民發放救濟金，讓他們購買糧食果腹。問題是消息傳得太快，當「沙皇仁慈」的謠言傳遍，成千上萬的人湧入莫斯科、尋求援助，當然給莫斯科本就有限的糧食供應帶來巨大壓力。結果關於莫斯科饑荒的紀錄令人震驚。最後有數千人在莫斯科死亡，數千人死於通往莫斯科的路上。[25] 根據一些估計，僅莫斯科就有十萬人死亡，更廣泛的死亡人數可能達到莫斯科人口的三分之一。

27　一五五二－一六〇五。一五九八－一六〇五在位。祖上是韃靼人，定居在俄羅斯科斯特羅馬 Kostroma，是對沙皇有服役義務的小貴族地主。

28　一五五七－一五九八。伊凡四世唯一存活的合法婚生子，一五八四－一五九八在位，為費奧多爾一世。伊凡四世另有第八（或第六）次婚姻所生子德米特里，但教會不承認該次婚姻。費奧多爾體弱多病，智力不全，皇后葉蓮娜・戈東諾娃逐漸掌權，後兄鮑里斯干政。費奧多爾死後，葉蓮娜宣布攝政，但遭首都人民反對，於是退隱修道院，鮑里斯應牧首和全俄羅斯縉紳會議要求成為沙皇。詩人普希金以其一生故事寫成劇本《鮑里斯・戈東諾夫》（一八三一），音樂家穆索斯基據此寫成同名歌劇（一八七三）。

最後，戈東諾夫嘗試其他方法提高下一年的收成以結束饑荒。他在莫斯科開始公共工程以分發一些資源。但更重要的是，他找到了更多穀物：他向沒有遭遇歉收的遙遠地區購買庫存，然後運送至受災地區。穀物未必免費分發，但運進來之後就降低了市面價格。於是饑荒慢慢減輕，人口開始重新聚集，休養生息。

饑荒結束許久之後，這場災難依然給俄羅斯留下深刻強烈的記憶。在十七世紀餘下的時間裡，俄羅斯領導階級開始主動採取措施，避免饑荒捲土重來，這些努力大都成功了。這些措施與戈東諾夫的措施大致相同：當糧食短缺、價格推高，就引入更多糧食以平抑價格。此外在這種時候，要儘量令擁有財富的部分人貢獻一些心力幫助窮人。比如當糧價居高不下與饑荒時期，貴族也應確保餵飽自己的奴隸；貴族還被告知，在這些時候，他們不應試圖藉著釋奴來逃避此一責任。十七世紀中葉，政令要求（雖然要求，但要求並不一定有效）「大城的都主教（metropolitans）、有力人士，以及各種人」，要把自己的糧食儲存釋放到市場上，以合理價格賣給當地政府。[26] 雖然十七世紀仍有地區性短缺，但不再有世紀初那種饑荒規模；事實上，在沙皇帝國衰落之前，也一直沒有類似的饑荒了。

農奴制與社會變革

鮑里斯・戈東諾夫在位時期也見證了「混亂時期」（Time of Troubles）的開端，在混亂時期，莫斯科沙皇國因社會動盪與外國入侵而四分五裂。[27] 該時期始於一五九八年，最後一位留里克王朝王子費奧多爾・伊萬諾維奇去世，引發繼位危機，而鮑里斯・戈東諾夫登基也沒有完全解決這場危機。該時期也可以被視為始於幾年後導致社會動盪的毀滅性饑荒。總之該時期至晚始於一六○四年，當時出現了一名由波蘭－立陶宛聯盟支持的年輕人，自稱是伊凡四世的幼子德米特里[29]（Dmitry），當時人認為他早已在一五九一年被殺（這也的確可能是事實）。這名年輕人日後被稱為偽德米特里（False Dmitry），他奪取了莫斯科，但在如此動盪的時期，無法保住王位。他被殺後（屍體遭焚燒，骨灰從大砲裡射向波蘭），很快出現了第二個偽德米特里，再次得到波蘭支持。瑞典也在此動盪時期趁機入侵。

29　一五八二－一五九一。死因為喉部刀傷，可能是鮑里斯・戈東諾夫派出的刺客所為。

這四幅圖描繪羅曼諾夫王朝第一位沙皇米哈伊爾・費奧多羅維奇與葉芙多基婭・盧基揚諾芙娜的婚禮，時在一六二六年。左上圖一，波雅爾貴族捧著花式大麵包科羅法耶（karavai）行進；右上圖二，貴族們捧著儀式用的蕎麥粥，盛在鍋中。左下圖三，宴會桌上一件物品旁邊有標示字樣，那是婚禮乳酪，切開該乳酪是儀式的一部分（古老的《羅斯法典》規定，切奶酪之後取消婚禮的男人會遭罰款，理由是羞辱新娘）；右下圖四，每個人都在享受盛宴。

　　最後直到一六一二年，俄羅斯軍隊才奪回莫斯科。第二年，全俄羅斯縉紳會議[30]（Assembly of the Land）擁戴了新王室，即羅曼諾夫家族。一六一七年，俄羅斯與瑞典簽署和約，一六一八年則是與波蘭簽訂和約。俄羅斯失去了西邊邊境的一些土地，但畢竟熬過了混亂時期。這個時期的事件塑造了即將到來的十七世紀，包括以軍事行動奪回十七世紀初失去的土地，然後擴展到更遠的地區，吞併東斯拉夫人定居的土地，這些東斯拉夫人後來被稱為白俄羅斯人與烏克蘭人，來自波蘭－立陶宛聯盟。至於新的羅曼諾夫王朝歷任沙皇，則力圖藉由制定法律、與支持者達成協議，以

---

30 十六與十七世紀俄羅斯各個領域等級的議會，包括三種階級：貴族和官僚、教士、自由平民。伊凡四世於一五四九年首次召開。

鞏固自己的權威。

　　一六四九年的《法典》[31]（Ulozhenie，Law Code）就是這兩點的結合成果。新沙皇阿列克謝[32]於一六四五年登基。其父去世時，他還很年輕，是個十幾歲的少年，他很快就發現需要維護自己身為專制君主的權威。一開始，他完全走錯了方向。俄羅斯沒有正式的議政代表制度，也沒有議會。全俄羅斯縉紳會議不定期召開，是為了討論具體問題，而不是人民表達訴求的通用媒介。當時通行的是請願。請願是個人與團體向沙皇及其他當局表達的方式，目的是獲得援助、改變政策，或者表達需求。請願是專制制度運作的重要組成部分，而且眾所周知的是，請願書必須收下；這些請願可能不會被執行或批准，但必須有人傾聽。

　　一六四八年夏天，沙皇阿列克謝結束朝聖返回莫斯科途中，一群請願者走向他的隨從。當時人民對賦稅極為不滿，尤其是他甫登基就允許徵收非常不得人心的鹽稅，以填補他的府庫。鹽是生活必需品，它讓人們在漫長冬季裡能夠食用夏季產品，徵收鹽稅在財政上是有道理的，但是對廣大民眾來說是很大的負擔。雖然在人民諸多抱怨之後，鹽稅取消，但又開徵其他直接稅，以取代鹽稅收入。這群請願者主要不滿稅收，但也控訴某位不受歡迎的地方官員。阿列克謝很不智地拒絕接受請願書──更糟糕的是，他下令逮捕一些請願者。消息傳出，莫斯科爆發騷亂。莫斯科的普通老百姓群起抗議，而軍隊的弓箭手、火槍手，還有公務員也參與抗議。在暴動中，一名大眾認為該為鹽稅負責的男子被殺，屍體遭鞭割，扔在糞堆上。城中到處發生火災。

　　為了平息動亂，阿列克謝命令一個委員會為國家制定新的法典。委員會立刻著手，從莫斯科所有大臣公署提取檔案，找出目前管理其運作的法條，並研究其他法典，以添加某些條款。委員會還處理了各種社會團體的要求（請願），增加了他們所要求的法律條款。整個過程的速度驚人，一六四九年一月，新的一屆全俄羅斯縉紳會議召開，通過了這部新法典，然後副本製作完畢，發往全國。該法典稱為《Ulozhenie》，比早期法典大得多，有二十五章及數百條獨立的法律，涵蓋了從搶劫、謀殺，到製造偽幣、叛國等等一切，因此成為了解十七世紀莫斯科沙皇國人民日常生活的重要窗口。

---

31 全名 Sobornoe Ulozhenie/соборноеуложение，「會議法典」。由阿列克謝一世治下的全俄羅斯縉紳會議頒布。此法典將當時的奴隸與自由農民合為新的農奴階級，階級傳承不可變更。並規定國內城際旅行必須持有國內護照。俄羅斯貴族同意在軍隊服役，但對自己擁有的農奴擁有絕對權利。
32 阿列克謝一世。一六二九－一六七六。一六四五－一六七六在位。

　　從《法典》裡能夠看出的最顯著變化之一，就是莫斯科沙皇國開始出現伏特加，而且在當時及後來的俄羅斯飲食模式中有著重要地位。我們現在稱為伏特加的蒸餾烈酒，直到十六世紀才開始經常出現在紀錄中。在之前的幾世紀裡，人們可能已經知道這種酒並且飲用，但幾乎可以確定的是，它並不是俄羅斯飲食的主要成分。其出現的年代無法確定，部分是因為從穀物蒸餾出來的透明酒類最常用的名稱不是伏特加，而是 vino（這個字也指葡萄酒）。不過很明顯地，到了十六世紀末，人們日常已經飲用我們今天所說的伏特加／vino。

　　我們之所以能夠確定這一點，原因之一是當時它已經開始扮演這個永久的雙重角色：既是人民的歡樂來源，也是國家的收入來源。賈爾斯‧弗萊徹記述了這種情況：

　　在這個國家的每個大城裡，〔沙皇〕都有一處 Caback，也就是酒館，這裡出售 aqua vitae[33]（人們稱之為羅斯酒〔Russe wine〕）、蜜酒、啤酒等等。沙皇從中收取的租稅匯集成很大一筆錢。有些是八百盧布一年，有些到了九百，有些一千或者兩千或者三千。[28]

　　大約一個世紀後，據說這筆收入更高了，每年一萬甚至兩萬盧布。[29]因此這些酒館為國家帶來了大量收入，當然也給了大眾帶來了飲酒的習慣。弗萊徹嚴厲批評此事：這些是「可恥的巢穴與手段，只為了充實沙皇的金庫」，而「辛苦勞動的窮人與工匠，在這上頭花光了從妻兒身上搜刮的錢」。[30]

　　伏特加在《法典》裡的定位正是國家收入來源。《法典》最後一章規定了「非法酒館」和非法家庭蒸餾。蒸餾酒（多少也包括了蜜酒與啤酒）銷售受到嚴格管制，但不是為了保障公眾健康，而是為了保障沙皇的收入。第一次觸犯該法的非法蒸餾酒製作者和烈酒銷售者，罰款五盧布，第二次十盧布，第三次二十盧布。所有被抓到飲用非法烈酒的人也會受到懲罰：第一次罰金是四分之一盧布，第二次是半盧布，第三次是一盧布。屢次觸犯還會受到體罰：第二次觸犯時，販賣者受笞刑，飲用者受笞跖刑（bastinado，比笞刑輕）；第三次則販賣者被監禁，飲用者受笞刑。幾年

33　拉丁文 aqua vitae，「生命之水」，原泛指所有蒸餾液體，後指蒸餾酒。以水果、穀物、根莖類、甘蔗，甚至竹筍做成，透明無色，酒精度29～60%。也有譯名為水果白蘭地。法語名稱 eau de vie。「伏特加」водка源自斯拉夫語「水」вод 的小稱，加上陰性形字尾。

後，在一六五二年，蒸餾酒銷售只能在國家控制之下，否則將被禁止，因此實際上由此創造出第一家伏特加壟斷企業。人們仍然繼續飲酒，但只能在家中，或者在國家控制的酒館，這種場所稱為 kabak。[31]

　　據旅人稱，這些限制並未影響對於烈酒的需求。到了十七世紀初，經常飲用蒸餾酒似乎已經很普遍。一六三〇年代，亞當・奧列阿列烏斯在擔任荷爾斯泰因公爵（Duke of Holstein）使節祕書期間，周遊莫斯科沙皇國，他經常寫到東道主奉上 aquavit，或稱「烈性水」（strong-water），或者看到人們飲用（有一次，「火槍手們已經喝了一陣 Aquavitæ，給我們表演了絕佳槍法」），或者他自己請別人喝。[32]「世界上沒有一個地方比莫斯科沙皇國更常見到喝醉酒，」他說，「無論在任何情況下，無論僧俗，無論男女老少，無論何時，無論在飯前、飯時、飯中，都喝烈性水。」[33] 其他同樣在十七世紀來到莫斯科沙皇國的人，也震驚於當地人無論男女、無論地位，都大量飲用蒸餾酒，並震驚於這些烈酒的強度。（幾十年後，杜松子酒在歐洲大行其道，引起人們擔憂家鄉國人飲酒成習，不禁令人懷疑，當年的旅俄英國人是否也會對祖國的這兩種情況感到震驚。）

　　雖然《法典》讓我們能夠一窺十七世紀俄國生活的各個方面，包括從財產到家庭關係，但它最主要的貢獻可能是在莫斯科沙皇國建立了農奴制。把自由的農民束縛在土地上是逐漸形成的過程，而農奴制是這個過程的終點。在十五世紀，農民遷徙被限制在秋季聖喬治節前後兩週的時間。直到伊凡四世統治後期，一直維持著這樣的規定。在他統治的最後幾年，他建立了所謂「禁止年」（Forbidden Years），在此期間，禁止農民遷徙。原則上，這個規定是臨時的，旨在讓土地所有者（當然不一定是農民）從特轄軍的掠奪以及伊凡自己的財政需求之中恢復。但實際上，這個規定成為永久性的。

　　不過依然存在小小的遷徙機會。一五九二年，「禁止年」已經擴大到了所有農民，但是遣返期有法定期限，也就是說，如果一名農民離開自己的家、待在外地，而且在五年內未被發現，那麼他就可以留在當地。然而正是這麼一個小小的機會被《法典》消滅了（在此之前，返回期限已經被延長了好幾次）。從這個時候起，所有農民直到死前，都可以被遣返原籍村莊（而且就這一點而言，所有城鎮居民都可以被遣返原籍村莊）。其結果是，土地所有者並非以擁有的土地面積來計算財富，而是以居住在土地上的人數。一六五〇年代，阿勒坡的保羅造訪俄羅斯的時候，這種做法已經根深蒂固：

　　帝國的貴族並不是按照我們祖國的方式、以農場、園圃和葡萄園的數量來計算財產。他們和家人計算的是土地上的家戶，然後說，某某王公有三千名 Mojik[34] 即農夫，或者八千、一萬、兩萬；他們計算土地價值的時候，只需考慮其上房屋的容量及實際居民人數。[34]

　　此外，農奴的制度化最終促成了與俄羅斯上層階級相關的獨特文化誕生，也有助於創造出與俄羅斯農民大眾相關的獨特文化。在十六甚至十七世紀的大部分時間裡，這種區別並不特別分明。當時的文化反而是基於東正教及其禮俗的普遍文化，帶有一些因社會地位造成的差異。最著名的是閨房（terem），上層女性隱居的住所，與宅中其他部分隔絕，不與家人以外的男性接觸。對老百姓來說，這當然是不切實際的，因此，這既是保護

圖中，遊客們停留在諾夫哥羅德城附近，伊爾門湖畔[35]（Lake Ilmen）的波內德勒修道院（Ponedele），在修道院外面吃點心。根據許多早期的莫斯科公國遊記，修道院是途中用餐的地方；據奧列阿列烏斯及其他一些旅人記載，他們吃的是加香料的麵包或餅、櫻桃、小黃瓜或蕪菁，以及烈酒。

34　мужик，農夫。
35　沃爾霍夫河從伊爾曼湖北流注入拉多加湖，再由涅瓦河注入芬蘭灣，是瓦良格人主要航道。諾夫哥羅德位於沃爾霍夫河流出伊爾曼湖口六公里處。

家庭名聲的方法，可能也是強調社會地位的方法。

　　人們的飲食方式反映了社會各階層的共性，也反映了身分造成的差異。山繆‧柯林斯在一六六〇年代擔任沙皇阿列克謝一世的醫生，他稱俄羅斯到處盛產的蘑菇是「窮人的主食，富人的零嘴」。[35] 換句話說，蘑菇是各階層人民的共同食物，但在他們的膳食中卻各有不同身分。很難確定當時城鎮的農民與下層民眾吃的是什麼，因為造訪俄羅斯的外國遊客雖然寫下了最精彩的飲食描述，卻往往未提及這些人的膳食。柯林斯寫道：「〔沙皇〕給他的僕人發放粗穀粉、蜂蜜、魚、堅果油、燕麥、啤酒、蜂蜜酒。」[36] 這就算不是奢侈的飲食，也很足夠了，而且也能提供一些飲食上的享受。目前僅有的少量證據表明，這片土地上最常見的食品依然是麵包或蕎麥粥、包心菜湯或醃製包心菜、克瓦斯等基本膳食。亞當‧奧列阿列烏斯寫道：

　　他們並不熟悉我們所吃的精緻肉類與醬汁。他們的日常食物是粗穀粉、蕪菁、甘藍、新鮮的與醃漬的小黃瓜。鹹魚就是他們的無上美食，不過這些魚並沒有醃透，因此氣味四溢，於是你在很遠的距離外就能聞到魚市場。

　　他還寫到一些特色菜：

　　其中有一種派餅，稱為 Piroguen，尺寸及外型與兩便士麵包一樣。他們用派皮包住魚或者碎肉，以及 Chibols（青蔥）與一點胡椒，然後在鍋裡用奶油煎熟，齋期則用植物油。

　　這種食品，他認為「不錯」。[37]

　　莫斯科的擴張可說帶來了一些新食物，或者使得人們熟悉的食物更容易取得，但並沒有改變俄羅斯飲食方式的本質。在十六世紀初，赫伯斯坦看到鹽、胡椒與醋是特殊調味品，深感震驚；十六世紀中，《家政指南》也呼籲經常使用這些調味品。弗萊徹筆下的俄羅斯膳食也是以濃烈滋味為基礎。據他記載，沙皇經常一頓飯就有多達七十道菜餚，「調味料頗為濃厚粗劣，有許多大蒜與鹽，十分類似荷蘭習慣。」[38] 一般而言，他認為俄羅斯人吃的是「根莖類、洋蔥、大蒜、包心菜，以及其他這類令人性格粗野的食物，他們習慣單獨食用這些，或者與其他食物一起吃」。[39] 半個世紀

後，奧列阿列烏斯的看法也大致相同，他記述食品「以洋蔥及大蒜調味」，十分濃烈，他的同行者都甚感倒胃口。[40]

在某種程度上，奧列阿列烏斯及使團試圖自己準備食物，藉此遠離俄羅斯烹調，但他們仍然收到了供應的食品，這些食品反映了莫斯科沙皇國所食用的種類。使團第一次抵達莫斯科時，沙皇送來了食品，包括「八頭綿羊、三十隻閹雞與母雞、大量白麵包與棕麵包、二十二種飲料、葡萄酒、啤酒、蜜酒、『烈性水』」[41]奧列阿列烏斯第二次來訪時，使團又收到了一大批食物：

　　每天都有六十二個麵包、四分之一隻牛、四頭綿羊、一打母雞、兩隻鵝、一隻野兔、一隻雄松雞；每隔一天有五十個雞蛋、十便士用於蠟燭、五便士用於廚房裡的雜物、一罐薩克蜜酒[36]（Sack）、八罐蜜酒、三罐啤酒、三小罐烈性水。除了這些，還有一批日常儲備，包括一大桶啤酒、一小桶蜜酒、一桶烈性水。還有像每週那麼豐盛的其他東西，包括一普特奶油、即四十俄磅，一樣數量的鹽，三個手提桶的醋，兩隻閹公綿羊，一隻鵝。[42]

菜餚完全由大使館自己的廚師製作，不過從這些供應可以看出，當時認為對於有地位的人來說，哪些食物才是適合食用且合乎規矩的。

在前往莫斯科城途中，奧列阿列烏斯還出席了各種宴會與官方的「點心會」。在一次這樣的點心會上，奉上的是「香料麵包、幾杯非常強烈的烈性水，還有兩種非常糟的蜜酒」；有一次則是「薑餅麵包、剛醃的櫻桃、烈性水」。[43]他也觀察了其他特殊場合，以及參與用餐。有一次他和使團從邊境前往莫斯科城，經過一座修道院，奉上的是「一份贈禮，包括蕪菁、醃黃瓜、一些綠豌豆」，稍後還有小黃瓜及蕪菁。[44]幾十年後，安條克牧首馬里亞烏斯[37]（Macarius, the Patriarch of Antioch）到訪俄羅斯，他與隨行人員一路上也受到類似的「點心會」款待。督軍們[38]（voevoda，地方首長）為訪客提供大量烈性飲料，以及裝滿小黃瓜與櫻桃蘿蔔的托盤，不然就是許多甜瓜與「蘋果，我們有幸目睹這些蘋果如此美麗、個頭這麼大，加上它們的香氣、顏色、味道，我們就只能讚美造物主了」。[45]

---

36 比一般蜜酒使用更多蜂蜜。
37 馬里亞烏斯三世，？－一六七二，一六四七－一六七二在任。阿勒坡的保羅為其子暨祕書，一六五二出訪，一六五五－一六五六在莫斯科，時沙皇阿列克謝在位，影響莫斯科牧首尼孔，導致尼孔的改革及俄羅斯正教會分裂。
38 воевода，中世紀起，東歐、中歐地方軍事首長的頭銜。

　　某一次齋期，奧列阿列烏斯參加了一場莫斯科的王家宴會，席上有「四十六道菜，大部分是魚，包括煮、烤、油炸，還有沙拉與糕點，不過沒有肉，因為在聖誕節前的齋期，莫斯科人非常遵守戒規。」[46] 他描寫俄羅斯宴會上的一項特點如下：

　　因為他們一年中齋日比吃肉日多，因此他們很習慣食用魚與豆類，並不特別喜歡肉。此外，頻繁的齋戒已經讓他們學會了如何烹煮魚類、草葉、莢豆，所以能夠戒除在其他國家很看重的肉類菜餚。[47]

　　阿勒坡的保羅更是詳述了與東道主沙皇阿列克謝共進晚餐時，席上的魚類菜餚：

　　端上來許多魚類菜餚，裝飾精美，看起來像是填了餡的羊羔。正如我們早已聽說的那樣，這個國家盛產各種水族，他們能以多種方式烹調。他們扔掉所有粗糙及多刺的部分，剩下的部分以研缽搗成糊狀，然後將糊狀物與大量洋蔥及番紅花混合，放入做成羊羔與鵝形的模具中。接著油炸這些人造的動物，油鍋要和井一樣深，如此才能炸透。上菜的時候，像剖開白魚結實的肌肉那樣切開；味道非常好，不知情的人會以為是真的羊羔肉。以這種方法，他們能做出很多麵點，用的是麵粉與乳酪，以奶油炸，時間長而且每一面都要炸透，像是糕餅、菱形派餅等等。他們也有布丁，就像通常用麵包做成的布丁，但原料是極小的魚，像小蟲那麼小，以同樣的方式烘烤或者炸。[48]

　　阿勒坡的保羅對這樣的飯菜印象深刻，但他發現自己頗難接受俄羅斯烹調的其他元素。他一直不喜歡俄羅斯的酸味黑麵包，不過最後他認為克瓦斯是涼爽怡人的飲料。至於俄羅斯大齋期的食物，與他南方老家的大齋期食物比起來，他覺得很難適應，尤其在不准吃魚的日子裡，只有醃包心菜和小黃瓜、一些豆子——這不合他的口味，而且「由於這個原因，我們身陷無法形容的巨大痛苦之中……我在此鄭重發誓，沒有人在經歷了這一切之後，還會繼續抱怨我們的大齋」。[49]

　　不過正如奧列阿列烏斯所指出的，許多「草葉與豆類」並非代表著食物短缺。根據一些十七世紀作家的說法，莫斯科沙皇國——尤其是伊凡四世擴張領土所形成的國家——通常都能自給自足。阿勒坡的保羅以及居

伊・米耶熱都描述了豐富的家畜（保羅認爲部分原因是俄羅斯人避免吃小牛肉，所以長成的牛數量更多）。[50] 奧列阿列烏斯筆下的莫斯科附近生產的水果，一派豐足：

有許多極佳的水果，比如蘋果、櫻桃、李子、醋栗。我見過當地蘋果的美麗外觀與顏色都像是一種叫做阿庇安（Appian）的蘋果，而且非常透明，把它舉起來對著陽光看，能夠清晰看到它的核……他們還有各種莢豆、香草植物、蘆筍、洋蔥、大蒜、根莖類、小黃瓜、南瓜、甜瓜，最後這一種數量極多，品質絕佳，個頭很大，一六四三年我在莫斯科，一位朋友給我一顆甜瓜，重達四十磅。莫斯科人非常擅長種植甜瓜。[51]

不過這樣的多種收穫，部分反映了過去一世紀莫斯科公國的另一個重大變化，這個變化最終將加劇上層階級與平民之間日益明顯的區別。奧列阿列烏斯寫道，蘆筍是新東西：「荷蘭與日耳曼商人最近才在莫斯科種植蘆筍，蘆筍適應得很好，跟人的拇指一樣大。」此外他指出：「莫斯科人也不太熟悉萵苣與其他沙拉葉片蔬菜，並且取笑吃這些東西的外國人，不過現在他們也開始喜歡這些蔬菜了。」[52]

此處奧列阿列烏斯所記錄的情況，正是由於俄羅斯與西歐之間的更多接觸，開始改變俄羅斯國內的習慣。過程緩慢，而且也有爭議。俄羅斯教會眼中外國文化的危險影響令其憂心忡忡。伊凡四世統治早期，教會會議編寫了《斯托格拉夫書》[39]（Stoglav），即百章之書，以確定俄羅斯正教會的現行做法，並予其正式地位。它強調「外國習俗」對於真正的東正教信徒所形成的危險。尤其「拉丁與異端」[40]習慣遭到譴責，因為其導致人們偏離通往上帝的真正道路。其中最著名的是《斯托格拉夫書》認定成年男子不應該刮鬍子，刮鬍子是外來的、激進的、錯誤的，因為這種做法使得人們無法從外表辨認東正教徒。[53] 還有其他情況則是西方物產帶來危險。比如西方進口菸草被視為非常危險，遭到嚴厲禁止。到了十七世紀，歷任沙皇出於經濟原因，希望限制菸草使用，菸草夾在沙皇與教會之間，依然遭到重罰（若「多次」被抓到吸菸，處罰是割鼻孔）。這件事格外值得注意，因為英國商人為擴大貿易投入了巨大心力，尤其是為了找到一種合適的商品出口至俄羅斯（直到十八世紀末，英俄貿易一直是俄羅斯處於順差）

---

39 意為「百章」，編寫於一五五一年，參與編寫者還包括伊凡四世、莫斯科牧首馬里亞烏斯、波雅爾貴族議會代表。
40 「拉丁的」指羅馬天主教的。

〔54〕。菸草屢遭禁止，從這件事看得出來，菸草一直在俄羅斯尋找消費者，包括吸菸者與吸鼻煙者，但是教會與國家聯合起來反對它，的確限制了它的影響。

　　然而到了十七世紀末，抵制外來習慣的措施面臨巨大挑戰。一方面，莫斯科有了更多外國人，包括商人與雇傭兵。也許更重要的是，雖然俄羅斯正教會的影響力並沒有衰減，但是在十七世紀中葉，教會本身也被巨大的分歧撕裂。分歧的具體問題很多，但本質上是解釋外來習俗的問題。在十七世紀，新的影響開始在教會的圈子裡掀起波瀾。這些是「外來」影響，因為它們並不是俄羅斯正教會所接受的做法，也不是來自「拉丁與異端」世界，而是來自更廣大的東正教世界。尤其其中一些影響，是在俄羅斯正教會文本（東方基督教世界一直傾向於將宗教文本翻譯成本地語言）與希臘文原版的相互比較過程之中產生的。經過了幾世紀，無論是最初的翻譯錯誤，還是後來的抄寫錯誤，都造成了兩者之間的分歧。該拿這個問題怎麼辦呢？

　　一六五○年代新任牧首尼孔（Patriarch Nikon）決定，應當糾正俄文文本。他委託翻譯了新譯本，並改動一些教會儀軌（最著名的是改變了劃十字的手勢），以反映他與一群學者所認定的真正的東正教。但這些改變引起異議爆發，部分是由大司祭阿瓦庫姆所領導。對他來說，新的做法是暴行，他寫到自己第一次聽說尼孔新制的消息：「彷彿心靈的冬天來臨，我們的心都凍住了，四肢顫慄。」〔55〕雖然教會整體而言採用了這些改變（即使數年後尼孔遭罷免），但某個後來被稱為「舊禮儀派」（Old Believers）的分裂團體仍拒絕照做。這對於教會、對於專制君主的權威來說都是非常危險的。沙皇是君權神授的統治者，其吸引人民崇拜的權威地位與教會儀式緊密相關。教會分裂使得這種關係受到質疑。

　　於是，在十七世紀接下來的時間裡，舊禮儀派遭到殘酷鎮壓。阿瓦庫姆被流放到西伯利亞，又被召回莫斯科，但最後死於火刑。其他舊禮儀派信徒要不遭到火刑，要不就是以駭人聽聞的自焚抗議教會與國家的要求。雖然如此，舊禮儀派仍繼續傳播，尤其是在遠離莫斯科的地區，以及感覺自身權利愈來愈遭到莫斯科政權剝奪的社會群體中。十八世紀，國家開始容忍舊禮儀派，但是做得非常勉強，並且加以嚴格管制。儘管如此，舊禮儀派依然占據了一個稍微超出俄羅斯文化與社會規範的位置。他們自視為真正的古老俄羅斯宗教與文化的載體，其中也包括俄羅斯烹飪傳統。這種與傳統的關聯成為舊禮儀派自我認同的核心，這樣的自我認同不僅是因為

教會內部的變化，也是因為俄羅斯內部更普遍的變化。特別是十八世紀迎來了一位新沙皇，他設想中的俄羅斯，不同於他所繼承的莫斯科沙皇國，他一步步實現了自己的願景，他就是彼得一世，後來被稱為彼得大帝。

　　彼得大帝彷彿不是現實中的人物，而是出自童話故事。他身材高大，有輕微的癲癇症[41]，性格說好聽點是活力充沛，說不好聽是粗魯。他以全部身心投入自己從事的每一件事物。在童年的大部分時間裡，他經常與生活在莫斯科某區的外國專家及雇傭兵在一起。他的青春期在家庭衝突的背景下度過，部分原因是為了阻撓他登上王位[42]，最終在一六九六年，他成為俄羅斯唯一的統治者。身為沙皇，彼得做了很多。他的大部分精力用於經營軍事，他的許多改革都是為了支持這些軍事目標。彼得最終取得的軍事成就，為接下來一世紀非凡的繼續擴張與軍事行動奠下基礎，這一切讓俄羅斯在每一方面都成為帝國。雖然之前已經有一些外國使節將莫斯科沙皇國的統治者稱為皇帝，但第一個正式獲得這個頭銜的是彼得，他並且將自己的國家稱為俄羅斯帝國。在那個世紀裡，俄羅斯也變得更像一個多民族帝國，對其形形色色的人口有著不同的控制計畫。

　　然而，比起這些變化，更著名的可能是彼得對俄羅斯文化所做的激進改變，至少在上層文化方面是如此。彼得早年十分著迷於在莫斯科工作的外國工匠，而且始終不曾稍減。彼得在亞速[43]（Azov）取得自己的第一次軍事勝利一年之後，開始了西歐之行，這次行動被稱為「大出使」[44]（Grand Embassy），他「隱姓埋名」（至少是以一個身高兩公尺的俄羅斯男子力所能及地隱姓埋名），參觀了宮廷，但也參觀了造船廠。他幾乎一回國就開始改革，奮力把俄羅斯拖入他眼中的現代世界、西歐的現代世界。彼得最著名的舉措涉及人民的外表。他要求男人剃掉大鬍子（至少是大部分人）[45]，並仿效西歐時裝設計了新的服裝樣式。他對人的心靈生活也感興趣。他的首席理論家特奧芬・普羅科波維奇[46]（Feofan Prokopovich）寫道：「沙

---

41 彼得一世可能患有失神性癲癇（absence seizures），即短暫停止動作、失去神智或神智模糊。
42 沙皇阿列克謝第六子。異母兄費奧多爾三世去世後，十歲的彼得被波雅爾貴族議會推舉為沙皇，其母娜塔莉亞攝政，但異母姊索菲亞發動政變，立彼得與異母兄伊凡五世為共同沙皇，索菲亞攝政並實際掌握大權。一六八九年，彼得掃除索菲亞勢力，令其入修道院。彼得之母繼續干政，直到一六九四年去世，彼得親政。
43 位於頓河下游，距亞速海十六公里。一六九六年，彼得擊敗鄂圖曼土耳其，奪得該城，是其取得黑海出海口的軍事行動之一。
44 一六九七—一六九八。彼得假扮為使節團成員，出訪普魯士、荷蘭、英格蘭。使節團目的在加深與西歐盟國關係，對抗鄂圖曼土耳其，加強俄羅斯在黑海地區的勢力。
45 保留大鬍子者必須付稅。貴人每年六十盧比，富商一百盧比，其他商人與市民六十盧比，一般莫斯科人三十盧比，交訖發給金屬小牌以資證明。大鬍子農民每次進城付半盧比硬幣兩枚。
46 一六八一—一七三六，也拼寫為 Theophan Prokopovich。諾夫哥羅德牧首，作家、詩人、數學家，支持彼得大帝的教會改革。

皇的職責……是使他的臣民幸福，並為他們制定虔誠與正直生活的各種良好指導。」[56] 他希望他的貴族們給自己的孩子提供更好的教育，因此建立了學校敦促他們這麼做，並制定規則懲罰那些沒有照做的人（比如，貴族的文盲兒子不能繼承財產）。他希望俄羅斯人以新方式進行社交，參與思想交流。他給予舉行集會的指示，也就是為來訪的高水準男女舉辦適當聚會——他指出，要為來訪者提供坐談的空間，食物與飲料也是必需品。[57]

　　於是彼得一世在位期間被視為俄羅斯發生重大變化的時期。這些變化既是地緣政治的，也是內部的。俄羅斯已經成為帝國，但受其統治的俄羅斯人，本身也被貴族與農民之間的文化歧異所分裂，這在很大程度上是他的改革造成的。這種文化分裂成為俄羅斯歷史接下來兩個世紀的驅動力之一，當然也反映了特權與匱乏之間真正的社會分裂。在十八及十九世紀，維護特權或獲得特權是不同社會群體的終身目標。調解這些群體互相矛盾的目標，對俄羅斯來說是一場持久的奮鬥。而設法改善文化分裂、或者理解文化分裂、或者炸毀文化分裂再重新開始，就成為從藝術界到革命派的俄羅斯知識分子永遠的關注焦點。

---

47 Borjomi。位於喬治亞中部。所出產礦泉水是重要出口商品，標籤上英文名為 Borjomi。

食物及飲料在許多方面與健康有交集，其中之一是人們對礦泉水愈來愈感到興趣，因為它不只是一種健康的飲料，而且具有治療作用。在十八世紀，人們更加關注探索帝國疆域內的自然資源，並建議探險家尋找可能用於健康與營利的礦泉水資源。隨著俄羅斯向高加索地區擴張，這種探索有了真正的發展。溫泉療養小鎮興起，利用該地區的天然泉水。其中一個位於現代喬治亞共和國的博爾若米[47]（Borzhom），這裡成為喝水的地方（上圖），也生產瓶裝礦泉水銷售至外地（下圖）。博爾若米礦泉水至今依然是所有喬治亞烹飪餐廳的標準飲用水。

第五章
香檳與克瓦斯：分裂的俄羅斯

　　一七一九年，彼得大帝頒布了一項政令，內容是一些指示，提供給前往歐俄北方奧洛涅茨省¹（Olonets）、飲用新近發現的療效礦泉水的那些人。[1] 這是彼得在位期間頒布的眾多法律與政令之一。這些總數達三千件左右的單獨法律與政令，其中超過一半都是他在生命的最後五年親自撰寫，或者做出具體指示而完成。據俄羅斯歷史學家葉甫蓋尼・安尼西莫夫（Evgenii Anisimov）稱，這是因為「彼得認為書面立法的意義重大。他真心相信，及時頒布『對的』法律、並在現實中堅持實行，就可以做到一切，從為人民提供麵包、到糾正禮儀，都是如此」。[2]

　　原則上，專制君主應該只注意「最重要的」事情，但哪些事才算得上「最重要」，顯然彼得的看法十分寬泛。[3] 對於當時處於漫長的大北方戰爭（Great Northern War，一七〇〇－一七二一）最後幾年的國君來說，像這樣一項關於療效礦泉水的政令，似乎並非「最重要」的事情。（不過當時俄羅斯的勝利已經差不多底定，只剩下與瑞典簽訂和約。）彼得對於科學、技術與各種奇技淫巧感興趣（在那個時代，這些往往是一個整體），對他來說，確保新開化的臣民以最有效的方式、使用新發現的醫學奇蹟，可能是身為帝王完全應該關注的正常主題。

　　彼得頒布的這些說明，主要涉及喝這些水的時候該搭配哪些食物與飲料，以使其完全發揮療效。首先，飲水後至少要經過三個小時才能進餐，而且一天中的最後一餐應該在睡前至少兩小時食畢。這些膳食也包括及禁止（或至少限制）某些特定食物與飲料：

　　「正餐前，習慣喝餐前伏特加的人可以喝一杯（一個 charka 杯，容量約一百二十二毫升），特別是茴香伏特加。正餐後可以喝三杯勃艮地或萊

1　位於俄羅斯西北部，包括今日卡累利阿共和國大部、阿爾漢格爾斯克州西南部、沃洛格達州西北部等。

茵葡萄酒，或淡法國葡萄酒；此外，為了解渴，加水的啤酒（half-beer）[2]
或者一點淡啤酒是可以的。因貧困而沒有萊茵、勃艮地或法國葡萄酒的
人，可以再喝一杯伏特加，但不能再多了；克瓦斯、氣泡克瓦斯等發酵的
東西是完全禁止的。

　　食物規定也很嚴格：「飯後不要吃任何膠凍狀食物；用餐時先喝湯，
然後吃烤肉，包括羊肉、小牛肉、牛肉、雞肉、野禽、火雞、兔肉、鹿
肉……新鮮的蛋也要煮至半熟，但一切烘焙或全熟的蛋都是禁止的。」最
後則是：

　　以下食物是完全禁止的：各種醃製的鹹肉與酸肉、燻肉，所有醃魚與
鮮魚。牛奶，油膩的菜餚，小黃瓜、包心菜、蕪菁、大蒜、洋蔥、櫻桃蘿
蔔、蘑菇，這些對飲用礦泉水的人來說是非常危險的。在夏天，草莓、黑
莓與其他莓果，豌豆、豆類、胡蘿蔔及其他蔬菜都是完全禁止的，無論是
新鮮的還是鹽醃的。[4]

　　那些去飲水的人怎麼看待這些指示呢？這些指示顯然展現出一種飲食
風格，與大部分人所知的常見俄羅斯烹調相去甚遠：沒有克瓦斯和氣泡克
瓦斯，沒有鹽醃及其他保存法製作的肉類與魚，沒有包心菜和蘑菇！麵包
與粥是許多人的主食，並沒有被禁止，但也不包括在內。此外，由於俄羅
斯麵包通常是酸的，因此很可能被禁止發酵食品的規定排除在外。這些說
明似乎暗示著，為了健康，應該避免食用俄羅斯食品。
　　一方面，這符合彼得改革的許多願景，彼得的改革力圖將俄羅斯、或
至少其上層階級，從既定的道路上拉出來，讓俄羅斯更合乎歐洲國家的標
準。但在另一方面，對於彼得的大多數臣民來說，該政令中的處方是超出
想像的，所以它本身就突顯出彼得的改革創造了兩個不同的世界。雖然該
政令也指出，它的目標不僅僅是俄羅斯最富有、最上層的人群，也為收入
較低的人提供了替代品，但是它所謂的「貧困」卻不是俄羅斯農奴的貧困。
　　菁英文化與大眾文化之間的這種區別，在很多方面都很明顯，最著名
的是在服裝方面。彼得要求貴族刮鬍子，而且從此所有貴族都穿西式服
裝。這些改革很快見效，因此到了十七世紀末，出現了截然不同的視覺文

3　由於農奴（男性）人數單位為「靈魂」（душа），一百多年後果戈理的《死魂靈》（*Мёртвыедуши*）部分取意於此。

化：俄羅斯貴族穿得很像歐洲各地的上層階級，而俄羅斯農民的穿著幾乎一如既往。[5]然而這些區別在飲食方式上比較模糊。當然，富人的吃（還有喝，彼得的政令已經生動地暗示了這一點！）在各方面與農民都不相同，但他們在許多領域也有共同點。他們的餐桌上擺著一些相同的食物與飲料，從包心菜湯與蕎麥粥、到大餡餅與克瓦斯，他們也在許多處所接觸互動，從鄉村莊園到城鎮。俄羅斯曾經被劃分為特權世界與沒有特權的世界，但這兩個世界並不是彼此隔絕，既有共同的食物，也有互動的區域。儘管如此，農奴制時期是俄羅斯歷史上分裂嚴重的時代，對於那個時代的看法與想像尤其威力無窮，這種看法與想像雖然針對的是過去的某些做法，但是也大大影響了未來。

　　從彼得大帝統治時期開始，或者更確切地說，從凱薩琳大帝統治時期開始，直到一八六一年，是俄羅斯農奴制的鼎盛時期，包括隨之而來的所有社會、政治、文化方面的結果。一六四九年，大部分人口已經被束縛在土地上；到了十七世紀末，私人土地上的人口愈來愈受制於其所屬貴族，而非土地。之後彼得的改革又影響了實際上農奴制的施行。他建立了一支正規常備軍，主要由終身服役的農民組成。他創立了新的人頭稅，俗稱「靈魂稅」，因為這是針對每一個男性「靈魂」徵收的（但是不包括貴族，後來也不包括教士與商人）。他建立了差不多是定期的人口統計，以確保這些新的職責得以履行。農奴主負責統計這些數字，並確保農民的稅賦交訖[3]。絕大部分農奴主是貴族，然而彼得還頒布政令，規定他們對他的國家負有一項義務，也就是為君主服務。一七二二年，他將民政管理與軍事指揮合併為一個等級體系，稱為官秩表（Table of Ranks），並宣布所有貴族都必須擔任公職，包括軍官或文官。

　　一七六二年，與此完全相反的事發生了：彼得大帝的孫子彼得三世（Peter III），在登基之後幾個月，取消貴族為君主服務的義務，「解放」了貴族。他寫道：「我們認為，不再需要像從前那樣，強迫貴族從事公職服務。」[6]雖然在宣布數週之後，彼得三世就遭妻子凱薩琳發動政變罷黜，但她也認可了這項公告。於是，正是在這位俄羅斯歷史上唯二的大帝凱薩琳統治下，從許多方面建立了俄羅斯農奴制的世界，而後來十九世紀俄羅斯文學的偉大作品反映了這個世界，為人們所熟知。拜彼得三世的這項公告所賜，貴族不再需要留在聖彼得堡與莫斯科的官僚機構或軍隊中消磨時

---

4 保羅一世，一七五四－一八〇一。他遭貴族近臣暗殺的原因之一是其改善農奴生活的法令損及貴族利益。

雖然十八世紀帶來的變化通常被視為俄羅斯歷史上的一個新時代，但農民的生活依然像以前一樣，沿襲許多相同的模式。在這張一八六二年的手工著色照片中，農民圍桌而坐，面前擺著一些簡單的飯菜，站在左邊的人正在倒一杯飲料。

間，現在他們也可以回到自己的世襲莊園，以地主身分過著鄉村紳士的生活。雖然並非每個貴族都具備退居鄉間所需的經濟條件，但很多人都有。最富有的建造了富麗的宮殿，有著廣大的正式花園。[7] 更多人建造的是比較樸素的莊園，但移居鄉間依然是為了尋找某種世外桃源。[8] 如此一來，他們與農奴的互動就更多了，但也更加感受到自己與農奴的區別。

　　凱薩琳大帝就像彼得大帝，也像真正開明的君主一樣，她相信法律，相信法律重塑政府與臣民的潛力。她重組了帝國的省級結構，以儘量將其（稍微受限的）行政資源更有效、更快速地遍布整個疆域。這種重組需要新的城鎮，她建立了兩百多個城鎮，然後向它們頒布一項章程，為城鎮管理及市民權利義務制定了新規則。在向城鎮頒布章程的同一天，她還向貴族頒發了章程，確認了他們的權利。此外還有成百上千的政令、宣言、章程。

　　她沒有直接處理的主題就是農民，特別是農奴制。當時的確有些法律

5　普希金生卒年一七九九－一八三七。萊蒙托夫生卒年一八一四－一八四一。兩位詩人皆死於決鬥。果戈理，一八〇九－一八五二。岡察洛夫，一八一二－一八九一。

涉及農民，但並沒有真正嘗試重新思考農民在帝國的地位；至少沒有成功的嘗試。凱薩琳的確起草了一份頒給國家農民的章程，也就是那些不屬於任何個人、但仍受土地約束的農民；這份章程與她發給城鎮和貴族的章程十分相似，卻始終不曾發布。但是，實際上就在她的統治時期，農奴制愈發廣泛，因為她延續了之前歷任沙皇的做法，賜予她的貴族支持者土地以及生活在土地上的農民（比起之前的沙皇，她也有更多土地可供賜予，因為她宣布所有修道院的土地從此都屬於國家，這代表著她可以隨意將其分配給臣民）。

　　她的繼任者對此也沒有什麼舉措。凱薩琳的兒子保羅一世[4]（Paul I，一七九六－一八〇一在位）對待貴族異常專橫，以至於遭到暗殺。但與此同時，他也隱約有超越貴族階級的公眾意識。他限制農奴主對農奴要求的勞動量，以確保農奴能夠耕種自給的糧食；他在城鎮及一些村莊建立了糧倉，以避免潛在的饑荒；他提出一些措施，旨在使最貧困的城鎮居民也買得起糧食。他的兒子暨繼任者亞歷山大一世由祖母養育，成為最開明的開明專制君主。但是所有希望他介入農民問題的人都失望了。他做了一些改變，旨在消除農奴制度最嚴重的暴行（他禁止出售無土地依附的農奴，禁止在報紙刊登出售農奴的廣告），並使農奴主更容易集體解放自己的農奴，但農奴制依然存在。畢竟他的統治也見證了擊退拿破崙的偉大勝利，而當時農奴也加入了戰鬥，驅逐侵略者。俄羅斯帝國似乎安全了，農奴制是該死的，僅此而已。

　　尼古拉一世統治時期（Nicholas I，一八二五－一八五五在位）在許多方面將這些問題推向頂峰。這個時代裡，俄羅斯文學出現了第一次大爆發：普希金與萊蒙托夫的詩歌與散文、果戈理的荒謬世界、岡察洛夫與屠格涅夫[5]的現實主義、甚至杜斯妥也夫斯基和托爾斯泰的最早期作品都在此時首次出版。在一定程度上，藉由這些作品，這個時代還見證了知識分子異議傳統的成長。這些異議大多是關於俄羅斯上層階級與民眾之間的分裂；「西方主義者」希望使大眾走向「理性」與「西方」文化，以解決分裂，而「斯拉夫主義者」則希望讓菁英階級回歸「傳統」以解決分裂。這兩種觀點都認為，農奴制是造成階層分裂無法彌合的主要原因。因為討論政治的寫作不被允許，所以沒有公開呼籲終結農奴制的聲音，但是社會批判深深根植在當時的文學中、尤其是文學批評中，於是自然得出了應該終結農奴制的結論。

　　官方也愈來愈多涉入農民問題。一連串局部但嚴重的作物歉收引起人

男性與女性都為家庭貢獻了農業勞動力，因此土地分配是以 tiaglo 來計算，一個 tiaglo [6]是由一男一女組成的工作單位。圖中是一對雅羅斯拉夫爾省（Iaroslavl）農民，手持鐮刀與耙子下田──那名婦女手挽著有蓋的籃子裡也許還有一頓飯。

們憂心，擔憂俄羅斯農民在經濟上是否處境困難，以及俄羅斯是否可能再次面臨饑荒。農民騷亂增加，也令所有人不安。雖然尼古拉一世是俄羅斯最保守的專制君主之一，但他十分了解這個世界上存在問題。在統治期間，他成立了十個祕密委員會，以調查農民問題的各種因素，一八四二年，他在向國家議會發表的一份聲明中指出：「毫無疑問，我們現在這種形式的農奴制，顯然對每個人都有害。」與此同時，他也懷疑是否需要採取任何措施：「在這個時候攻擊它，將造成更大損害。」[9] 直到克里米亞戰爭失利（一八五三－一八五六），導致俄羅斯國家的信心崩壞，才終於促使俄羅斯著手面對這個難題。

俄羅斯農民的世界

在整個沙皇時期，農民占俄羅斯人口的絕大多數。（事實上，直到蘇

---

6 тягло，原指農民的賦稅。

聯時期，而且是直到一九六一年，蘇聯的農村人口才下降到總人口的百分之五十以下。）[10] 從一六○○年直到將近二十世紀中葉，農民占俄羅斯總人口的百分之八十至九十。[11] 一七一九年舉行的俄羅斯帝國第一次稅務普查，統計出五十七萬二千二百三十二名男性農民，占男性總人口的百分之九十強。一八九七年舉行第一次現代的人口普查，已經增加到二千五百八十六萬六千零八十二名男性農民，占男性總人口的百分之八十六。[12] 無論以哪一種數值來說，他們都是社會的主要群體。

俄羅斯的大多數農民居住在共有的村莊與農田中。農民們住在沒有煙囪的舊式小屋裡（單數形 izba，複數形 izby），這些農舍沿著一兩條街道集中在一起，耕種的田野位於外圍。每家都配有一小塊土地，分散在屬於村社的田地之間。耕種這些分配土地的收益用來養活家庭、支付稅款及其他賦稅。許多村莊（但並非所有村莊）定期重新分配這些土地，確保每個家庭都有足以維生的資源——失去成員的家庭可能被剝奪一些土地，人口增加的家庭可能獲得更多土地。男性與女性人口都計入，通常是按照 tiaglo（由一男一女組成的工作單位）進行分配，因為每個人的勞動力都是維持農民世界正常運轉所必需的。

所有農民都必須繳稅，此外根據每個村莊的情況，還有不同的額外賦稅。一直以來，大約一半的農民是私有農奴。他們的人數在十九世紀初到達頂峰（就其占總人口的比例而言）。農奴必須向主人繳交代役稅（obrok）或繇役（barshchina）[7]，代役稅屬於免役稅（quitrent），以實物支付，後來主要以現金支付；繇役則是在主人的農地上勞動。通常認為前者沒有後者那麼繁重，因為只要農奴有錢支付，就可以支配自己的經濟生活。繳交代役稅的農民也經常從事農耕以外的工作，一年中部分時間或全年都持護照前往城鎮擔任工匠、從事運輸（最著名的是沿河拖曳駁船，這些河流是俄羅斯經濟的中心），甚至從事小規模交易。少數人藉由農耕以外的工作致富。有些人有能力為自己贖身，但並非所有地主都願意放走富有的農奴。

繇役就完全不同了。一七六二年貴族從公職義務中「解放」之後，這種做法變得更普遍，當時農奴主得到了移居鄉間的自由，並且在管理自家莊園方面更加強硬。在實行繇役制的村莊裡，農民仍然分配到了一些土地，他們以這些土地養活自己，並且向國家納稅。他們還耕種莊園的其他土地，該收入歸身為貴族的農奴主所有。根據許多記載，貴族濫用這種義

---

7 分別為 оброк 及 барщина。

一八六一年，《農村小冊》上的系列
蝕刻畫，描繪俄羅斯農民一年到頭的
勞動。這些景象展示了農耕涉及的各
種勞作，（從上往下依次）包括犁地、
播種、脫粒，以及揚場，即揚起穀粒，
借助風力將碎殼雜物與穀粒分離。

務勞動，要求農奴在自己的土地上耕作許多天，結果農奴被迫在晚上和星期天耕種自己的土地以維生；最著名的記錄者是亞歷山大・拉季舍夫[8]（Aleksandr Radishchev）。[13] 保羅一世對這種情況加以干涉，堅決表示這是無法接受的，星期日應該是安息日，一星期裡的其他日子應該分別在農奴主的土地以及農民的土地上勞作，換句話說，農民每週最多在農奴主的土地上勞作三天。

十八世紀末，凱薩琳大帝吞併黑海以北的草原，農民隨之遷入（更常見的是被下令遷入），情況發生了一些變化，但俄羅斯農民的生活主要區分為短暫而忙碌的夏季以及漫長而寒冷的冬季。農民稱夏季為「受罪的季節」，因為工作艱苦；一八三〇年代，一位省長在報告中稱，「俄羅斯農民的一生都是不斷的繁重勞動」。[14] 一些旅人稱俄羅斯農民「懶惰」，但此一說法遭到許多俄羅斯觀察家的激烈質疑。十八世紀末，針對法國作家尼古拉－加布里埃爾・勒克萊爾[9]（Nicolas-Gabriel Leclerc）對於俄羅斯帝國及其居民的描述，俄羅斯作家伊萬・博爾金發表了長篇回應。在博爾金看來，勒克萊爾對俄羅斯的描述是完全錯誤的──他發現勒克萊爾的文章裡到處都是毛病。令他憤怒的具體原因就是勒克萊爾否定了俄羅斯農民的農業能力。博爾金稱，這根本是錯誤的，並從兩個方面反對勒克萊爾。他指出，首先，俄羅斯與其他國家一樣倚重農業：「俄羅斯從不向鄰國購買糧食，反倒每年向其他國家出售不少糧食，這件事實就足以證明。」其次，俄羅斯農民並非勒克萊爾所謂的「懶惰」，反倒是「忙於工作，根本沒有休息日」，至少在短暫的夏季裡是這樣的。[15]

一八六一年期間出版的期刊《農村小冊》（*Selskii listok*），目標讀者是農民，每一期的頭版都有一幅俄羅斯農民的農業生活插圖。第一期的插圖描繪的不是農業活動，而是一戶農舍內部，一家人圍桌而坐。一名年輕女子在紡紗，一名男子坐在冒煙的油燈旁，應該是在向其他人朗讀。其餘插圖則按照一年中農民生活的變化，展示了其他元素。在冬季的其他插圖裡，農民利用嚴寒，以雪橇將貨物運往市場，貨物包括袋裝穀物與冷凍屠體。他們切割冰塊、修理工具、整修茅草屋頂。然後是播種季，農民犁地（顯眼的是使用現代金屬犁，而非老式的農民淺耕犁〔scratch plough〕）、播種、耙地。婦女以水桶取水，澆灌菜園裡的菜苗。給綿羊剪毛，然後是曬乾草的季節，男人以鐮刀割草，女人將乾草收集在一起捆好。一年中稍晚

8　一七四九－一八〇二。思想家、文學家。
9　一七二六－一七九八。啟蒙時代學者。

的時節，農婦採收蘋果、擠奶，男人在砍柴、將柴火摞起來（數量很多，為即將到來的漫長冬季做準備）、將穀物脫粒並運到磨坊、修繕牆壁與柵欄。這份刊物也許展現了俄羅斯農民最勤奮的一面，但即使真正的農民只完成了這些苦工的一部分，生活也已經充滿了繁重的勞動。

在許多方面，俄羅斯農民的飲食反映了這種勞動繁重的生活，尤其是在夏天。一八三〇年代，大學教授（兼職出版物審查員）[10]伊萬・斯涅吉廖夫以一部主題為「俄羅斯諺語中的俄羅斯人」的大部頭作品，盡力描寫俄羅斯農民的世界。據他的說法，比起「外部觀察者的一切描述」，民間諺語「更生動有力」表達了俄羅斯農民。[16] 其中一個原因是，諺語使得人們能夠觀察日常生活，諸如農民如何看待氣候、他們的家居、他們的衣著，當然還有他們的食物，對於外人來說，這些觀察角度並非那麼明顯。

斯涅吉廖夫寫道：「俄羅斯人的食物簡單、粗糙、容易飽腹，適合他們寒冷的氣候與堅韌的胃……蔬菜與澱粉比肉食多，就跟習慣生活在陰冷潮濕積雲下的英國人一樣。」[17] 他接著描述俄羅斯人常見的一些食品，並將每種食品與一句特定諺語結合起來。首先是黑麥麵包，通常只加鹽一起吃；這種組合（麵包與鹽〔khleb i sol〕）就是俄語中「慷慨好客〔khlebosolstvo〕」的基礎[11]。雖然「搭配許多鹽的厚片黑麥麵包」是農民工作時的普通食品，但它也可以用來做成丘里亞（tiuria），也就是把麵包澆上克瓦斯或者水，以及大麻籽油，加上洋蔥食用。至於以小麥麵粉做成的麵包卡拉奇，斯涅吉廖夫稱其為「一種特殊美食，而非果腹的食物」，正如農民的諺語所說：「卡拉奇填不飽肚子」，或者「卡拉奇很快變味，但是麵包永遠不會」。

此外，「齋戒的包心菜湯」是膳食的蔬食（而且通常是素食）基礎。包心菜湯十分重要，以至於「人們為了包心菜湯而結婚」。斯涅吉廖夫指出，齋戒與齋日也帶來飲食的變化，齋戒不只有「禁慾」的特徵，也有「預防疾病」的效果。流行食用魚類，多少要歸功於齋戒規則，但也要歸功於「斯拉夫羅斯的古老習慣」，他們經常定居在河流與湖泊附近。蘑菇也是齋期生活的一部分，由此產生了復活節前大齋期有「七種食物，都是蘑菇」的諺語。果子凍、啤酒、克瓦斯充實了菜單。總而言之，「俄羅斯餐桌可以一言以蔽之：苦的、烘的、鹹的、醋的、冷的、酸的。」[18]

最後斯涅吉廖夫總結了關於農民飲食的探討，描述這種飲食先天上就適合俄羅斯土地與人民，並且提出俄羅斯農民生活常態中的潛在問題：

10　在尼古拉一世時期負責審查刪改了《葉甫蓋尼・奧涅金》《死魂靈》等作品。
11　xлеб и соп；хлебосольство。慷慨好客的人，陽性型 хлебосол／陰性型 eбосолка。

地母餵給俄羅斯人的食物樸素而飽足，不會讓身體因體液過多而不適，（而是）讓身體有力量，能夠承受收穫季在田裡勞動，承受戰鬥、炎熱、寒冷與飢餓。在作戰時或齋期，俄羅斯人可以在沒有食物的情況下存活好幾天。如果不是因為有時酗酒及相關惡習比勞動更加耗盡體力、而且這些勞動是其他歐洲人無法忍受的，那麼每一個俄羅斯人天生都是英雄，大地是他的母親與保姆。[19]

這幅諷刺木版畫（lubok）[12]──一種針對農民讀者的印刷品──警告飲酒過度的危險，包括暴力、嘔吐、淫樂。

12　лубо́к，名稱來自 луб，以樹木的韌皮部製作的木板，用以雕刻這種版畫。

在這些章節中，斯涅吉廖夫談到一系列關於俄羅斯農民食物的問題。俄羅斯農民的食物是「樸素而飽足的」，並不奢華。這些食物通常足夠，但是在不足的時候，俄羅斯農民也可以應付過去，甚至也能茁壯。這樣的食物產自俄羅斯的環境、適合俄羅斯人的健康。潛在的問題是酗酒，而非食物匱乏。

實際上，伏特加對俄羅斯人民來說是真正的危險，但是格外難解決，因為它與文化、國家利益及收入都密不可分。酗酒並沒有因為造成暴力傾向而被視為問題；其實有許多外國作家特別指出，俄羅斯的醉酒最多使人昏昏欲睡，並沒有造成粗野的行為。十九世紀初，一名法國旅人寫道：

喝醉的俄羅斯人是快活的，健談、手勢多，是歌手，是舞蹈家。他們的醉酒沒有悲傷與沉默；沒有黑色幽默與邪惡天才。醉醺醺的俄羅斯人是全世界的朋友……他們爛醉如泥並不罕見，但很少有人見到他們窮凶極惡。[20]

半個世紀後，一位旅人同樣表示：「俄羅斯人喝得很多」，但是「他們醉得搖搖晃晃的時候，總是和藹深情的」。[21]

飲酒的問題首先是伏特加要花錢，也就是說，與農民貧困有關，而非與農民暴力有關。在十九世紀，飲用伏特加的總體模式發生了變化，於是這一點變得更加嚴重，開始影響了農民。十八世紀末，凱薩琳大帝建立了一套徵收伏特加蒸餾稅賦的制度。帝國政府為了利潤（占比很大，是國家歲入的四分之一），出售伏特加蒸餾許可證，而這個許可證的數量有限。[22] 然後，（根據批評人士的說法）稅吏為了增加自身收入，盡可能開設了許多酒館。酒館從城鎮蔓延到較大的村莊，原本只在節日與慶典裡以社群為基礎的古老飲酒模式，也隨之改變。這一來，每天都喝得到伏特加，而不僅僅是節日時飲用。[23]

農村的飲酒與貧窮有關。一些農奴主自稱致力於控制農奴飲用酒精，採用的方法是控制村裡的供應量。比如一名農奴主說，他不允許自己的莊園內開設永久性的酒館，只允許在節日臨時出售酒類——而且只在聖事完成之後。[24] 但其他農奴主似乎並不關心，或者給予的關注並不足以避免這個問題。弗拉基米爾·布爾納舍夫為想像中的農民讀者寫過一篇教化故事，描述一座「典型的」村莊，幾乎毀於「未經主人同意、僅由監工批准開設的兩座大酒館」——換句話說，農奴主不太關心自己的村莊的日常生

茶炊

　　雖然茶在俄羅斯歷史悠久，但是在十九世紀，茶本身及其意義、茶的飲用方式，都成了現代性的標誌。首先這與茶炊有關。正如旅人亨利・薩瑟蘭・愛德華茲所述，「samovar 這個詞的字面意思是『自行煮沸器』，由黃銅製成，以錫鑲襯，中間有一根管子。事實上它很像英國的茶缸（urn），只是中間的管子裡放的是熾熱的爐灰，而非鐵製的加熱器。」他認為，茶炊的熱源使得它「與英國茶缸相比之下並沒有優勢，除了它可以在戶外加熱，只需要幾根乾燥的細木柴與一根火柴；因此它在野餐中的地位是不可動搖的。」[28] 然而其他人卻對茶炊印象深刻。一八九〇年代初葉，美國駐聖彼得大使夫人路易斯・亨特（Louise Hunt）寫道，她計畫「買一具黃銅茶炊，這是我見過最好的泡茶用具」。[29] 茶炊將水加熱並且保溫，茶炊頂上放著一個小瓷茶壺，盛著濃烈的茶汁，喝茶的人用茶炊裡的熱水將其稀釋。大多數說法稱，茶炊在十八世紀初葉至中葉出現在俄羅斯。當代歷史學者奧德拉・約德（Audra Yoder）認為，它的起源可能是愛德華茲提到的英國茶缸，而且它之所以流行，是因為以它煮開水比俄式爐灶更快、更有效，俄式爐灶擅長的是慢燉而非高溫。[30] 圖拉城最初與軍工廠有關，在十九世紀初葉成為茶炊生產中心。到了十九世紀末，茶炊是富足的象徵，經常是攝影的道具。現在雖然許多俄羅斯家庭依然擁有一具茶炊，但通常放在一個很高的架子上，只有在特殊場合才拿出來——就像世界上許多地方一樣，電水壺已經成為俄羅斯的日常用品。

茶，尤其是茶炊，在十九世紀初葉成為俄羅斯農民生活的象徵。上圖是三名來自諾沃托爾斯基地區[13]（Novotorzhskii）的農婦，以及一具裝備齊全的茶炊。這個地區位於聖彼得堡到莫斯科的主要道路上，也許這就可以解釋，為什麼在這個相當早的年代，當地就已經有圖中的花俏服裝與茶炊。下圖是兩名農民，坐在一張桌子旁，聊天喝茶。從圖中也可以看到俄羅斯飲茶的特點：將熱茶倒在茶碟中稍加冷卻，直接從茶碟中飲用[14]。

13　位於歐俄中部特維爾省。
14　在俄國被視為農民的習慣。

活，把管理權交給一個更在乎自身利益的受雇監工。故事中說，這兩座酒
館使得農民遠離教堂，而且「讓酒館老闆富裕起來，同時使得農民變窮
了」。[25]

有些人希望其他飲料——特別是茶——能夠取代伏特加，成為老百姓
偏愛的飲料。比如在一八六〇年，喀山的報紙記者讚美一家價格較低的新
開業茶店，部分原因是它讓「低階層」有更多理由喝茶，而不是喝較昂貴
的伏特加。（然而編輯懷疑這種情況是否可能成真，他指出：「沒錯，這裡
很多人喝茶，但這並不代表著茶可以替代伏特加。看看城裡人的晚餐吧，
什麼都還沒上，就先給客人一杯伏特加，然後再一杯，有時候還有第三
杯……這叫做『上茶之前』。」）[26]

無論如何，也有人對於農民可能從伏特加轉向茶感到憂心。茶當然不
會讓人喝醉，但還是要花錢的。一八四六年，一位作者稱：「今天，在城市
附近的每個村莊，以及在大路上，都有可能從民宅窗戶裡看見閃閃發亮的
茶炊。」此外，這些茶炊不只需要水和煤，還需要茶葉與糖。該作者設問：
「就算一個農民和家人一週只使用兩次茶具，他得花多少錢來維護這套設
備？」據他說，除了茶炊本身的價格之外，每年還要花上七十盧布。[27] 作
家葉戈爾・阿里帕諾夫[15]（Egor Alipanov）是農奴出身，寫了一部教化式的
歌舞喜劇，也對這個問題開了玩笑。故事女主角杜尼婭希望嫁給同為農奴
出身的格里戈里，他是村裡最成功的農夫，部分原因是他向主人葉科諾莫
夫借閱了農業書籍。但是杜尼婭的母親卻希望她嫁給農奴伊萬・茶耶夫
（Chaev），因為他的窗前有一具茶炊，在杜尼婭母親看來，這象徵著他的
財富（俄語的 chai 意為「茶」，所以他的姓氏也點出他與茶的關聯）。最後，
格里戈里用草代替茶葉，騙了茶耶夫；茶耶夫遲鈍的味蕾無法分辨兩者的
區別，葉科諾莫夫趁機給大家上了一課，教導大家不該白花錢，而格里戈
里獲准與杜尼婭結婚。[31]

另一個開始影響農民飲食方式的變化來自上層，即鼓勵種植馬鈴薯並
食用。馬鈴薯似乎是深具潛力的奇蹟，能夠緩解人們對饑荒的恐懼；它已
經在歐洲部分地區傳播開來，由此看來即使在俄羅斯北部的貧瘠土地上，
馬鈴薯也能有極大產出。成立於一七六五年的俄羅斯帝國自由經濟協會
（Imperial Russian Free Economic Society），對於推廣種植馬鈴薯特別感興
趣。在早期，協會曾提出一系列關於經濟議題的問題，要求其貴族成員作

15　一八〇〇－一八六〇。詩人。此處提到的作品是《大汗的茶》（Ханский чай，一八三五）。

答，描述自己的莊園田產。其中一個問題是：「上述土地是否種植馬鈴薯，或者完全沒聽說過這種地下根莖類？」成員們回函，其中有些人已經開始種植馬鈴薯（或者說得更明確一點，是他們命令農奴在田裡種植馬鈴薯），而成績不一。其中一位弗雷德里希‧沃爾夫（Fridrich Vulf）稱，馬鈴薯在肥沃的土壤中有巨大潛力，但是在他自己的貧瘠土壤中，結出來的馬鈴薯不比一顆大豌豆大多少。[32] 然而在大多數人的回覆中，甚至有人在當地農民中四處打聽，卻發現「沒有人聽說過這種根莖蔬菜」。[33]

馬鈴薯花了很長時間才在俄羅斯流行起來。在十八世紀引入，在十九世紀初葉由農業改革者鼓吹，但當時依然是一種珍稀產品，而非主食。到了二十世紀初葉，馬鈴薯才逐漸具有一席之地。這張照片由謝爾蓋‧米哈伊爾維奇‧普羅庫金－戈斯基[16]（Sergei Mikhailovich Prokudin-Gorskii）拍攝，在北方的森林區新開拓的耕地裡，僧侶排成一行種植馬鈴薯。

---

16 一八六三－一九四四。化學家、攝影家，彩色攝影開拓者，拍攝了大量二十世紀初俄羅斯的照片。

　　從一八三〇年代開始，由於當時一連串歉收加劇了人們對饑荒的憂慮，馬鈴薯種植得到了更大的推廣。新成立的國家財產部[17]（Ministry of State Domains）管理著非私有農奴，該部開始舉辦馬鈴薯種植比賽，給成功的農民頒發獎品，包括飾有現代農具圖案的襯衫。該部並鼓勵出版推動馬鈴薯種植的新期刊及一份新農業報紙。這些刊物主要針對地主讀者，他們可能鼓勵自己的農奴種植馬鈴薯。

　　馬鈴薯也出現在針對農民讀者的教化故事裡。其中一個故事，布爾納舍夫描寫了在彼得齋期（Petrov，即使徒齋期，不允許吃肉奶蛋，允許吃魚）結束時，向司祭提供的一頓飯。故事中，受邀的司祭坐在

　　一張鋪著雪白桌布的大橡木桌前。桌上放著一道鮮美的魚湯、一道魚冷盤、一道罌粟籽油炸鱒魚；配菜是一道叫做「沙拉」的菜，用的是馬鈴薯、甜菜、小黃瓜，加上啤酒醋。村裡的居民從波利卡普那裡學會如何準備這道沙拉，他曾經不止一次吃過這道菜，當時他是區農業學校學生的客人，這些學生住在學校的模範農舍裡。尼坎德司祭特別享受地吃了這些菜，並讚美這一家的父母與孩子們的勤奮、對於善的熱愛，以及他們把家中安排得井井有條。[34]

　　在這一段裡，布爾納舍夫描述了一種方法，藉由這種方法，關於新食品的消息可以從一個農民傳播給另一個農民，而布爾納舍夫本人也正在參與推動。他在描寫這道「新」沙拉的時候，刻意加入一種新的但仍不流行的材料，即馬鈴薯。他描述司祭很開心地吃了這頓飯，包括馬鈴薯，這也是在為這種根莖類做一些宣傳，因為據說農民害怕宗教不允許，而不願吃馬鈴薯。

　　到了十九世紀中葉，農民的膳食當然有了變化。馬鈴薯依然不算常見，但已經開始出現在農民的餐桌上。茶也進入了人們的日常生活。但在大部分情況下，幾乎每一種記載都表明，農民的飲食與數世紀以來基本相同：每週都有齋戒與肉食的循環，每年都有較長的齋期與飲宴交互間隔，所有這些都是基於教會行事曆與收割季的節奏。

17　Министерствогосударственныхимуществ，中譯亦稱國有土地部。

俄羅斯貴族的時代

在另一方面，從彼得大帝在位到十九世紀中葉，俄羅斯貴族的世界經歷了深刻的變化。這種變化大部分發生在十八世紀。彼得下令剃掉大鬍子、改變穿著，以學校或集會等不同的方式交流，甚至遷都新城市聖彼得堡，這一切都影響了貴族生活。此一過程通常被稱為「西化」，因為彼得想讓自己繼承自祖上的波雅爾貴族臣民變得更近似真正的西歐貴族（雖然他的貴族臣民的發言權僅限於積極為國效力）。

尤其是在文化方面，彼得或多或少成功了。在他統治末期，俄羅斯貴族與之前相比，外貌就已經完全不同，到了十八世紀末更加明顯。他們的穿著與當時歐洲貴族一樣，他們建造了同樣類型的帕拉第奧式[18]（Palladian）宅第，這種風格的建築不僅出現在歐洲，美洲也有。貴族開始學習法語、德語（甚至取代了俄語），他們與歐洲其他貴族閱讀同樣的書籍。而且他們吃的也有許多是相同的食品。

俄羅斯貴族世界發生了急速而深刻的變化，涉及日常生活與消費。在行為方面，彼得似乎想讓他的貴族在外國人眼中不再是「粗魯野蠻」。他甚至命人為年輕貴族編寫了一份指南。其中包括關於用餐禮儀的建議：年輕貴族不應該「朝著湯吹氣，把湯噴得到處都是」，也不應該「舔手指頭……啃骨頭、用刀剔牙……切麵包的時候把麵包抵在胸前……在餐盤四周圍了一圈骨頭、麵包皮等等」。[36] 在食物方面，進入俄羅斯的變化同時包括新食品、其中許多來自帝國邊境或國外，也包括伴隨著新烹調方式而來的新菜餚。這兩者加在一起，就是俄羅斯上層階級的飲食世界，是傳統與新潮的跨國混合。

一七七二年，上述的自由經濟協會期刊發布了不同收入水準的貴族家庭預算樣本。[37] 預算列出一個家庭可能需要的所有食品，然後根據年收入三千至三萬二千盧布不等，建議每個家庭應該購買多少食品。清單上的食品範圍非常廣泛，可見這種新的混合飲食在俄羅斯上層階級已經很普遍。這些食品包括：

---

18 靈感來自文藝復興晚期威尼斯建築師安德里亞・帕拉第奧（Andrea Palladio，一五〇八－一五八〇），其作品引用了古希臘羅馬神廟的對稱性與透視感。

奶油

小麥麵粉（krupichatka）

小麥麵粉（篩過）

黑麥麵粉

稻米

珍珠大麥（pearl barley）

小麥粗穀粉

西谷米

蕎麥粒（優質與普通兩種）

燕麥片（優質與普通）

大麥粒（優質與普通）

小米

角豆莢（carob pods）

豌豆

紅豌豆（grey peas）

豆子

小扁豆

土耳其豆（Turkish beans）

英國乳酪

帕瑪森乳酪

荷蘭乳酪

瑞士乳酪

荷蘭奶油

肉豆蔻皮（mace）

丁香

小豆蔻

阿摩尼亞（hartshorn）

葵花

鼠尾草

切碎的牡蠣

印度鳥巢[20]（Indian birds nest）

asimanga 及 asibomba〔？〕

英國芥末

砂糖（普通、精煉，及加納

利群島產）

荷爾斯泰因奶油（Holstein butter）

拿坡里產各種義大利麵

鹽

櫻桃乾（瑞士）

覆盆子

法國洋李

普通洋李

葡萄乾（兩種）

醋栗

梨與蘋果（甜的及果乾）

帶殼杏仁

甜杏仁

苦杏仁

阿月渾子（pistachios）

栗子

蘑菇（包括洋菇〔champignon〕

與口蘑[19]〔mousseron〕）

松露

黑胡椒

白胡椒

黃薑

白薑

肉桂

肉豆蔻

燻臘腸

燻鹹牛肉

燻鮭魚

燻鯡魚

荷蘭鱈魚

普通鱈魚

鰈魚

梅花鱸

俄羅斯鱘（osetrina）

鯉魚

魚子醬

---

19 學名 *Calocybegambosa*，英文俗名聖喬治菇 St. George's mushroom。

20 不詳。可能是一種印度甜點，以油炸細麵絲為主體。

紅茶
綠茶
咖啡
荷蘭鯡魚
鯷魚
續隨子（caper）與橄欖
白酒醋
橄欖油
螃蟹
牡蠣
魚子醬（顆粒狀）
紅蔥（shallot）
小茴香籽
大茴香籽
芫荽籽
火腿（「普通」及貝雲 22
〔Bayonne〕或西發里亞 23
〔Westphalian〕產
英國培根肉
燻豬脂油
燻鵝
納爾瓦[21]七鰓鰻（Narva lamprey）
白色包心菜
鹽醃小黃瓜
醋醃迷你小黃瓜
加工（浸泡的）蘋果、李子、莓果
鹽醃豆、蘑菇、綠歐芹
乾豌豆
飲料及開胃菜：
法國白酒
昂貴的葡萄酒
法國伏特加
格但斯克伏特加
英國啤酒
調味啤酒
利口酒
甜味點心
蔬菜與水果

當然並不是每一級預算都負擔得起清單上的每一種食品。但即使是分級裡最窮的家庭，也被視為每年都買得起英國與荷蘭乳酪（雖然不是帕梅森與瑞士乳酪）、法國洋李、進口鯡魚、茶與咖啡、鯷魚、續隨子與橄欖、大桶裝的法國白酒與紅酒。換句話說，根據這裡所描繪的貴族家庭飲食，每個人都接觸到了來自國外的新食品。

就在同一年，作家伊索夫．雷根斯堡（Iosif Regensburger）也大膽提出他設想中「年收入二萬盧布的已婚無子女男人」的理想預算——這是一筆相當高的預算，但並非沒有實例。〔38〕據他說，日常每天的主餐用餐者包括主人夫婦及八位客人。為了這十個人，大廚應準備十二道菜，包括湯和沙拉（七道菜則足夠一頓夜餐）。〔39〕這些菜不只來自俄羅斯傳統，也來自

21 今名納爾瓦約埃蘇（Narva-Jõesuu），位於愛沙尼亞，波羅的海北面海岸，鄰近俄國。
22 法國西南部城市。
23 今德國西部一地區。

國外烹調，這是愈來愈常見的情況。正如烹飪書作者謝爾蓋・德魯科夫佐夫在一七七九年初版的《烹飪筆記》所說的，人體可以滿足於非常簡單的食物，但通常喜歡有點花俏的食物。「我們農民的生活方式證明了此一事實……除了黑麵包與水，他們幾乎沒有額外的食物。」然而他的讀者已經習慣了不同的飲食世界。「隨著奢侈享受增多，我們的習慣與做法也發生了變化，我們的口味隨之改變，不再滿足於簡單的食物。」[40] 雖然他的食譜書非常簡單（其中一則典型的食譜是「取一隻火腿，在烤架上烤，上菜的時候下面襯以酸洋蔥芥末醬汁」），但書中也包括一份來自外語的「烹飪術語」字典，其中主要是肉類的部位名稱，但也有技術（oblanshirovat，即漂白）、材料（sharlot，即紅蔥）、烹調方法（farsh，「切碎的肉與蛋及青蔬」，即調味肉餡）。[41]

　　其他烹飪書籍包括了更多外國菜餚，集大成者是瓦西里・列夫申的多卷著作，全名是《烹調、上菜、糖食製作及蒸餾辭典，按字母順序排列，真實地說明法國、德國、荷蘭、西班牙及英國烹調、糕點、甜點、蜜餞、沙拉、純露、香精、香料伏特加、利口酒、雙份伏特加等各類食品的製作；以及餐桌安排，包括平面圖、菜單、僕人等，並附有完整的資產階級新烹飪法單獨章節；以及奧地利、柏林、波西米亞、薩克森、俄羅斯烹調法》（*Cooking, Serving, Confectionery-making and Distilling Dictionary, Containing in Alphabetical Order Detailed and True Instructions for the Preparation of Every Sort of Food from French, German, Dutch, Spanish and English Cookery, Pastries, Desserts, Preserves, Salads, Waters, Essences, Spiced Vodkas, Liqueurs, Double Vodkas and the Like; Also for the Order of Tables with Plans, Menus, Servants and the Like and with as an Addition, in Separate Paragraphs, a Complete Bourgeois and New Cookery; and In the Same Ways Austrian, Berlin, Bohemian, Saxon and Russian Cookery*）。[42] 他的書是一部龐大的彙編：六卷，每卷超過四百頁，標題中的每一種國家烹調在書中都有冗長章節。之後其他書籍的長度、複雜性與完整性都遠不及它，但是他考慮的這許多食品在後來愈來愈成為食譜書的標準。這些書中總是會有一些俄羅斯的東西，哪怕只有包心菜湯。但外來詞與菜餚逐漸被接受，不再需要翻譯。

　　結果，俄羅斯上層階級飲食的奢華複雜震驚了外國旅人。一位貴族用以展示財富的不僅是精美講究的菜餚，還包括他待客的大量商品，都是從帝國各地甚至全世界運來的。正如一位英國旅人在一八○○年的一封信中

所說：

在同一張餐桌上，我們看到來自阿爾漢格爾斯克的小牛肉，西伯利亞的羊肉，伏爾加河的小體鱘，阿斯特拉罕的蘋果，波斯的葡萄，倫敦的波特啤酒（porter）與濃啤酒，法國、西班牙、義大利等地的葡萄酒，拉普蘭的草莓；簡言之，全世界都被搜刮一空，以供應他們豪華的宴會。[43]

當然，烹調書中列出的理想預算與食譜未必反映真正的飲食世界，但家庭儲存與購買紀錄顯示出，的確有一種貴族飲食文化已經演變為兼有外國食品與外國菜餚。從貴族們實際種植的蔬菜與水果，到他們購買的進口食品，再到他們餐桌上的菜餚，都可以看出這一點。也許並沒有哪一家貴族購買了上述預算樣本裡的所有種類食品，但貴族家庭的確購買了其中許多。他們宅中的膳食也同樣使用了許多已經普遍使用的不同食品。

這些習慣有許多例子。一八五〇年代，極為豪奢的杜爾諾沃家族（Durnovo），其餐食由多道湯、烤肉、加醬汁的菜組成，其中許多源於法國，但仍有一些是經典俄國菜。[44]此外還有德米特里·戈洛赫瓦斯托夫（Dmitry Golokhvastov，一七九六－一八四九）的家庭紀錄，他是受過良好教育的國家文官，居住在在莫斯科一所住宅與城外一處莊園。他的家庭富裕，但並非極為富裕；他不是最富有的貴族，但也絕不貧窮。戈洛赫瓦斯托夫一直在葡萄酒上一次花費數百盧布，通常購自比利時酒商菲利浦·德佩侯（Philippe Depret），他在莫斯科的店鋪是該市比較有名的商店。一八二六年，戈洛赫瓦斯托夫買了索甸（Sauterne，十二瓶三十六盧布）、香檳（十二瓶一百二十九盧布六十戈比）、馬拉加（兩瓶，十盧布八十戈比）、聖于連（St Julien，一種波爾多酒，十二瓶三十盧布），以及最昂貴的武若莊園（Clos Vougeot，一種波爾多酒，兩瓶二十五盧布）。一八四〇年代，他持續向德佩侯購買葡萄酒，還購買萊茵河白酒及英國波特啤酒。[45]他也是帕梅森乳酪與橄欖的買家，這兩種食品是用作開胃菜，因此他也參與了這個更廣闊的食品世界。

其他例子來自沃隆佐夫家族（Vorontsov），這是十八與十九世紀早期最著名的貴族家族之一。亞歷山大（Aleksandr，一七四一－一八〇五）與謝苗（Semën，一七四四－一八三二）兩兄弟在軍隊服役，然後擔任外交官（都代表俄羅斯帝國駐倫敦，謝苗在任超過二十年）。十九世紀初，亞歷山大在聖彼得堡任帝國宰相（State Chancellor），謝苗在倫敦任大使。他倆

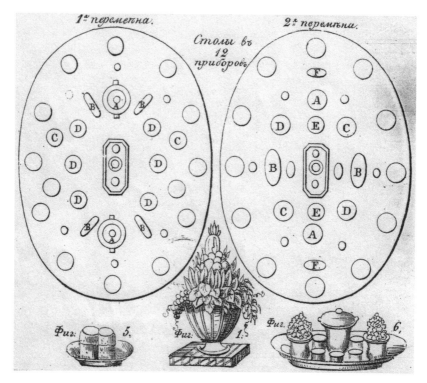

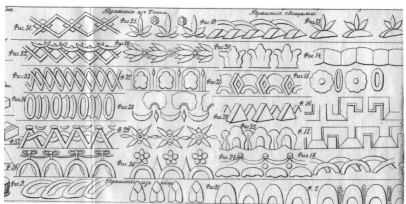

凱特琳娜‧阿芙傑耶娃稱，她的食譜是針對普通家庭的——不是極為富裕的家庭，而是俄羅斯社會的中等階層。從她的書中兩幅插圖可看到，中等階層的飲食愈來愈豐盛。上圖是供給十二個人的前兩道菜的擺設方式，下方還有一些餐桌裝飾建議，也絕非普通。下圖是一些菜餚裝飾，左邊是以麵團做的花樣，應該是放在大餡餅上；右邊是以蔬菜做的雕刻裝飾，放在肉凍或一整條魚上。

的姊妹葉卡捷琳娜[24]（Ekaterina，一七四三－一八一〇），婚後姓氏達什科娃（Dashkova）是那個時代榮勳最多的女人（當然除了她的好友凱薩琳大帝）。[46]謝苗的兒子米哈伊爾也在軍隊中服役，對抗拿破崙。

一八〇二年，亞歷山大‧沃隆佐夫伯爵指示他的代理人伊格納季‧波格丹諾夫（Ignaty Bogdanov），「指導家庭經濟，以及親王妃出席時的菜單。」親王妃可能是他的妹妹達什科娃－沃隆佐娃親王妃。在他的指示中，首先也是最重要的是飲食要求：

1、餐桌上必須有兩道湯、餡餅與涼菜，換菜單的時候，煮牛肉換成烤牛肉，隔天換成煮羊肉。鹹牛肉、火腿、兩道熱醬汁、烤肉、各種蔬菜與餡餅。有時加上杏仁奶凍[25]（blancmange）。

2、四種甜點：西瓜、蘋果、葡萄乾與洋李、一碟果醬。沒有西瓜的時候，以另一盤果醬代替，有進口的（因此買得到）糖果和「浸泡的」葡萄時，可換用這兩種。

3、也一定要有魚，每週的魚存貨要用來做大餡餅，或者加進通心粉裡，然後再包進大餡餅裡。湯的種類要有變化，不要一成不變，大餡餅的種類也是。醬汁的種類也要有變化。[47]

換句話說，這位見多識廣的沃隆佐夫指導的菜單反映了豐富多樣、有點新奇的材料，但也有相對樸素的食品，比如湯與大餡餅。即使是上層社會地位最高的人，也喜歡家常享受。大約在同一時間，從沃隆佐夫的莫斯科宅邸中的酒窖，也看得出結合了講究飲食與日常生活。一八〇六年左右，沃隆佐夫的莫斯科宅邸酒窖裡，有二十七桶及六千五百二十三瓶葡萄酒；一百九十九瓶各種尺寸的伏特加；一百瓶用樺樹汁與覆盆子調味的蜜酒；一百七十五瓶橄欖油；四百多公斤砂糖；將近一百公斤咖啡。[48]其中蜜酒與伏特加是同一類口味，而葡萄酒、橄欖油、咖啡則與之相去甚遠。

沃隆佐夫家族在一八三〇與一八四〇年代顯要的一代，品味更傾向上層階級。當時的一家之主是米哈伊爾‧謝苗諾維奇（Mikhail Semënovich，一七八二－一八五六），早年隨擔任外交官的父親在英國，他的妹妹甚至嫁給英國貴族。從一八二〇年代開始，他開始擔任南部草原的總督（最終

---

24 俄羅斯啟蒙時代的代表人物之一。在擔任帝國宰相的伯父米哈伊爾家中及莫斯科大學受過良好教育，在宮廷中結識大公夫人凱薩琳，日後參與政變支持其即位為凱薩琳二世。曾執掌國家科學院、俄羅斯學院，並受富蘭克林之邀加入美國哲學會。
25 這道菜在中世紀指白醬魚或雞，在十七世紀轉變為甜點。

也是高加索地區的總督）。因此他的家人在莫斯科、聖彼得堡及其他地區都居住過一段時間。後來在一八四〇年代，從他的宅邸食品庫存冊看來，他喜歡咖啡、乳酪，也許還有以龍蒿（tarragon）醋調味的沙拉：

> 最好的橄欖油：二百瓶
> 帕梅森乳酪：一整塊
> 斯蒂爾頓乳酪：一金屬箱
> 瑞士乳酪：一整塊
> 英國柴郡乳酪（Chester）：二十俄磅（八公斤）
> 龍蒿醋：六瓶
> 芥末粉：二十俄磅
> 摩卡咖啡：五普特（八十一公斤）[49]

數十年的時間裡，伯爵與管家、大廚、園丁簽訂雇傭合約。很可能他不需要這麼做，因為他身為農奴主，本可以訓練自己的農奴從事這些工作。但很明顯，這些人的技能特殊，所以值得他雇用。一八二五年，他駐紮在南方的克里米亞附近，他雇了一名園丁看守他在那裡建立的葡萄園，每年薪資一千盧布，還給了一匹馬、一頭乳牛。一八三二年，他與名叫米哈伊爾・斯捷潘諾維奇・斯庫比林的前農奴簽一份合約，雇用他在敖德薩的宅中當廚師。沃隆佐夫伯爵同意支付斯庫比林搬到敖德薩的費用，並給他一年七百二十盧布（紙盧布），還有額外八十盧布，讓他準備一身大廚的白衣行頭。一八四九年，他與另一位廚師格拉西姆・季莫費耶夫・貝克辛斯基簽訂合約。這位新大廚同意跟隨沃隆佐夫伯爵，前往「閣下方便的地方」，並根據「閣下的命令，為閣下及所有客人和僕人準備食物，同時嚴格節約開支，確保使用最優質的食品」。薪酬是每個月五十盧布，「我必須以此滿足自己的所有需要」。[50]

雖然這些大廚顯然是俄羅斯人，但他們準備的餐食卻很多樣，反映了當時俄羅斯貴族的多樣口味。一八三七年五月十九日星期五，伯爵與客人們享用了一頓多道菜餚的晚餐，其中包括俄羅斯最愛的食物（雖然名稱是法式的，比如魚湯 ukha 拼寫為 ouca，大餡餅 pirogi 是 petits pâtes）[27]，以及進口的外國食品——比如鱘魚以萵苣裝飾、牛肉以甘藍芽裝飾，還有法國

---

27 菜單原文為法文。

甜點，蘋果奶油布丁（charlotte）與蛋奶酥（soufflés）：

魚湯

通心粉湯

派餅

大菱鮃佐克維耶醬汁（Crevelle）

牛肉搭配甘藍芽

鱈魚

雞肉可樂餅

慢煎鱒魚搭配萵苣

小辮鴴（烤）（Les Vaneaux）

小的白梭吻鱸（烤）

花椰菜佐棕色醬汁

蘋果奶油布丁及蛋奶酥

這份菜單紀錄還有開支明細：

牛肉 十八盧布

小牛肉 七盧布二十戈比

羊肉 三盧布八十戈比

魚 三十二盧布八十戈比

家禽 十八盧布

野禽 十二盧布六十戈比

水果 十四盧布四十戈比

雜貨 二十三戈比

鮮奶油 二盧布四十戈比

蘋果 三盧布六十戈比

奶油 六盧布

烘焙食品 一盧布二十戈比

檸檬 二盧布

香草植物 一盧布二十戈比

一八三七年五月五日，宅中廚房準備了三種不同主餐，總成本為

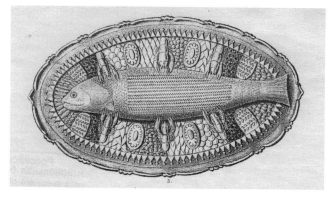

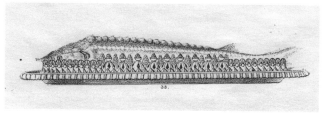

如果說阿芙傑耶娃的烹飪書為讀者提供了裝飾的基本元素，那麼伊格納季·拉德茨基的《聖彼得堡烹飪》（*St Petersburg Cooking*）則展示了更加精緻的事物，正如這三幅裝飾過的魚和禽類插圖所示。拉德茨基還著有一系列名為《美食家年鑑》（*The Gastronome's Almanac*）的烹飪書──他的讀者群屬於上層階級，品味高雅，希望自己的餐點色香味俱佳。（據這些插圖的說明，這些菜餚包括香波爾鱒魚〔trout à la Chambord〕、有配菜裝飾的俄羅斯式小體鱘、裝滿肉醬片的豐饒之角〔horn of plenty with paté〕、打發的奶油做成的天鵝、以及熱的野雞肉醬片〔paté of pheasant〕。）

七十六盧布八十八戈比。第一種是給主要家庭成員的：

維也納湯
俄羅斯湯
大菱鮃佐荷蘭醬
佛萊芒牛肉排
小牛肉片搭配蘆筍尖
雞胸肉凍搭配洋菇
小烤雞
蘆筍
鮮奶油炸麵團
俄羅斯香草奶油布丁

其次是單獨給兒童的：

細麵條湯
司膳官特製牛排
花椰菜
炸羊羔肉捲
糖水水果
布丁

最後是給辦公室人員：

魚
沙拉
芹菜湯
粥
鵝肝
烤小牛肉
米糕餅[52]

當然，這些都是非常富有的人的三餐。此外還有更多貴族，相比之下

他們的生活受限於經濟條件。有些人在外省過著舒適的日子，大部分人避開了莫斯科與聖彼得堡更豪華昂貴的社會。根據一些人的說法，這導致生活中貴族文化與農民文化之間本來存在的尖銳分歧變得模糊。十八世紀末的一位旅人稱：「俄羅斯的禮儀在王子與農民之間的差別不大。」他的意思是，俄羅斯貴族在莊園鄉間定居時，其生活方式比當地農民「稍微優裕」；也就是說，他每天都「光著脖子，留長鬍鬚，裹著羊皮，吃生蘿蔔，喝克瓦斯，半天睡覺，剩下的半天對妻子家人吼叫」。[53]

此外還有更常見的情況，即貧困貴族不斷增加，因為他們負擔不起與地位相襯的生活成本。[54] 反映這種情況最著名的景象是《貴族的早餐》[28]（The Aristocrat's Breakfast）這幅畫，畫中是穿著考究的男人，在設備齊全的房間裡，匆忙掩蓋自己簡單的早餐黑麵包。對於在經濟拮据情況下仍試圖保持形象的人來說，飲食比較容易做到節約。十九世紀詩人阿法納西‧費特[29]（Afanasy Fet）曾經回憶，他的父親嚴格限制家中飲食（他「以不變的燕麥粥加上油果腹」）──有客人時除外（「正餐有一道新湯和五道新菜」）。[55]

這兩個不同的世界可能在一個家庭中共存。女貴族維爾霍夫斯卡婭（O. Verkhovskaia）在回憶錄中描述了富有祖母的家與父母的家之間的巨大差異，這種差異最明顯之處，就是她分別在這兩處吃到的食物：

在早上喝茶的露台上，（擺好了飯桌）準備吃早餐。桌上什麼都有！有一大鍋炒蛋加酸奶油，一大鍋炸馬鈴薯。然後是一道 sochenk，這是我們家族的一道菜，代代相傳，裡面是厚鬆餅，切成兩半，中間有奶渣，用奶油煎……至於我，我甚至為了這麼多菜而流口水。我們習慣的早餐是父親吃昨天剩下的肉或者肉片，重新加熱一下，其他人只吃蕎麥粥或麵包抹奶油。[56]

這頓飯沒有什麼特別的異國情調，但是濃郁豐盛。財富可以是慢燉肉塊與松露，香檳與鳳梨，也可以是豐盛飽足的早餐，以及舒適而老式的事物。

一七八〇年代中葉凱薩琳大帝統治時期，在她頒布了一些最重要的改

---

28 維爾‧費多托夫（Pavel Fedotov，一八一五－一八五二）所繪。聖彼得堡皇家衛隊軍官，嗜好繪畫，是俄羅斯現實畫派創始人之一。
29 一八二〇－一八九二。本姓申辛（Shenshin）。著名抒情詩人。

革之後，保守的貴族米哈伊爾・謝爾巴托夫親王[30]（Mikhail Shcherbatov）寫了一篇很長的論文，題為《論俄羅斯的道德敗壞》（*On the Corruption of Morals in Russia*）。謝爾巴托出身古老的貴族家庭，生於一七三三年，早年任國家公職——自彼得大帝時代開始，貴族有為國效力的義務。但是這項義務被廢除的時候，他就退休了，開始過著悠閒的紳士生活，熱愛歷史與哲學。一七六〇年代末，他在凱薩琳的立法委員會[31]（Legislative Commission）任貴族代表，他在委員會中堅定捍衛貴族特權，並哀嘆彼得大帝的改革導致平民進入貴族階層。雖然他是支持教育與啟蒙運動，但他發現周圍的宮廷世界中有許多事物令他反感。在公開場合，他最終出版了一部多卷《俄羅斯史》（*History of Russia*），回顧彼得大帝之前的時代，為當時俄羅斯提供借鑑。私下裡——至少在審查制度盛行的時代，他寫的東西對於他所在的世界有著更嚴厲的看法。[57]

《論俄羅斯的道德敗壞》是他針對當時貴族宮廷所發出最強烈的諍言。他批評貴族社會的許多要素，但在他看來，「敗壞」首先是由奢侈造成的——服裝、娛樂，當然還有飲食上的「驕奢淫逸」。他把當時對於奢侈無度的熱愛，與彼得大帝登基之前的時代做了鮮明對比：

（過去）雖然有很多菜餚，但都是由簡單的東西組成的。牛肉、羊肉、豬肉、鵝、火雞、鴨、雞、松雞、乳豬，加上許多未必以白麵粉製成的烘焙食品，就稱得上是一頓奢華的飯菜；人們並沒有大量使用小牛肉，還在吃奶的牛犢與閹雞則是聞所未聞。當時給烤肉與火腿骨加上金箔裝飾、大餡餅鍍了金，就已經是奢侈的頂峰。那時候人們不知道續隨子、橄欖，以及其他可以刺激食慾的食物，他們只吃鹽醃黃瓜、鮮奶油；他們認為肉凍佐鹽醃檸檬就是一道美食。他們的甜點也很簡單，葡萄乾、醋栗、無花果、洋李、蜂蜜水果軟糕[32]（postila），就已經是所有的乾果了；夏天與秋天的新鮮蔬果則是蘋果、梨、豌豆、豆子、黃瓜；我認為他們甚至不知道甜瓜與西瓜⋯⋯他們還引進了糖蜜醃葡萄（vinograd v patoke），但他們不知道如何運送新鮮葡萄，因為就我記憶所及、在女皇伊莉莎白・彼得羅芙娜[33]（Elizaveta Petrovna）在位期間，由於內閣部長伊萬・安東諾維奇・切爾卡索夫（Ivan Antonovich Cherkasov）的努力，他們也開始有了新鮮葡萄。

---

30 一七三三－一七九〇。俄羅斯啟蒙時期思想家、學者。
31 一七六六年，凱薩琳召集由各國各階層（官員、貴族、資產階級、農民）共六百五十二人組成的委員會。
32 今名為 пастила ／ pastila，以水果泥與蜂蜜、糖、蛋白烘烤而成。
33 一七〇九－一七六二，一七四一年繼位。彼得大帝之女。

十八世紀，貴族們開始在自己的莊園建造精緻的溫室（養橙溫室〔orangery〕），為自己生產熱帶（及其他）水果。這是從前的帝國莊園察里津[34]（Tsaritsyno）的一座溫室，這一帶曾經是莫斯科郊區。溫室始建於十八世紀中葉，照片中的重建完成於二十一世紀初。

〔58〕

　　據謝爾巴托夫說，問題可以追溯到彼得大帝統治時期，但與其說是因為彼得自己的習慣，不如說是因為社會發生了更大的變化。在他看來，彼得本人是一個簡樸的人，他喜歡簡單的東西，但的確引進了一些外國奢侈品，比如匈牙利葡萄酒、荷蘭茴香伏特加，很明顯地還有林堡乳酪，不過謝爾巴托夫並沒有注意到它。[59]他有點勉強地承認，當時人物諸如格里戈里‧奧爾洛夫[35]（Grigory Orlov）──這位貴族在一七六二年協助凱薩琳奪取王位，並在她統治初期發揮了重要作用──甚至凱薩琳本人的品味都很節制。他說，事實上凱薩琳可能「過於節制」。[60]

　　謝爾巴托夫認為，有兩個問題，使得引進某些新產品變成道德敗壞的

---

34 意為「沙皇莊園」，凱薩琳建於一七七六年，位於今莫斯科市南邊察里津區。
35 一七三四－一七八三。砲兵軍官，與時為彼得三世皇后的凱薩琳育有一子，並在數月後擁立凱薩琳。

起因。一是接近權力的個人，他們為宮廷與整個社會樹立了壞榜樣。女皇伊莉莎白個人的享樂主義品味增長了奢侈風氣，他舉出其統治時期的重要政治人物、舒瓦洛夫[36]（Shuvalov）兄弟中的一位，當作奢侈生活的例子，就是因為此人在俄羅斯創建了第一座鳳梨種植園（應該是在玻璃溫室裡）。[61] 這不僅罔顧那些號召簡樸與邏輯的詔令，也違反了自然法則。不過謝爾巴托夫的怒火主要針對他的同時代人物，格里戈里·波坦金（Grigory Potemkin，一七三九－一七九一），他是凱薩琳的昔日情人，也是其統治時期的重要人物。據謝爾巴托夫的看法，波坦金的罪過包括

帶頭熱衷權力、炫耀、窮奢極欲、暴飲暴食及餐桌上奢靡無度、阿諛奉承、貪財好貨、巧取豪奪，以及其他可說是世上所有已知的惡習，他滿身罪孽，他的支持者也是如此，乃至整個帝國都是如此。[62]

謝爾巴托夫針對貴族的奢侈世界的批評，並沒有擴展針對更大的社會，因為這個社會的基礎是農奴制。事實上，他是農奴制的忠實支持者與辯護者。不過在他生前未發表的一篇文章中，他明確地將奢侈與俄羅斯農民的貧困問題連結起來。他寫道，俄羅斯正面臨一場潛在的饑荒，但並非因為歉收，而是因為糧食價格高漲。造成這種危險的原因有很多：人口增加；農地地力下降，卻未能以新的農業技術加以改善；蒸餾酒工業增長；不考慮國內情況而出口糧食。不過首要的是另一件事：「國家的所有階層、甚至農民階層，都出現了物質的貪欲。」[63] 就貴族階層而言，「只要看看我們的餐食、居所與建築」，這種貪欲就顯而易見。對於農民的貪欲，他舉出的證據更是含混。他聲稱，過去足夠養活兩個家庭的生活用品，現在只能養活一家。更糟糕的是，農民放棄了農業勞動，搬到城鎮從事商業或手工藝。

謝爾巴托夫希望這些趨勢能被遏制，但此一希望並未實現。相反的是，十九世紀下半，農奴制廢除，城鎮興起。十九世紀末，俄羅斯的人口仍將以農業人口為主，這一點與謝爾巴托夫當年情況一樣，但社會與經濟秩序的變化、尤其是農奴制廢除與工業興起，將改變俄羅斯的人口。從整體來看，下一個世紀雖然並沒有使得俄羅斯完全現代化，但顯然已經是現

---

36 亞歷山大（一七一〇－一七七一）與彼得（一七一一－一七六二）。彼得引進鳳梨到俄羅斯。

代化大世界的一部分，充滿了現代化世界的享受與陷阱。

第六章
現代化的俄羅斯

　　一八八三年，亞歷山大三世[1]加冕為俄羅斯皇帝，盛大儀式在莫斯科舉行。這個地點選擇並非例外，因為雖然彼得一世將政府中心遷至聖彼得堡，但加冕總是在舊都舉行，象徵著俄羅斯土地與羅曼諾夫家族的悠久歷史。儘管加冕典禮本身時長只有數小時，在一天內結束，但亞歷山大與家人在莫斯科停留了兩週，會面、致意、出席一場又一場宴會。

　　亞歷山大在莫斯科的停留時間比之前歷任沙皇來得短，這是因為高度的安全顧慮（畢竟他的父親是遭暗殺逝世）[2]，而非他不願意待在舊都。事實上，亞歷山大本人是堅定的俄羅斯本土派，他相信，與聖彼得堡朝向西方外國的目光比較起來，莫斯科沙皇的過往與他的關係更為緊密。俄羅斯化的政策目的是將這個更大的帝國牢牢置於統一的俄羅斯控制之下，與此同時，在他統治期間，轉向俄羅斯本土派的走向也將發揮重要作用。[1]

　　其中一些元素在加冕慶祝活動中就已經顯現出來了，最明顯的是舊都各處舉行的眾多筵席與宴會上，那些當作紀念品的精美菜單。在克里姆林宮內舉辦的兩場官方晚宴，菜單上直接引用了這座古老堡壘的圖像。這兩件作品都是畫家維克托・瓦斯內佐夫[3]（Viktor Vasnetsov）設計，當時他正從十九世紀中葉俄羅斯藝術的現實主義轉向幻想風格，這種風格的基礎不是當前現實，而是想像中的過去。菜單上的圖像是解讀俄羅斯歷史的新方法之一。在其中一份菜單上，蓄著長鬚的男人身著彼得大帝之前的精美長袍，正走下樓梯，周圍是東正教與羅曼諾夫王朝的各種符號象徵。另一份菜單上，兩名男子面對著觀者，一人身著同樣的長袍，另一人身著盔甲，騎著戰馬，周圍邊框繪有裝飾著皇帝與皇后紋章的盾牌。兩份菜單的反面是相同的圖像與文字：一群穿著傳統農民服裝的男女，中間的男子捧著托

1　一八四五－一八九四。一八八一年即位。
2　亞歷山大二世，一八一八－一八八一，一八五五年即位。一八八一年三月十三日在聖彼得堡遭民意黨（人民意志黨）成員炸傷，數小時後死亡。一八八三年亞歷山大三世在發生意外的地點動工建造滴血救世主教堂／Church of the Savior on Spilled Blood。
3　一八四八－一九二六。擅長創作民間傳說與民族主義浪漫派的畫作，是俄羅斯文化復興運動（Russian Revivalist movement）主要人物。

盤，盤裡是一個大麵包——還有鹽，這是俄羅斯好客的象徵之一。文字則是阿波羅·梅科夫[4]（Apollon Maikov）稱頌新沙皇的一首詩。

菜單上的圖像表現了傳統與俄羅斯特色，然而從菜單上的食品可以看出，比起這樣的特色，口味偏嗜更為複雜。一八八三年五月二十七日的晚宴菜單包括：

蘑菇泥濃湯烤火雞及鷸
根莖蔬菜牛肉清湯沙拉
烤餃子蘆筍佐荷蘭醬
小體蝎搭配小黃瓜
煮牛肉熱的大餡餅搭配鳳梨
鵪鶉搭配豌豆泥冰淇淋
蟹肉冷盤甜點

這一餐融合了俄羅斯的最愛與外國進口的最愛：冰淇淋、鳳梨、蘆筍、沙拉。當時在整個帝國境內各地，也有許多慶祝宴會，其中許多都有類似的菜餚組合。五月十七日在薩馬拉[5]（Samara）舉行的一場，包括俄羅斯鱘與鹹魚做成的冷魚湯、春季蔬菜湯（printanière）、烤牛肉佐松露醬汁、蒸小體鱘、蘆筍與豌豆、烤禽肉、鳳梨果凍、水果、茶與咖啡。有些宴會比較簡單。莫斯科為駐紮在該市的軍隊舉行了晚宴，提供冷的鹹牛肉、餡餅、牛肉麵條、烤羊肉、甜糕點，飲品則是大量伏特加、啤酒、蜜酒與紅酒。

這一切呈現的是可口的混合食品搭配，反映了帝國事事如意舒心。當然這只是整體的一部分。亞歷山大三世之父亞歷山大二世在位期間進行了全面改革，試圖實現俄羅斯行政與社會的現代化。這些宴會體現出來的和諧世界，可以視為他們成功的例子。但另一方面，這個世界的安全在兩方面受到了威脅：一是廣大農民受到改革大潮影響，但仍遭改革的終極目標拋下；二是一小群俄羅斯人相信更激進的變革——甚至革命——是必要的，這些人數量雖少，但逐漸增長。其中一些甚至策劃了專制社會中最終的恐怖行動，在一八八一年殺死了沙皇本人。

---

4 一八二一－一八九七。作品多描寫俄國大自然、農村、歷史，並翻譯希臘、白俄羅斯、塞爾維亞、西班牙民間故事，及海涅、歌德等人的詩歌。曾將十二－十三世紀古俄語詩歌《伊戈爾出征記》譯為現代俄文。柴可夫斯基及林姆斯基－高沙可夫等曾將他的詩作譜成歌曲。
5 伏爾加中游城市。

這是皇帝亞歷山大三世加冕時的精緻晚宴之一，菜單上刻意裝飾著「傳統」俄羅斯圖像——但是菜餚本身融合了俄羅斯與進口美食。

在霍丁卡舉行的尼古拉二世加冕的公共慶典，本來應該像圖中這樣舉行：上層階級觀看下方田野上歡宴的普通民眾。但人群失控導致了悲劇。

　　如果說這些宴會象徵著亞歷山大三世登基，那麼不到十五年之後，另一種截然不同的活動則象徵著他的兒子尼古拉二世加冕。尼古拉也前往莫斯科參加活動，舊都與帝國各地再次舉行宴會與舞會慶祝。然而這一次，最令人難忘的並不是有著精美菜單的高雅舞會，而是一場為人民舉行的筵席，結合了上層階級的慶典。這也並非首創。之前的歷任加冕禮還包括在城市附近的田野裡舉行民眾歡宴。一位法國旅人描述了亞歷山大二世（一八五五－一八八一在位）加冕時舉行的民眾筵席：

　　慶祝定在兩點鐘，屆時在皇帝示意下，人們就可以取用桌子上的食物；但不幸的是，在早上六點鐘一次誤傳之後，不耐煩的人群衝向等待著他們的美食，於是到了兩點，什麼都沒有了……為二十萬人準備的筵席一點都不剩，一千五百頭肉牛，四千隻角上鍍金、身披紅布的羊，一點都不剩……四千隻火腿、十萬隻雞、十萬隻鴨、四千只豬肩、十萬個奶油蛋糕、二十萬個卡拉奇麵包（這是在俄羅斯人吃的一種扭結狀麵包），一點都不剩。[2]

　　尼古拉二世加冕時，類似的誤傳卻導致一場災難。尼古拉希望這次民眾宴會比之前的更加盛大，他認為這象徵著他與俄羅斯人民之間的神祕團結。這次宴會地點選在霍丁卡[6]（Khodynka）附近一片空地。筵席消息傳開之後，數十萬希望參與狂歡的民眾徒步前往莫斯科。也許是因為天氣異常炎熱，人們因此疲憊不堪，精神緊張，也許是因為人數多，無法控制，一瞬間便生不測。誤傳的消息導致人群向前推擠，但前方路障並未撤下。數百人撞上路障，倒在地上，又被後方的人群踩在腳下。短短幾分鐘就有一千多人受傷。最後的死亡人數大約在一千五百人左右。[3]

　　霍丁卡悲劇成為尼古拉二世統治時期的象徵，不僅因為此一可怕事件的本身，還因為尼古拉的反應。現場還在搶救傷者與死者的時候，宴會卻依然繼續。尼古拉到場後，沒有提起幾個小時前發生的這件意外。接著他出席法國大使舉辦的舞會，並在會上跳舞——本來是為了展示堅毅韌性，但看在人們眼中是沙皇對苦難漠不關心。結果這場悲劇象徵著沙皇與人民之間鴻溝愈來愈大，哪怕他一直相信自己與人民是天生連結在一起；這場悲劇也代表著即將爆發的不滿情緒。

　　從十九世紀中葉到二十世紀初，俄羅斯充滿了矛盾。在這幾十年中，

6　在莫斯科西北方。

俄羅斯發生的巨大變化，使其愈來愈現代化。它實現了工業化（至少達到了某種程度），人口大量增長，並開始愈來愈快地從舊核心往外擴散，並且更自覺地在中亞進行殖民帝國擴張。在另一個層面上，俄羅斯人民創作了世界文學中最歷久不衰的作品，這是杜斯妥也夫斯基、托爾斯泰與契訶夫的時代，還有音樂，這是柴可夫斯基、林姆斯基－高沙可夫與「強力集團」[7]（mighty handful）其他成員的時代。但是，雖然這些潮流大部分都希望以某種方式縮小特權階級與平民之間的距離，但這種距離不但依然存在，而且成為政治異議的中心，而這樣的異議將導致帝國滅亡。

俄羅斯帝國的十八世紀是一次又一次的軍事勝利，最終高潮是戰勝了拿破崙；到了十九世紀中葉，俄羅斯發現自己的處境完全不同了。一八五三年，它捲入高加索地區的漫長殖民角力，並與鄂圖曼帝國開戰，結果證明這場戰爭是一場災難。英國及法國軍隊加入鄂圖曼帝國，俄羅斯單打獨鬥，迫使它面對真相，即俄羅斯在軍事方面（也許還有整個經濟）未能創新並現代化。沙皇尼古拉一世在戰爭期間去世，他的兒子暨繼任者亞歷山大二世很快結束了戰爭。結束戰爭的條約令俄羅斯蒙羞，因此亞歷山大繼承的是似乎需要徹底變革的帝國。

當時此一徹底變革採取的是一系列改革，這些改革因其範圍之廣、影響之深，被稱為「大改革」（Great Reforms）。其中最根本的是一八六一年的《解放宣言》（Emancipation），解放了俄羅斯的農奴。從這個時候起，他們不再隸屬任何所有者。於是俄羅斯的所有農民在法律上是平等的。解放的安排之一是農民獲得土地，但除了那些居住在極少數富裕村社、能夠直接購買土地或選擇放棄土地分配的人，其他人必須向國家支付一筆錢。這些「贖金」也是由村社徵收，宣言的其他條款也確定了村社對成員具有一定程度的控制。[4]

此外還有其他改革。教育改革改變了大學的管理，建立了小學系統，旨在至少為每個農民提供基礎教育。（這些學校增長緩慢，但到了十九世紀末識字率有所提高。）以農業為重點的中學旨在改善農民的經濟條件，從而改善國家的經濟狀況。這些都由各省負責管理，新的省級行政當局稱為地方自治局（zemstvo），具有民選成分。司法、審查、地方政府都進行了改革。軍隊取消徵召農民終身服役的舊方法，建立短期的普遍兵役制度（包括所有男子，而不僅僅是社會下層）。

7　包括林姆斯基－高沙可夫、鮑羅定、穆索斯基、巴拉基列夫、居伊。

　　其中許多改革的目的，是讓更廣大的人民更能參與治理，但只限於地方。當時並沒有計畫在帝國層面建立類似機構，來自首都聖彼得堡的治理依然只由向皇帝負責的部委進行。這代表著政治異議沒有合法的表達管道，因此那些希望變革更迅速或更徹底的人開始集會，最終在法律範圍以外採取了行動。在一八七〇年代，這些革命者被稱為民粹派（populists），因為他們相信自己的行動符合普通民眾的最佳利益，不過他們大多數人屬於中層階級。一八八一年，一群最激進的民粹主義者實現了他們的最終目標：殺死沙皇。

　　新沙皇亞歷山大三世也改變了帝國的治理方式，但他的改變目的在加強中央或上層菁英對整個帝國的控制。地方自治局的一些自治權被削弱，農民發現自己受到出身貴族階層的地方長官[8]（Land Captain）管轄，警察的權力也提升得更高。亞歷山大三世還藉著一些無害行為比如蓄鬍，以及一些並不怎麼無害的行為，比如在全國推行反猶太主義和俄羅斯化政策，

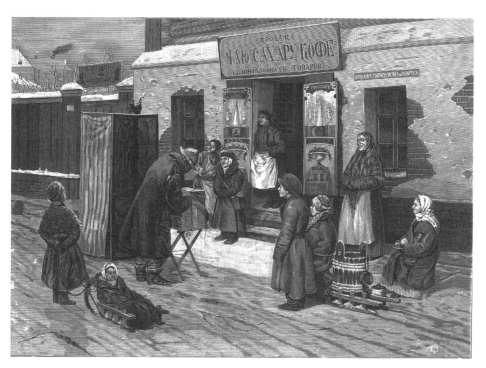

這幅街景據說是莫斯科或聖彼得堡附近的村莊，圖中是一家店面，提供「茶、糖、咖啡與殖民商品」。「殖民的」（colonial）一詞指的是從殖民地進口的食品或配料，比如茶、咖啡、香料，但也可以延伸到瑞士乳酪等。從這幅圖可以看出，財富與貧困之間——至少在飲食世界裡——的巨大鴻溝在十九世紀末開始消失。

將自己塑造成一個真正的俄羅斯沙皇。與此同時，他的統治也開始推動帝國的快速工業化，這對國家經濟來說當然是必要的，但同時也可能引起劇烈變化。

　　亞歷山大盛年早逝，死於自然原因，可能是由於幾年前在一次火車事故中受傷的後遺症。他的兒子，年輕的尼古拉二世，繼承並擴大了亞歷山大標榜的愛國主義。不幸的是，在他的統治期間，哪怕有諸如黑色百人團[9]（Black Hundreds）這樣暴徒般的群體竭盡全力，這些愛國主義主張並沒有發揮作用、團結國家。相反地，尼古拉二世遇上了兩次危機，這兩次危機的部分原因是軍事失利，第一次是日俄戰爭，第二次是第一次世界大戰。日俄戰爭導致帝國議會杜馬（Duma）誕生——這是俄羅斯第一個全國選舉產生的機構，並帶來更多民權的承諾，但沒有將政權的監視機構瓦解。第一次世界大戰則導致沙皇政權徹底崩潰。

農奴解放之後的農村

　　解放農奴為俄羅斯的農村生活帶來根本性的變化。從沙皇統治國家的角度來看，農業依然是人民與國家福祉的基礎。而且國家希望俄羅斯能從糧食自給自足轉變為糧食出口國。因此，國家介入農民生活的重點，就是提高農業生產力。當然這並不是什麼新鮮事。稍早在十九世紀，新成立的國家財產部就負責管理國有土地，包括國有農民使用的土地，其部分目標是改善農民農業。它贊助農業期刊與競賽，推廣馬鈴薯及其他新作物，並試圖使農民與農奴主更加重視農業。它還借鑑了凱薩琳大帝時期建立的自由經濟協會等農業社團，以及十九世紀上半葉出現的一批區域性農業社團。在這些組織中，以貴族為主的地主彼此交流意見與計畫，目的是透過農業創新，改善自己的莊園經濟情況。

　　農奴制廢除後，農業改良仍然是貴族地主、沙皇政權以及愈來愈多的農民關注的問題。隨著農奴制結束，貴族莊園經濟的基礎產生了變化，但一些貴族依然認為農業是增加利潤的方式。農業社團的數量繼續增長，其中一些是區域性的，還有一些社團的範圍更大。十九世紀初只有一個農業社團，到了一八六〇年代大約有三十個，十九世紀末則多達三百個（包括

8　земскийначальник，有司法與行政權，管理農民。
9　一個保衛君主制、極端民族主義團體，支持羅曼諾夫家族，反對獨裁君主做出任何退讓。

主要社團的地區分社）。[5] 用於改善農業的國家資源增加了，這些農業社團因此受益。國家財產部將農業改良日程推到了顯著地位，並在一八九〇年代更名為農業部。此外，許多地方出現了以農民為主要對象的農業學校，這些學校是農民能夠就讀的主要中學，培養他們擔任農藝師的職位。

　　這些努力加上市場及整個經濟的其他變化，在農業上同時造成了大規模與小規模變化。小規模變化通常因地區而異。在新俄羅斯地區[10]（New Russia）——橫跨俄羅斯與烏克蘭南方——農民開始針對附近的城市市場進行生產。水果、蔬菜、蜂蜜，這些都是城市消費者的需求，也愈來愈多由當地農民提供。[6] 在南部草原，農人也開始種植更多小麥，以供國內消費與出口。一位美國旅人稱：「我吃過最好的麵包是在墨西哥與莫斯科……無庸置疑，這樣的美食來自這兩國種植的優質小麥。」[7] 其他地區也開始專門種植菸草或甜菜等經濟作物。

　　十九世紀末葉，俄羅斯政府也鼓勵農民遷居西伯利亞，利用尚未開墾的土地。數百萬人開始了「西伯利亞大遷徙」。[8] 這個新的西伯利亞在農業上的成果之一是鄂木斯克市的奶油產量增加了。在帝俄時代的最後幾十年：

> 這裡的奶油貿易蓬勃發展，為了運輸……必須安排一千零八十節冷藏車廂，據估計每節車能裝載十五噸奶油。每星期七個車次，每個車次有完整的三十五節車廂。這些列車將貨物運到彼得格勒[11]（Petrograd）、里加及其他波羅的海港口，輪船再將奶油運到英國。一千噸西伯利亞奶油在一週內運到倫敦，並不算什麼稀奇事。[9]

　　暫且不提西伯利亞奶油的成功，俄羅斯農業領域的最重大變革，是俄羅斯崛起成為全球糧食供應國。這種變化是顯著而迅速的。一八六〇年代初期，俄羅斯每年出口近八萬普特[12]穀物；十年後，略低於十九萬五千普特；再十年後，略多於三十萬普特；一八九〇年代早期，略超過四十四萬普特。這是一個巨大的數字，在這個時期結束時帶來了略低於三億盧布的外匯——也是帝國對外貿易收入的一半弱。但這樣的出口量在俄羅斯全國糧食產量中所占的比例並不大——俄羅斯每年在產地或者透過龐大的帝國內部交易體系所消費的穀物，共有四十億普特。[10]

---

10 黑海北岸地區，主體為鄂圖曼帝國領土及哥薩克土地，俄羅斯漸次取得，凱薩琳大帝在一七六四年建新俄羅斯省。之後實際範圍與名稱多有變動。
11 一九一四年九月一日，聖彼得堡改名為彼得格勒，以去除原名中的德語元素。
12 一普特等於四十俄磅、十六點三八公斤。

　　當然，農奴制的結束也改變了俄羅斯農民的文化世界。最重要的是，原本農民遭到社會與政治制度剝奪了基本權利、處於最貧困不幸的境地，而農奴制結束後，農民不再受到農奴主一時興起的擺布，這本是農奴制最令人驚駭的常態。至於解放宣言的其他條款，在許多農民看來則是一個複雜得多的混合物。在地主與農民之間劃分土地，其過程是偏向地主的，因此農民往往得到（至少他們認為自己得到）較貧瘠的土地。農民必須為得到的土地付錢，但在農民眼中，這些土地本來就屬於自己，因為自己是耕作土地的人。而且由於這些款項是共同支付的，農民不能完全按照自己的意願自由遷徙。如果他們在解放時得到了一塊土地，就必須透過他們繳付的「贖金」，與村社捆綁在一起。

　　在許多方面，俄國農民在農奴制結束之後的生活依然與身為農奴時沒有太大區別。即使在十九世紀末，途經農村的旅人受到的歡迎儀式與數百年前的旅人見聞幾乎完全相同。美國人佛朗西斯・B・李夫斯（Francis B. Reeves）在一八九〇年代初造訪一處村莊，當地人請他飲用「上好的」茶，同時奉上「一小瓶伏特加、一大塊黑麵包、一打白煮蛋、一根鹽醃黃瓜」。[11] 農民仍然主要從事農業，並且大部分都留在村社內，日常生活以家庭為單位。如果他們想離開村莊，就需要護照或其他旅行證件。更大的經濟潮流、尤其是十九世紀末的工業崛起，給了農民更大的遷移動力。農村內部的挑戰也是如此，特別是十九世紀後半人口增長，開始對土地的供養能力造成真正的壓力。在十九世紀，雖然農民購買的土地愈來愈多，但實際分配到手裡的土地明顯減少。

　　俄羅斯的北部森林地帶與南部草原地帶之間一直存在差異，但是在帝俄時代結束後，這些差異更加放大了。前者是舊俄羅斯的中心，由於土地貧瘠、冬季漫長，當地的傳統是必須在土地上儘量勞動。隨著莫斯科沙皇國及後來的俄羅斯帝國主權往南擴展以及農奴制擴大，南部草原才有人開墾定居，而且當地繇役通常要求當事人實際到場。這種差異對農民飲食產生了重大影響。二十世紀初，農民每人每日平均攝入熱量為四千五百大卡，其中百分之十五點三來自動物性食品。但在一些（而非全部）北方省分，標準值接近每天五千大卡，百分之二十來自動物性食品；而在一些南方省分，標準值低於每天三千一百一十一大卡，只有百分之四點二來自動物性食品。[12]

　　有一件事並沒有隨著時間或者帝國地理範圍擴大而改變，那就是俄羅斯農民的熱情好客（至少根據外國旅人的說法）。奧古斯特・馮・科策布在

俄羅斯的帝國主義擴張不僅使其能夠在南部草原生產菸草與甜菜，還能生產茶葉等更精細的作物。從十七世紀開始，俄羅斯以陸路向中國進口茶葉，但隨著帝國擴張，俄羅斯獲得了緯度較低的南方領土，可以種植茶葉。其中一處是現今喬治亞共和國的恰克瓦（Chakvi），在帝俄晚期開始種茶。這張照片裡正在將茶葉秤重包裝。這裡生產的茶葉在全國茶葉消費量占比不大，但是蘇聯藉此宣傳自己出產了「世界上產地最北的茶葉」[13]。

---

13 十七世紀中葉俄國開始從中國進口茶葉。一六八九年《尼布楚條約》後兩國貿易增加。一七二七年兩國簽訂《恰克圖界約》，以中俄國界上的恰克圖（Kyakhta，中文稱買賣城，位於今俄羅斯布里雅特共和國境內，鄰近俄蒙國界）為交易處。福建、安徽及湖南的茶葉茶磚，主線從歸化城（歸綏／呼和浩特）出發，由駝隊運輸，經庫倫（烏蘭巴托），在買賣城換由俄方馬隊運輸，經伊爾庫茨克、西伯利亞，抵達莫斯科，稱為茶葉之路，全程需時半年。十九世紀中葉茶葉貿易最盛，後因俄國改由英屬印度進口茶葉，且西伯利亞鐵路分段完成而轉衰。一八八〇年代，曾為皇室在中國採辦茶葉的商人波波夫（Konstantine Semenovich Popov）邀寧波茶商劉峻周（ЛюЦзюньжоу，一八七〇－一九三九）前往俄國試種茶葉。劉於一八九三年帶領十餘名製茶工人及茶籽、茶苗及油桐、竹子等作物前往喬治亞巴統，在恰克瓦種植成功並設波波夫茶廠。恰克瓦位於巴統北方十五公里處，得名於「茶」（чай/chai），是俄羅斯最早的茶產地。這張照片出自彩色照片先驅謝爾蓋．米哈伊爾維奇．普羅庫金－戈斯基（Sergei Mikhailovich Prokudin-Gorskii），他在一九一〇年為茶廠及劉峻周與家人拍攝多張照片。劉於一九一一年在當地自設茶廠，並曾獲尼古拉二世及蘇聯授勛。一九二四年蘇聯驅逐非蘇聯籍僑民，出身喬治亞的史達林約見劉，冀其加入蘇聯國籍，劉未允，於一九二五年攜家人返回中國哈爾濱。原茶廠全部仍在生產，部分為茶葉研究所，劉峻周故居為紀念展覽館。

一七九〇年代末短暫流亡西伯利亞，他發現俄羅斯農民是他所見過最熱情好客的人；他們免費提供麵包與克瓦斯，並且以很少的報償提供「家禽、鮮奶油與雞蛋」。[13] 一直到整個十九世紀，旅人對這一點通常都有相同看法。羅伯特‧平克頓說：「俄國農夫與妻子，從簡陋的農舍裡很快拿出黑麵包、雞蛋、牛奶、鹽醃黃瓜、櫻桃蘿蔔等等許多東西；而且他們很少同意接受報酬。」[14] 即使在很久以後，在更為困難的環境條件下，據記載，農民對過路人依然很慷慨，無論他們為何路經此處。十九世紀後期，一名旅人稱：

　　即使在西伯利亞，農民也盡己所能，讓通往太平洋的長途驛路行程輕

雖然廢除農奴制給農村帶了來真正的變化，但農民生活的日常生活基本上沒有改變。大多數人仍然主要從事農業，比如這張一九〇九年的照片裡，在夏季辛苦勞動及露天用餐。

斯米爾諾夫伏特加（Smirnov）這個品牌可追溯到十九世紀中葉，到了該世紀末，它已經成為一家生意興隆的企業。圖為它在下諾夫哥羅德市[14]（Nizhnii Novgorod）一八九六年工業博覽會上的展覽室，飾有它贏得的獎項紋章。當然，這個品牌即將面臨一項巨大的逆轉：伏特加的國家專賣。

鬆一點。日落後進入一座村莊，你會看到每家門階上都有一碗牛奶和一塊黑麵包。這是為了 brodyag，即逃跑的苦役犯人準備的，這些人在白天不敢從毫無人跡的黑暗森林裡出來，但到了晚上，無論如何，他們不會受到騷擾，能夠吃上一頓飯。[15]

　　另一項持續不變的是伏特加——以及對於飲用伏特加的憂慮。雖然在俄羅斯對飲酒的擔憂由來已久，但是這在十九世紀末達到一個新的高峰。在整個一八九〇年代，關心此事的公民在帝國許多地方建立了禁酒協會。據一八九五年的一篇紀錄，「外省報紙每天報導歐俄各地興起的禁酒協會，以及農村社群關閉酒館的決議。」[16]但這也暗示了烈酒問題長久以來的核心：既有「國家銷售烈酒」，又有「監督公眾禁酒的省與區委員會」，這兩者怎麼可能同時都是國家的目標呢？

　　這些矛盾緊張關係在十九世紀以各種形式浮現出來。亞歷山大二世的

14 位於伏爾加河與奧卡河交匯處。一九三二年至一九九〇年名為高爾基 Gorky。

「大改革」廢除了凱薩琳大帝建立的伏特加稅收制度，該制度曾被指為增加了酒精消費。然而國家的新制是對伏特加蒸餾及銷售都徵稅，雖然人們希望藉此減緩酒館數量增長、減少酗酒情況，但事實上並沒有實現。在謝爾蓋·維特（Sergei Witte）的財政部長任期（一八九二－一九〇三）的早期，財政部就引進了新的伏特加國家專賣制度，以控制烈酒生產。原則上，專賣制應該能限制伏特加消費（特別是伏特加只能在商店購買，不能在提供食物的酒館或餐館購買）。為了宣傳專賣有助於控制大眾酗酒，還成立了帝國禁酒協會公署。但是實際上，酒精消費持續上升，與國家得到的鉅額利潤相比，它的聲明顯得很空洞。[17] 從一八〇三到一九一四年，酒類收入平均占帝國歲入的百分之三十一；這個比例在大改革前達到高峰，然後一直下降，但隨著專賣制度建立，又開始上升。[18]

有些人認為酗酒是農民的特殊問題，有些人則認為酗酒是某些地區的特殊問題。一位旅人稱西伯利亞每個人的酗酒傾向都到了「可怕的程度」。[19] 還有一位旅人指出，農村與城市的俄羅斯人「可能身分不同，〔但〕他們對伏特加的喜好並無差異」。[20] 不過 T·V·普里瓦洛娃（T. V. Privalova）認為，農民酗酒的程度可能被誇大了。一九一三年，城鎮每年每人的酒精飲料平均消費量是十八至四十三公升。在鄉村則是四點五至八公升；普里瓦洛娃指出，這些數字低於同期法國及英國的數字。[21] 即使如此，俄羅斯正面臨酗酒危機的這個觀點仍然非常強勢，而且政府各部門及俄羅斯報章也加以討論。說到底，這更可能是因為俄羅斯在這些年發生了巨大變化，而且在俄羅斯的一切事物裡，變化最大的就是城鎮的興起。

城鎮的興起

即使在二十世紀之交，俄羅斯帝國依然是以農民與農業為主的世界。根據一八九七年舉行的第一次全俄人口普查，農業勞動是最普遍的職業；百分之七十五的人口將農業勞動列為主要職業（在整個帝國，尤其是俄羅斯歐洲部分）。但這個數字掩蓋了俄羅斯境內已經存在的一些根本分歧。在俄羅斯北部與南部的許多歐洲省分，當地人主要從事農業勞動的比例更高；比如在偏南的沃羅涅日省（Voronezh），百分之八十五人口是農民；在北方的維亞特卡省（Viatka），這個數字是百分之八十九。然而在另一方面，弗拉基米爾省在歷史上曾是持續發展的紡織業中心，到了一八九七年，該省只有百分之五十八的居民以務農為主業。兩座首都周邊地區的數

到沙皇時代結束為止，至少對部分俄羅斯（及外國）觀察家來說，伏特加消費是一個巨大的問題——而伏特加專賣制度直接把飲酒與沙皇國家的利益連結在一起，對觀察家來說，這一點使得伏特加消費格外具有破壞性。這張一九一七年左右的海報裡，包括沙皇本人的上層階級站在一家國有伏特加店門前，正要拿走一個卑微農民手中的錢。

字甚至更低；在莫斯科省，只有百分之二十八的人口從事農業，在聖彼得堡省，只有百分之二十五。[22] 造成這些根本性職業差異的大部分原因，都與一個簡單的事實有關：莫斯科省與聖彼得堡省是當時為止帝國最大的城市所在地，全國只有這兩座城的人口超過一百萬，因此這兩個省分的城市人口比其他省分都來得多。在小城鎮，農業依然是當地經濟的重要部分。但在小城鎮以及帝國各地較大的城鎮附近，城市人口正在跨進一個非常不一樣的世界。

在俄羅斯帝國的城鎮裡，食物隨處可得。十九世紀初，一位德國旅人描寫道：

在俄羅斯，將商品帶到城裡出售的農民並沒有受限只能在露天市場向購買者展示商品，他們有權在城裡四處兜售，顧客為了方便在家門口滿足自己的需求，樂於多付幾個戈比。[23]

街頭小販在俄羅斯的城鎮四處走動，把商品從市中心的市場帶到居民區。這幅圖展示了許多這類小販，他們出售各種食品與飲料（還有玩具、氣球，甚至椅子）。

巷口小店

　　根據法律，俄羅斯帝國的商店從三個方面加以分類：哪些人有經營資格、店鋪位於什麼地點、可以販賣哪些商品。只有被歸類為批發商的人，才能在商業拱廊街道經營地位很高的商店。社會地位較低的人可以在 melochnye 商店出售貨品，meloch 意為零錢[15]。這種巷口小店可以開設在俄羅斯城市的任何地方，而不僅限於城中心的交易區，部分原因是為了方便更多人買到必需品。從名稱上看，這些商店可能微不足道，但店裡不但擺滿了必需品，還有一些奢侈品。一八二六年，這類商店獲准出售的各種商品包括：茶、咖啡、糖、各種香料；橄欖、續隨子、橄欖油、芥末、胡椒、醋；香料糕（prianiki）與各種農家美食；鯡魚與各種鹹魚、魚乾；各種烘焙麵包與麵包捲；國內生產的水果、莓果、蔬菜、葉菜及醃漬物與蜜餞；醃包心菜、小黃瓜與其他本地蔬菜；鹽、糖蜜、蜂蜜、菊蒿咖啡（chicory coffee）與雞蛋；各種油；各種穀物與麵粉；牛奶、奶渣、酸奶油（以及食品以外的物品，諸如肥皂、蠟燭、緞帶）。[24] 在經歷了一段嚴格的銷售限制後，後蘇聯時代的俄羅斯在許多方面又回到了一個類似的世界，有著各種小食品店，分散在各大（還有不大的）城市裡。

　　小販在街上自由出售各種食品與飲料。外國旅人訝異於這些五花八門的「ik」，因為字尾「ik」代表販賣者，比如 chaichik（茶水小販）、khlebchik（麵包小販）、kolbasnik（香腸小販）。[25]

　　此外，城鎮裡還散布著商店與市場。比如聖彼得堡，不但有滿布商鋪的龐大交易區，還有較小的商店分散在城市建築的一樓，「僅僅一家商店

15　мелочные /мелочь。

的貨品就足以供應一個規模頗大的省城」[26]一八三○年代早期，聖彼得堡有：

> 兩百多家酒館、客棧、餐廳，食品店還不包括在內。即使是勞動階層：日結短工、泥瓦匠、警衛、橋梁看守、駁船縴夫，每個人都可以在裝飾得如此有品味、如此設備齊全的餐廳裡喝茶和咖啡，粗布長袍與精緻沙發及扶手椅形成強烈對比，人們目睹都不免為之驚嘆。[27]

此外還有餐廳，本來餐廳接待的是上層階級顧客，但逐漸也有不同社會背景的人群前來用餐。不同類型的餐廳與咖啡館，各以不同方式監管。餐廳（restoran）提供某些食品與飲料，有一種稱為飯館（traktir，通常譯為酒館〔tavern〕，但是提供的食品與酒類一樣多），還有另一種小飯館稱為kharchevnia，這種是明確規定為向發展中城市的「勞動人口」或者「下層人民」供應食物。另一方面則規定餐廳是為了讓「有義務為帝國服務的人（即帝國官僚）以及其他身處城鎮的人，能吃到合乎自身條件的飯菜」。飯館地位介於兩者之間。小飯館和餐廳是截然不同的人群用餐的地方。事實上，一八三四年一項法令規定，農民不得「穿著簡單的農民服裝進入咖啡館、餐廳與飯館」。[28]

到沙皇時代結束時，這類餐飲場所的數量已大幅增加，餐廳與上層階級餐飲的簡單關聯也已模糊。根據一份一八八○年代（為俄國人編寫）的莫斯科旅行指南，一家「一級」飯館的「一份飯菜價格是八十戈比。一個男人晚餐吃半份就夠了。至於餐廳，一份的價格較便宜，但分量也較小」。該指南接著推薦「隱廬餐廳」（Hermitage），因為它的「法式菜餚能夠滿足最精緻的口味」，以及「大莫斯科飯館」（Big Moscow traktir），因為它有法國與俄國烹調，以及漂亮的裝潢；作者指出，最近其裝潢「甚至引起外國人的注意」。該指南首先推薦的是飯館，並將該市的正式餐廳描述為「主要是啤酒酒吧，德國人、藝術家及劇院樂手經常光顧」。[29]

一八九六年的一份聖彼得堡指南指出，當地餐廳吃飯至少要花一盧布，好的飯館是五十戈比，至於在kukhmisterskii stol，即小館子的主廚餐桌上，則是三十至五十戈比。此外，聖彼得堡還有食堂（stolovye），「光顧的主要是商界人士。在這些食堂，主餐用料無疑永遠是最新鮮的，這些食堂不僅服務出色，整體都是非常好的。」在這種場所，一頓正餐可能只需要二十至三十戈比（該指南還建議，除非迫不得已，要避免所謂的「希臘

廚房」——最便宜的食堂）。[30] 一份一九一三年的《全工商業俄羅斯》指南列出聖彼得堡近一百五十家餐廳，從水族館餐廳（Aquarium）到亞爾餐廳（Iar），還有莫斯科的六十七家餐廳，包括阿爾卑斯玫瑰（Alpine Rose）與黃金城（El Dorado）。[31] 十九世紀莫斯科最著名的餐廳是三一飯館（Trinity traktir，有時也稱為新三一飯館），位於伊林卡街（Ilinka），這是以紅場為中心往外延伸的街道之一：

在十二個裝潢精美的房間裡，擺著大約五十張桌子，官員、商人、藝術家、遊客都來此享受美食。一片嘈雜，有人要食物，有人要香檳、馬德拉酒、馬爾戈酒、啤酒，四十三名侍者匆忙來去。他們穿著一樣的長衫，白色硬挺的麻布製，幾乎長及腳踝，非常得體，留著八字鬍和連鬢鬍子……一個人離開，一個人就進來，空氣裡充滿了菸草味，幾乎從不消散。在冬天，這裡喝掉的茶葉高達半普特（約八公斤），加上三普特的糖（約四十九公斤），收入高達兩千盧布。[32]

食客們還消耗了大量其他食物：每天吃掉三頭乳牛犢、兩百七十公斤其他肉類、五十至六十條小體鱘、一百瓶香檳、兩千多份各種麵包。對於這些餐點的描述既強調奢華，也強調家常味道與本國特色。一頓飯包括「首先是永遠不變的魚子醬」，然後是包心菜湯搭配大餡餅，接著是幾道肉和魚——一隻乳豬、牛肉、小體鱘——最後是葡萄和茶。晚餐時供應香檳與 lompopo，一位法國旅人描述這種飲料是啤酒、檸檬、糖、烤黑麵包的混合物，「一種可口的混合飲料，不過並不美觀。」[33]

一八五○年代，法國旅人布歇‧德‧彼爾特（Boucher de Perthes，一七八八－一八六八，考古學家）在三一飯館吃過幾次飯。他在那裡的最後一頓飯十分豐盛，有人告訴他，是完全「俄羅斯式的」。他的鄰居是一位商人，邀請他和另一位客人。這頓飯很奢侈：

這頓飯就如同我們的嚮導所保證的一樣。首先是一道冷湯，湯底是克瓦斯，裡面有碎黃瓜，加了一些糖、胡椒、鹽、芥末、橄欖油、鱘魚片。這是俄羅斯人最喜愛的湯。在我看來，這道菜正與諺語相反[16]，是魚使得人們能夠吃下醬汁……接著是另一道同樣著名的民族菜餚：一種糕點，它

---

16 法國諺語：la sauce fait passer le poisson。醬汁讓魚可以下嚥。

俄羅斯最著名的餐廳之一是莫斯科的三一飯館。通常飯館的地位低於餐廳，但三一飯館迎合了上層人群，而且它的侍者與顧客同樣聞名。

的外皮軟而蓬鬆，但柔韌而不易切開。在這層皮下是肉混合鱒魚的餡。把整個餡餅稍微浸在有油脂的湯或者清湯中，然後放在另一個盤子裡……還有一道菜是生魚切片，非常紅，非常鹹，是在湯之前端上來的，但只有俄羅斯人和那位年輕女子喜歡吃……這道紅魚之後是四分之一乳豬，最後是經典的小體鱘，飾以橄欖和泡菜。這條魚很好，不過在我看來，並不比鱒魚更好，這種魚外型類似鱒魚，但體型小得多……晚餐以一盤蘑菇和一些糖果作結。我們喝了覆盆子克瓦斯，非常新鮮，非常好；然後是一杯利口酒，侍者說，裡面有四十種香草植物；不過沒有什麼特殊之處……這頓飯花了我們每人一個半盧布和十戈比，約合七法郎，在我看來，以菜餚數量來說，這個價錢非常低廉；如果我們喝了葡萄酒，費用會增加一倍。[34]

　　到十九世紀末，俄羅斯大城市的餐館已經成為奢侈與展示的場所，這

也改變了俄羅斯烹調風格。在十九世紀中，莫斯科的隱廬餐廳由大廚路西恩・奧利佛（Lucien Olivier）主政。他創作了一道冷盤，由馬鈴薯、醃漬泡菜、松雞、螯蝦組成，全都加上以橄欖油為底料的蛋黃醬。這些不同的配料混合在一起，就是「奧利佛沙拉」（salad Olivier）。這道菜在一九三〇年代復興，成為蘇聯食堂的一道常備菜——甚至傳到了俄羅斯境外，成為許多菜系中的「俄羅斯沙拉」。[35]

　　當然，大多數人從未涉足這樣的美食殿堂，也沒有品嘗過他們的食品。但城鎮的確有許多其他類型的餐廳或咖啡館，適合更廣泛的顧客群。飯館與小館子取代了酒館與咖啡館，給更多人提供了飯食；到沙皇時代結束時，第一批食堂也是如此。除了像三一飯館這樣不尋常的例子，上層階級很少光顧這類場所——在十九世紀中，一位俄羅斯作家開玩笑說他需要一名嚮導，才能走進飯館。[36] 幾十年後，一位早期的節約旅行作家[17]（《流浪旅行：如何以每天五十分錢看歐洲》〔_A Tramp Trip: How to See Europe on 50 Cents a Day_〕的作者），依然推薦小館子，可以吃到價格合理的飯菜：「非常好的晚餐只需二十或三十戈比，即十或十五美分。在這些地方，常見的餐單是白煮蛋、泡菜、鹹魚或醃魚、裝滿蘑菇和米、肉的餡餅。」[37]（雖然他沒有提到，不過人們應該也喝了湯。）

　　特別是二十世紀初，不僅在古老的俄羅斯地區，而是在俄羅斯帝國的大部分地區，一些新餐廳、咖啡館、飯館、小館子，開始在便宜的一戈比報紙[18]（kopek newspapers）上打廣告，目的不僅是吸引富裕的少數人，還有普羅大眾。[38] 在敖德薩，以「人民的餐廳」為名號的「熊」餐廳向大眾承諾：「光線、空氣、衛生！新鮮、美味、便宜！有茶、正餐、宵夜，以及飲料。」在它的三等餐室裡，一人喝茶收費八戈比，二人是十二戈比，四人二十戈比。[39]

　　在基輔，雅爾餐廳承諾「所有菜餚都用新鮮奶油烹調」。[40] 一家敖德薩餐廳（「奧尼普科麵包房（Onipko）全新裝潢的咖啡館」）也承諾使用新鮮奶油，還有薩拉托夫的洛戈夫斯基（Logovskii），以及梯弗里斯的巴黎咖啡館。（也許是西伯利亞的奶油業崛起使得奶油成為人們的焦點。）巴黎咖啡館提供「由經驗豐富的大廚負責的歐洲與亞洲菜餚」——此處的「亞洲菜」幾乎可以確定指的是喬治亞菜，因為其中一種特別用大寫字母強調

---

17 李・梅瑞威勒（Lee Meriwether），一八六二－一九六六。此書初版於一八八六年。
18 等同於一八三〇年代美國開始流行的廉價報紙（penny press/penny newspapers）。

梯弗里斯（現喬治亞的提比里斯）的凡爾賽飯店這則廣告中，兩位男士正在談論餐廳裡等待光顧的美味，從早上的「咖啡、鮮奶油和茶」，到「外國酒類與俄羅斯果汁甜酒」。

Утромъ кофе, сливки, чай
За журналомъ не скучай;
Завтракъ, водка и вино
Удовольствіе одно!
Обѣды сытные всегда
Не дороги никогда,
И порціонно кушать можно,
Какъ дешевле невозможно
Цоцхали идетъ очень ходко
Для любителя находка,
Заграничные напитки,
Есть и русскія наливки
Гдѣ же? гдѣ жъ, все это?
Догадаться очень трудно
Коль не знаешь ресторана
Подъ гостинницей „Версаль"
Это правда а не враль!
960 10—3.

的食品是（美味的）喬治亞乳酪麵包 khachapuri。[41]

這些種種咖啡館與餐館不僅是用餐的場所，也是世界上新生活方式的場所。即使目標讀者是非上層階級的廉價報紙上，餐館及咖啡館宣傳餐飲與娛樂，也正好展示了沙皇晚期文化的混雜特性。一九一三年，薩拉托夫的北極餐廳承諾，每天都有「身著波雅爾貴族戲服的男子合唱團」和烏克蘭舞者表演。[42]其他餐館則承諾會有羅馬尼亞或義大利管弦樂隊，敖德薩的熊餐廳有「教育意義人物的影片」。[43]在下諾夫哥羅德的阿波羅餐廳，用餐者甚至可以在飯後使用餐廳的汽車兜風（價格另議）。[44]

這些場所還承諾為女性提供不一樣的世界，但只是隱約暗示。在十九世紀的大部分時間裡，餐館幾乎是純男性的場所。布歇・德・彼爾特在一八五〇年代光顧三一食堂，他注意到他的同行者引起其他用餐者一陣騷動，因為其中包括一位女性，他指出此一事實「令我震驚，這位女士無疑是漂亮的，她穿著得體，但無論是她的美貌還是裝束，都不至於引起這般轟動」。[45]當然，這種轟動只是因為她出現在純男性的環境中。沙皇時代

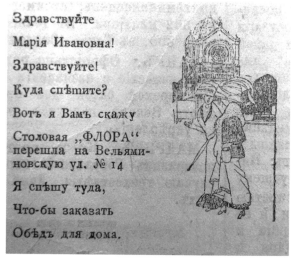

梯弗里斯的「花神」餐廳的兩幅廣告，展示了兩種不同的潛在客戶。左圖三名男子討論在此用餐十分值得。右圖兩名女子討論從食堂訂餐在家吃——對她們來說，在公共場所用餐還不是很容易的事。

末期的大多數廣告也表明，外出用餐是男性的活動，這些廣告幾乎完全針對潛在的男性顧客，在廣告中他們經常是在討論一頓飯的價值。[46]一個例外是梯弗里斯的花神餐廳一則廣告，其中兩位衣著講究的女子正在進行簡短對話，表明了這些場所開始接觸女性消費者，雖然方式有限：「您好，瑪麗亞·伊萬諾夫娜！您好！您這是上哪兒去？哦，我正要告訴您，花神餐廳已經搬到維利亞米諾夫斯基街十四號。我正要去那裡為家人訂一頓晚餐。」[47]

　　一頓晚餐有多道菜，還有向帝俄後期廉價報紙讀者承諾的現場管絃樂表演，然而這個世界對於大多數讀者來說可能只是夢想。他們不是富人，而是城市大眾，人數在帝俄後期不斷增加。在十九世紀後半葉，愈來愈多工人來到城鎮或工業地帶，在工廠工作。克里米亞戰爭後，帝俄開始自覺以工業化為目標，克里米亞戰爭之所以潰敗，部分原因是俄羅斯軍隊在技術上落後對手。結果，俄羅斯帝國各地出現了愈來愈多工廠，集中在特定地區及城市周圍，愈來愈多工人前來工作，至少是部分時間在此工作。農民必須購買許可證才能前往城鎮工作，但只有少數人能夠將該許可轉換成永久居留許可。很少人擁有單獨的住家甚至單獨廚房的公寓，常見的是租一個房間甚至房間一角。到了二十世紀初，這個問題已經變得尖銳。據一名俄羅斯記者稱，倫敦的住宅平均容納七點九人。莫斯科的建築容納

二十八人，聖彼得堡五十二人。這反映的不只是建築物的大小。聖彼得堡與莫斯科的一間單人房可容納八人以上，而倫敦為四點五人（維也納、柏林及巴黎甚至更少）。[48]

　　於是出現了各種不同方法，為流動的工作人口提供食物。事實上有許多熟食來源，包括流動小販與非正式攤位，都有助於為許多食客提供熟食，而且這種做法在很久以前就已經開始了。十九世紀稍早時，奧古斯特·馮·哈克斯陶森在俄羅斯看到了村社勞動模式與農民組織，並深感興趣，他對敖德薩大部分勞動人口的飲食方式感到震撼：

　　我對古老的市集特別感興趣，那裡有小吃店和麵包攤。在這裡的市場上，一天裡隨時可以看到人群坐在露天長椅上吃飯，尤其在中午。乞丐、流浪者，還有大部分勞動階級都沒有自己的房子；他們不在家做飯，而是在這個市集的小吃店吃飯。這裡可以看到不同民族的習慣，比如俄羅斯人有一種儀式，他們在坐下來吃飯前，先脫下帽子，把臉轉向距離最近的教堂，劃一個十字。他們的晚餐總是由穿著白圍裙的侍者端上來，而且他們總是坐在飯桌前吃飯；總之，他們始終表現出自己是個有教養的人。這種生活方式看似昂貴奢侈，普通人也能獲取足夠的營養，一般是動物性食物與魚類，但實際上是最便宜且最合適的。[49]

　　幾十年後，一位旅人描述了重要商業城市下諾夫哥羅德的類似情況：

　　在伏爾加沿岸的「西伯利亞鐵路線」附近，有幾處廉宜餐館值得光顧。工人花五個戈比（約一個半便士）就可以吃一頓豐盛的晚餐，包括自助取食的湯與黑麵包，以及大約一磅重的蕎麥粥，這是俄羅斯大眾的主食。僅麵包的平均每人食用量就是一點五磅，但一次能吃下三磅的工人也並不少見。不准喝烈酒或麥酒，但全天都供應茶，收費三戈比，即不到一便士。[50]

　　更大規模的工廠出現，在附近雇用大量工人，於是其他組織也隨之發展。在許多情況下，俄羅斯工人以一種集體的合作社組織（artel）[19]為自己準備飯食。這在俄羅斯有著悠久歷史，與全男性的軍隊環境有關。軍隊的士兵以團體為單位，購買並準備食物。俄羅斯的工廠集中地也採用同樣做

---

19 арте́ль，舊俄及蘇聯時期的勞動組合、合作社。

法。英國旅人亨利‧薩瑟蘭‧愛德華茲對此一做法印象深刻：

> 工人們選出一名承包人或膳務員，他負責採買一切、主持共同的餐食，並且每個月重選一次。」他認為這是非常重要的。他指出：「俄羅斯紡織〔工廠〕的執行協會的成立目的，只是以最便宜的價格購買食品，而且這種做法不會冒犯任何理論家甚至所有人，也許附近的屠戶與麵包師是例外，因為他們本來可以因每個工人單獨購買而賺取更多。[51]

他的結論更是深具意義：

> 然而，這似乎表明了俄羅斯人經常告訴我的觀點，即俄羅斯農民是講理、盡責、行為良好、易於管理的階級，他們相互信任，而且社群中每一個成員都有發言權，他們身為其中的成員，尊重該社群的共同決定。[52]

他做夢也沒想到，這個「盡責、行為良好、易於管理的階級」很快就會參加革命。

饑荒重現和沙皇政權的崩潰

所有這些變化，所有這些增長，所有這些新的可能，都是驚人的。然而儘管如此，在一八九〇年代初，俄羅斯帝國面臨了自混亂時期以來從所未見的饑荒。一位歷史學家在一九一三年寫道：「現在在俄羅斯，饑荒依然是一個可怕的客人，這是由於我們農業人口貧困、土地耕種不佳、缺乏足夠的優質廉宜道路與交通方式。」[53]俄羅斯可能看來正在走向現代，但饑荒顯示的是另一種情況。

在十九世紀的大部分時間裡，沙皇政權的各種力量都積極對抗饑荒的威脅。在某些方面，俄羅斯帝國是幸運的。十七世紀初的可怕饑荒是近三個世紀以來的最後一次。雖然帝國各地區都有經常的歉收，但通常只導致短期的地區性困頓，而非大規模饑荒。原則上，在農奴制時期，農奴主要確保自己的農奴不會挨餓，有證據顯示挨餓的情況並不常發生。此外還有其他措施用以確保農民與城鎮居民都能吃飽飯。從十八世紀初開始，taksa制度——為某些商品定價——試圖讓城鎮居民都能獲得食物。麵包、肉類與魚類的價格，都是根據原材料成本的實際波動，以及麵包師的請願書進

行調整。在農村，這個方法行不通。從十八世紀末開始，農民被要求每年把穀物送到一個公共糧倉保存，以免某次歉收導致下一年缺乏新種子。最初這個做法僅限於宮廷農民，即屬於羅曼諾夫家族個人的農民，當時保羅一世下令開始執行這種儲存方式。十九世紀初，一連串愈來愈糟的歉收讓所有人都擔心饑荒將再次來臨，於是所有農民都被迫照做。[54]

直到十九世紀末，至少在大多數情況下，這個辦法似乎都有效。像往常一樣，每隔一段時間就出現歉收，而結果也總是造成苦難。定期出版的報導記述，農民在特別缺乏麵包時吃的是許多替代品：苔蘚、樹皮、橡實、草、乾草。不過一般來說，國家可以相信自己已經成功建立了一個制度，能夠阻止這些困難像從前那樣急遽惡化──甚至不像最近世界上其他地區那麼嚴重。

然後，這個制度失敗了。在俄羅斯帝國適宜穀物耕種的地區，一八九〇年是一個糟糕的年分──乾旱加上提早的嚴霜。一八九〇／九一年的冬天也很糟糕，風雪使得已經播種冬季作物的土地乾涸。一八九一年的晚霜之後是提前的酷熱。結果是可以預見的：嚴重的歉收。[55]然而，當時的觀察家及後來的歷史學家都認為，在一定程度上，是沙皇政權的錯誤決定，使得嚴重歉收導致嚴重饑荒。

不久後就任農業與國家財產部長（Minister of Agriculture and State Domains）的 A・S・埃莫洛夫（A. S. Ermolov），當時是財政部高級官員，他回憶一八九一年春天在俄羅斯南部旅行時，看到了即將到來的歉收跡象。他乘坐火車穿越該地區，看到窗外荒廢的鄉間，讀到報紙上滿是提高糧價、增加糧食出口以改善俄國貿易平衡的計畫，因此深感憂慮。他還回憶自己寄給財政部長伊萬・維什涅格拉德斯基（Ivan Vyshnegradskii）一份備忘錄，警告他難關即將來臨，並希望很快採取「最果斷的措施」來避免饑荒。維什涅格拉德斯基的目標是改善俄羅斯的貿易平衡，將盧布納入金本位制[20]，所以他憤怒地將備忘錄扔進了垃圾桶。[56]

結果證明埃莫洛夫是對的。饑荒襲擊了二十九個省和地區：阿爾漢格爾斯克、阿斯特拉罕、卡盧加（Kaluga）、喀山、哈爾科夫（Kharkov）、赫爾松（Kherson）、科斯特羅馬（Kostroma）、庫斯克（Kursk）、下諾夫哥羅德、奧洛涅茨、奧廖爾（Orel）、奧倫堡（Orenburg）、奔薩（Penza）、彼爾姆（Perm）、波爾塔瓦、梁贊（Riazan）、薩馬拉、薩拉托夫、辛比爾斯克

---

20 以貴金屬為基準的貨幣制度，從十九世紀中葉開始盛行，一九七〇年代停用。在該制度下，用黃金來規定貨幣所代表的價值，每一貨幣單位都有法定的含金量，不同國家的貨幣可按其含金量價值進行兌換。

饑荒從北部的阿爾漢格爾斯克，到南部的阿斯特拉罕，從西部的波爾塔瓦（Poltava）到東部的烏法（Ufa）及圖爾蓋斯克[21]（Turgaisk）。這幅圖尤其顯示出當時人眼中的饑荒：農民面對身著制服的軍人，其代表了冷酷無情的官僚政權，並暗示饑荒是沙皇制度在末年崩壞的原因之一。

---

21 波爾塔瓦省位於今烏克蘭中部，烏法省位於烏拉爾山脈西面，圖爾蓋省在今哈薩克斯坦中西部。

一九〇五年革命期間，戰艦波坦金號的士兵拒絕食用長了蛆卻被認定可食的肉，於是發起一場著名的譁變。第一
次世界大戰期間，在俄國漫長的西部邊境上建立了龐大的戰壕網，要為當地的大量軍隊供應軍需，當然是巨大的
挑戰。這張明信片暗示著沙皇尼古拉二世很關心他的士兵所吃的食物品質──背面的說明是「沙皇對於一切都很
好的報告並不滿意，正如照片所示，沙皇本人正在試吃士兵的食物，以確信他的士兵都得到了優良供給」。但是
人們對這張照片的看法可能並不如預期，因為尼古拉在這鮮花盛開的庭院中，必定與戰壕裡的經歷形成鮮明對
比。

（Simbirsk）、坦波夫（Tambov）、托博爾斯克、圖拉、烏法、沃羅涅日、維
亞特卡諸省，以及烏拉爾（Urals）、頓河哥薩克（Don Cossacks）、阿克莫
林斯克（Akmolinsk）及圖爾蓋斯克地區（即現在的烏克蘭南部與哈薩克斯
坦）。於是所有以出口糧食讓俄國達到金本位制的念頭都被拋諸腦後，至
少在當時是如此。中央政府和地方政府花費了大約一億七千五百萬盧布援
助受災者。[57] 還有更多金錢與實物援助來自私人捐助，包括紅十字會、當
地團體、個人。

　　儘管有這些援助，死亡人數仍然很高，在這兩年中，可能超過五十
萬，其中大部分是伴隨饑荒而來的霍亂造成的。沙皇政府對這場危機非常
重視，立刻採取救援行動，而且開始從各省收集消息，以期徹底修改關於
糧食供應的法律。但是，關於最佳方式的意見分歧甚大。最後在一九〇〇
年制定了新的法規。據埃莫洛夫說，這些法規的主要部分之一，是將困難
時提供物資的責任，從村莊本身以及向各省人民負責的地方自治局，轉移

到沙皇政府的地區辦事廳。[58] 換言之，這是讓沙皇政府及沙皇本人負責供應。在當時，這個做法看來表達了沙皇對農民的愛護，然而很快，實際情況將證明這是造成他毀滅的原因。

在第一次世界大戰期間，一切都崩潰了，俄羅斯帝國在這次大戰中經歷的不是國家的再造，而是毀滅。就在十年前，俄羅斯帝國向日本開戰，希望重新成為世界舞台上的主角；然而結果是在遙遠的帝國邊緣被徹底擊敗，而且動盪席捲了整個歐俄地區。這場稱為一九〇五年革命（Revolution of 1905）的動亂，打擊了社會每一個層面。工人罷工，結果包括首都聖彼得堡在內的城鎮運作癱瘓。士兵與水手譁變，最著名的是在戰艦波坦金號，起因是伙食裡的肉類生蛆。農民暴亂，幾乎都以他們耕作的、且相信自己應該擁有的土地為名義。這場革命使得俄羅斯首次成立了下議院，即國家杜馬，但最後依然未能終結對於專制運作的不滿。

第一次世界大戰使得日俄戰爭的創傷相形見絀。雖然俄國軍隊最終在南部與西南部對鄂圖曼帝國及奧匈帝國取得一些成功，但最初經歷了迅速撤退，直到前線在遍布的戰壕中穩定下來。這一切導致俄國國內面臨一個重要問題，即供應問題。這場戰爭的規模引起難民危機，因為人們爭相逃離戰爭的殘害。到一九一五年底，官方統計有三百三十萬難民；一九一七年初，已經上升到六百萬。[59] 原本隨著工業崛起而湧入俄國城鎮的新工人，已經對其基礎設施與資源造成壓力，現在又有數百萬難民需要食物與棲身之處。國內的不滿愈來愈強烈，食物是不滿情緒的核心。這讓沙皇政府感到驚訝。正如當代歷史學者拉爾斯‧李（Lars Lih）所指出的，政府並沒有想到糧食供應會成為問題，因為在戰爭開始時，俄國似乎已經鞏固了糧食出口國的地位。（當然，這忽略了短短二十幾年前的饑荒，也忽略了對於未來可能發生饑荒的持續擔憂。）相反的是，正如他所說：「食物供應很快被視為問題，然後是一場危機，最後是一場災難。」[60] 穀物產量下降，雖然幅度不大，但足以令人察覺。然而由於需要從農村徵收更多穀物來養活士兵，而且由於戰爭期間需要這些物資的地區缺乏運輸設施，於是原本相對和緩的產量下降幅度就被放大了。[61] 農場工人被徵召入伍——大約占最初動員時農村勞動力的五分之二——馬匹也被徵召入伍。出口基本停止，但生產力下降依然令帝國無法養活自己。軍隊不得不購買愈來愈多的物資，以餵飽士兵與馬匹，於是城鎮首當其衝，感受到物資短缺的影響。沙皇政府沒有採取定量配給制，而是試圖以強徵糧食稅或固定價格來解決問題，但這些做法收效甚微，無論是要從農村獲得更多糧食、還是對於需

要糧食的城鎮居民都是如此。[62] 供應危機不僅發生在最大的城鎮，也發生在各省；傳統上的糧食輸出區與輸入區都一樣受到危機衝擊。[63]

於是，一九一七年的國際婦女節（國際上是三月八日，但根據當時俄國使用的曆法，是在二月二十三日），彼得格勒——因反德情緒而從聖彼得堡改名為此——的女工們因該城的麵包發售問題而罷工。當時整個冬天食物供應不足，街上不滿的聲音愈來愈大。於是彼得格勒當局在二月初向該市居民發放了較多的麵粉，但這使得發售的麵粉供應短缺，市政府不得不限制麵包店的麵粉供應，導致更嚴重的短缺。排隊購買麵包的人數愈來愈多，於是人們愈來愈難以兼顧排隊等候與日常生活，其中也包括工作。最後，一家工廠的女工要求工廠要不提供麵包，要不縮短她們的工時，讓她們有時間排隊。工廠不同意，她們就上街遊行了。[64]

就是這個時候，婦女們關於麵包的抗議，成了沙皇政權崩潰的導火線。更多首都工人加入她們，於二月二十五日在全城舉行大罷工。雖然政府調集軍隊鎮壓罷工，但其中一個兵團抗命，其他兵團也隨即加入；到了二月二十七日，罷工的工人及士兵遍布城中大部分地區，導致城市功能癱瘓，他們不僅要麵包，還要求政府內部進行徹底改革，他們認為自己的困境正是政府造成的。接下來的幾天裡，沙皇政府的各部長們或被捕或潛逃，國家杜馬成立了杜馬委員會，以接管真空的政府高層，而一個總罷工委員會，即彼得格勒蘇維埃[22]（Petrograd Soviet），則是平行或影子政府。三月二日，尼古拉二世宣布自己與兒子阿列克謝退位。第二天，他的弟弟米哈伊爾也公開拒絕繼承王位。[65]

羅曼諾夫王朝與沙皇帝國從此不復存在。

---

22 全稱彼得格勒工人與士兵代表蘇維埃（Петроградскийсоветрабочих и солдатскихдепутатов/Petrograd Soviet of Workers' and Soldiers' Deputies），蘇維埃（совет）意為議會。在當時是最大的民間反對派勢力，其成員是接下來十月革命的主力。

第七章
飢餓與豐足：蘇維埃經驗

在民族誌學家開始記述一九五〇與一九六〇年代的蘇聯居民的時候，他們尋找的是一九一七年革命所創造的「社會主義文化轉型」的證據。[1]他們認為，「與過去相比，工農家庭的營養狀況已經明顯改善，並且還在持續改善。」最重要的是，他們稱俄國農民與工人現在吃的肉和乳製品比革命前增加許多，革命前「大部分勞動人口嚴重匱乏」，因為當時人民貧窮而且缺少牛隻。[2]

然而除了上述變化之外，他們對於俄國農工飲食的許多描述看起來非常眼熟。經過發酵或煮熟的乳製品，可以稍微延長保存時間，這類產品依然很常見，比如發酵酸牛奶[1]（prostokvasha）、烘焙牛奶（varenets）、熟酸奶（riazhenka）。「俄式」發酵奶油[2]（sour butter）取代了奶油，不過依然是「特色」。肉類通常烤著吃，或者加在湯與餡餅裡，或者煮成肉凍。醃製香腸是「深受喜愛的小吃，尤其在節日」，這些香腸也是現代化的標誌，因為是從商店購買的，而不是在家裡自製。

黑麥酸麵包正逐漸被小麥白麵包取代。水煮的餃子、油煎或烘烤的餡餅、卡拉奇麵包，烏克蘭乳酪塔的餡料可能是肉、包心菜、胡蘿蔔、蘑菇或莓果。油煎餅[3]（oladi）和圓薄餅是特殊美食。蕎麥粥的材料可以是小米、大麥、燕麥，當然最主要的還是蕎麥。小麥粗穀粉及稻米愈來愈常見於兒童食品。果子凍——以澱粉增稠的果汁——為人們所「喜愛」。燕麥糊在過去一直是主要的田間速食，在一些地區仍然「非常受歡迎」。

蔬菜仍然是農民飲食的重心，但現在種類不同了。包心菜依然很重要，夏天鮮食，冬天吃的是鹽醃或發酵的，而且一直用來做湯；小黃瓜也是醃製或鮮食。不過現在馬鈴薯已經成為最常見的蔬菜，「油炸、煮熟後

1　ряженка，源自烏克蘭，在俄式爐灶烘過的牛奶中加入酸奶油靜置而成。
2　又稱 cultured butter（кислосливочноемасло），以發酵鮮奶油製成。
3　複數型 оладьи，單數型 оладья，源自古希臘文「油」。小而厚的圓餅，材料為小麥粉或蕎麥粉、雞蛋、牛奶、鹽、糖、酵母、酸奶。

食用，當作肉的配菜，或者一道單獨的菜。」[3] 一些曾經只在南方常見的蔬菜，在北方也愈來愈為人所知，尤其是番茄與南瓜。甜菜湯是「烏克蘭人的特色菜」，在俄羅斯人中也愈來愈普遍，不過主要還是在城鎮。洋蔥、大蒜與胡蘿蔔「生吃或當作調味品」。櫻桃蘿蔔和辣根也為飲食增添風味。蕪菁曾經是北方最常見的蔬菜，現在卻被馬鈴薯取代了。蘑菇依然隨處可見。用來烹飪的油通常是植物油，包括熟悉的大麻籽與亞麻籽油，但葵花油的用量也在增加。蘋果、梨、西洋李、莓果，以及愈來愈多的西瓜和甜瓜都擺上了餐桌。

作者們還描述了蘇聯經驗改變了農村飲食習慣的一些情況。現在集體制度下的農民有了薪資，可以光顧商店。他們購買一些比較新奇的東西，比如通心粉、砂糖與糖果，以及麵包等家常食品。作者稱，一些村莊也生產冰淇淋。[4] 茶是最常見的飲料（克瓦斯和啤酒緊跟在後，伏特加和葡萄酒是為節日而購買的）。但喝茶的方式不同了，尤其是茶炊正在消失，在城鎮，以爐子加熱的燒水壺普遍取代了茶炊，在農村燒水壺也日益增加。

雖然集體農場（kolkhozy）能夠買到的物品愈來愈多，但作者承認，城市依然擁有更多商品。城市享受更多的進口水果，民族誌學者列出了柿子、桃、杏和柑橘類。食堂、罐頭食品和半成品使得餵飽家人這件工作比從前輕鬆。蘇聯的城市居民仍然食用「俄羅斯特色食品，比如包心菜湯、蔬菜冷湯、西伯利亞小餃子、圓薄餅、薄餅、鍋煎餅以及傳統烘焙食品（餡餅、卡拉奇、圖拉與維亞濟馬[4]〔Viazma〕香料糕）」。此外，民族誌學者還指出，「城市居民食用許多其他民族的菜餚，比如烏克蘭甜菜湯、中亞抓飯、高加索烤肉串，以及許多東歐與西歐菜餚。」[5]

他們發現的這些變化，在許多方面都是溫和的。大部分都是相同的類型，加上一些蘇聯境內其他地區的新菜餚；從材料變化可看出農業與食品生產的改變，以及這個遼闊國家裡商品運輸方式的改變。更多水果與蔬菜被廣泛使用，人們食用更多肉類與奶製品，更多白麵包取代黑麥麵包，還有更多加工食品。民族誌學者們暗示，這些變化是因為與城市的接觸增加，也因為中央致力於促進「公共飲食」（social nutrition，obshchestvennoe pitanie）。這些努力帶來了自助餐廳與商店，而且城鎮與村莊都有了新食品。但在另一方面，對於俄羅斯烹調被改造——雖然並沒有被消滅——的過程，民族誌學者卻保持沉默。

4　俄羅斯西部城市。

　　當然，這代表著他們對許多事物保持沉默。他們對史達林的同鄉阿納斯塔斯·米高揚[5]（Anastas Mikoyan）保持沉默；米高揚藉由機械化，創造了許多新的食品供需網絡，這是他眼中獨特的富足願景。對於一九三〇年代初強迫農民加入集體農場的集體化運動、對於二戰後的合併運動幾乎掃除殘存的革命前村莊，這些民族誌學者都保持沉默。最重要的是，他們對一九二〇年代初、一九三〇年代初、一九四六－一九四七年一再發生的饑荒的影響保持沉默。

　　另一方面，這本民族誌出版於一九六八年，那些艱困與恐怖在當時看來已經成為過去。赫魯雪夫的解凍[6]（Khrushchev Thaw）已接近結束，但這個時代似乎機會與相對自由都已增加。更實際的是，在赫魯雪夫時代，城市有了更多住宅，集體農場首次得到國家支援，而非被國家榨乾。雖然布里茲涅夫時代（一九六四－一九八二）晚期開始以短缺及所謂的「稀缺商品」[7]（deficit goods）而聞名，但頭十年左右似乎是相對富裕的時期，至少如果你住在莫斯科或聖彼得堡的話，可以試想過去的苦難已經讓位給繁榮的現在。

　　這一切組成了俄羅斯飲食在蘇聯時代的故事。這是短缺與艱難轉型的時代，造成這種情況的國家法令，在最好的情況下是構思拙劣的，在最糟的情況下是極度暴力的。這是一個烏托邦計畫的時代，它相信自助餐廳與公共廚房、香腸與香檳酒的變革力量，相信這些能夠創造新的、幸福的、富足的蘇聯公民——與此同時，這些計畫往往只限於紙上談兵，在現實中無法完成。這也是從生活中學習經驗的時代，時而游移在虛幻與現實之間，而最後可能加強了飲食的重要性，飲食不僅是維持生命所需，也是社會生活所需。

　　一九一七年的一場革命開創了蘇聯時代；更精確的說法是兩場革命。由婦女的麵包抗議引發的二月革命，結束了羅曼諾夫王朝。十月革命由活躍的革命者領導，建立了新蘇聯國家的雛形。當然，實際上這個故事要複雜得多。「蘇維埃」一詞的意思是「議會」，新的政權主體是以工人的罷工委員會為基礎，這些罷工委員會不只出現在彼得格勒，也出現在帝國各地

5　一八九五－一九七八。布爾什維克黨人，蘇聯政治家，曾任蘇聯國內和對外貿易人民委員、國防委員會委員、部長會議第一副主席、最高蘇維埃主席團主席。從一九三五年一九五〇年代推動蘇聯工業化、對外貿易及戰後經濟重建。
6　一九五四至一九六四年，赫魯雪夫當政時期的蘇聯政治、外交、文化上較為開放。
7　дефицитные товары，又譯為赤字商品，原本指進口商品，到了蘇聯晚期，生活必需品以外的商品幾乎都是（甚至生活必需品也可能是）稀缺商品，普通人必須排隊或者透過各種灰色管道與關係網才可能買到，以至於口語中直接以 дефицит（短缺）指稱這些商品。

INTERIOR OF A RUSSIAN COTTAGE

上圖攝於一九一五年，這名婦女住在傳統農舍中，但是有兩件事物代表著現代：茶炊（當然不是放在平時的正常位置，以便納入取景），以及在平面爐台上烹飪，而非傳統俄式爐灶。下一頁的照片攝於一九五二年，表達了現代食品世界的不同視角——使用瓦斯管的平面爐台，還有大量肉類與罐頭食品。這是蘇聯富足願景的核心。

КРЕСТЬЯНИН! КРАСНАЯ АРМИЯ, от хищников всходы твои сохранит.

雖然新的蘇維埃國家首先自視為工人的保護者，但廣大的俄羅斯帝國境內的現實情況，使得它必須盡力吸引許多不同類型的勞動者。這張內戰時期的海報展示了蘇維埃政府試圖說服農民的方式（該男子的鬍鬚表明他是烏克蘭人）：「農民！紅軍正在保護你的莊稼免受掠奪者的剝削。」

的城市。然而十月革命是由彼得格勒蘇維埃最激進的派系領導，因此，儘管原則上所有的蘇維埃整體而言是新的主政當局，但愈來愈明顯的是，真正的權利只掌握在其中一個派系成員手裡，即布爾什維克（Bolsheviks）。布爾什維克是俄羅斯社會民主工人黨（Russian Social Democratic Workers' Party）的成員，他們遵循弗拉基米爾・伊里奇・列寧[8]（Vladimir Ilich Lenin）所倡導的經特殊詮釋的馬克思主義。列寧不僅成為他所在派別的領袖，而且成了整個政治體系的領袖。在幾年內，其他形式的政治表達（以及許多曾經如此表達的個人）都被消滅，蘇維埃國家成為一黨制國家。俄羅斯社會民主工人黨（布爾什維克）演化為俄羅斯共產黨，最終成為蘇聯共產黨。

8　一八七〇－一九二四。本姓烏里揚諾夫。第一任蘇聯人民委員會主席，布爾什維克中央政治局正式委員。

十月革命中，蘇維埃奪取了首都彼得格勒的控制權，其他城市的蘇維埃也跟進。不久之後，首都遷回這個國家的古老中心位置莫斯科，遠離原本所在的邊境。從那時起，蘇維埃／布爾什維克軍隊開始投入一場代價高昂、恐怖血腥的漫長內戰，這場內戰蔓延至前俄羅斯帝國的大部分領土。部分前帝國領土最終獲得獨立，但其餘部分在一九二二年重組成新的蘇維埃社會主義共和國聯盟（Union of Soviet Socialist Republics），最初由四個共和國組成，最多的時期則是由十五個以民族為基礎的共和國組成，其中疆域最大、人口最多的是俄羅斯蘇維埃聯邦社會主義共和國（Russian Soviet Federated Socialist Republic）。

新的蘇維埃國家在起初的暴力與激進之後，為了恢復元氣，暫時放緩了嚇人的變化速度。在早期，工業迅速國有化，農村建立糧食徵收制度，新的布爾什維克當局的政治敵人及階級敵人遭到鎮壓。一九二〇年代稱為新經濟政策時代（New Economic Policy，簡稱 NEP），上述政策在當時有所放鬆。某些類型的私人生產（尤其涉及消費品，包括食品）又合法了，徵用改為徵稅，並且勉強接受了需要「資產階級專家」的現實。但在一九二〇年代領導層也發生變化；連續幾次腦血管中風使得列寧半退隱，最終去世。接下來幾年裡，蘇聯共產黨的最高階層發生權力鬥爭。到了一九二〇年代結束時，其中一個人消滅了所有對手，即約瑟夫·史達林，他成為該黨領袖，因此也是未來二十五年蘇聯的領袖。

史達林結束了相對寬鬆的新經濟政策時代。現在一切都是戰鬥：工業之戰、集體化農業之戰、階級純淨之戰、社會主義文化之戰。在當時的思維模式中，蘇聯遭到企圖摧毀它的階級敵人重重包圍，因此它需要為生存而鬥爭。這場鬥爭似乎要求或者赦免了嚴酷的手法，因為所有一切都伴隨著令人驚駭的粗暴嚴酷。與農業集體化同時進行的是農村「消滅富農」（dekulakize）。Kulak 即所謂的富農，他們的土地被新的集體農場沒收，家庭被押解到開墾定居點，通常在西伯利亞或極北邊。迅速工業化在其他方面造成無情衝擊，包括極大的工作量，以及湧現的新市鎮裡惡劣的生活條件。在所謂的文化革命裡，階級敵人也被免職。[6]

一九三〇年代，蘇聯進入了新常態。工業化與集體化農業是經濟的基礎，與這些目標有關的問題，有些遭到掩蓋（比如烏克蘭及其他糧食生產區發生饑荒時的可恥手段），有些則被歸咎於階級敵人與破壞者。在這些年裡，也融合誕生了蘇聯文化的理想遠景，令人驚訝的是，這種文化在許多方面都十分傳統。一九二〇年代的激進藝術形式不再受到青睞，取而代

之的是所謂的「社會主義現實主義」，它所描繪的不完全是現實，而是現實的理想化版本。這對一切都有潛移默化的影響，從音樂（不再有不和諧音）、文學（請直接了當講述勞動英雄的故事），到服裝（蘇聯時尚流派）與飲食（人人喝香檳，因為生活已經變得更快樂！）。

這一切都在繼續，同時大清洗（Great Purge）的鎮壓加劇，又一次造成蘇聯人民創傷。蘇聯政權從一開始就使用恐怖手段來實現目標。早在一九一七年十二月，契卡（Cheka，「全俄肅清反革命及怠工非常委員會」〔All-Russian Extraordinary Commission for Struggle against Counter-Revolution, Sabotage and Speculation〕的縮寫）就開始對政治對手與階級敵人使用監禁及死刑。內戰後，處決的速度下降，但監禁與勞改卻沒有減少。一九三○年，在工業化與集體化的巨大推動下，新的國家勞動改造營管理總局（State Administration of Camps，即古拉格〔GULAG〕）將原本分散的勞改營統一管理。勞改營裡關滿了政治犯（他們可能是因為上工遲到而被控反對社會主義勞動），以及暴力罪犯，許多政治犯在日後追述這一點的時候充滿了驚恐。在一九三七與一九三八年，來自上層的暗示使得整個組織陷入狂熱，逮捕在政治上不可靠的人並匆忙起訴。數十萬人遭處決，更多人被送進古拉格的勞改營。

雖然這一輪恐怖統治在一九三○年代末放緩，但還有另一個威脅，即納粹德國，它從一開始就堅定反對布爾什維克。儘管如此，一九三九年蘇聯與德國簽署了互不侵犯條約，該條約還祕密瓜分了兩國之間的土地：德國幾乎立刻入侵波蘭，導致綏靖政策[9]結束、第二次世界大戰爆發，蘇聯則吞併了之前屬於俄羅斯帝國的土地，即波蘭東部與波羅的海國家，此外在芬蘭也打了一場較為艱難的入侵戰爭。不過這項互不侵犯條約當然沒有持續下去（雖然不知出於什麼原因，史達林顯然很信任它）。一九四一年六月二十二日，德國軍隊大舉入侵蘇聯。這場戰爭最終導致納粹政權滅亡，但是在東線戰場剛開始的幾個月甚至幾年裡，看不出最後的結局會是如此。相反的是紅軍在糟透的撤退行動中被大幅追擊，已改名為列寧格勒的舊都聖彼得堡從九月開始被圍困。德軍從幾個方向往莫斯科進發，距離克里姆林宮僅四十一公里。德軍被擊退後，往南方草原推進，在伏爾加河下游史達林格勒[10]（Stalingrad）與蘇軍大規模對峙。一九四二／四三之交的冬季圍

9　當時英法對德的外交策略。
10　原名察里津，一九二五年改名史達林格勒，一九六一年改名伏爾加格勒。

困長達數月，結果是蘇聯勝利，正是這場戰爭風向開始改變的跡象之一。

到了一九四四年底，蘇聯軍隊已經將德軍趕出戰前的國界，並開始進軍巴爾幹半島。一九四五年，蘇聯是第一支進入柏林的盟軍，他們在前進途中進行了報復，因為他們為最終的勝利付出了巨大的代價。雖然估計的數字差異很大，但這場戰爭造成了大約兩千六百萬至兩千七百萬平民與軍人死亡。（戰爭期間，蘇聯承受了德國大部分的軍事活動；戰爭結束時，德國百分之八十的軍事傷亡來自東線戰場。）大片的蘇聯土地已經被占領了數月甚至數年；死亡人數（包括擴大到蘇聯領土的種族大屠殺）很高，城市與農業區的破壞都很嚴重。

蘇聯重建了，戰勝德國是團結的泉源，團結使得許多事物得到了寬宥（尤其是在史達林去世之前，還有許多需要寬宥）。取自東歐的蘇聯新衛星國的資源，有助於支持這樣的做法。上級制定的繁重的重建步調也是如此，使得農村再次陷入緊張——但對於重建後更好的物質生活的承諾，也是如此，這樣的承諾在電影、小說甚至烹飪書中愈來愈多，雖然對少數上層階級以外的人來說，還沒有出現在日常生活中。[7]戰後近十年裏，史達林依然在克里姆林宮中掌權，他變得愈來愈飄忽不定，但依然掌管一切。史達林主義的最後幾年裏，又一波人被送進古拉格——最著名而且最離奇的是回國的二戰戰俘，以及其他曾經被德國人俘虜的蘇聯人，他們回到祖國之後，發現自己被視為在政治上不可靠——或者受到其他壓迫，比如偉大的詩人安娜‧阿赫馬托娃（Anna Akhmatova）及其他藝術家。

一九五三年史達林去世後，情況發生了變化。在一段不明朗的時期之後，尼基塔‧赫魯雪夫（Nikita Khrushchev）成為黨領導人，因此也成為蘇聯的新領導人。他開創了在政治上消除史達林化的時期，其中包括文化方面一定程度的開放，以及迅速縮小監控與古拉格機構的規模（並釋放及平反許多囚犯）。此外，他還開始了關注蘇聯人民日常物質生活的新時期。赫魯雪夫的承諾往往超出了他實現這些承諾的能力，但他開始在農業上投入更多資金與精力，開闢「處女地」，並引進新作物（他訪問美國時在愛荷華州停留後，對玉米產生了興趣，此事極為著名）。城市中的新公寓建設也試圖應對空間不足的危機，這種永久的危機始於沙皇時代晚期，一直貫穿了整個蘇聯時代，因為愈來愈多人口湧入城市尋找工作。

在赫魯雪夫時代，以及其繼任者列昂尼德‧布里茲涅夫時代，蘇聯與外界的關係一次又一次解凍、冰凍、再解凍，控制國內秩序的努力也從相對開放轉為相對封閉（不過並沒有達到史達林時代鎮壓的程度）。原則上，

對於人民物質需求的關注並未消失——依然相信蘇聯是一個普遍繁榮的地方。但在現實中，這種繁榮在整個蘇聯一直是不平等的；直到一九七○年代末、布里茲涅夫時代末期，供應問題甚至開始影響原本供應相對充足的地區。一九一七年，辛苦排長隊買麵包引起婦女抗議，導致沙皇政權垮台，而現在所謂的「稀缺商品」又造成一樣的長龍與辛勞。

在短缺時代，政權並沒有垮台，但蘇聯還是在一九九一年崩潰了。在某些方面，蘇聯最後一任領導人米哈伊爾・戈巴契夫呼應了赫魯雪夫在一段停滯期之後改革與重建的努力。他的 glasnost（開放）與 perestroika（改革）政策，並不是為了結束一黨專制、或消除國家在經濟規劃中的角色。但一方面，這些政策放鬆了文化與政治控制，足以允許異議者出現，而另一方面，這些政策未能解決折磨著蘇聯制度的經濟問題。這次崩潰的導火線是在一九九一年八月，蘇聯強硬派試圖從戈巴契夫手中奪權。他們的行動在莫斯科引發群眾抗議，俄羅斯蘇維埃聯邦社會主義共和國的領導人鮑里斯・葉爾欽脫穎而出。之後，蘇聯各成員共和國基本上都投票支持獨立，並且各自走上脫離蘇聯的未來道路。

飢餓

從一開始，飢餓就是蘇聯經驗的一部分。第一次世界大戰造成俄國資源緊繃。隨後的內戰甚至破壞力量更大，進一步干擾了供應線，迫使人們在農村緊縮開支，或者奔向城市。這兩者都沒有改善整體的糧食情況。農村官員反而試圖從農民身上榨取愈來愈多的糧食，而農民的反應是藏匿糧食或減少產量。到了一九二一年，俄國的穀物產量已降至戰前的百分之三十一。[8] 結果城鎮官員發現自己的處境更加艱難，他們試著實行配給制，同時卻發現自己無法維持配給量。[9] 一九二一年初，雖然新的蘇維埃政權已經差不多擊敗了它與紅軍的對手，即所謂白軍，但也發現自己面臨來自內部的其他形式的反對，也就是農民反對徵用，工人也因自身糟糕的經濟狀況而暴動。蘇維埃政府的應對方式是放鬆內戰時期嚴格的經濟措施，於是新經濟政策相對開放。其中一個要點是取消糧食徵用，改為對穀物及其他食物徵收固定稅，此外還有取消糧食專賣、回歸（有限的）市場，都使得農民有糧食可出售。

雖然新經濟政策最後帶來了增長與復甦，但是並沒有立即緩解，當時局面迅速惡化為危機。在一九二一－一九二二年，蘇聯面臨第一場大饑荒

與其他糧食危機，其後連續發生，最終導致數百萬人死亡。第一次饑荒地區廣大，造成約五百萬人死亡。這顯然與內戰期間建立的糧食專賣有關，在此制度下，蘇聯／布爾什維克向不情願的農民徵用糧食。早在一九二一年春天，官員就報告了伏爾加沿岸的饑荒情況，當時農民已經將手中所有種子播種，希望這一年能有較好的收成。然而一場大規模的乾旱毀掉了希望。到年底，饑荒已經在伏爾加沿岸蔓延，並往西擴張到烏克蘭，往東到烏拉山。

在這種情況下，蘇聯當局對報告做出迅速反應，以阻止饑荒──但並非所有措施都發揮了功效。饑荒的消息廣泛傳播，而且與反對正教會的運動有關。該運動的論點是，為什麼教會在大規模饑荒時依然緊抓著自己的財富不放，難道不應該把這些財富用於賑災嗎？以賑災為名義沒收教會財產的倡議引發更多反對，教會自己的賑災組織則遭到解散。然而其他賑災工作得到官方批准：饑荒救濟中央委員會由政府管理，還有一個全俄饑荒救濟委員會，代表的參與者是作家馬克西姆・高爾基（Maksim Gorky，一八六八－一九三六）等名人。該委員會還尋求外國援助，最終外國援助在這次賑災中發揮了很大的力量。

一九二二與一九二三年的兩次豐收有助於結束饑荒，蘇聯經濟政策的變化也是原因之一。官員不斷改革制度、變更糧食稅等級、調整國家支付的糧食價格，並允許市場吸收更多糧食。[10] 但當時的一些因素，尤其是持續憂懼富農在農村擁有過多權力，使得蘇聯上層並不完全信任農民。一九二〇年代末，這種憂懼更加深重；一九二七年，由於擔心戰爭爆發，於是農民儲存糧食、不願出售，這種情況可能會破壞整個國家的糧食供應。新掌權的史達林敦促採取有力措施，打擊農民「囤積」，包括強制、告發、搜查、設置路障，以確保糧食不會被非法出售，而是集中到國家採購中心。

最後在一九二九年末，史達林宣布了新的集體化與消滅富農的政策。首先目標是把村落變成集體農場，第二個目標是以消滅富農為名義，在農村發動階級戰爭。整個冬天，成千上萬城市青年到農村去勸說──實際上是強迫──農民集體化。結果是主動與被動的混亂及抵抗。尤其婦女更容易群起抗議。農民寧願將自家的牲口屠宰，也不願交給集體。此外還有人出逃。但對農民施以消滅富農的恫嚇，的確有效而強制實現了集體化。一旦被貼上富農標籤，不但會被迫加入集體農場，而且會被迫遷往偏遠地區重新安置。這樣的威脅實在太可怕了。雖然史達林在一九三〇年初說集體

內戰帶來了蘇聯時期的第一次饑荒。這張海報告誡觀者，「記住那些挨餓的人！」但觀者自己的膳食也一點都不豐盛奢侈。

主義者「被成功沖昏了頭」，暗示政策將略微放鬆，但消滅富農運動依然是強迫合作的有效方式。雖然集體化措施初期有所下降，但是到一九三一年底，蘇聯六成以上的農民已經集體化。到了一九三七年，達到百分之九十三。[11]

集體化的目標遠大，那就是創造新的、正確的蘇維埃社會，有著蘇維埃的階級與經濟關係。在糧食產區，集體化原則上的意義很明確：農民使用拖拉機生產更多糧食，以支持更大的蘇聯快速工業化計畫。但是，蘇聯內部的社會與經濟結構變化多端，因此進行集體化的方式有時很怪異。在西伯利亞北部，傳統上放牧馴鹿的原住民群體，被迫將馴鹿集體化。在哈薩克草原上，大多數哈薩克人曾是遊牧民族，然而集體化與鼓勵定居雙管齊下，把哈薩克人改造得「現代化」，並開始在草原實行大規模農耕。

集體化不但具有破壞性，而且是致命的。饑荒與集體化最終導致五百萬至九百萬人死亡。哈薩克草原牧民被迫定居並將牧群集體化，饑荒首先襲擊當地，持續時間最長，造成最高比例人口死亡。哈薩克的饑荒早在一九三〇年冬天就開始了，但直到一九三三年，蘇聯政府才開始提供幫助，而饑荒持續直到下一年。在整個饑荒期間，有一百一十萬人逃離，還有人逃到中國；一百五十多萬人死亡，其中大部分是哈薩克族。也就是大約四分之一的哈薩克斯坦總人口——以及三分之一的哈薩克族人口——死亡，還有大約三分之一哈薩克族逃離哈薩克斯坦，當地的生活完全瓦解。[12]

另一個發生饑荒的主要地區是烏克蘭，一九三二年開始，一九三三年達到高峰，造成當地大約三百九十萬人（災前人口三千一百萬）死亡。對於饑荒的規模與恐怖程度，或者掩蓋消息而非採取預防行動的無恥決定，各方看法幾乎完全一致。同樣地，各方也同意，蘇聯政權的實際決定顯然加劇了饑荒——這是一場人為的饑荒，其原因是集體化第一階段徵用糧食的極端做法，以及未能及時糾正方向以阻止災難。然而，對於此一決定背後的意圖仍有疑問。一些人稱之為烏克蘭大饑荒[11]（Holodomor），視其為針對烏克蘭人民的蓄意種族滅絕行為。有些人則認為，這場災難並沒有具體的種族因素，而是由於完全不了解農業現實，不僅重創了烏克蘭，也重創了俄羅斯共和國的烏克蘭族庫班地區[12]（Ukrainian Kuban），並且再次造

---

11 烏克蘭語 Голодомо́р，「飢餓」與「災難」的複合詞。後來可泛指以人為造成的飢餓進行種族滅絕。
12 俄羅斯南部一個區域，庫班河周邊，位於黑海、頓河平原、伏爾加三角洲與高加索之間，傳統上是黑海哥薩克人居住地。

成伏爾加沿岸主要糧產區大量人口死亡。[13]

　　毫無疑問，造成集體化饑荒的根本原因，是優先偏重蘇聯社會的特定理想遠景，以及為了資助當時進行的大規模工業化而亟需糧食。蘇聯政府的行動加劇了問題，而非立即開始改善問題，這一點也是沒有異議。雖然最終賑災措施試圖結束饑荒，但已經遲了，而且是祕密進行。一九二〇年代初的饑荒消息是公開的，但這次卻被掩蓋起來。上次饑荒可解釋為沙皇時代的餘孽，或者是富農造成的。然而現在，理論上富農已經被消滅了，如果蘇聯政府公開消息，就無法推卸責任。於是沒有援助到來，沒有人公開發言；時至今日，這場饑荒的記憶依然是受災最重地區的群體傷疤。

　　還有一次蘇聯大饑荒，但是與其他饑荒相比，這一次幾乎被遺忘，主要是因為它緊跟在一次更嚴重的創傷之後，即第二次世界大戰。一九四六至一九四七年，一百萬至兩百萬人死於饑荒，這場饑荒再次襲擊了蘇聯的主要糧產區。鄉村當然因戰爭而備受壓力，由於紅軍的持續需求，馬匹被徵用，牲口被殺，勞動人數減少，拖拉機短缺。戰爭結束後，情況稍微放鬆，但並不足夠。雖然一些退伍士兵回到集體農場，但另外還有更多人決定在城市尋求新生活。乾旱帶來又一次歉收，而蘇聯政府又一次要從農村儘可能拿取更多資源。結果又是一場饑荒，發生在那些已經在戰爭中受盡折磨的人們身上。

　　與之前的集體化時期饑荒一樣，這次戰後饑荒也被隱藏在外界視線之外，因為它不符合蘇聯比資本主義國家從毀滅性戰爭中恢復得更快的敘事。比如，蘇聯在一九四七年取消了戰時配給制，比英國早了近十年，這並非因為蘇聯的供應問題已經解決，而是因為這樣就可以自稱已經更快解決了這些問題。如果人們得知蘇聯正經歷一場饑荒，會對蘇聯偉大勝利的形象產生懷疑。

　　另一個可能原因是飢餓在蘇聯的二戰敘事中扮演了許多其他角色。德國的戰爭計畫要求從蘇聯榨取大量穀物與食品（以及石油與其他資源），完全不考慮蘇聯公民的死活。因此德國的占領是暴力殘酷的，從烏克蘭擴張到俄羅斯西部、整個南部草原，直到伏爾加河。據估計，占領區內死亡的平民約一千三百六十萬，其中七百四十萬人是遭到殺害（包括兩百萬猶太人），四百一十萬人是餓死。[14]占領區的經歷就是在飢餓中掙扎求生的經歷。

　　即使在未被占領的地區，飢餓也一直存在。德占區的範圍之大，使得蘇聯突然失去了正常的食物供應。原則上，農業生產是對抗「貪婪的德國

法西斯主義烏合之眾」的一部分。其他地區也在努力增加產量，比如位於北極區及亞北極區的科米共和國（Komi Republic），黨政官員的回應包括承諾「增加馬鈴薯產量，包括在集體農場、國有農場及郊區土地、集體農場工人的私人地塊、工人與官員的個人園圃」。[15]

但是，蘇聯南部（現在大部分被占領）能夠成為蘇聯糧倉不是沒有道理。上述努力充其量只能讓當地比較能夠自給自足，但不能解決整個國家的難題，尤其是在必須養活大量軍隊的情況下。

蘇聯政府迅速開始實施配給制，試圖以此解決部分供應問題。配給制的基礎是以重要性區分等級：軍需工業人員得到的食物熱量比較多，其他領域人員得到的比較少，沒有工作的家屬得到的更少。除了少數官員，其他人得到的糧食配給都無法滿足實際體力需要；礦工及一些特殊工作人員得到的比較接近，但即使是「特殊名單」上有權獲得較多配給的人員，也只能拿到其所需熱量的四成至五成。這些配給糧食是以其他食物補充，尤其是馬鈴薯，但許多人的戰爭經歷是長期營養不良，甚至是徹底挨餓。[16]

戰爭期間，列寧格勒遭受飢餓重創最為嚴重，這個城市在一九四一年九月至一九四四年一月被德軍圍城。列寧格勒大約有七十萬至一百萬人在圍城期間死亡，幾乎全部死於徹底的飢餓，或因飢餓而加劇的疾病。封鎖線內的生活極度匱乏，尤其是在一九四一／一九四二年之間的第一個漫長冬季，突如其來的圍困使得該城平時的食物來源被切斷。列寧格勒實行了全國最嚴格的配給制，麵包配給量降到每人每天一百二十五克，對列寧格勒市民來說，配給制度幾乎和德國人一樣成了苦難的象徵。[17]情況在一九四二年有所改善，因為在春夏二季耕作了園圃，冬季則建立了新的補給線，橫越拉多加湖[13]的冰面，但情況仍令人擔憂。封鎖期間，尋找食物耗盡心力（但吃到的食物極少）。一位日記作者描述圍城內的對話是如何逐漸變化的：「隨便兩三個人無論在哪裡相遇，無論是在工作、值班或者排隊，對話內容都只有食物；目前根據配給卡正在發放些什麼、有哪些規定，每個人能拿到些什麼，諸如此類——這是每個人最重要的、攸關生死的問題。」[18]

封鎖期間的生活條件變化極快，一九四一年十一月與十二月，醫生已經開始把周圍人民的情況描述為一種全新的疾病，他們稱之為「營養障礙」（nutritional dystrophy），是與飢餓有關的多種疾病綜合表現。這個詞還在另

---

13 位於列寧格勒東面。

蘇聯新聞社（Soviet Information Bureau）發布的這張照片，展示了莫斯科第一食品店的豐足景象——標題是「世界上最大的食品店之一」。實際上，蘇聯的情況嚴峻得多，第三次大饑荒正在蹂躪戰後開始恢復的農村。

一個非常蘇聯化的地方生了根，那就是古拉格。與古拉格有關的飢餓及疾病非常普遍，因此一名前囚犯認為「營養障礙」這個詞起源於一九三〇年代的集中營——它幾乎已經是古拉格生活的一部分，所以必定起源於此。[19] 封鎖期間，列寧格勒人記述了對於食物的格外癡迷，他們不再像食物充足的人那樣進食，而是「我們沉迷（於吃），類似於聖餐儀式」。[20] 亞歷山大‧索忍尼辛[14]（Aleksandr Solzhenitsyn）在關於古拉格生活的一部作品中，描寫主角伊凡‧傑尼索維奇‧舒霍夫（Ivan Denisovich Shukhov）的類似行為：

湯唯一的好處是它是熱的，但舒霍夫那份已經冷了。不過他還是像平時那樣，聚精會神慢慢吃著。不用著急，即使房子著火也不著急。除了睡覺，囚犯唯一為自己而活的時間就是早上十分鐘的早餐、五分鐘午餐，以及五分鐘晚餐。[21]

14　一九一八－二〇〇八。蘇聯作家、政治異見者。一九四五年服役時遭逮捕送往位於哈薩克的勞改營。赫魯雪夫時期獲釋並出版作品，在赫魯雪夫去職後又遭禁止及批判，並遭開除出蘇聯作家協會。一九七〇年獲諾貝爾文學獎，一九七三年在巴黎出版《古拉格群島》，一九七四年遭取消國籍並驅逐出境。一九九四年由美國返回俄國。引文出自中篇小說《伊凡‧傑尼索維奇的一天》（一九六二）。

　　雖然巨大的古拉格體系最終效率極低，但它也是更大的蘇聯經濟體系的重要部分。囚犯伐木、挖運河、開採黃金，甚至在莫斯科建造摩天大樓。在脅迫囚犯勞動這件事上，食物發揮了主要功效。正如歷史學家戈爾芙・阿列克索普洛斯（Golfo Alexopoulos）所指出的，「飢餓就是古拉格勞動的基礎誘因，食物不足是蓄意造成的。」[22] 即使古拉格勞改營收到了全部補給，也不足以餵飽每個人。古拉格的飲食不僅不夠，而且單調——不變的麵包與馬鈴薯，因此維生素缺乏造成的疾病十分猖獗。根據囚犯的工作能力與生產力，配給有所區別，而且也是額外的懲罰手段。除此之外，勞改營很少能夠得到完整補給。許多勞改營位於北極圈或者永凍土上，運送補給就算不是完全不可能，至少也是困難重重。如果說古拉格是史達林主義社會的終極隱喻，那麼其核心就是飢餓。

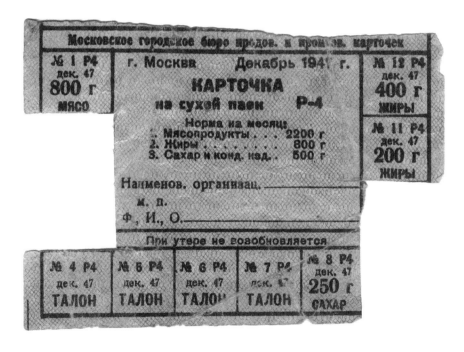

第二次世界大戰的破壞帶來了嚴格的配給制，以應對戰後繼續存在的供應危機。一九四七年十二月，莫斯科的配給卡可用於購買兩千兩百克肉製品、八百克油脂，以及五百克砂糖或糖果。這張卡片上的配給票沒有用完，還有八百克肉類和六百克油脂。

豐足的願景

　　飢餓是蘇聯經驗的敘事之一。豐足、或者至少是豐足的承諾，則是另一種敘事。蘇聯需要新的蘇聯男女，他們的工作、穿著、娛樂與飲食都不同於他們沙皇時代的先人，也不同於外國資本主義制度下的同齡人。新的蘇聯國家很快開始推行新政策，旨在創造這種新蘇聯人。改變不僅在農業規模上（即集體化），也發生在農業的內容上（即新作物）。改變還發生在食物生產與分配系統，尤其是簡稱為 obshchepit 的 obshchestvennoepitanie 新觀念，即「公共飲食」。並且創造出新的泛蘇聯烹飪世界，強調蘇聯並非帝國，而是「民族友誼」的家園。在這個世界裡，俄羅斯食物占主導地位，但結合了其他共和國的美食，創造出新的跨民族融合。

　　最重要的是，蘇聯政府希望人民的飲食不同於沙皇統治時期——要「更好」，不僅在營養方面，也包括食物帶來的愉悅感，而對於後者的重視多少令人感到驚訝。蘇聯從成立之初，就擔心蘇聯人民因為膳食、尤其是依賴穀物為熱量來源，被視為落後貧困。早在一九二〇年代中期，作者們就試圖在工農膳食中尋找改善的跡象。第一批調查俄國工人「在戰前及戰後」膳食的一位學者是統計學家葉蓮娜・卡博（Elena Kabo）。[23] 她以早期的資訊圖表，顯示膳食改善的情況：白麵包比黑麥麵包多，肉類比馬鈴薯多。增加肉類食用是特別而持久的問題。長久以來人們認為俄羅斯農民以蔬食為主；國外也以此鼓吹蔬食主義，而一些俄羅斯人認為這種看法是輕視俄國發展，因此加以爭論。[24] 蘇聯人首先希望趕上美國人的肉類消費，但這個願望幾乎沒有可能實現，因為他們的目標不但很少能夠達成，甚至相去甚遠。[25]

　　雖然如此，到了二十世紀中葉，飲食還是有了真正的變化。沃羅涅日省的一個村莊農家每天正常食用的食物比例經過計算之後，的確顯示出一些改變：[26]

品項	一九〇〇年／公克	一九五六年／公克
黑麥麵包	709.5	198.9
小麥麵粉	11.1	300.8
穀粒與莢豆類	125.1	44
麵條	—	40
馬鈴薯	233.85	576
包心菜	94.06	98.8

小黃瓜	2.74	80
番茄	—	102
蔬菜油	2.49	12
砂糖	0.78	31
糖果	—	50.0
肉類	36.62	62
豬脂油	0.34	16.4
魚類	6.37	10.5
鯡魚	0.28	23.6
全脂牛奶	220.37	561.4
奶油	0.7	13
蛋	3.1	10.2

上表可看出一些重大變化，尤其是對黑麥麵包的依賴下降，對馬鈴薯的依賴上升。肉類食用量也幾乎增加一倍。一直被視為俄羅斯人最愛的小黃瓜，以及基本上是新產品的番茄，兩者食用量飆升。大量的牛奶、奶油和蛋也可能反映了在官方無神論的蘇聯，東正教的影響力正在減弱。換句話說，這些在城鎮裡可能更明顯的變化，代表了農業與食品工業的新重點，也代表了在供應形式及更廣泛的文化中的新重點。

改變農業的大部分努力集中在大規模農業模式上，尤其是糧食種植上。一九三〇年代初的第一輪集體化，旨在確保可靠的糧食來源，能夠餵飽蘇聯，又能出口以資助工業化。此外還有其他目標，包括引進更大規模的機械化農業。拖拉機是此一轉型的終極象徵，供應給所有集體農場（至少是經由拖拉機站），用來將單獨的地塊合併為大片農田，原則上效率最高。

官員也非常重視蔬菜與馬鈴薯種植，但主要是推到農民手中。在一九三〇年代初最初的激進集體化之後，所有土地與牲畜都納入一個集體，蘇聯當局迅速重新開放私人地塊，農民可以在上面種植蔬菜與馬鈴薯，並允許在集體農場的市場上買賣。沒有多久，這些私人地塊就占了大多數農民收入的一半，到了一九三〇年代末，蘇聯的大部分蔬菜都是由私人地塊供應。[27] 這種情況在戰後繼續存在：一九五〇年代末，蘇聯的一份報告稱，在牛奶、肉類、蔬菜與蛋的生產方面，私人地塊的表現優於集體農場全體，私人地塊生產的這類產品為集體農場總產量的五成到八成。在接下來十年裡，此比例稍微下降，但私人地塊依然是必要食物的重要來源。[28]

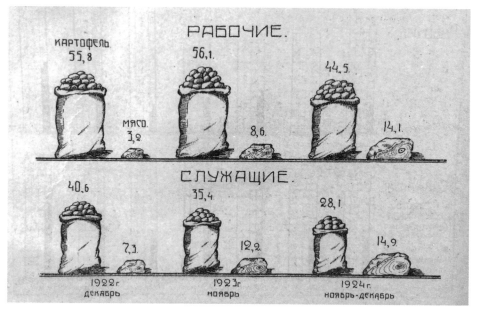

這些資訊圖表比較了「工人」與「白領」在內戰結束後幾年內的膳食變化。在上圖，肉類食用量上升（馬鈴薯食用量依然很高！）；在下圖，黑麥麵包對小麥麵包的比例下降。

一直到蘇聯時代結束之後，收成馬鈴薯都是農業生活的重要部分。雖然人們的蛋白質食用量增加，碳水化合物減少，但馬鈴薯與麵包依然是主食。

　　特別是在赫魯雪夫與布里茲涅夫時代，集體農場成為蘇聯國家保障的來源，而非純粹的被消耗資源。但與此同時，赫魯雪夫格外試圖增加農業生產。比如他提倡「處女地」的耕作，主要在西伯利亞南部與哈薩克斯坦。這項巨大工程旨在盡快解決蘇聯糧食供應問題，一九五四至一九六〇年間，新開墾了四千一百八十萬公頃土地。

　　一開始赫魯雪夫的確可以宣稱自己成功了，因為在推行的最初幾年，與推行之前的五年比起來，每年的糧食產量平均增加了四成。其他改革似乎也成功了：生產了更多牛奶與肉類。然而蘇聯很快發現需要購買糧食，就如同赫魯雪夫所說，這是因為蘇聯選擇不再繼續他所謂的「史達林－莫洛托夫[15]（Molotov）確保糧食保障的方式」，即犧牲耕種者的利益、無情榨取。如果蘇聯政府現在希望確保每個人都吃得上飯，那麼就可能必須一面生產更多糧食，並且一面從國外進口。[29]

　　雖然農業與重工業一直受到蘇聯政府更多關注，但隨著愈來愈多人搬到城市，對蘇聯人民的實際福祉來說，食品網絡與食品工業變得愈來愈重要。在新經濟政策期間，蘇聯政府允許食品工業與其他輕工業基本上仍由私人商戶控制，而國家集中發展重工業。一九三〇年代初，隨著史達林在重工業與集體化方面的更大革命，輕工業與食品工業被納入不同的人民委員部[16]管轄（People's Commissariat，包括貿易、糧食、食品工業）。至少在一九三〇年代，食品生產的領導人物是阿納斯塔斯・米高揚，他是革命前即入黨的布爾什維克黨人，從列寧到布里茲涅夫的蘇聯領導層動盪中，一路倖存下來。[30]史達林在一九三五年宣稱「同志們，生活變得更好了，生活變得更幸福了」，在許多方面，米高揚本是應該把此一宣言變成現實的主導人物。

　　而米高揚在一九三六年對史達林此一說法的回應是：「供應問題——俄羅斯革命的最大難題之一……已經解決了。」[31]這當然是嚴重的誇大，奪去數百萬人命的饑荒在幾年前才剛結束，但這是他與史達林想像的蘇聯豐足世界的一部分。雖然蘇聯的現實生活很艱難，但這種想像中的豐足在海報、廣告、櫥窗和電影中無所不在，以至於成為人們記憶中的現實：在史達林之後的時代，人們寫信要求恢復史達林主義的豐足，這種豐足是強

---

15 一八九〇－一九八六。史達林的親信，第三任蘇聯人民委員會主席（一九三〇－一九四一），蘇聯部長會議第一副主席（一九四二－一九五七），支持史達林的農業集體化，並領導史達林的大清洗運動。
16 一九一七至一九四六年蘇聯、各加盟共和國、加盟共和國的二級自治共和國的政府組成部門，中央政府稱為「俄羅斯蘇維埃聯邦社會主義共和國人民委員會」。一九四六年三月第二屆蘇聯最高蘇維埃第一次會議決定，蘇聯人民委員會改稱「蘇聯部長會議」，人民委員部改稱「部」，人民委員改稱「部長」。

大的虛構。[32] 它於一九三〇年代中葉出現，是蘇聯式文化的一部分，蘇聯式文化包羅萬象，從尊敬普希金與柴可夫斯基、在窗台上養盆栽、到餐桌上的乾淨桌布。[33] 當然這也意味著有豐富的食物可供取用。現在不僅中產階級，工人也可以喝香檳了（當然是「蘇聯牌香檳」）。至少在敘事與記憶中是如此。

　　新的蘇聯富足世界有許多特點，但是在食物方面，首先需要的是兩樣東西：更多的技術與更多的肉。技術是現代的，使食品成為蘇聯工業的一部分。肉類很重要，因為長期以來，國家的肉類食用差異一直被認為區分著繁榮與落後，其基本理念是肉類食用量愈高，就愈繁榮。如果蘇聯人民沒有適當的肉類供應，蘇聯就不可能名列前茅。（最終赫魯雪夫明確承諾，在肉類與乳製品消費方面，要趕上並超越美國。）這兩條線結合起來，首先是為了生產更多香腸。香腸可以工業化生產，也有現成的消費者，好

這位身穿俐落白罩衫的女子，標誌著蘇聯食品的兩大變化：罐頭食品興起，以及特別著重尋找新的蛋白質來源。根據照片的標籤，這些魚罐頭（鰻魚與醋漬鯡魚捲）是「為莫斯科」準備的。蘇聯新聞社發布的這張照片攝於一九四六年，很可能是為了展示理想化的戰後恢復程度，同時也顯示了實際上的恢復情況。

的產品令他們為之飢渴（不幸的是，有時候的確是現實中實際的「飢渴」）。[34] 當時一家食品集體企業上演一齣以豐足為主題的戲，香腸扮演的是特別重要的角色：香腸合唱隊唱道：「我們是蘇聯香腸，人民到處都能買到。我們有一百二十五種。我們只等你開口。你可以在我們身上塗芥末，你可以把我們放在水裡煮，你可以把我們放在鍋裡煎。」[35]

第二次世界大戰後，冷凍技術改進，對食品生產與消費產生特別大的影響。冰淇淋成為戰後繁榮最明顯可見的標誌之一，或許也是戰後食品經濟最大的成果。[36] 冰淇淋並不是新鮮事。一九二〇年代，手推車就已經在列寧格勒城裡運送冰淇淋。一九三〇年代，米高揚夢想著冰淇淋產量能夠再提高，甚至在那時，莫斯科的大型現代化工廠已經開始生產成噸的冰淇淋。[37] 戰後，尤其是當赫魯雪夫努力著重現在的富足，而非遠在未來不可及的富足，蘇聯政府願意投入真正的資源，讓冰淇淋成為日常生活的一部分。當時已經有了生產技術，但戰爭中使用的乾冰也有助於改進冷卻技術。於是最後的成果不僅是冰淇淋生產，還有運售的新方式，以手推車在街上販賣冰淇淋給人們。

食品供應的另一重大變化是罐頭食品與方便食品的興起。豌豆罐頭、魚罐頭、肉罐頭，這些都是現代新蘇聯的象徵，也方便了蘇聯消費者。這種轉變在一本食譜中最明顯，《美味健康的食品》，這本書後來成為蘇聯食譜的標準，初版於一九三九年，印數十萬冊。[38] 一九四五至一九九〇年間，該書經過十一次修訂擴充，總印量為三百五十萬冊。它最初的幾個版本都有插圖，但都是黑白的；然而到了一九五〇年代，它奢華的彩色圖像的確非常不同，展示了新的蘇聯生活。這些彩色插圖向讀者承諾的許多東西，與食品工業一樣，包括罐頭食品、「半成品」冷凍食品、把蘇聯婦女從廚房裡解放出來的各種方便的產品與設備（從來沒有明說，但總是這麼暗示）。就如同歷史學家伊琳娜・格魯什琴科（Irina Glushchenko）所說，這本食譜「把舊世紀描繪成徹底的地獄，記住它只是為了把過去的恐怖與現在的成就互相比較」。[39]

除了農業與食品工業的改變，蘇聯還在它所謂的「公共飲食」投入心力。歷史學家黛安・柯恩科（Diane Koenker）將這個概念解釋為公共餐飲——是一個籠統的概念，包括從人行道小攤販到劇院自助餐、工廠與學校食堂及旅館附設餐廳的一切。[40] 至少在原則上，這些都是為了改變日常飲食習慣，幫助「蘇聯人民為社會主義、為繁盛而有文化的生活、為改善勞動與日常生活條件、為迅速解決供應問題而進行鬥爭」。其目的尤其是將

Kommunalka **的廚房**

人們開始湧入新的蘇維埃國家的城鎮，於是住宅基礎設施面臨巨大壓力。結果之一是出現了共用公寓，即 kommunalka。革命前供一個貴族家庭居住的較大樓房被收歸國有，分配給許多家庭，每個家庭住在一個房間裡（有時也住在一個房間的一半或一個角落裡），所有人共用一個廚房。在最好的情況下，公用廚房可以成為人們聚會甚至一起慶祝的地方。在最糟的情況下，這是一個戰場，為了鍋碗瓢盆的所有權以及爐子或水槽的使用權吵鬧不休。在米哈伊爾・左琴科[17]（Mikhail Zoshchenko）一九二四年的短篇小說《脾氣暴躁的人們》（*Nervous People*）中，兩名婦女之間的爭吵幾乎蔓延到整棟公寓的住戶，雖然廚房本身擠不下這麼多人（這個事實可能也給爭吵火上加油）。原則上，「公共飲食」的做法應該是藉由建立食堂與較大的公共廚房，來減輕公寓共用廚房的壓力。而實際上，宣傳海報上承諾的公共飲食可以「讓婦女從廚房苦工之中解放出來」，從未真正實現。婦女依然繼續背負著為家庭準備飯菜的責任，同時接下工業或其他勞動生產的負擔。

提供食物的責任，從單獨的家戶轉移到公共服務。根據一份報告，這種做法在當時具有「明顯完全的優勢」，一方面效率更高，也屬於將女性從廚房解放出來的運動（也可能是為了在日益受到監視的世界裡減少私人空間）。[41] 一九二〇年代，新公寓的烏托邦計畫包括了食堂，如此將消除對於私人廚房的需求。「工廠廚房」則是為這個新的工人國家的工人提供食物。

就像在許多領域裡，一九三〇年代初，為了改善營養與文化，人們推動了公共餐飲的更大發展。當然，在日後看來，此一推動有種可怕的諷刺

---

17 一八九四－一九五八。諷刺作家。

意味，因為當時挨餓與饑荒正在蘇聯境內重現。此外，這種推廣的部分原因，是新經濟政策期間允許的私營餐館與咖啡館在一九二○年代末被消滅了（據娜塔莉亞・勒比納〔Natalia Lebina〕稱，一九二七年存在的兩萬八千多家私營餐飲店，在一九三○年代初就完全被消滅了）。[42] 儘管如此，在一九三一年，中央人民委員會一項關於公共餐飲的法令描述了一些成績（三百萬兒童在學校吃到熱早餐！一萬三千四百家公共飲食店！），但是依然非常需要改進，包括許多食堂糟糕的衛生條件、不合格的廚師、薄弱的工作紀律，以及竊取物資。該法令提出一系列改善這些問題的任務，最終並宣布：

> 人民委員會認為，每一名工人、每一名黨員、每一名共青團員，還有最重要的，在公共餐飲機構工作的人，都有義務參與成功克服公共餐飲種種缺陷的工作，並將其變成改善工人階級生活的工作中最重要的一環。[43]

與食品生產一樣，公共餐飲概念的主要原則之一是機械化。[44] 米高揚推出一本以此概念為主題的新期刊，並指出：「精通新的烹飪技術、精通新產品的生產系統、掌握強大的企業、在餐飲工作場所的日常實務中引入科學征服，這個概念要擴大在這些方面的努力。」[45] 宣傳小冊與其他出版物中自豪讚揚的新工廠食堂，就是最好的例子。這些食堂被描繪成沒有大型爐灶的地方，而是配備了巨大的保溫箱，只煮、燉或蒸。甚至後來在關於經營餐廳與其他公共餐飲的指南中，技術優先於所有其他事務。[46] 或者他們更關注設備的標準，而非他們提供的食物；一九三六年一篇關於「城市最好的食堂」（在西伯利亞的克麥羅沃〔Kemerovo〕）的報導中，三位聯手提高當地工廠食堂品質的女性，談到她們在「設備大修」方面的所有努力，卻不是在提高食品品質上。[47]

到了後史達林時期，大城市有很多餐廳，通常都附設在旅館裡，這也創造了連結起蘇聯空間的願景。烏克蘭餐廳、烏茲別克斯坦餐廳、阿拉格維餐廳（Aragvi）、亞拉臘餐廳[18]（Ararat）、巴庫餐廳、明斯克餐廳，在某種程度上與蘇聯各共和國有關聯；布拉格餐廳、索菲亞餐廳、布達佩斯餐廳、哈瓦那餐廳、北京餐廳（即使在蘇聯與中國之間關係開始緊張之後，該餐廳依然提供「中國友誼什錦組合」），都將蘇聯與更廣泛的共產主義世

---

18 阿拉格維是喬治亞共和國的河流，亞拉臘是亞美尼亞的山名、城市名、地區名。

界連結起來。[48] 這些餐廳未必提供許多不同的食品——在很多方面，它們的菜單基本上是標準化的，但它們的名字令人聯想起相對應的地點，這是餐廳企圖展現的姿態。不過尤其是在布里茲涅夫時代，讓它們在裝飾與食品上都展現出不同文化的做法愈來愈流行（索菲亞餐廳從保加利亞運來木雕，捷克斯洛伐克的顧問為布拉格餐廳的裝潢與食物提供建議）。[49] 俄羅斯烹調本來是相對於一般的蘇聯烹調，但此時連革命前的「斯拉夫巴扎」（Slavonic Bazaar）餐廳也重新開幕，取得重要地位。這家餐廳以老式的俄羅斯風格裝潢，特色菜是魚湯、甜菜湯、圓薄餅，以及新的「俄羅斯」創意菜。[50]

　　在餐廳與其他餐飲機構以及烹飪書中，利用各共和國的優勢（並給予俄羅斯特色較高的地位）、塑造蘇聯式豐足的願景，這是戰後烹飪界的核心。早期的烹飪書中已經有喬治亞食譜，而且史達林喜愛家鄉口味（他是喬治亞人，原姓朱加什維利〔Dzhugashvili〕），也確保了喬治亞食材的供應，以及莫斯科的喬治亞餐廳愈來愈多，最後遍及各地。[51] 在後史達林時代，餐飲機構的標準食譜書直接表示，書中囊括了所有共和國最好的菜餚：「俄羅斯餡餅、烏克蘭甜菜湯、烏茲別克抓飯、喬治亞烤肉串、亞美尼亞釀蔬菜托拉[19]（tola）、亞塞拜然陶罐湯[20]（piti）」。[52] 理想化的富足世界卻還有另一面，給蘇聯世界投下一束令人不安的光，那就是酒精。就像從前的時代一樣，酒精是國家收入的來源，也是令人擔憂的原因。蘇聯時代肇始於尼古拉二世為了一戰實行的禁酒期。Samogon——家釀伏特加——在從前基本上不為人知，但現在開始出現，填補了禁酒造成的空缺。到了一九二〇年代初，它甚至使得農村的酒精消費量上升，高於戰前水平。[53] 早在一九二〇年代初的饑荒之前，官方就認為家釀伏特加與飢餓有關；一九一九年，一項報告稱，家釀伏特加已經「達到了全國性悲劇的程度」。[54] 最後，蘇聯政府向需求低頭，重新批准官方伏特加，並設立新的國家伏特加專賣，於一九二五年生效。[55] 然而正如歷史學家大衛·克里斯蒂安（David Christian）所指出的，禁酒期出現了家釀伏特加，代表著政府對伏特加生產的控制不再像從前那樣絕對，因此飲酒更可能成為令人擔憂的問題，因為即使在最好的情況下，飲酒也是難以控制。

　　而且這的確成為了令人擔憂的問題。在戰後時期，尤其是赫魯雪夫及布里茲涅夫時期，酒精消費量急速增加；根據蘇聯的消息，酒精銷售在

---

19 通常稱為 tolma，以葡萄葉包裹米飯與碎肉等蒸熟，或者將青椒等蔬菜挖空，塞入米飯碎肉等。
20 羊肉與蔬菜等置於小陶罐中密封烘熟。

這是莫斯科一家餐廳的菜單，顯示了餐廳與跨邊境的大蘇聯空間創造之間的關聯。餐廳名為「烏茲別克斯坦」，菜單封面設計將它與大蘇聯的一部分清楚地連結在一起，顯然不同於其所在的莫斯科。

在這張一九五四年的反酒精海報中，面對遞過來的伏特加，理想中的蘇聯人直接說：「不！」

一九四〇至一九八五年之間增長了七點四倍。[56] 這種增長早在一九八〇年代之前就已經可見，並開始令蘇聯當局憂心。然而這個問題難以啟齒，因為在真正的無產階級社會裡，絕不存在官方承認的酗酒行為——這是資本主義的疾病，應該隨著社會主義建立而消亡。但事實並非如此。赫魯雪夫時代頒布了一項法令，旨在藉由限制販賣伏特加而「加強與酗酒的鬥爭」，結果反而導致伏特加進入家庭與街道。一九七二年，另一項法令藉由限制生產伏特加並增產葡萄酒與啤酒，以彌補飲酒問題。但這項法令並沒有成功限制生產伏特加，甚至反而增加了產量。[57] 維涅季克特・葉羅菲耶夫（Venedikt Erofeev，一九三八－一九九〇）一九七三年的小說《從莫斯科到佩圖什基》（Moscow-Petushki，有時也譯為《從莫斯科到終點站》〔Moscow to the End of the Line〕），對於蘇聯晚期飲酒問題的描寫是最精彩的（或者最可怕的）。這部小說講述主角搭乘郊區火車，邊喝酒聊天。[58]

為了因應飲酒問題，戈巴契夫在一九八五年成為蘇聯總書記後，採取的首批行動之一是「關於克服醉酒與酗酒」的法律。就像帝俄末年一樣，蘇聯政府試圖推動禁酒社團，將其當作從下而上對抗酗酒的方法。此外還有一件措施，在沙皇時代完全是因應戰爭才加以推行，布里茲涅夫領導的蘇聯也僅僅做出姿態但從未正式著手，那就是大幅降低酒精產量。據說結果並沒有減少酗酒，而是家釀伏特加大幅增加，並且一切可以用來蒸餾酒精的材料都消失了。[59] 烹飪作家安雅・馮・布雷姆（Anya von Bremzen）回憶一九八七年底回到莫斯科的一趟旅行，當時上述戒酒運動導致貨架空空如也，沒有蘇聯香檳，沒有酵母、砂糖、果汁、硬糖、番茄醬。「足智多謀的蘇聯酒徒可以從所有東西裡蒸餾出私酒。」[60]

日常現實

在蘇聯的最後十年，豐足的願景大多成了海市蜃樓。到了這個時候，至少在大部分情況下，海市蜃樓掩飾不了赤裸的糧荒與飢餓。不過它的確掩飾了一個更加平淡單調的飲食世界，這個世界要求人們付出的心血，遠遠超過了豐盛食堂與現成餐點的景象所暗示的。當然也有一些人享受蘇聯的富足，就像一直有特權上層階級享受富足。在蘇聯早期，豐盛富足的概念要求的是必須接受配給制。在史達林革命期間，國家犧牲生活水準（並以饑荒為代價），推動集體化與工業化，配給制試圖分配糧食，並以提供糧食與其他商品為基礎，建立新的社會等級制度。這種配給制在幾年後就

這張一九九○年的反酒精海報採用民俗圖案，表達的觀點與一個多世紀前相呼應：飲酒可能導致暴力，但一起喝茶的家庭是幸福的家庭。

結束了（甚至幾年後在戰時建立的配給制，也在戰爭結束時停擺了）。但歷史學家葉蓮娜・奧索基納（Elena Osokina）所稱的「分配等級」（hierarchy of distribution），依然存在於商店的網絡中，不同的商店有不同商品，向不同的消費者開放。[61] 結果蘇聯社會分裂，肇因於是否有能力獲得商品——包括食物，這個社會只有兩個階級，擁有一切的人與一無所有的人。

　　基本上，蘇聯發現自己在確保充足糧食供應方面一直受到阻礙，其部分原因是它在農業制度上不斷面臨問題。雖然蘇聯繼續向農業投入愈來愈多的資源，但投資報酬的增長緩慢。即使在赫魯雪夫時代，在新作物、新土地與增產方面投入了這麼多心力，蘇聯也依然不得不進口糧食。在他的任期後期，又出現了排隊買麵包的人龍，政治局甚至研究重新實施配給。這些失敗是造成赫魯雪夫下台的重要原因。[62] 在一九七○及八○年代初，蘇聯從食品出口國變成持續的食品進口國，但是進口並沒有解決長期存在的供應問題。戈巴契夫在擔任總書記之前曾擔任農業部長，他放寬了對私人地塊及私人牲畜的限制，以提高國內農業產量。擔任總書記時，他致力於實施進一步的農業改革，甚至一度向政治局宣布「我們需要取消集體制」，但他發現自己的努力受到不願放棄權利的中央官僚機構的阻礙。[63] 豐足富饒依然渺茫。

　　由此造成的短缺，意味著購買某些商品的人龍再次出現。還有包心

產品[21]

　　蘇聯時代的雜貨店——招牌上面寫著出售食品（produkty），通常強調的是賣方的權力，而非買方的購買力。每家商店裡分成幾個區，乳製品、肉類、罐頭食品、生鮮食品等等，所有商品都放在展示櫃檯的後面，每個櫃檯都有一名銷售助理看守。購物者必須四處走走，看看能買到什麼，並記下價格。如果貨品是按重量出售，購物者就要求取出一份秤重並計算價格。所有貨款都在一個單獨的出納窗口處理。在出納窗口，購物者列出在哪一個部門要支付多少，比如第一區是兩個盧布，第三區五十戈比，並拿到各別的收據。然後購物者回到每個部門，交出收據，拿到貨物。在商品短缺的時候，銷售助理在獲取商品方面擁有很大的權力，他們可以為某些顧客保留香腸等特別搶手的東西，至少據傳言是如此。這是一種私下的門路[22]（blat），是交換與示惠的日常世界，維持著日常蘇聯經濟的運轉。諷刺雜誌經常嘲笑銷售助理的粗魯，日常購買食品使人疲憊不堪，這讓原本就很困難的採買變得更痛苦。

菜、馬鈴薯，基本上夠吃，但是沒有電影與雜誌承諾的那些美食；或者至少是沒有承諾的那麼多。所謂的「稀缺商品」短缺，其中包括食品，因此人們開始利用關係取得稀缺商品。如果缺乏人脈，就只能一直尋找貨品——婦女帶著稱為 avoski [23] 的購物袋，意為「以防萬一」，男人在一切排隊的商店門外加入人龍時就用公事包充作購物袋。[64]

　　尋找和準備食物的大部分勞動都落在女性身上。革命口號曾經承諾「讓婦女從廚房苦工之中解放出來」，但現實是她們仍在做飯，仍在採買，而且現在除了這些還有家庭以外的工作。此外，在蘇聯早期的幾十年裡，還可能必須將就使用共用公寓的共用廚房。第二次世界大戰後，尤其是在

---

21 продукты，產品，通常指食品。
22 блат，關係、門路、走後門。
23 авоська，以尼龍線編成的網狀提袋。

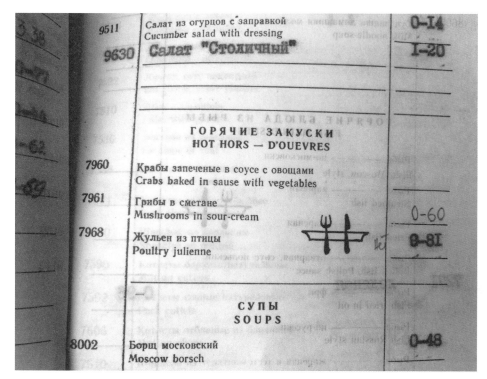

原則上，餐廳有精美菜單。實際上，往往缺少某些商品。「莫斯科」餐廳的菜單上列出三道熱的開胃菜，但其中一道什錦雞柳以鉛筆小字備註「нет」，「無」。

赫魯雪夫與布里茲涅夫時代，獨戶公寓比較普遍了，但由於更廣泛的文化開始強調家庭生活與母性觀念，在某些方面廚房工作的壓力反而增加了。它的目標是強調母親的角色，以彌補一九三〇年代末及一九四〇年代的人口損失。這最終給女性施加了極大壓力，被稱為她們的「雙重負擔」。正如安納斯塔西婭・拉赫蒂科娃（Anastasia Lakhtikova）及安吉拉・布林特林格（Angela Brintlinger）所說，「照料和餵養家庭的負擔落在全職（因此看來似乎獲得解放）女性的身上」，而且這些女性還受到一項事實的限制，即「取得食物的途徑不像資本主義社會那樣簡單，因為這並不取決於收入水平。」[65]

　　整體而言，當時有一種永恆的信念，相信一切應該能變得更好。早在一九三三年，甚至在公共餐飲的官方期刊上有一條標題：「羅斯托夫的工人們說，為什麼家裡的菜比食堂的好吃？」[66] 在布里茲涅夫時代，生活水準

的確比之前都來得高，但人們對現狀也始終感到不滿。[67] 在當時，無論在實際膳食裡，還是想像的豐足世界裡，香腸都占了中心位置。一九六〇年，蘇聯官方統計顯示，蘇聯人均生產二十點三公斤肉類，其中包括香腸。一九八〇年，產量增加了一倍多，達到每人三十四點四公斤肉類以及十一點六公斤香腸。[68] 但這種產量在全國範圍內分布不均。人們普遍認為，莫斯科得到的香腸超過了它應得的分額，其他地方的居民因而產生「香腸嫉妒心」。[69] 到了一九九〇年底，這種失去了豐足的感覺已成常態。正如安雅・馮・布雷姆所回憶的，「Nichevo[24]——什麼都沒有。貨架上明晃晃的一片空虛。」在這種虛無的狀態下，還有什麼可以堅持呢？

在很多方面，蘇聯的誕生與存在歸功於糧食危機。一九一七年三月（俄曆二月）的麵包抗議活動逐漸擴大，最終推翻了沙皇，啟動了革命的一年。接著內戰的成功不僅取決於紅軍動員人民的能力，也取決於布爾什維克取得糧食的能力。在三次大饑荒中、在農業與糧食供應的持續挑戰中，甚至在利用食物製造蘇聯富足願景方面（最終實現一部分），食物都是蘇聯時代的恐怖與成功的內在基調。有時候，食物甚至又成為抗議的原因。一九六二年，肉類與乳製品價格上漲（而薪資下降），新切爾卡斯克[25]（Novocherkassk）的工人發起抗議，甚至發生了暴動。雖然示威被迅速鎮壓，但這件事動搖了蘇聯領導層，可能加速了赫魯雪夫下台。[71]

一九九一年，蘇維埃這項試驗在連串複雜的崩潰中結束。從一方面看，它的結束是明確的：蘇聯各組成共和國的公民投票，決定脫離蘇維埃聯盟，其中一些人其實長期以來一直在呼籲獨立。截至一九九二年初，一共有十五個獨立國家，其中一個是俄羅斯聯邦，這些國家取代了舊的蘇聯。

然而，蘇聯到底是如何走到這一步的，在本質上依然令人費解。雖然貨架上空空如也，雖然戈巴契夫由於一九八〇年代反酒精運動、一九九〇年代初動用暴力維護蘇聯而不受歡迎，但值得注意的是，在一九九一年八月，當一群黨內強硬派試圖推翻戈巴契夫並接管國家，依然每天都有人站在坦克前阻止他們。莫斯科政變失敗的混亂在整個蘇聯引發震盪。政變開始了一切的終結。戈巴契夫回到台上，但很明顯是一次短暫的回歸。此時一個新人物以俄羅斯新領導者的身分出現，就是鮑里斯・葉爾欽。他離開了蘇聯共產黨（Communist Party of the Soviet Union，簡稱 CPSU），但仍然贏得俄羅斯蘇維埃聯邦社會主義共和國（RSFSR）第一次總統選舉。克制

---

24 Ничего，什麼都沒有，日常用語引申為不要緊、還過得去。
25 位於歐俄西南部，羅斯托夫州。

的戈巴契夫與喧鬧的葉爾欽成為蘇聯解體事件中的主角。前者因八月政變而下台，後者因八月政變而崛起。蘇聯領導人將簽署文件終結他的國家，俄羅斯領導人將監督這個國家過渡，成為新的俄羅斯。

尾聲
再次成爲俄羅斯

　　我第一次去俄羅斯是在一九九二年秋天，也就是新的俄羅斯聯邦成立的第一年年底。當時我在讀大學，前往克拉斯諾達爾（Krasnodar）參加語言課程，這個城市位於現在已恢復舊名的新俄羅斯地區（New Russia），緊鄰黑海。現在我重溫當時寫下的日記，才想起那些曾經遺忘的事物（男人騷擾不休；我的自負），不禁爲之訝然；不過我多少鬆了口氣，因爲記憶中的一件大事果然當時就已經是我意識的一部分了，也就是全身心投入沉迷於食物。倒不是我當時挨過餓──我有美元傍身，總是食物充足，但尋找和烹調食物都比我經歷過的任何事情還要複雜得多，花費的時間也最多，所以這件事占了我那次旅行回憶很大的一部分。

　　最後幾天的日記裡，我回想那個秋天事情的變化（我們在九月到達，寫這篇日記是在十二月中）：

　　我們才到這裡，市場上的農產品就已經讓我們目不暇給。番茄、葡萄、小黃瓜、茄子、覆盆子……水果與蔬菜的種類似乎無窮無盡。不僅有大量農產品，還有許多其他食物，街對面的國營商店通常有奶油、乳酪、牛奶、奶渣、酸奶油，還有不少種類的麵包。雞蛋並不難買到。肉類相當豐富（雖然價格驚人）。然而，時序逐漸進入深秋，市場上的食品開始減少，價格繼續穩定上漲。現在是十二月初，市場上有柿子、非常昂貴的mandariny 橘子〔mandarin oranges〕、一些番茄，番茄現在不再是每公斤三十盧布，而是一百盧布。也許還有馬鈴薯，或者洋蔥，或者大蒜。這家商店通常有脂油，沒有奶油。今天我排隊的時候，麵包賣完了。

　　日記的其他內容則是狂熱歌頌冰淇淋，我幾乎每天去市中心中央市場的路上都在吃冰淇淋，我還熱情十足地記錄了廣大蘇聯的食物，我之前從

來沒聽說過這些食物。拉瓦什薄餅[1]（lavash），這是柴火烤製的麵餅，還有阿吉卡辣醬[2]（adjik），都來自高加索地區，市場上可以買到，幾乎成了我的主食。拉瓦什薄餅是從市場一頭的圍牆裡發售的，遞過來時滾燙得幾乎燙了我的手。婦女們賣的是小罐裝阿吉卡辣醬和罐裝蛋黃醬，這兩種調味料混合在一起，就是很好的包心菜絲沙拉醬。我也愛上了「朝鮮式胡蘿蔔」，市場上一位女士出售的是浸在火辣醬汁裡的胡蘿蔔條，用小塑膠袋裝著。雖然當時我並不曉得，但最後我明白了這種胡蘿蔔的「朝鮮」身分來自史達林強制安置在此的朝鮮族人，他們從蘇聯與北韓邊境地區被押解至此。這些食品成為我的主食之一，也許再加上一小盒 plavlennyisyr[3]，帶有黏性的加工乳酪，這是我們所能找到唯一一種可靠的乳酪。

　　我在中央市場附近的攤位上吃油炸餃子，餡料是包心菜，或者蘑菇、馬鈴薯（或者動物肝臟，之前我不知道這個詞，後來學會了要避免買這種）。我學到了「一瓣大蒜」在俄語裡是「一牙大蒜」[4]，麵包上塗生大蒜末是對抗感冒的良方。我第一次吃到西伯利亞小餃子，是在市中心一家專賣西伯利亞小餃子的小餐館。盛在碗裡，加上一大杓酸奶油，從桌上共用的鹽罐裡撒上一些灰色的鹽，美味而溫暖（奇怪的是，我對細菌的態度已經變得不像美國人了）。在我們的團體旅行中，我也在俄羅斯國旅（Intourist）經營的旅館體驗到了「公共飲食」餐點，這些地方的肉類一貫神祕、堅韌，於是我開始羨慕旅行團裡的素食者（提供給他們的通常只有麵條和乳酪，但似乎比我們拿到的古怪部位肉類來得好）。當時我一定也喝過湯，因為在我對於俄國食物的了解中，湯已經占有重要地位，但奇怪的是，我的記憶與日記裡都沒有湯。

　　有人提醒我如何分辨真正的伏特加和貌似官方瓶裝的家釀伏特加。人們擔心的是，家釀伏特加可能是甲醇，那麼就會致命，而乙醇酒精只是讓人喝醉（區別的方法涉及旋轉瓶子、觀察氣泡，但我基本上已經被嚇著了，所以完全避免了這個問題）。我喝的大多是百事可樂或芬達，這兩種一直穩定供應。百事可樂在一九七四年進入蘇聯市場，在蘇聯境內開設了一家裝瓶廠。最初它以糖漿交換蘇托力伏特加（Stolichnaya）並轉手賣出；隨著蘇聯經濟變得更加緊張，它開始交換其他商品，包括一九九〇年價值

---

1 常見於南高加索及西亞。蘇聯境內的源自亞美尼亞，意為「扁平的、手掌」。
2 阿布哈茲食品，源自阿布哈茲語「鹽」。
3 плавленныйсыр
4 зубчикчеснока

除了一張（蘇聯）盧布、一張莫斯科地鐵圖（現在過時已久）、一張聖彼得堡愛樂樂團的門票（仍以蘇聯時期的形式印製），我還在一九九二年的日記上貼了三張汽水標籤：百事可樂、芬達、嘉年華。

三億美元的油輪與貨輪。[1] 幾年後，更大的可口可樂旗下的芬達，以及百事可樂旗下的果味汽水嘉年華（Fiesta）進入蘇聯。

　　我還見識了熱情招待，以及面對日益增加的物資供應問題依然不變的慷慨。我似乎不斷被餵食——在這一家做了薄餅，在那一家吃了濃湯。我住在大學宿舍，但是分配到一個寄宿家庭以練習俄語；他們想給我一枝在他們的夏屋剪下的葡萄藤，遺憾的是我不得不拒絕，因爲我沒法把它帶回美國。我們的一些團員去了一所小學，和孩子唱歌（我們糟蹋了幾首美國歌，老師們唱了很美的俄語版〈昨日〉），然後老師款待我們一頓盛宴，食品是學生家長帶去的：一罐罐糖漬水果、謝肉節圓薄餅和薄餅以及其他油炸小吃、餅乾、小麵包、烤餃子。一杯接一杯的熱茶、甜茶或者加了甜煉乳的咖啡。

　　這趟旅行途中，我們去了聖彼得堡和莫斯科兩個星期。當時是十一月，天氣很冷，我發現聖彼得堡美得令人驚心動魄，莫斯科大得難以理解。還有更多古怪的旅館餐點與事物是我們在前幾個月不曾見過的：從異

國情調（人們站在地鐵站外，擺好桌子，販賣香蕉與鳳梨）到比較平淡無奇的東西（特趣巧克力棒〔Twix〕）。我對莫斯科一家餐廳的晚餐幾乎什麼都不記得，只記得一道菜：番茄片上覆蓋著一層蒜味碎乳酪混合物，我現在認為這是常見的開胃菜，但當時吃了幾個月加工乳酪之後，這道菜簡直在對我高聲歡迎。雖然我有點不好意思承認，但我在莫斯科看到蘇聯第一家麥當勞的時候，我掉了一點眼淚。這個分店在兩年前也就是一九九〇年一月開業，正如《紐約時報》記者所說，帶來了「奶昔與人性的親切」。它的菜單看板上向大家承諾「免費的微笑！」，這和漢堡及薯條一樣重要。

即使在那時我也意識到了，雖然在那個秋天與初冬，我自己從來沒有挨餓，但這一切都是因為我有時間、有錢；我的語言課在中午就結束了，所以我可以花一下午的時間去好幾個市場排隊。我在旅行開始時為每公斤番茄付出的三十盧布，也遠非許多在市場上尋找食物的人所能承受，更別說最後漲價至一百盧布了。對我來說，這個價格只是幾便士（旅行開始時，一美元兌換兩百五十盧布，結束時是五百盧布），但是對我周圍的人來說，意義完全不同。新的俄羅斯聯邦一項薪資調查發現，一九九一年初的月平均薪資是兩百九十六盧布；一九九三年二月，上升到一萬八千六百七十二盧布，但由於驚人的通貨膨脹率，實際購買力已經下降。[3]

當時我還不完全了解的是，這一切都與「休克療法」（shock therapy）有關，這是為了在蘇聯停滯數十年之後開始改革並重建新俄羅斯的經濟。然而它對日常生活產生了巨大影響，部分原因是它涉及很多事物。不僅僅是以前的國有企業的私有化過程；此一過程本身伴隨著重大動盪，因為急需資金的人出售股份，有餘錢的人購買，這在一定程度上造成了極度不平等的世界，這個世界裡只有寡頭以及剩下的所有人。這也是市場與社會安全網的一連串更廣泛的變化，最終影響了全體蘇聯人民。這些新措施包括取消或大幅減少食物與農業補貼。一九九〇年，這些支出占蘇聯總支出的百分之二十——取消固然節省了資金，但也導致農業產量大幅下降，並且對糧食系統造成壓力。[4]

一九九〇年代，對農業系統的衝擊只是問題的一部分——在這十年裡，經濟形勢整體上發生了廣泛的震盪。首要的是，實際收入持續下降，直到一九九〇年代末才恢復並穩定下來。雖然薪資在一九九二年稍微回升，但在一九九五年底再次下降。到了一九九六年初，百分之七十三的人口的薪資低於「維持生存的合理平均收入」。[5]收入下降主要是因為通貨膨

脹率飆升，以及一九九○年代初盧布暴跌。以下列舉一九九三年八月莫斯科的薪資與物價之間的比較，從人們為了養活自己而必須做出的選擇來說，就可以看出以上這種動蕩的真正意義。大學教授的月收入相當於三十一美元，醫生五十美元，公車司機八十美元，政府工作人員一百五十美元，企業經理六百美元（當時的最低月薪資相當於七美元）。與此同時，二點三公斤馬鈴薯售價零點九一美元，半公斤臘腸二點二一美元，一瓶可口可樂零點四五美元，十個雞蛋零點三美元，一個麥當勞的大麥克漢堡（Big Mac）一點四美元。至少麵包仍很便宜，每個零點零七美元。對許多人來說，這是回歸麵包與馬鈴薯膳食。雖然情勢看來危殆，但在這十年中葉，也有一些比較穩定的跡象。一九九七年底，一項貨幣改革減掉了紙幣的最後三位數（一萬盧布變成十盧布），因為至少通貨膨脹率已經多少穩定下來。

　　這次貨幣改革的時候，我又回到俄羅斯，此時的俄羅斯類似我第一次接觸的俄羅斯，但已經開始發生巨大變化。貨幣改革帶來許多困擾，不過與其說是紙幣的困擾，不如說是面額較小的硬幣──舊的一百盧布硬幣現在跟新的十戈比硬幣價值相同──我頗費了一些時間將一整把硬幣舉到售貨亭窗口，讓小販挑選出我該付的幣值。不同的購物場所激增，這也是巨大變化之一。我第一次去蘇聯的時候，官方商店有價格控制，因此比其他地方便宜，但是到了一九九二年底，這些商店裡幾乎什麼都沒有。當時有以蘇聯時期集體農場市場為基礎的官方市場，價格較高，但食品比較豐富，此外還有一些半官方市場。到了一九九六年那趙旅行的時候，商店裡又有了商品，但是市場上比較便宜。此時還有雨後春筍般的各種小售貨亭，在大街上、地鐵站外、人行地下道裡，出售盜版錄影帶、絲襪、果汁、糕點、水果──幾乎是人們可能需要的一切東西。據估計，在一九九四年，聖彼得堡有八千到一萬個售貨亭在營業，而官方註冊的商店為兩千八百一十五家。[7] 這些售貨亭因為與幫派犯罪有關而聞名，但它們能為人們提供商品。[8] 從很多方面來說，這是回歸了十八與十九世紀旅人對於城市食物的體驗──到處都有食物，隨時都可買到，雖然出人意料的食品所在位置可能令人感到混亂。到處都有食物，但從一九九七至一九九八年居留期間，我找到了穿越迷宮的特殊路徑。我獨自住在聖彼得堡一條地鐵線終點站附近公寓的時候，穿過車站的一大堆售貨亭，我找到某一個售貨亭，裡面有一位友善的小販，還有拉瓦什辣醬，雖然沒有我第一次旅行時吃到的那麼好，但依然很美味。

　　我去過一家小雜貨店，在距離冬宮一兩個街區的一條街上。那裡有很好的進口義大利麵醬。還有一家最近似超級市場的商店，在革命前的帕薩茲拱廊街購物中心[5]（Passazh）的地下室，這條購物街現在已經重生。在那裡我買了芬蘭的熱穀物粥，以及本地生產的瑞可塔乳清乳酪（ricotta）。我沿著聖彼得堡的主街涅瓦大街（Nevsky Prospect），來往於圖書館與檔案館之間，途中我會在一家龐大的麵包店暫停，這裡從冷凍泡芙到現烤麵包應有盡有，我往往買一個蘋果餡烤餃子（pirozhok）[6]然後繼續上路。我開始上有氧運動課，某個星期六，老師邀請我去喀朗施塔得[7]（Kronstadt）郊遊。半路上我們停下來野餐，吃了上面放了香腸和 salo（煙燻豬脂油）的麵包片、奶油泡芙和非常甜的紅酒。最後我還找到了「白痴」餐廳（Idiot），今天它依然坐落在運河畔同一處低矮舒適的房間裡，距離拉斯普丁（Rasputin）遭謀殺的尤蘇波夫宮[8]（Iusupov Palace）不遠。我在餐廳喝了幾壺茶，吃了幾盤奶渣小薄餅錫爾尼基[9]（syrnyki），這是用加糖的奶渣及葡萄乾做成的小麵餅，煎熟，搭配酸奶油。冬天來了，白日愈來愈短，這是最舒服的。

　　在莫斯科，我住在大學宿舍，在共用廚房自己做飯。我在聖彼得堡的時候，每天早上吃芬蘭穀物粥，但是在莫斯科這樣離芬蘭邊境很遠的地方買不到，所以我把早上的日常食品改成燕麥片——而且發現它依然保留著蘇聯時期的品牌名稱「海克力斯」。在莫斯科與聖彼得堡之間的火車上，鄰座男子對於我的麵包、白開水、一個蘋果組成的簡單一餐不以為然，力勸我吃他從熱水瓶裡拿出來的一條巨大的煮香腸（我盡可能婉拒了）。在一個寒冷刺骨的冬日，我在去檔案館的路上，向街頭小販買了一根結凍的巧克力棒，差點崩斷了一顆牙。我發現宿舍附近一家商店出售很不錯的澳洲巧達乳酪。我發現了喬治亞食物的美妙，經常和朋友去一家叫做 Mama Zoya 的餐館，享受喬治亞乳酪麵包，上面有熱騰騰的融化的乳酪，還有許多蒜味強烈的蔬菜餐點。我在莫斯科音樂學院（Moscow Conservatory）的一家小餐廳裡吃過一碗又一碗西伯利亞小餃子，還有一個男人站在圖書館外出售的無數熱騰騰烤餃子，有乳酪餡、蘋果餡、包心菜餡，都盛在他那些木

---

5 Пассаж / Passage，是涅瓦大街義大利大街之間的一條主要通道闢成商場，一八四八年開業。
6 пирожок，複數形 пирожки / pirozhki。
7 聖彼得堡的主要港口，位於聖彼得堡西邊三十公里，芬蘭灣科特林島，彼得大帝建於一七〇三年。
8 尤蘇波夫親王宅邸，一九一六年十二月二十九日（俄曆十二月十六日），親王與德米特里·巴甫洛維奇·羅曼諾夫大公在此謀殺尼古拉二世及亞歷山德拉皇后寵信的神祕主義者拉斯普丁，拋屍於宅前莫伊卡河。
9 сырники，源自斯拉夫語 сыр/ syr，即奶渣 curd cheese。

頭大托盤裡。許多新開的小雜貨店是二十四小時營業，這一點尤其令我的德國朋友們高興。我和幾位美國朋友多次經過宿舍附近一家小餐館「克莉絲蒂娜之家」，終於決定去試一次。我們遇到的是一份難以理解的菜單，上面列出的菜名只有對於在蘇聯制度下長大的人才有意義，而當時我們從來沒聽說過。幸運的是，我們選的都很好吃——比如「農家豬肉」是豬肉上放了醃黃瓜與番茄的薄片，蓋著一層融化的乳酪，後來我們經常光顧這家餐館。

　　我在喀山待了一個月，這座城市位於莫斯科以東，距離十二個小時火車車程。我在喀山跟一家人住在一起。這座城當然比莫斯科和聖彼得堡小得多，但也有類似的老商店、新商店與售貨亭。這一家的女主人娜塔莎每天為我做早餐和晚餐，我馬上就發現我很幸運，住進了一位出色廚師的家。早上我享用蕎麥粥或雞蛋，或者我最喜歡的奶渣小薄餅。每天晚上我們都喝湯；某個週末，我和娜塔莎坐在廚房裡，她一邊做甜菜湯，一邊講述製作過程，我到現在用的依然是她的方法。俄羅斯的一餐是由幾道菜組成的，湯是第一道。我逐漸了解到標準的一餐包括湯、沙拉（通常是番茄

在俄羅斯這片遼闊的土地上，園藝在過去與現在都是許多俄羅斯人的生活必需愛好。在這張攝於二〇〇三年的照片中，西伯利亞車里亞賓斯克州（Cheliabinsk）一處鬱鬱蔥蔥的園圃，為人們帶來漫長冬季裡充足的水果與蔬菜。

和小黃瓜，加上簡單的油醋汁和新鮮香草植物）、肉與澱粉類「配菜」、麵包。每天早上我經過同一家麵包店，都會進去買一兩個麵包捲當作午餐。顯然我多少是人們好奇的對象，但直到本地新聞因為我是檔案館的美國人而採訪我，收銀員才開口問我：「你在這裡待得怎麼樣？」檔案館有一位研究員是年長的教授，我告訴他，我的研究主題是十八與十九世紀的俄羅斯飲食，他似乎對這個主題持懷疑態度，不過他開始在下班時放幾顆糖在我的桌上。我的寄宿家庭男主人奧列格自豪地向我介紹喀山的啤酒廠「克拉斯尼沃斯托克」（Krasnyi Vostok，紅色東方），於是我開始買幾瓶啤酒帶回家吃晚飯。

我買啤酒回家的原因之一是，我知道雖然我付了房租，但奧列格和娜塔莎也無法經常買啤酒，因為太貴了。事實上，在這一整段時間裡，我都知道是美元讓我能夠輕鬆生活。每一樣東西都不再像五年前一樣便宜了，而且還有一些昂貴的場所，我做夢也不可能負擔得起。但對我來說，食物系統的運作方式沒有什麼特別困難，只是有點獨特。不過對我周圍的大多數俄羅斯人來說，卻並非如此。在一九九○年代，整體來說人們消費的食物熱量沒有顯著下降，但家庭收入用於食物的占比增加了，比起來自肉類與乳製品的熱量，來自穀物的熱量增加了，這都是與蘇聯後期的趨勢反其道而行。一九九一年，家庭支出的百分之三十八用於食物，二○○○年提高到百分之五十。[9] 某些群體受到的打擊更大；一個廣為人知的例子就是依靠養老金生活的老人，首先養老金已經跟不上當前的生活成本，其次往往拖欠數月才發放。[10]

這一切都伴隨著農業領域更大的變化。當然，有一些事情沒有改變。比如在這些年裡，私人地塊依然是人們養活自己的重要方式。如果一九九一年私人地塊占全部農業生產的百分之三十一，那麼到了二○○○年，就占了百分之五十七。有一塊地可以使用，就至少能夠消除寥寥無幾的養老金所造成的部分痛苦。一九九八年，圖拉城一位有官邸的退休人員，大部分時間都住在一小時車程外她母親的村居裡。在那裡她們的主要糧食是馬鈴薯、胡蘿蔔、甜菜，以及「海洋一般的大玻璃罐裝醃菜」。她的養老金（如果發放的話）用來購買糖、肉及其他必需品。[11] 雖然經濟在二○○○年代穩定下來，但私有地塊仍然很重要。到了二○一○年代中期，莫斯科的龐大人口當中有一半能夠使用某種類型的園藝用地；在聖彼得堡，此一比例略高，而在較小的城市則接近百分之六十二至六十六。[12] 不過到了現在，就和採莓果與蘑菇一樣，這些園圃除了是生活上的必需品之外，也與真

實、傳統、身爲大自然一部分的感受有關。[13]

　　私人地塊在實際與象徵意義上保持著重要性，與此同時，更大的農業領域開始發生更顯著的變化。在一九九〇年代取消補貼而引發危機之後，農業企業不得不思考，該如何在新的半資本主義的俄羅斯世界中生存。一個主要影響是速食店興起。第一家麥當勞開設之後，愈來愈多分店出現在莫斯科、聖彼得堡和全國各地。到了二〇〇〇年代中，麥當勞在全國速食店市場占比是百分之四十三，而這是一個一千九百四十億美元的市場。[14]一開始，第一家麥當勞使用的主要是進口材料，隨著成長，麥當勞也開始在莫斯科城外的自有工廠生產（廠區稱爲 McComplex）。不過俄羅斯企業也開始逐步生產麥當勞所需的大部分產品。第一家麥當勞開幕時，莫斯科郊外一家集體農場幾乎就同時開始爲其供應萵苣。它也隨著麥當勞逐漸成長。現在這家「白色夏屋」公司（Belaya Dacha）不僅向速食店供應切碎的萵苣，還向超市供應幾十種不同的萵苣。二〇一〇年，位於莫斯科的第一家麥當勞年滿二十歲，俄羅斯境內麥當勞百分之八十的需求由境內生產商供應。[15]

　　俄羅斯經濟整體在二十一世紀初開始復甦，大部分推力來自大宗商品價格上漲。雖然窮人、尤其是城市窮人依然面臨生存挑戰，但薪資提高了，膳食改善了。[16]特別是農業轉型，能夠以過去少見的方式，讓俄羅斯擁有糧食上的安全感。[17]二〇一三年，俄羅斯已經從蘇聯末期的全球第一位糧食進口國，轉變爲第三大糧食出口國。它的轉變方式，在很多方面反映了過去的蘇聯。二十一世紀初，大約百分之八十的農業用地由大型農業企業控制，這些企業大多是從蘇聯時期的集體農場演變而來的。小規模農場只耕種了百分之十的農田。但這些小型農場占了農業生產的五成，而大型農場僅占四成。[18]此後，小規模生產下降，但小型農場依然很重要。不過總體而言，後蘇聯時代的農業轉型，已經使俄羅斯成爲早期領導人一直自詡的農業強國。二〇一七年，俄羅斯是世界第四大小麥出產國及最大出口國（也是蕎麥、亞麻籽、甜菜漿的最大出口國），最大的大麥出產國，第三大馬鈴薯及牛奶出產國。[19]

　　這種更全面的穩定不僅在莫斯科與聖彼得堡街頭感覺得到，而且在俄羅斯聯邦各地感覺更深。在一九九〇年代末的長期旅行之後，我在二〇〇二年夏天回到莫斯科與聖彼得堡，二〇〇七年我又回來。二〇〇二年那次旅行在我的記憶中有點模糊——感覺跟我之前待在這裡的時候差不多，主要區別在於出現了更多餐廳，尤其是壽司餐廳和新穎的小餐廳，簡直是一

次小爆炸。我還去了一些我曾經去過的商店與餐廳，然而讓我難過的是，
聖彼得堡的大街上我最喜歡的那家麵包店，已經變成了服裝店，我最喜歡
的其中一家莫斯科小餐廳變成了一家貴得多的咖啡館。此外還有一個變
化：隨著盧布幣值穩定，對我來說價格不再那麼便宜，不過很明顯的是，
現在有更多消費者能夠享受這些地方。從二〇〇七年開始，我每隔一年去
一趟俄國，在夏季或冬季，停留數週或幾個月。我大部分時間都在莫斯科
和聖彼得堡，但也去其他城市，包括梁贊、雅羅斯拉夫爾、薩拉托夫、諾
夫哥羅德。雖然這兩座大城市應有盡有，但在飲食方面，有一些事物將這
所有地方連結在一起。當然，現在到處都是麥當勞。還有各種餐廳與咖啡
館，它們的目標客戶不僅是超級富豪。還有像特列莫克這樣的俄羅斯速食
連鎖店，供應小圓薄餅和蕎麥粥，餡料與配料包括包心菜、蘑菇、火腿與
乳酪等等。這家連鎖店始於一九九〇年代末，與 Kroshka Kartoshka[10] 都是

蘇聯解體之後，商店以外的非官方銷售系統一直存在。二〇〇九年秋天的一天，我注意到像這樣的西瓜攤在聖彼得堡
四處拔地而起。這種籠子在夜裡也放在原地，裡面裝滿了西瓜，起先是以南方運來的新鮮西瓜補貨，然後數量逐漸減
少（並且加上一層拆開的厚箱子，以抵禦寒氣滲透）。

二○一八年秋天，莫斯科在歷史悠久的
市中心及其周圍生動展示了蔬菜與其他
食物，以慶祝豐收。圖中是在龐大的古
姆百貨公司[11]（GUM），（假）牛奶罐
上標示著鮮奶油、酸奶油、牛奶、奶渣，
展示著後蘇聯時代豐富的乳製品。

小售貨亭，後者賣的是烤馬鈴薯加上類似餡料。在最近大約五年裡，食堂
（stolovaia）捲土重來，現在的食堂依然供應湯與炸肉排，但也有澆上義大
利青醬（pesto）的茄子，甚至連莫斯科與聖彼得的高級購物街都有這類食
堂。喬治亞菜也是如此，似乎已經取代了無所不在的壽司餐廳（過去一直
有一些喬治亞餐廳，但這幾年來急速增加）。在最近幾次旅行中，我吃了
拿坡里披薩（很出色）、泰國菜（美味）、墨西哥塔可餅（可惜沒有那麼好），
還喝了精釀啤酒和公平交易濃縮咖啡。

　　購物也不一樣了。一九九○年代，有幾家大超市、幾十家小雜貨店，
這種小雜貨店在市中心的小空間裡塞滿了數量驚人的商品，此外還有更多
售貨亭。那些小雜貨店並沒有真正消失，尤其是在空間非常珍貴的老市中

10 Теремок。КрошкаКартошка，「小馬鈴薯」。
11 ГУМ，Главныйуниверсальныймагазин，原指蘇聯境內各地的國營百貨公司，此指最有名的一處，位於莫斯科，商
場建築完工於一八九三年。

心。現在還有大型連鎖超市，為不同的客戶群提供服務。Perekrestok[12]是一家綜合超市，通常位於購物中心的地下室，這種購物中心在俄國城市裡湧現。Azbuka Vkusa [13]，「口味字母表」連鎖超市，特色是包裝精美的農產品與較高的價格。莫斯科最令人吃驚的變化是售貨亭的衰落。二〇一六年二月九日，推土機在一夜之間夷平了全城數十座售貨亭，這是該市新任市長美化市容運動的一部分。

從二〇〇七年開始，我每次去莫斯科都住在同一個地方。我向一位名叫艾瑪的退休婦女租了一個房間，位於稍微偏僻的街區。這樣我就能感受莫斯科的某個住宅區在過去十幾年裡如何變化：我第一次住在那裡的時候，有一家老的雜貨店，依然使人想起蘇聯時代的同樣店鋪（但是有更多食品），我看著它歇業、重新開幕，並且在這一帶出現了許多新的雜貨店。我看到售貨亭歇業，只剩下公車站牌旁邊賣冰淇淋的那一家。當然，這也讓我了解了艾瑪，我們談了很多，甚至也爭論過，主題包括書、音樂、歷史（她說，因為有不少像我這樣的歷史學者租住過她家，歷史已經成為她的第三職業）。當然，我們也談論食物。

雖然我主要是自己做飯，但艾瑪時不時做給我吃，事實上，隨著我年紀漸長，她就愈來愈經常做給我吃（可惜她通常不願意吃我做的任何東西）。現在她總是以湯和油醋冷盤（vinegret）以及她的拿手菜檸檬餡餅為我接風。她總是要我吃完她做的這道或者那道菜，因為她做得太多。現在她偶爾會光顧餐廳，不過我第一次住在她家的時候，她認為這是荒謬的鋪張浪費。我們談到位於紅場一側的古姆百貨公司依然有城裡最好的蘇聯風格冰淇淋，她在 WhatsApp 上給我發了自己和朋友的照片，我看得出來她們正在享用這一家的冰淇淋。

在很多方面，這些變化都代表著食物已經是生活中簡單的一部分。首先，不再處處大排長龍了。但是從我與艾瑪的對話可以看得出來，食物在許多俄羅斯人的精神世界中仍然佔據核心地位。書店的烹飪書區占地很大，雜誌與報紙上都有食譜與烹飪建議。俄文網際網路上充滿了食譜網站與留言板，回答關於不同形式的火腿或酸菜之類的問題。人們對俄羅斯飲食的歷史也特別感興趣。已故的威廉・波赫列布金所寫的蘇聯時期烹飪書與飲食歷史一再重印。其他作者與烹飪界人物，尤其是馬克西姆・西爾尼

---

12 Перекрёсток
13 Азбука вкуса

科夫，在努力挖掘蘇聯時代、乃至數百年前歐化時期丟失的俄羅斯菜餚。[20] 雖然這些方式都是新的，但是人們對食物的興趣超越了純粹的功利實用，這一點顯然不是新的。安納斯塔西婭・拉赫蒂科娃寫過關於蘇聯晚期女性保存的食譜筆記本。她們以一切手頭上堪用的材料抄寫食譜，包括舊的圖書館卡片、大型計算機用的穿孔卡片，努力把短缺時期變成一種樂趣。[21]

從二〇一四年開始，至少在一段時期之內，還有一個原因使得人們需要經常談論食物的話題。那一年由於俄羅斯聯邦併吞克里米亞，西方國家對俄實施經濟制裁。反之，俄羅斯政府對這些國家——歐盟成員、美國、挪威、澳洲、加拿大——施以它所謂的「反制裁」。最重要的是，這項措施禁止從這些地區進口大多數食品，從水果蔬菜到香腸乳酪。雖然最初只是短期措施，但如今已經一再延長。[22] 儘管反制裁包括許多食品，但是在討論反制裁的影響時，乳酪總是顯得特別重要。制裁開始不久之後，一項網路民調稱，如果必須在克里米亞與乳酪之間做出選擇，百分之六十四的俄國人會選擇乳酪。[23] 到了第二年查獲走私乳酪與其他違禁食品的時候，官員們決定大做文章：公開銷毀這些食品，用推土機推到坑裡，甚至焚燒——這是一種非常戲劇性的聲明，俄羅斯不再需要擔心食物短缺，此外再加上一份反對進口貨的聲明。[24] 從那時起，國內乳酪業對於生產俄國製卡門貝爾、布里甚至帕瑪森乳酪的心血，已經得到大量關注與支持。[25]

一八五九年，曾經在俄羅斯旅行的巴亞德・泰勒[14]（Bayard Taylor），寫下一段對於莫斯科的精彩描述：

世上沒有哪個城市像這樣呈現出如此國際化的面貌。勒克瑙[15]（Lucknow）的鍍金圓頂，中國的寶塔，拜占庭式教堂，希臘式神廟，凡爾賽風格的宮殿，沉重無趣的日耳曼建築，木造鄉村小屋，俗氣的美國招牌，林蔭道、花園、寂靜的小巷、喧鬧的街道、露天市場、土耳其巴扎、法國咖啡館、德國啤酒窖、中國茶館——這裡都找得到，並沒有集中在特別劃分的各別區域裡，而是混雜在一起，直到歐洲與亞洲、過去與現在、舊大陸與新大陸，都攪和在一起，根本沒法說哪些占了上風。世上沒有其

14 一八二五－一八七八。美國詩人、外交官。
15 現為印度北方邦首府。歷史上是阿瓦德地區首府，隸屬德里蘇丹國（一二〇六－一五二六），後屬於蒙兀兒帝國（一五二六－一八五七）。

他如此奇異絢麗的城市，只有莫斯科。稱其為俄羅斯城市可能太狹隘，因為它令人想起整個世界。[26]

　　將用語稍加變化，就可以對今天的莫斯科寫出幾乎完全相同的描述。這座城市的建築變得更複雜了，一波波蘇聯與後蘇聯建築混合了哥德風格、實用性與華而不實。街道變得更喧鬧，但附近依然有寂靜得令人吃驚的小巷。也至少還有法國咖啡館、德國啤酒窖，以及中國餐廳。

　　十九世紀的旅人經常注意到，至少在上層階級的餐桌上，俄羅斯飲食也給他們一種類似的感覺，也就是「都攪和在一起」，因為西歐的食品飲料與俄羅斯食品飲料紛雜並呈。如今這種感受在很多方面也依然是真實的，大部分是因為俄羅斯飲食歷史長期以來受到層層影響，這些影響來自最終成為大帝國的俄羅斯內部，也來自國境之外。現在幾乎無法想像沒有馬鈴薯或者甜菜湯的「俄羅斯烹調」是什麼樣子，但這兩者都是在十九世紀才開始取得地位，一種來自俄羅斯國境以外的遠方，另一種來自帝國西部。伏特加比起這兩樣是古老得多，但還比不上啤酒與蜜酒。有些食物被遺忘了，有些則占了上風。在超過了千年的歷史中，所有這些沉積，所有這些影響，一起造就了今天俄羅斯的飲食。

尾聲
食譜

關於度量單位的說明：

以下的食譜都是從原始資料直接翻譯，因此使用的度量單位未必可靠。如果食譜中標明了確切的分量，十九世紀通常使用的單位是「一杯」、「一瓶」、「一匙」。「一杯」大約是二百七十三毫升（比現在美國使用的「杯」稍微多一點），「一瓶」比一公升稍微少一點（比美國的夸特少一點）。蘇聯在一九二五年開始使用公制；從此食譜中的分量幾乎都以公克為單位。

開胃菜與沙拉
早期羅斯的日常生活

碎蘑菇冷盤（Mushroom Caviar，一八三五）
白蘑菇煮過，切碎，拌上核桃油，酌量加胡椒與鹽，放在盤子裡，旁邊放上切碎的青蔥，然後上菜。[1]

蔬菜冷湯（Okroshka，一八四八）
取剩下的烤肉，種類不限（豬肉和火腿除外，因為這種很肥，不適合），切成小塊，切碎青蔥、蒔蘿、小黃瓜、白煮蛋，如果有的話，再切碎一些蟹肉，然後把這些混合，加進好的克瓦斯，以鹽調味，然後靜置。也可以加幾匙酸奶油。[2]

肉冷湯（Okroshka，一八九一）
〔葉蓮娜・莫洛霍韋茨將其與酸味冷魚湯一起列為「冷湯」〕
取少量烤牛肉或煮熟的牛肉——鹽牛肉、火腿、小牛肉，任何肉類都可以——切成大小相等的小塊，分量為兩杯。加上一兩根洗乾淨的新鮮小黃

瓜、一兩個白煮蛋、切碎的青蔥與蒔蘿。全部放在大湯碗中，倒入半杯酸奶油或一杯乳清，加入一瓶克瓦斯、一瓶氣泡克瓦斯（kislyeshchi），加鹽，加入一塊冰。[3]

牛或小牛頭與蹄做成的肉凍（Studen，一八九一）

洗乾淨牛頭與腳，放入陶鍋，倒入水，放入烘爐約八小時，或在爐口上的鍋中煮沸，加入一片月桂葉、胡椒、鹽、洋蔥。肉煮熟後，取出，從骨頭上剔下肉，切碎，放入模具中，將肉湯過濾，倒入模具中，靜置冷卻。上菜時，把肉凍倒在盤子裡。與芥末、醋，或辣根一起食用。[4]

肉凍（一九四五）

將燙過的母牛唇與牛蹄切成塊，切碎骨頭，靜置吸收。然後將其過濾並清洗，倒入鍋中，加上水，煮三至四小時，然後加入一根胡蘿蔔、一株芹菜根、一個洋蔥、一片月桂葉、胡椒，再煮三十至四十分鐘，從肉湯中取出，小心將肉與骨分開，切碎。過濾肉湯，與切碎的肉混合，加鹽，冷卻至質地如同濃稠的果子凍（kisel），倒入模具中，徹底冷卻。[5]

油醋冷盤（Vinegret，一八四八）

可以用野味，也可以用任何種類的肉：小牛肉、羊肉、牛肉都可以；有時手邊有些剩下的不同種類的烤肉，與其把它們放在一起當作一道菜，不如做成油醋冷盤。把肉和骨分開，把肉撕開放在盤子裡，或切成小塊。取煮熟的馬鈴薯、甜菜根、新鮮的或醃製的小黃瓜，都切成厚片；也可把馬鈴薯和甜菜磨碎；然後把這些都一排一排放在肉的上面；或者，如果切成小塊，就圍成一個圈。在這道冷盤上，你可以放上浸過的蘋果、櫻桃、梨、續隨子、橄欖、煮過的蘑菇、鹽醃乳菇（milk cap）。放上之後，撒上〔切碎並煮熟的〕雞蛋，或者加上一個凍肉捲（galantine）。然後把醋、芥末、橄欖油、鹽混合在一起，倒在冷盤上。[6]

油醋冷盤（一九四五）

三至四個馬鈴薯，五百克甜菜根，一百克胡蘿蔔，二至三根小黃瓜，一百克青蔥，一百克酸包心菜，一大匙油，二大匙醋，芥末，糖，鹽。
將煮過的馬鈴薯、甜菜根、胡蘿蔔、新鮮或鹽醃小黃瓜去皮削整，切成塊，放進一只碗裡，加上酸包心菜絲。混合芥末、糖、鹽、油、醋。將油

醋汁倒進上述碗中，靜置十五至二十分鐘，使蔬菜入味。

上菜之前，將其放在沙拉盤或大餐盤中，堆成小山狀，並以滋味適合的蔬菜裝飾。你可以按喜好加入蘋果、青蔥或白洋蔥、番茄、鹽醃或醃漬蘑菇、雞蛋。可以加上一匙酸奶油；以各種醃漬水果增色，比如櫻桃、李子、葡萄、莓果等等。油醋冷盤也可以加上煮熟的魚肉、鯡魚、肉，或者只加肉，或者只加醃漬魚類。[7]

第一道菜：湯

烏克蘭甜菜湯（Ukrainian Borscht，一八三五）

在河水中浸泡品質好的白蘑菇乾，使其復原完好，並且沒有沙子，將其煮熟；煮熟後，把蘑菇柄與傘分開；把蘑菇柄切碎，放在菇傘中，塞緊；加上浸泡在杏仁露中的白麵包，將菇傘塞滿。取兩匙核桃油，按比例加入麵粉，使其充分混合，再加入鹽、胡椒、肉豆蔻、蒔蘿，再次攪拌，並製作可內樂魚丸。將甜菜根、包心菜、洋蔥、根莖類、胡蘿蔔、上述蘑菇傘，用核桃油慢煎，再加入少量麵粉，加入蘑菇肉湯，煮沸；半熟的時候，把一顆酸包心菜放在水中稍煮，將每片葉子切成兩半，去掉莖，裹起一些魚丸，放進湯中。其餘的魚丸則以小匙放入湯中。以好的氣泡克瓦斯增加酸味。與杏仁露及少量蒔蘿一起食用。[8]

甜菜湯（一八九一）

用一或二俄磅肥牛肉，或豬肉，或一俄磅煙燻豬脂油，做成肉清湯，不要加根莖類蔬菜，但要加一個洋蔥、一或二個乾蘑菇、一片月桂葉、三或四顆胡椒粒；將湯過濾。晚餐前一小時，將四分之一顆包心菜放進肉清湯，煮沸，加入醃漬甜菜的滷水調味。同時取二至三個甜菜，洗淨，不要去皮，在水中單獨煮沸。甜菜煮至軟，取出，削皮並切成薄片，撒上半匙麵粉，混合在一起，放入湯中，加鹽，煮沸兩次。在湯碗中放入一根切碎的生甜菜及其汁液，以及切碎的熟牛肉、豬肉或燻豬脂油，倒入熱湯，加入酸奶油或乳清，撒上香草植物；與蕎麥粥一起端上桌。也可以不加牛肉，改用四至六個乾蘑菇，煮沸，切碎，用一匙植物油與洋蔥一起煎，將其加入湯中，煮沸，撒上香草植物。[9]

娜塔莎的甜菜湯

〔娜塔莎對我口述，一九九八年五月於喀山〕

取三個甜菜，切丁。倒上肉清湯或水，水面蓋過甜菜，加一大匙醋、一小匙糖。小火煮軟（約三十分鐘）。同時慢煎一個小洋蔥，加上一個胡蘿蔔，切成粒，一杓番茄糊。煮十分鐘。加上兩個切成丁的小馬鈴薯，三分之一至二分之一顆包心菜，切成細絲。加水漫過，煮約十五分鐘。與上述甜菜加在一起，放一片月桂葉，眾香子（allspice）若干顆，新鮮蒔蘿若干莖。煮約七分鐘，時間將到七分鐘的時候，加上一顆切碎的大蒜，關火。上菜時佐以切碎的蒔蘿、酸奶油、一片檸檬。

酸味冷魚湯加小黃瓜（Botvinia with Cucumbers，一八六二）

將所需量的小黃瓜洗淨，切成小丁，放入鍋中，放在冰上。將酸模洗淨，以鹽水煮熟，以細篩濾乾，放在陰涼處。取一點嫩菠菜與等量的根莖類嫩葉，洗淨，在沸水中燙至柔軟，然後放在冷水中，擠乾水分，切碎。上菜前十五分鐘，將上述所有材料放在一個鍋裡，加進濾過的氣泡克瓦斯或克瓦斯，加上適量鹽與糖，切碎的香草植物比如龍蒿（tarragon）、細葉香芹（chervil）、蒔蘿、紅蔥（shallot），磨碎的辣根，加上幾塊乾淨的冰。在鹽水中將一塊鮭魚煮熟（分量視人數而定），放在冰上冷卻，然後放在大餐盤上，覆蓋以新鮮小黃瓜片、蟹肉、磨碎的辣根、切碎的香草植物與洋蔥。〔10〕

麵條湯（Lapsha，一八九一）

以兩俄磅牛肉及根莖蔬菜做成肉清湯。麵團材料為一個蛋、一個蛋殼分量的鹽水、一杯半即半俄磅麵粉，混合揉勻。將麵團擀成薄片，兩面撒上麵粉，以利刀切成長條，將兩條疊在一起，再切成細條，然後分開，放在桌上晾乾，將多餘的麵粉從麵條上抖掉。用餐前，將麵條（lapsha）分散撒入湯中，加一小匙鹽，煮沸。麵條煮熟時，加上切碎的香草植物食用。如果不用牛肉做湯，就用根莖類蔬菜、馬鈴薯、洋蔥、四個乾蘑菇，煮熟後切碎，加洋蔥與一匙油，煎香，加進麵條湯裡，煮沸，撒上切碎的香草植物。〔11〕

酸味蔬菜湯（Rassolnik，一八九一）

用一至二俄磅牛肉、一個烤過的洋蔥、一些胡蘿蔔、一片月桂葉，做成肉

清湯。在一小時前，加上八分之一杯珍珠大麥或小麥粗穀粉，一起煮；半小時前，加入一小盤洗淨的生馬鈴薯、兩條洗淨並切丁的鹽醃小黃瓜，加入醃漬滷水調味，如此則滋味美妙；用四分之一杯冷水溶解半匙麵粉，加入湯中增稠，煮沸；加入四分之一杯酸奶油或半杯至一杯乳清，使其變白；加入切成小塊的煮熟的牛肉。上桌時撒上切碎的香草植物。這道湯可以不用牛肉，改用兩個乾蘑菇。[12]

懶人包心菜湯（一八三四）

將一顆包心菜切塊，在盆中加入牛肉、羊肉、雞肉、火腿，煮至沸騰；加入燙過的包心菜，以及胡蘿蔔、蕪菁、洋蔥；加一些酸的東西，再用麵粉與奶油增稠，煮沸。做好後，與切碎的歐芹及少量酸奶油食用。[13]

真正的俄羅斯包心菜湯（一八三五）

取包心菜、牛肉、火腿、一把燕麥片、洋蔥，加水漫過全部，煮至熟透；在另一個盤子裡混合一點麵粉與奶油，加進湯中，然後加入酸奶油。上菜時，撒上胡椒粉，加上切碎的洋蔥及麵包屑。[14]

什錦包心菜湯[17]（Shchi，Sbornye，一八三五）

取豬肉、牛肉、火腿、一隻鵝、兩隻雞，剁塊，醃漬包心菜，洋蔥切成圈。全部一起煮，同前述作法加入麵粉與奶油增稠，然後加酸奶油。[15]

懶人包心菜湯（一八三五）

取一顆新鮮包心菜，切成四等分，與牛肉同煮，不要加其他佐料；然後調味，並以前述作法（以麵粉加奶油，及酸奶油）使其變白。[16]

法式包心菜湯（一八三五）

取包心菜，分量視湯所需，葉片不要太薄，也不要太厚；在冷水中浸泡半小時；取出，擠乾水分。取幾片最好的燻豬脂油，切碎，放進鍋底，然後加入從肉湯表面撇出的油脂，混合；以小火煮，當包心菜煮好，將其放入已準備好的肉湯中，依口味加入煮包心菜的水若干；撇掉湯面的油，上桌。[17]

---

17 Сборныещи

齋期的懶人包心菜湯（一八五一）

將四分之一俄磅的白蘑菇乾（或其他蘑菇）煮熟，將水過濾，與蘑菇放在杯中。切開一顆俄羅斯白包心菜，放在湯鍋裡，加上魚清湯、鹽，蓋上鍋蓋，放在爐口上煮約一小時。切碎兩個洋蔥，以一杯核桃油或罌粟籽油煎，撒上一把麵粉，加上兩瓶氣泡克瓦斯，然後全部倒入湯中，加入切塊的胡蘿蔔、搗碎的馬鈴薯，蓋上鍋蓋，直到煮好。最後，將前述煮過的蘑菇清潔，沾上麵糊與麵包粉，油煎，再放入湯中，最後加上一茶杯的杏仁露，撒上切碎的歐芹。上菜。[18]

俄羅斯包心菜湯（Potage tchy à la russe，一八六二）

將一顆包心菜洗淨，切成八份，並切好一些根莖類蔬菜，比如芹菜、韭蔥（leek）、胡蘿蔔、歐芹。放在水中燙，水沸時將水過濾，在蔬菜上澆冷水，再放進鍋中。同時把一塊上面帶脂肪的牛肉放進鍋中，加水煮之，水沸時將牛肉撈出放在冷水中，洗淨，切塊，放進包心菜鍋中，倒入過濾的牛肉清湯，酌量加鹽、香料，繼續煮至熟。在煮熟前十五分鐘，在奶油裡煮一點麵粉，加上牛肉清湯，然後緩緩倒入包心菜湯中，煮沸，撇掉湯面的油脂，加入增稠佐料，撒上一些切碎的歐芹及胡椒。[19]

小黃瓜酸味索良卡湯（Soliankawith Cucumbers，一八四八）

以三俄磅好的牛肉煮成肉清湯，取十條鹽醃小黃瓜及一個洋蔥，洗淨，切碎後放入清湯中。煮熟後，以麵粉與奶油增稠。[20]

肉類索良卡湯[18]（Selianka，一八九一）

〔Selianka 是 Solianka 的另一種拼法〕

備好清湯，材料是一俄磅剁開的骨頭……一個洋蔥、一兩片月桂葉、三至六個胡椒粒；煮好後過濾。加上半盤切成小塊的各種肉類，比如水煮的或烤牛肉、小牛肉、火腿、鹹牛肉、鵝、鴨、香腸，每種各一點。將一個洋蔥切碎，以半匙油慢煎，加上半匙麵粉使之呈淺棕色，加入湯中。將兩根鹽醃小黃瓜切塊，以及四到八個醃漬松乳菇（saffron milk caps，ryzhiki），先在沸水中沾一下，然後加入湯中，或者使用新鮮的白菇，比如牛肝菌或乳菇，要先洗淨，分開煮熟並擠乾水分。在湯中加入半杯醃漬滷水，以及

18 中譯名又稱雜拌湯。

在沸水中燙過的新鮮或酸包心菜。在湯中混合之後，煮開，上菜時加上半杯酸奶油或者濃郁的鮮奶油、蒔蘿、一把切碎的青蔥。[21]

修道院魚湯（Monastery Ukha，一八三五）

將十條鯉魚、十條鱸魚（perch）、十條梅花鱸、十條鮈魚（gudgeon）洗淨、去掉內臟，鯉魚及鱸魚剖半，按照魚的分量選用合適的大盆，裝滿水；將根莖類蔬菜及兩個洋蔥洗淨並切塊，放入水中煮沸，撇掉泡沫；然後加入鯉魚與鱸魚，煮沸兩次；再加入梅花鱸與鮈魚、一小片月桂葉，煮至全熟；加鹽、蒔蘿、香草植物，按照分量加入白酒及新鮮檸檬，即可上菜。[22]

俄羅斯牛肚菌湯（Potage de morilles à la russe，一八六二）

挑選所需數量的牛肚菌（morel），清洗後，選擇一部分加入內餡，將中間部分（蘑菇柄）去掉，再次清洗，放在篩子裡，讓水完全瀝乾。把剩下的牛肚菌切成兩半，洗淨。切碎，放在裝有融化奶油的湯鍋中，使其出水。然後加入一點麵粉，拌勻，加入肉清湯，煮沸，改用小火，加入一塊乾淨的火腿、一束新鮮蒔蘿、洋蔥、歐芹、蓋上鍋蓋，小火煮至軟。同時，準備碎肉餡，類似製作肉丸，用小牛肉、切碎的雞蛋、火腿、香草植物混合，塞進〔其餘〕牛肚菌裡。把這些牛肚菌放進煎鍋，倒上一點肉清湯，加入奶油與鹽，蓋上蓋子用小火煮，直到菌子煮軟，而且肉湯已經收乾。上菜前，取出湯鍋裡的香草植物及火腿，以酸奶油增稠，然後將湯倒入湯碗中，加入有肉餡的牛肚菌。湯裡也可以加入小的燜燒雞，切成小塊。[23]

南瓜盅俄羅斯湯（一八三四）

取一個成熟南瓜，在頂上橫切下適當大小的一塊，作為蓋子。將南瓜子及其他掏空。取四隻嫩雞、兩隻新鮮松雞，清理後，切塊。將歐芹根、歐防風、芹菜根、韭蔥、一根小胡蘿蔔的莖葉摘下待用，根莖部切成圓片，以發酵奶油（sour butter）慢煎，加上一點麵粉，倒上一些好的肉清湯，加入上述雞與松雞，煮沸，離火，放在南瓜裡。取小牛肉與奶油切碎，加入胡椒、香草植物、白麵包屑、雞蛋，做成肉丸，在沸水中燙過，與雞肉及香腸一起放入南瓜中。在兩個洋蔥上插上肉桂與丁香，與肉豆蔻及月桂葉一起放入南瓜。將一個新鮮檸檬洗淨，切成圓片，去籽，放入南瓜中，然後將南瓜肉與一瓶好的梅多克酒（Médoc）都放入南瓜中，要把以上這些一

層層放進去，這樣就不會太滿。混合麵粉與水，做成麵團，擀平。將切下的南瓜頂部蓋上，用麵皮包覆整個南瓜，直到完全看不見南瓜，如此蒸氣就不會逸出。切碎歐芹與蒔蘿，撒在南瓜上，並用刀沿著蓋子劃出標記，以便在餐桌上取下。然後把南瓜放進烘爐裡，放在一只淺鍋上，烤好後，連麵團一起端上桌。注意：以這種方式烹製的南瓜湯可以帶上路，只須注意加入的液體要少一點，而且從烘爐取出時，拿掉蓋子，讓湯冷卻，加入一塊好的膠質，然後蓋上，待其凝結。[24]

烏克蘭湯（一八三四）

將清洗過的牛肚再換水清洗，使其沒有異味，在鹽水中煮至半熟，然後切得極碎，在煎鍋中以發酵奶油將其與根莖類蔬菜一起慢煎；加入麵粉與肉清湯，煮沸，加入雞肉與小牛肉，煮熟後，撒上切碎的新鮮歐芹。上桌前，加一些新鮮酸奶油。[25]

第二道菜：正菜

克瓦斯燜燒牛肉（Braised Beef with Kvas，一八九一）

取二至三磅嫩牛腿肉，切成大塊，以木槌敲打，抹鹽，裹上麵粉。〔在鍋底〕放一塊奶油，然後放牛肉，撒上切碎的洋蔥、一至二片月桂葉、三至六顆胡椒，以及一些小塊奶油，將鍋子放在爐口上，或者熱的烘爐裡，使肉變成棕色，然後倒進克瓦斯，分量要正好漫過牛肉。煮沸的時候，蓋上蓋子，燉一小時。可以加上生的馬鈴薯一起燉，或者吃的時候搭配煎馬鈴薯。如果要稍做變化，那麼肉上不裹麵粉，而是撒上兩三把黑麵包屑。以上分量是一餐四人份，但是一次只烹煮二俄磅的牛肉塊並不經濟，所以應該一次至少做兩天份四俄磅。[26]

烤雞（一八四八）

將一隻雞清洗後，注意不要剖開，小心地將皮與肉分開。取至少九個白煮蛋，數量視雞的大小而定，將白煮蛋切碎，與生的蛋混合，加鹽調味，加一點切碎的歐芹。將雞的開口處縫上，把上述碎雞蛋灌入雞皮與雞肉之間，然後在雞頸處捆緊。如此處理之後，將雞放入沸水中，煮半小時；取

出，放在烤盆裡，抹上油或奶油，放進烘爐，注意待其變成棕色，如果需要的話，中途可翻面並抹油／奶油。[27]

烤羊肉（一八四八）

將羊肉清洗，稍微抹鹽，倒上水，放在烘爐中烤熟。烤羊肉下方總是有很多油脂與肉汁，因此，在烤肉的時候，將一些油汁留在原處，其他的取出，用來煎炒濃稠的蕎麥或小米粥。以這種方式製作的粥非常美味。[28]

烤南瓜（一八四八）

取一個成熟的南瓜，切成一指寬的片狀，在煎鍋裡融化奶油，放入南瓜，加鹽，撒上一點麵粉，然後放進烘爐。南瓜呈棕色的時候，將其翻面，再放入烘爐。然後取五至六個雞蛋，打蛋時加入兩杯牛奶，倒在南瓜上，再放入爐中烘烤。趁熱上桌。[29]

肉餅（Kotlety，一八九一）

〔注意：葉蓮娜・莫洛霍韋茨將其列為早餐，但是在蘇聯時期成為常見的正菜〕

取一俄磅嫩的牛腿肉或頸肉，切碎，去掉血管筋脈，可以用於湯中。在牛肉裡加鹽、五顆磨碎的胡椒；將一個三戈比的麵包捲撕成麵包屑、浸在水中、擠乾水分、加進去；以半匙奶油或油慢煎半個洋蔥，加進去；再加一點水或肉清湯，然後將全部攪拌混合。將其做出圓形的肉餅，裹上麵包屑，放在已經熱油的煎鍋裡，雙面煎熟。出鍋前，倒上一些同樣的油，可以加一兩匙水、鮮奶油，或一匙酸奶油，待其煮沸，撒上青蔥。搭配水煮或油煎馬鈴薯、馬鈴薯粥、胡蘿蔔、搗碎的瑞典蕪菁（Swederutabaga）、豌豆、燉蟹肉等等均可。[30]

馬鈴薯餅與蘑菇醬（Potato Kotlety with Mushroom Sauce，一八九一）

〔注意：葉蓮娜・莫洛霍韋茨將其列為「第二道」菜〕

洗淨〔約一公升半〕馬鈴薯，去皮，在鹽水中煮熟，倒掉水，馬上將馬鈴薯搗碎，加上一匙奶油、一或二個雞蛋、四分之一杯麵粉、鹽。將薯泥做成扁平餅狀，裹上麵粉或乾麵包屑。油煎。上菜時搭配蘑菇醬，蘑菇醬作法如下：取半俄磅（發酵）奶油或三分之一杯合乎齋期規定的油，放進一只煎鍋或者陶鍋中，加上一匙二級小麥粉，一面煎一面攪動，加入兩杯磨

菇清湯，這兩杯蘑菇清湯的原料是四至八個乾蘑菇、鹽、兩個完整的洋蔥，一起煮熟；再加入切碎的煮熟的蘑菇，撒上切碎的香草植物，即可上菜。這道薯餅可供齋期食用，即免去雞蛋，加入麵粉稍多一點，並使用符合齋期規定的油，芥末籽油最佳。[31]

煎鍋肉索良卡湯（Meat Selianka in a Frying Pan，一八九一）

〔注意：葉蓮娜·莫洛霍韋茨將索良卡湯列為湯類及第二道菜類〕

將半個洋蔥切碎，以八分之一俄磅的油／奶油慢煎，加上半俄磅即一杯酸包心菜，須以清水漂洗並濾乾。混合，蓋上鍋蓋，煮至將軟，其間加以攪動以防焦糊。撒上半匙麵粉，攪拌均勻。將包心菜移至一只煎鍋中，放上一層包心菜、一層煮熟的牛肉丁、火腿、香腸，〔或者〕烤野禽，再蓋上一層包心菜。

最上面放切成丁的一兩根鹽醃小黃瓜、松乳菇、乳菇，倒上油或者濾過的脂油、半杯水或肉清湯，倒上一匙酸奶油，撒上乾麵包屑，放入烘爐，直到呈棕色。[32]

蕎麥粥、果子凍、餡餅、餃子

陶鍋蕎麥粥（Buckwheat Kasha in a Pot，一八六二）

備好蕎麥粒，過篩，篩去細小雜物，將蕎麥倒在一塊薄布上，以小火烘烤，直到略微上色。同時在陶鍋中備好分量適當的沸水，比半鍋稍多一點，加入一點奶油或橄欖油、適量的鹽、磨碎的香料，放在火上煮沸；然後加入蕎麥粒，攪拌，將鍋蓋蓋緊，煮至濃稠，然後放入熱的烘爐中，烘烤半小時；烤好時取出，將陶鍋外部清理乾淨，以餐巾裹住，上菜。蕎麥粒的分量視陶鍋而定，要能夠裝滿。[33]

果子凍（一九四五）

一杯莓果要搭配半杯糖、兩大匙馬鈴薯澱粉。將莓果分類，比如草莓、醋栗、櫻桃、覆盆子、黑莓，以熱水漂洗，研缽搗碎，加上半杯冷的白開水，混合，以篩子過篩，或者用製作乳酪的薄布壓緊過篩，濾出果汁備用。過篩後的莓果加上兩杯沸水，煮五分鐘，再過篩。將篩出的汁液加

糖，煮沸，將馬鈴薯澱粉以冷水溶解，加入，一面攪拌，一面再煮沸；趁熱將第一次濾出的果汁加入，攪拌均勻。[34]

黑麥麵包（Rye Bread，一九四五）

要在一種特殊的木質發麵盆〔kvashnia〕中揉製黑麥麵包的麵團。第一次，麵團要加入酵母（一公斤麵粉使用十五克酵母）；之後每次在盆裡留下一小塊麵團〔zakvaska，麵種〕，供下次使用。將麵種以溫水融化，加入三分之一杯麵粉，混合，讓麵團發酵，再揉，靜置使其發酸，約七至八小時。然後加鹽、剩下的其餘麵粉，以雙手將麵團揉好，再靜置發酵，然後將其分塊、整形，或者在烤盤上倒入一點沸水（如此則不會裂開）；靜置發酵，然後放進烤箱。[35]

新鮮包心菜大餡餅（Pirog of Fresh Cabbage，一八九一）

早上做一個含油的麵團，材料是一又三分之二杯水、三個佐洛特尼克[19]（zolotniki）〔共約十二克〕乾酵母、一小匙鹽、一個蛋、三分之一或四分之一俄磅奶油／油、兩俄磅麵粉。混合均勻，蓋上餐巾，待其發酵。發酵之後，做成一個長形的派，裡面包上包心菜餡，餡料作法是將半個中等大小包心菜切絲、加鹽，十分鐘後壓乾水分，放在煎鍋內，加上三分之一或四分之一俄磅奶油／油，一面炒一面攪動，直到變軟，但不要變成棕色或炒焦。包心菜冷卻之後，加上兩個切碎的白煮蛋、一點胡椒。將包心菜包在麵團裡，把麵團的四邊都往上翻，如此則餡餅呈正確的長方形，將其放在烤盤紙上，撒上一點麵粉，發酵半個小時。然後刷上雞蛋與一匙水打成的蛋液，底部不要刷，撒上麵包屑，馬上放進熱的烘爐中，烤半個小時。這是八大塊的分量。[36]

魚肉大餡餅（Kulebiaka，非齋期，一八四八）

取一個含油的酸麵團，擀成你想要的餡餅大小，靜置使其膨脹一些。有很多製作底餡的方式，你可任選喜歡的。1. 將鱘魚脊筋乾（viziga）煮熟、切碎，與切碎的白煮蛋混合，加上融化的奶油、適當比例的一點鹽，全部混合在一起。2. 以水煮稻米，瀝乾；將切碎的白煮蛋與米飯混合，加上融化的奶油與鹽。3. 取數片魚肉，在煎鍋中煎，切碎，與白煮蛋混合，加奶

---

19 舊俄重量單位。

油。魚肉餡餅裡可以放你喜歡的任何魚類，或者手邊有的，俄羅斯鱘（osetra）、鮭魚、鱒魚（trout）、白鮭（whitefish）、鯉魚、鰻魚，但最好的是新鮮的或者稍加鹽醃過的俄羅斯鱘及鮭魚。如果用俄羅斯鱘，清洗去皮，切成小塊。將麵團擀成如手指厚，放在鐵盤上，將你選用的底餡放上去，覆蓋之，分量如手指厚，然後把魚肉放上去；如果是鮮魚，就撒上鹽、胡椒、肉豆蔻，如果底餡選用魚脊筋乾或魚片，就在魚肉上再放一層，也是如手指厚，然後把麵皮蓋上捏緊，刷上蛋液，撒上麵包屑，放進烘爐。[37]

魚肉大餡餅（齋期食用，一八四八）

你可以用魚片做餡料，在鍋裡以符合齋期規定的油煎，加上切碎的洋蔥，胡椒，鹽，肉豆蔻，切碎的魚脊筋乾，以及油。如前所述，如果是俄羅斯鱘或鮭魚，就切成小片，如果是白鱘或鱸魚，就去掉頭尾，拆出魚骨，但是要保留魚皮。如果使用鰻魚，你必須以鹽水煮熟，而且要先去皮。然後以餡料覆蓋魚肉，將餅皮合上捏緊，將餡餅放進烘爐。[38]

西伯利亞小餃子（Siberian Pelmeni，一八四八）

取三俄磅上等嫩牛肉，切碎，加上洋蔥、胡椒、肉豆蔻、鹽，混合均勻。如此準備好餡料之後，取兩個蛋與一茶杯冷水，混合，加上一點鹽，然後混合，做出一個厚的麵團，如此能將其擀薄。將麵團分成數份，以擀麵棍擀成薄片，用玻璃杯壓出圓形麵片，或者切成正方形。在每片麵片上放一些牛肉餡，合口捏緊，放在架子上。餃子都包好之後，把之前準備好的牛肉清湯過濾，湯一煮沸，就放下幾個餃子，煮沸兩次，就已經煮熟了。餃子通常在正餐前煮好，不像其他湯類需時較長，在爐口上煮沸一次，或者在爐灶上煮沸兩次，就做好了。正方形麵片合口的方式如下：切開麵片，在每一片上放一些餡料，按對角線摺疊捏緊，然後將兩個角捏在一起，就像齋期餃子或者魚餡餃子那樣。你可以只用水煮餃子，不過以肉清湯煮更有滋味。在西伯利亞，這是最受歡迎的食品。在冬天，〔人們〕做好餃子之後，使其冷凍，帶上旅途。如果途中沒有好的備好可吃的食物，只要煮一些水，把餃子放下去，半小時內就有美味飽足的一餐。[39]

櫻桃餡烏克蘭餃子（Varenikiwith Cherries，一八九一）

做一個麵團〔以兩個或一個蛋、以蛋殼量出相同分量的水、一杯半即半俄

磅麵粉、鹽〕，擀平。之前將櫻桃準備好：去核，撒上糖——兩杯去核櫻桃搭配一杯糖——放在陽光下。三四個小時內，將櫻桃放進濾網，將濾出的櫻桃汁放在一只煎鍋裡；以櫻桃做餡，包成餃子，煮熟。櫻桃汁可以煮沸，或者不煮，與最新鮮的酸奶油一起佐食。[40]

節日食品

謝肉節蕎麥圓薄餅（Buckwheat Blini，一八四八）

這道最受喜愛的俄羅斯食品有許多作法，不過這裡是最正宗的：用上等蕎麥粉，將水煮沸後靜置一小時，將煮過的水與麵粉按照需要的比例混合；當麵團溫度下降，與新擠出來的牛奶溫度相同，就加入酵母。在早上，揉好麵團之後，取其一部分，當麵團發酵之後，再加上原來剩下的麵團、鹽，混合，待其發酵，然後烘製。

還有一種圓薄餅是這樣做的：用上等麵粉，以溫水做成麵種，在早晨混合蕎麥粉，待其發酵二或三次；加入沸水，混合，使其沒有結塊，然後加入冷開水，使其質地與做餅乾的麵團相同，待其發酵，然後加鹽並烘製。[41]

謝肉節蕎麥圓薄餅（一八九一）

〔葉蓮娜·莫洛霍韋茨將其列為「奶油週的早餐」〕

在早餐前五六個小時做一個麵團，材料是四杯蕎麥粉、三杯溫牛奶或水、一大匙融化的奶油、兩個蛋黃、兩個佐洛特尼克〔約八克〕的乾酵母或二至四匙新鮮酵母。全部混合在一起，以打蛋器攪打，愈久愈好。膨脹後，再攪打，以一匙鹽徹底調味。

取一杯半或兩杯熱牛奶或水，加熱直到即將煮沸，但不要沸騰，此時加入上述麵糊混合，待其膨脹，膨脹後馬上小心將其移到爐口上，不要碰觸顛動導致麵糊崩塌。在幾個小煎鍋裡，以一匙的分量烘烤／煎，製作之前先準備小煎鍋，必須先撒上細鹽，加熱，以毛巾抹掉，再以一根羽毛或布抹上油，然後倒入適量麵糊，覆蓋整個鍋底。在爐口上烘製圓薄餅，更好的是在俄羅斯爐灶的熱煤炭上烘製，因為熱度能夠持續。圓薄餅開始膨脹並呈棕色，就必須在表面刷上油／奶油。如果在爐口上烘製，就把圓薄餅翻面，煎熟，然後取出，放在溫暖的地方，避免冷卻。一般來說，要在吃之

前才開始做。每次在煎鍋加入麵糊之前，必須以羽毛抹上油，不要捨不得用油。做圓薄餅的時候，用的水／牛奶的杯數與麵粉杯數是相同的，另外加上酵母。俄羅斯圓薄餅比薄餅（blinchiki）膨脹得高一些，必須是柔軟蓬鬆而且輕。[42]

酵母圓薄餅（Yeast Blini，一九四五）

一公斤小麥麵粉，要用六杯牛奶或水、兩個蛋（或一大匙蛋粉）、兩大匙糖、一個半小匙鹽、四十克酵母。

先做麵種：將酵母在兩杯溫水中溶解，先加入五百克麵粉，混合使之沒有結塊，以毛巾覆蓋，靜置於溫暖處，待其發酵。膨脹後，加鹽、糖、生蛋或復原的蛋粉，混合均勻，加入剩餘的麵粉，一面攪拌，一面分兩次加入四杯牛奶或水。再把麵團置於溫暖處，待其發酵。膨脹後，再揉攪，如此麵團會崩塌，再讓它發酵膨脹後，開始製作圓薄餅。

麵團可以加上蕎麥粉，如此圓薄餅則較乾；可將一半分量的小麥麵粉換成蕎麥麵粉，以小麥麵粉製作麵種，發酵之後，加入蕎麥粉以及其餘材料。

（關於烘製的注意事項：開始烘製之前，把煎鍋加熱至非常熱，抹上植物油或施馬茨油（schmaltz，雞油），然後馬上倒進麵糊。用匙倒入麵糊，使其薄而均勻。在爐口上製作時，一面呈棕色後，就以一把薄刀翻面。在俄羅斯爐灶中製作時，不需要翻面，因為兩面都能自然呈棕色。）[43]

薄餅（Blinchiki，一八九一）

一個蛋，一杯麵粉，一杯半牛奶或水，混合，以鹽調味。煎鍋撒上鹽，加熱，以毛巾抹去，再抹上奶油或一片煙燻豬背肥膘（salo），再加熱，倒入一匙麵糊，使其覆蓋整個鍋底，煎鍋放在爐口上。當薄餅開始膨脹並且與鍋底分離，即一面已經煎熟，就將其取出，放在乾淨的桌上。再將煎鍋抹上奶油或豬脂油，倒入麵糊，繼續製作，直到結束。在正餐前，把每一張薄餅摺成三角形，白色的一面朝外，放在抹了油的煎鍋裡，將兩面都煎一下，以糖與果醬佐食。[44]

花式麵包庫里奇（Kulich，Pain pour la fête de Pâcques，復活節麵包，一八六二）

一個普通大小的庫里奇，需要材料如下：五俄磅麵粉、十個蛋、半俄磅奶油，四分之一俄磅糖、半磅清洗過的葡萄乾，以及你需要的牛奶與酵母。以如下方式製作：將一半麵粉過篩，放在盆中，準備做成麵團。倒入一點

溫牛奶，做成一個不稠也不稀的麵團，加入足夠的酵母，讓麵團能夠在一小時內完成發酵（半茶杯好的釀酒酵母應該足夠）。加入酵母後混合，在麵團表面撒上麵粉，放在溫暖處半小時。麵團膨脹之後，依次慢慢加入蛋黃、奶油、糖、麵粉，混合，直到麵團表面不黏著盆。加入打起泡的蛋白、葡萄乾，再混合，加上剩餘的麵粉，加入的麵粉分量必須能做成一個濃稠的麵團，將麵團放在溫暖處，蓋上，待其發酵。膨脹之後，將其倒在桌上，稍微揉一揉，分成四份，將最大的一份做成圓碟狀，大小如一個庫里奇，將其放在抹了油的烤盤上，刷上蛋液。將其他三份如下處理：將每一份做成一個圓圈，一個比一個稍小，將第四個即庫里奇的頂部飾以一個你喜歡的十字架，將整個庫里奇放在溫暖處。待其膨脹完好，刷上蛋液，放進中溫的烘爐中，烤熟。烤製約需時一個半小時。[45]

奶渣糕葩斯哈，常見作法（Paskha，一八九一）

一般大小的模子，需要七至八俄磅新鮮奶渣（tvorog），將其在一個擠壓器裡放一天，然後過篩。加上一杯最新鮮的酸奶油、半俄磅最新鮮的奶油、兩茶匙鹽、半杯或更多糖，視口味而定。全部混合均勻，使其沒有結塊，放進一個襯有乾淨薄巾的木製模子中，蓋上蓋子，壓上一塊很重的石頭。一天後，將其小心倒在盤子上。

許多人在奶渣糕裡加葡萄乾當作裝飾。如果加葡萄乾，則不加糖，代之以四分之一杯或更多櫻桃、草莓或覆盆子糖漿。或者，如果用糖，則加檸檬或柑橘皮，增加香氣與滋味。將奶渣糕置於冷處，因為三五天後就會變質。[46]

蘋果奶油布丁夏洛特卡[20]（Sharlotka，Apple with Rusks，一八九一）

用法國白麵包，切掉外皮，將麵包切成條狀，放在煎鍋中，每一條以羽毛抹上油，將鍋放進烘爐裡，使其呈淺棕色。然後將麵包條排列在一個抹了油的陶瓷烤模底部與周圍，中央放進四至八個去皮蘋果薄片，撒上糖及奶油片，然後烤。完成後將其倒在盤子上，以一杯水加一匙糖、蜂蜜或糖蜜、一片檸檬或肉桂，煮沸，倒在糕餅上，即可供食。[47]

---

20 即法國的 Charlotte。

詞彙表（Glossary）

barshchina	繇役，農奴對其主的義務勞動。
berezovitsa	樺樹液，發酵飲料以樺樹液發酵，微含酒精的飲料。
blinchiki	（單數形 blinchik）薄餅 crêpes（煎薄餅）。
blini	（單數形 blin）謝肉節圓薄餅，酵母發酵過的小煎餅，通常以蕎麥麵粉製作。
borscht	甜菜湯、羅宋湯以甜菜根做的湯。
botvinia	酸味冷，魚湯以克瓦斯為湯底的夏季冷湯。
boyar	波亞爾貴族彼得大帝時期之前的俄羅斯男性貴族。
boyarina	波亞爾女貴族，彼得大帝時期之前的俄羅斯女性貴族。
buzhenina	新鮮熟火腿烘烤的火腿／豬肉。
chakhokhbili	香草植物燉雞，喬治吉亞燉雞。
chernozem	黑土。
chukhonskoe maslo	楚赫納奶油，以酸奶油（sour cream）製成的奶油。
Domostroi	《家政指南》，十六世紀的家政手冊著作。
funt	（複數形 funty）俄磅，重量單位，等於四十分之一普特（pud）、零點四一公斤（十四又二分之一盎司）。
golubtsy	肉與米飯餡的包心菜捲。
grenki	油炸麵包丁即 croutons，烤過或煎炸的小塊麵包 grivna 格里夫納古代俄羅斯貨幣單位。
izba	農家小屋。
kabak	酒館或酒吧。
kalach	卡拉奇麵包，一種小麥麵包，通常與莫斯科有關。
karavai	花式麵包科羅法耶慶，典用麵包，通常以小麥麵粉製成，而且加奶油與蛋使之濃郁，裝飾精美。
kasha	蕎麥粥，通常以蕎麥粒做成，但也可能使用其他穀物。
kefir	克菲爾酸奶，發酵過的牛奶。
khachapuri	喬治吉亞乳酪麵包。
kharchevnia	（複數形 kharchevni）小飯館，提供給非上層階級的飯館。
kharcho	喬治亞牛肉湯。
khlebosolstvo	慷慨好客，衍生自「麵包」與「鹽」兩個單字。
kisel	果子凍基塞爾，水果汁或其他汁液，以澱粉增稠（在

常用馬鈴薯澱粉），可以較稀，直接飲用，或者較稠，
以小匙食用。

kislyeshchi	氣泡克瓦斯。
kolbasy	醃製的香腸。
kompot	糖水水果，水果飲料，在大量水中煮新鮮水果或乾果，將該水放涼，食用時在玻璃杯底加上一些煮過的水果
kopek	戈比，貨幣單位，現在一百戈比等價一盧布。十九世紀早期同時流通數種不同盧布與戈比（銀、銅、紙），銀幣的價值是銅及紙的三又二分之一。
kotlet	肉餅，以蛋和麵包屑將碎肉或蔬菜黏合製成的肉餅，通常以鍋煎。
krupchatka	細粒麵粉，顆粒稍微明顯的小麥麵粉，俄羅斯磨坊特製。
kulebiaka	魚肉大餡餅，也稱為 coulibiac，一種奢華的魚肉餡餅，通常裝飾精美。
kulich	花式大麵包庫里奇，以加了奶油與蛋的發酵麵團製成的糕餅，與復活節有關。
kumys	酸馬奶，發酵馬奶。
kundiumy	蕎麥蘑菇餃，先烘烤再蒸熟的餃子。
kvas	克瓦斯；酸汽水，稍微發酵的飲料，通常以黑麥麵包片或剩餘部分作成。
kvashennaia kapustan	酸包心菜、發酵包心菜。
lapsha	麵條。
lenivye golubtsy	「懶人」包心菜捲，將通常使用的包心菜捲餡（肉與米飯）與切碎的包心菜混合，然後烘烤。
Maslenitsa	奶油週謝肉節（Carnival），大齋期前的節慶，這個字來自 maslo，即奶油或油，圓薄餅 blini 則是與這個節慶關係最密切的食物。
mors	莓果飲料莫爾斯。
nalivki	果汁甜酒（cordial）。
obrok	代役稅（quitrent），農奴付給其主的稅，以代替勞務。
obshchepit	obshchestvennoepitanie 的簡稱。
obshchestvennoe pitanie	社會營養，蘇聯時期用來指稱公共飲食服務。

okroshka	蔬菜冷湯。
paskha	復活節奶渣糕葩斯哈，以奶渣（tvorogv 鮮乳酪）為原料的甜點，與復活節有關。
pech	俄羅斯爐灶。
pelmeni	西伯利亞小餃子，肉餡小餃子，與西伯利亞有關。
pirog	（複數形 pirogi）帶餡的派或糕餅，通常使用發酵麵團，甜鹹皆備，烘烤或煎熟。
pirozhok	（複數形 pirozhki）烤餃子，小的 pirogi，通常像帶餡的麵包。
plov	一道米飯與肉及蔬菜，與中亞有關。
pokhlebka	（複數形 pokhlebki）湯類的統稱。
ponchiki	炸麵點膨切克，甜甜圈、炸麵點。
postila	蜂蜜水果軟糕，將水果煮成糊狀，增甜（通常以蜂蜜），可能加上攪打過的蛋白，然後晾乾（又拼寫為 pastila）。
postnyi	（複數形 postnye）大齋期的、齋日的、符合齋期飲食規定的，根據東正教齋戒行事曆，不可食用獸類製品的日子裡食用的。
prianik	（複數 prianiki）香料糕。
prostokvasha	發酵酸牛奶。
pud	（複數形 pudy）普特，重量單位，等於四十俄磅、十六點三公斤（三十六磅）。
pyshki	炸麵點普什卡。
rassolnik	酸味蔬菜湯以，酸黃瓜及其滷水（rassol）做成的湯。
rouble	盧布，貨幣基準單位，等價一百戈比。
salnik	（複數形 salniki）烤網油肉捲，以網油裹起內臟肉類製成的肉捲。
salo	醃製的豬背肥膘。
samogon	家釀伏特加。
samovar	茶炊直譯「自行煮沸器」，大的金屬缸，用來燒水，以供泡茶。
sbiten	蜂蜜熱飲斯畢京，加香料的熱飲。
shashlik	烤肉串，串在烤叉上的肉，通常以明火烤製。
shchi	包心菜湯。

shtof	俄升，容積單位，等於一點二公升（超過二品脫）。
skoromnyi	（複數形 skoromnye）非齋日的（ postnyi）反義詞，根據東正教齋戒行事曆，可以食用獸類製品的日子。
smetana	酸奶油（sour cream）。
solianka	酸味索良卡湯，濃稠的酸味湯（也拼寫為 selianka）。
solonina	鹹牛肉，鹽醃牛肉乾。
stolovaia	（stolovye）食堂／自助餐館。
studen	肉凍。
sukhari	乾麵包／乾麵包片。
syr	乳酪，原本是奶渣 tvorog 的同義詞，後來指熟成的奶酪，起初是進口的。
syrnik	（複數形 syrniki）奶渣小薄餅，以奶渣、蛋、麵粉，通常還有葡萄乾，做成的小麵餅，以鍋煎。
syvorotka	乳清（whey）。
terem	閨房，彼得大帝時期之前上層階級婦女的居處，與外界隔絕。
tiaglo	俄羅斯農奴的基本工作組合，以一男一女組成。
tiuria	丘里亞麵包湯麵包片浸在克瓦斯中，成為和湯一樣的質地。
tolokno	托拉克諾燕麥糊，燕麥片泡在水中、乾燥、磨成粉；加上克瓦斯食用。
traktir	（複數形 traktiry）供應食物的酒館。
tvorog	奶渣，未經熟成的鮮乳酪，稍帶酸味。
ukha	魚湯。
varenets	烘焙牛奶。
vareniki	烏克蘭餃子，餡可鹹可甜，起初與烏克蘭有關。
varenye	瓦列涅果醬或者質地較稀的糖漬水果。
vatrushki	烏克蘭乳酪塔，以發酵麵團製作的點心，上有餡料，通常是奶渣。
verst	俄里，距離單位，等於一點一公里（三分之二英哩）。
vetchina	醃火腿、煮熟的或煙燻的火腿。
vinegret	油醋冷盤沙拉，現在通常使用甜菜、馬鈴薯、罐頭豌豆、胡蘿蔔、醃漬蔬菜。

vino	葡萄酒或者伏特加，早期文字記錄中指後者。
viziga	鱘魚或類似魚類的脊筋乾。
zakuski	開胃菜、下酒菜正餐之前供應的小塊鹹味食物，佐伏特加或其他酒類。

引用書目（References）

前言　且從湯開始

1 Viktor Bur′ianov [Vladimir Burnashev], *Besedy s det′mi o khoziaistve: domashnem, sel′skom, manufakturnom i o tovarov* (St Petersburg, 1837), pp. 76–7.

2 Ibid., pp. 88–9.

3 M. M., *Prakticheskii khoziain, ili kniga vsekh sostoianii, izlagaiushchaia polnoe sobranie noveishikh opytov i otkrytii, sdelannykh izvestnymi v Evrope Agronomami po vsem otrasliam estestvennykh nauk, tekhnogii, zemledel′cheskoi promyshlennosti, sel′skogo khoziaistva, iskustv i proch.* (Moscow, 1838), vol. i, p. 1.

4 Bur′ianov [Burnashev], *Besedy s det′mi*, pp. 79–80.

5 Ibid., p. 81.

6 Ibid., pp. 72–3.

7 Viktor Bur′ianov [Vladimir Burnashev], *Progulka s det′mi po Rossii* (St Petersburg, 1837), vol. i, p. 120.

8 Ibid., pp. 120–22.

9 August von Haxthausen, *The Russian Empire: Its People, Institutions, and Resources*, trans. Robert Farie (London, 1856), vol. i, p. 106.

10 Ibid., p. 163.

11 Edward Tracy Turnerelli, *Russia on the Borders of Asia. Kazan, the Ancient Capital of the Tartar Khans; with an Account of the Province to Which It Belongs, the Tribes and Races Which Form Its Population, Etc.* (London, 1854), vol. i, p. 212.

12 Edward P. Thompson, *Life in Russia; or, The Discipline of Despotism* (London, 1848), p. 279.

13 J.-B. May, *Saint-Petersbourg et la Russie en 1829* (Paris, 1830), vol. i, pp. 244–6.

14 Robert Robinson, *Black on Red: My 44 Years inside the Soviet Union* (Washington, dc, 1988), pp. 48, 90; see also Jukka Gronow, *Caviar with Champagne: Common Luxury and the Ideals of the Good Life in Stalin's Russia* (Oxford, 2003).

15 Robert Ker Porter, *Travelling Sketches in Russia and Sweden, during the Years 1805, 1806, 1807, 1808* (Philadelphia, pa, 1809), p. 94.

16 Captain Jesse, *Notes of a Half-pay in Search of Health; or, Russia, Circassia, and the Crimea*, in 1839–40 (London, 1841), vol. ii, p. 272.

17 K. I. Arsen'ev, *Nachertanie statistiki Rossiiskogo gosudarstva* (St Petersburg, 1818), p. 65.

18 Sharon Hudgins, 'Raw Liver, Singed Sheep's Head, and Boiled Stomach Pudding: Encounters with Traditional Buriat Cuisine', *Sibirica*, iii/2 (2003), pp. 132–4.

19 Maya Peterson, 'The Power of Belief: Food as Medicine in the Kumys Cure from Samara to San Francisco', paper presented at aseees, November 2019; *Otchet meditsinkogo departamenta za 1886 god. Chast' meditsinskaia* (St Petersburg, 1888), p. 217; Vasilii Grigor'evich P'iankov, *Edushchim v Krym* (Evpatoriia, 1888), p. 128.

20 Gerasim Stepanov, *Noveishii dopolnenie k opytnomu povaru, o prisovokupleniem Aziatskogo stola, ili vostochnogo gastronoma* (Moscow, 1837), pp. 38–71.

21 A. I. Nikishova, *Povarennaia kniga: rukovodstvo domashnego stola* (Tver, 1928), pp. 68–9.

22 Erik R. Scott, 'Edible Ethnicity: How Georgian Cuisine Conquered the Soviet Table', *Kritika*, xiii/4 (2012), pp. 831–58. On the rich variety of Georgian cuisine, see Darra Goldstein, *The Georgian Feast: The Vibrant Culture and Savory Food of the Republic of Georgia* (New York, 1993).

23 For some stories, see Jeff Sahadeo, V*oices from the Soviet Edge: Southern Migrants in Leningrad and Moscow* (Ithaca, ny, 2019), pp. 121–2.

24 Julia Ioffe, 'The Borscht Belt: Annals of Gastronomy', *The New Yorker,* lxxxviii/9 (2012).

25 Reginald E. Zelnik, 'Wie es Eigentlich Gegessen: Some Curious Thoughts on the Role of Borsch in Russian History', in *For Want of a Horse: Choice and Chance in History*, ed. John M. Merriman (Lexington, ma, 1985), pp. 77–90; Terence Lau, 'How Russian Borscht Became a Hong Kong Staple', www.goldthread2.com, accessed 15 January 2020.

第一章 俄羅斯菜餚的基本元素

1 'Prosheniia, raporty i otnosheniia na imia Glavnoupravliaiushchego Obol'ianinova', rgia f. 491, op. 1, d. 93, l. 175 (1797).

2 Henry Sutherland Edwards, *The Russians at Home* (London, 1861), p. 335.

3 John Carr, *A Northern Summer; or, Travels round the Baltic, through Denmark, Sweden, Russia, Prussia, and Part of Germany, in the Year 1804* (London, 1805), pp. 269–70.

4 V. A. Levshin, *Slovar' povarennyi, prispeshnichii, kanditorskii i distillatorskii*, soderzhashchii po azbuchnomu poriadku podrobnoe i vernoe nastavlenie k podrobnoe i vernoe nastavlenie k prigotovleniiu vsiakogo roda kushan'ia iz Frantsuzskoi, Nemetskoi, Gollandskoi, Ispanskoi i Angliskoi povarni, pirozhnogo, dessertov, varenii, salatov, vod, essentsii, ratafii, likerov, dvoviiu vodok, i pr.; takzhe k uchrezhdeniiu stola s planami, podach, uslugi i proch. i s prisovokupleniem v osoblivykh paragrafakh polnoi Meshchanskoi povarni i Novoi; ravnym obrazom *povaren Avstriiskoi, Berlinskoi, Bogemskoi, Saksonskoi i Ruskoi* (Moscow, 1795–7).

5 Ivan Boltin, *Primechaniia na istoriiu drevniia i nynyshniia Rossii G. Leklerka* (St Petersburg, 1788), vol. ii, pp. 403, 410.

6 Edwards, *Russians at Home*, p. 341.

7 Henry Moor, *A Visit to Russia in the Autumn of 1862* (London, 1863), p. 12 [emphasis in original].

8 Charles W. Thayer, *Bears in the Caviar* (Philadelphia, pa, 1950), p. 57.

9 Marquis of Londonderry, Recollections of a Tour in the North of Europe in 1836–1837 (London, 1838), vol. ii, pp. 5–6.

10 'Oplachennye scheta', rgada f. 1264, op. 1, d. 195, ll. 30–31; nearly the same purchases were repeated, often with a note that they were for '*zakuski* and dessert'.

11 George Augustus Sala, *A Journey Due North; Being Notes of a Residence in Russia* (Boston, ma, 1858), p. 332.

12 Kemp Tolley, *Caviar and Commissars: The Experiences of a u.s. Naval Officer in Stalin's Russia* (Annapolis, md, 1983); Betty Roland, *Caviar for Breakfast* (Melbourne, 1979); Charles Wheeler Thayer, *Bears in the Caviar* (Philadelphia, pa, 1951).

13 On the history of caviar see Inga Saffron, Caviar: *The Strange History and Uncertain Future of the World's Most Coveted Delicacy* (New York, 2002), and Nichola Fletcher, *Caviar: A Global History* (London, 2010).

14 K. A. Avdeeva, *Ruchnaia kniga russkoi opytnoi khoziaiki*, 6th edn (St Petersburg, 1848), vol. i, pp. 9–11.

15 Ibid., pp. 55–60.

16 *Kniga o vkusnoi i zdorovoi pishche* (Moscow, 1945), pp. 134–41.

17 Nikita Aronov, 'Ot sala do "Mimozy"', *Ogonek*, 49 (2018), p. 40; Adrianne K. Jacobs, 'The Many Flavors of Socialism: Modernity and Tradition in Late Soviet Food Culture, 1965–1985' (PhD diss., University of North Carolina, Chapel Hill, 2015), pp. 55–71.

18 Boltin, *Primechaniia*, vol. ii, p. 410.

19 Edwards, *Russians at Home*, p. 337.

20 G. Reinbeck, *Travels from St Petersburgh through Moscow, Grodno, Warsaw, Breslaw &c to Germany in the Year 1805* (London, 1807), p. 25.

21 I. M. Snegirev, *Ruskie v svoikh poslovitsakh. Razsuzhdeniia i issledovaniia ob otechestvennykh poslovitsakh i pogovorkakh* (Moscow, 1831), vol. ii, pp. 8–9.

22 Alison K. Smith, *Recipes for Russia: Food and Nationhood under the Tsars* (DeKalb, il, 2008), p. 79.

23 A. P., *Ruchnaia ekonomicheskaia entsiklopediia* (Moscow, 1835), p. 24.

24 Doktor Puf [V. F. Odoevskii], 'Lektsiia iv', *Zapiski dlia Khoziaev*, 4 (1844), pp. 30–31.

25 'Prizhival'shchiki i prizhivalki', *Russkii arkhiv*, 3 (1883), p. 73.

26 Sergei Drukovtsov, *Povarennye zapiski* (St Petersburg, 1779), pp. 12–13.

27 'Zapisnye knizhki po denezhnym raskhodam na pokupku stolovykh produktov', rgada f. 1261, op. 2, d. 918, ll. 1–11ob.

28 V. N. Semenev, *Obshchestvennoe pitanie na perelome* (Moscow, 1932), p. 43.

29 E. Molokhovets, *Prostaia, obshchedostupnaia kukhnia*, 2nd edn (St Petersburg, 1891), p. 48.

30 See J. G. Kohl, Russia (London, 1844), p. 136, for a discussion of the radically different summer and winter cuisines.

31 'O morozhenom, sherbete; Neschastnye sluchai ot upotrebleniia slivok', *Zhurnal obshchepoleznykh svedenii* (supplement), 23–4 (1838), p. 130.

32 Richard Southwell Bourke, *St Petersburg and Moscow: A Visit to the Court of the Czar* (London, 1846), vol. i, p. 245.

33 A. B. Granville, *St Petersburgh: A Journal of Travels to and from That Capital* (London, 1828), vol. ii, p. 365.

34 Samuel Robert Graves, *A Yachting Cruise in the Baltic* (London, 1863), p. 212.

35 Doktor Puf [V. F. Odoevskii], 'Lektsiia VI', *Zapiski dlia khoziaev*, 6 (1844), pp. 46–7.

36 [Jacques] Boucher de Perthes, *Voyage en Russie, retour par la Lithuanie, la Pologne, la Silèsie, la Saxe et le Duche, de Nassau; séjour a Wisebade en 1856* (Paris, 1859), p. 301.

37 'Iz istorii bor'by za farsh', *Obshchestvennoe pitanie*, 1 (1933), p. 27; *Kniga o vkusnoi i zdorovoi pishche* (Moscow, 1954), p. 167.

38 T. V. Privalova, *Byt Rossiiskoi derevni 60-e gody xix-20-e gody xx v.* (Moscow,

2000), p. 44.

39 Snegirev, *Ruskie v svoikh poslovitsakh*, vol. ii, p. 7.

40 *Polnoe prakticheskoe nastavlenie kak pech' khleb obyknovennyi (nasushnyi)* (St Petersburg, 1851), p. 3.

41 Robert D. Pinkerton, *Russia; or, Miscellaneous Observations on the Past and Present State of That Country and Its Inhabitants* (London, 1833), p. 70.

42 Paul of Aleppo, *The Travels of Macarius, Patriarch of Antioch, trans. F. C. Belfour* (London, 1836), vol. ii, pp. 40–41.

43 Viktor Bur'ianov [Vladimir Burnashev], *Besedy s det'mi o khoziaistve: domashnem, sel'skom, manufakturnom i o tovarov* (St Petersburg, 1837), p. 89.

44 V. Anichkov, *Voennoe khoziaistvo* (St Petersburg, 1860), p. 70.

45 'Pis'ma k doktoru Pufu', *Zapiski dlia khoziaev*, 27 (1845), p. 215.

46 Snegirev, *Ruskie v svoikh poslovitsakh*, vol. ii, p. 8.

47 Adrianne K. Jacobs, 'V. V. Pokhlëbkin and the Search for Culinary Roots in Late Soviet Russia', *Cahiers du monde russe*, lii/1–2 (2013), p. 174(n.).

48 Moor, *A Visit to Russia*, pp. 110–11.

49 Leitch Ritchie, *A Journey to St Petersburg and Moscow through Courland and Livonia* (London, 1836), p. 209.

50 Alexander Michie, *The Siberian Overland Route from Peking to Petersburg, through the Deserts and Steppes of Mongolia, Tartary, &c.* (London, 1864), p. 249.

51 Snegirev, *Ruskie v svoikh poslovitsakh*, vol. ii, p. 9.

52 Ernst Rudol'f, Zemledel'cheskii kalendar' (St Petersburg, 1849), p. 55.

53 Doktor Puf, 'Lektsiia xxxv', *Zapiski dlia khoziaev,* 35 (1844), p. 279

54 Avdeeva, *Ruchnaia kniga*, vol. i, p. 23.

55 V. B., 'Tolokno', Ekonom, 84 (1842), p. 252.

56 Snegirev, Ruskie v svoikh poslovitsakh, vol. ii, p. 11.

57 Ibid., pp. 10–11.

58 'O vozmozhnosti uluchshit' sostoianie zemledeliia i zemledel'tsa v Rossii', rgia f. 398, op. 8, d. 2537, ll. 9ob–10.

59 Avdeeva, *Ruchnaia kniga*, vol. i, p. 221.

60 On the sayings, Snegirev, *Ruskie v svoikh poslovitsakh*, vol. ii, p. 11.

61 Maks Fasmer, *Etimologicheskii slovar' russkogo iazyka* (St Petersburg, 1996), vol. iii, p. 230.

62 'Priem gostei u Tatar', *Kazanskie izvestiia* (7 October 1814), pp. 563–4.

63 I. M. Radetskii, *S.-Peterburgskaia kukhnia, zakliuchaiushchaia v sebe okolo 2,000 razlichnykh kushan'ev i prigotovlenii, s podrobnym ob''iasneniem i risunkami kak prigotovliat' i nakladyvat' na bliuda* (St Petersburg, 1862), pp. 169–70.

64 'Kukhnoistoricheskie i fililogicheskie iz''iskaniia doktora Pufa, professora vsekh nauk i mnogikh drugikh', *Zapiski dlia khoziaev*, 25 (1845), pp. 198–9.

65 Avdeeva, *Ruchnaia kniga*, vol. i, p. 152.

66 Craig Claiborne, 'To My Mind, the World's Greatest Dish', *The New York Times* (27 December 1976), p. 41.

67 Nikolai Novikov, *Drevniaia rossiiskaia vivliofika, ili sobranie drevnostei rossiiskikh, do rossiiskie istoriia, geografii i genealogii kasaiushchikhsia* (St Petersburg, 1775), vol. vii, pp. 3–21, 39–40, 124, 127.

68 *The Englishwoman in Russia: Impressions of the Society and Manners of the Russians at Home. By a lady, ten years resident in that country* (New York, 1855), p. 199.

69 Algernon Mitford, *Memories* (London, 1915), p. 272.

70 Doktor Puf, 'Lektsiia v', *Zapiski dlia khoziaev*, 5 (1844), p. 58.

71 'Kukhnia', *Ekonom*, 76 (1842), p. 191.

72 Thomas Michell, *Russian Pictures, Drawn with Pen and Pencil* (London, 1889), p. 130.

73 'Zapisnye knizhki', l. 114.

74 Snegirev, *Ruskie v svoikh poslovitsakh*, vol. ii, p. 13.

75 Giles Fletcher, *Of the Russe Common Wealth; or, Maner of Gouerment of the Russe Emperour (Commonly Called the Emperour of Moskouia)* (London, 1591), p. 112ob.

76 John Foster Fraser, Russia of To-day (New York, 1915), p. 29.

77 'Kvas', *Zhurnal obshchepoleznykh svedenii*, 1 (1847), p. 65.

78 Captain Jesse, *Notes of a Half-pay in Search of Health; or, Russia, Circassia, and the Crimea, in 1839–40* (London, 1841), vol. ii, p. 240.

79 *Deiatel'nost' komissii pitaniia russkogo obshchestva okhraneniia narodnogo zdraviia v 1892–1893 gody* (St Petersburg, 1893), p. 56.

80 The literature is huge, but one popular account is Sandor Ellix Katz, *The Art of Fermentation* (White River Junction, VT, 2012).

81 N. I. Polevitskii, *Domashnee prigotovlenie fruktovykh prokhladitel'nykh napitkov: prigotovlenie meda, bragi, buzy, kvasa, fruktovykh vodichek, gazirovannykh vod, shipovok, siropov, sokov i proch* (Leningrad, 1927), pp. 26–7.

82 *Kartina Rossii izobrazhaiushchaia istoriiu i geografiiu, khronologicheski, genealogicheski i statisticheski so vkliucheiem obozreniia o dukhovnoi, voennoi i grazhdanskoi ei chastiam, kak v pervobytnom ei sostoianii, tak i v Tsarstvovanie*

gosudaria imperatora Aleksandra i (Moscow, 1807), vol. ii, p. 312.

83 Snegirev, *Ruskie v svoikh poslovitsakh*, vol. ii, p. 12.

84 Robert Jones, *Bread upon the Water: The St Petersburg Grain Trade and the Russian Economy*, 1703–1811 (Pittsburgh, pa, 2013), p. 152.

85 Boris Rodionov, *Istoriia russkoi vodki: Ot polugara do nashikh dnei* (Moscow, 2012), p. 14; David Christian, *'Living Water': Vodka and Russian Society on the Eve of Emancipation* (Oxford, 1990), p. 26. On the challenges of words for vodka, see Christian, pp. 53–6.

86 Christian, 'Living Water', pp. 80–85.

87 B. A. Kolchin and T. I. Makarova, eds., *Drevniaia Rus': Byt i kultura* (Moscow, 1997), p. 14; M. Monk and P. Johnston, 'Perspectives on Non-wood Plants in the Sampled Assemblage from the Troitsky Excavations of Medieval Novgorod', in *The Archaeology of Medieval Novgorod in Context,* eds Mark A. Brisbane, Nikolaj A. Makarov and Evgenij N. Nosov (Oxford, 2012), p. 306.

88 Snegirev, *Ruskie v svoikh poslovitsakh*, vol. ii, pp. 101–2.

89 *Kartina Rossii*, vol. ii, p. 310.

90 I. M. Snegirev, 'Vospominaniia I. M. Snegireva', *Russkii arkhiv*, 4 (1866), pp. 525–6.

91 On the early appearance of mead, see V. V. Pokhlëbkin, *Istoriia vodki* (Moscow, 1997), pp. 38–9.

92 Adam Olearius, *The Voyages and Travels of the Ambassadors from the Duke of Holstein, to the Great Duke of Muscovy, and the King of Persia*, trans. John Davies (London, 1662), pp. 87–8.

93 Pinkerton, *Russia*, p. 73.

94 *Kartina Rossii*, vol. ii, p. 311.

95 Paul of Aleppo, *The Travels of Macarius, Patriarch of Antioch*, trans. F. C. Belfour (London, 1836) vol. ii, p. 138.

96 'Uluchshenie samovarov', *Zhurnal obshchepoleznykh svedenii,* 31 (1837), p. 281.

97 Raida Varlamova, *Semeinyi magazin sovremennykh usovershenstvovanii k rasprostraneniiu mezhdu vsemi klassami liudei iziashchnego vkusa, poriadka i udobstva v domashnei i obshchestvennoi zhizni* (Moscow, 1856), vol. iii, p. 149.

98 S. M., 'Novyi chainyi magazin', *Kazanskie gubernskie vedomosti (neoffitsialnye)* (25 January 1860), p. 31.

99 'Sukhari – Krendeli – khlebi', *Zhurnal obshchepoleznykh svedenii* (1837), p. 218.

第二章 環境、農業、技術

1 Michael Bitter, 'George Forbes's "Account of Russia", 1733–1734', *The Slavonic and East European Review*, lxxxiv/4 (2004), p. 907.

2 On Novgorod, Heli Huhtamaa, 'Climatic Anomalies, Food Systems, and Subsistence Crises in Medieval Novgorod and Ladoga', *Scandinavian Journal of History*, xl/4 (2015), p. 565.

3 William Tooke, *View of the Russian Empire during the Reign of Catharine the Second, and to the Close of the Present Century* (London, 1799), vol. iii, p. 333.

4 K. A. Avdeeva, *Rukovodstvo k ustroistvu ferm i vedeniiu na nikh khoziaistva* (St Petersburg, 1863), p. 188.

5 Paul of Aleppo, *The Travels of Macarius, Patriarch of Antioch, trans. F. C. Belfour* (London, 1836), vol. ii, p. 152.

6 Tooke, *View of the Russian Empire*, vol. iii, p. 333.

7 *Bagatelles. Promenades d'un désœuvré dans la ville de St-Pétersbourg* (St Petersburg, 1811), vol. i, pp. 179–80.

8 Robert Johnston, *Travels through Part of the Russian Empire and the Country of Poland along the Southern Shores of the Baltic* (New York, 1816), pp. 257–9.

9 'Raporta v Mosk. dom. kont. iz votchinnykh pravlenii gr. S. R. Vorontsova', rgada f. 1261, op. 7, d. 1172, ll. 73–73ob.

10 'O razvedenii zemlianykh iablok', *Ezhemesiachnye sochineniia*, [i] (1758), pp. 378–9.

11 *Polnoe sobranie zakonov Rossiiskoi Imperii: Pervoe sobranie* (St Petersburg, 1830), xvii/12406 (3 May 1765).

12 V. O. Kliuchevskii, *Istoriia russkogo byta* (Moscow, 1995), p. 16(n.).

13 Léon Godard, *Pétersbourg et Moscou. Souvenirs du couronnement d'un tsar* (Paris, 1858), p. 358.

14 S. P. Tolstov, N. N. Cheboksarov and K. V. Chistov, eds, *Ocherki obshchei etnografiia. Evropeiskaia chast' sssr* (Moscow, 1968), p. 121.

15 Melissa L. Caldwell, 'Feeding the Body and Nourishing the Soul', *Food, Culture and Society*, x/1 (2007), p. 61.

16 V. I. Tsalkin, *Materialy dlia istorii skotovodstva i okhoty v drevnei rusi* (Moscow, 1956), pp. 125–7.

17 *The Russian Primary Chronicle: Laurentian Text*, trans. and ed. Samuel Hazzard Cross and Olgerd P. Sherbowitz-Wetzor (Cambridge, ma, 1953), pp. 214–15.

18 Sheila Hamilton-Dyer, Mark Brisbane and Mark Maltby, 'Fish, Feather, Fur and

Forest: Exploitation of Wild Animals in Novgorod and Its Territory', *Quaternary International*, 460 (2017), pp. 104–5.

19 *The Muscovite Law Code (Ulozhenie) of 1649*, trans. and ed. Richard Hellie (Irvine, ca, 1988), Chapter Ten, nos 216–17.

20 Viktor Bur'ianov [Vladimir Burnashev], *Besedy s det'mi o khoziaistve: domashnem, sel'skom, manufakturnom i o tovarov* (St Petersburg, 1837), pp. 113–14.

21 M. Monk and P. Johnston, 'Perspectives on Non-wood Plants in the Sampled Assemblage from the Troitsky Excavations of Medieval Novgorod', in *The Archaeology of Medieval Novgorod in Context*, eds Mark A. Brisbane, Nikolaj A. Makarov and Evgenij N. Nosov (Oxford, 2012), pp. 299–301.

22 *The Englishwoman in Russia: Impressions of the Society and Manners of the Russians at Home. By a lady, ten years resident in that country* (New York, 1855), pp. 168–9.

23 Tooke, *View of the Russian Empire*, vol. iii, p. 171.

24 Z. P. Gor'kovskaia and O. N. Kationov, 'Pishcha russkikh krest'ian Sibiri v povsednevnoi zhizni (period kapitalizma)', in *Kul'turnyi potential Sibiri v dosovetskii period* (Novosibirsk, 1992), p. 59.

25 E. Rego, 'Razvedenie shampinionov', *Zemledelcheskaia gazeta* (27 December 1855), p. 409.

26 William Coxe, *Travels into Poland, Russia, Sweden, and Denmark* (London, 1792), vol. ii, pp. 205–6.

27 Charles Piazzi Smyth, *Three Cities in Russia* (London, 1862), vol. i, pp. 325–6.

28 Samuel Collins, *The Present State of Russia: In a Letter to a Friend at London* (London, 1671), pp. 138–40.

29 'Kukhnia', *Ekonom*, 79 (1842), p. 216.

30 'O proezdakh v g. Gatchine e.i.v. gosudaryni imperatritsy Marii Feodorovny i e. velichestva velikogo Kniazia Mikhaila Aleksandrovicha', garf f. 97, op. 3, d. 16, l. 18.

31 Boris Mironov, 'Do Russians Need Cliotherapia?', *Bylye gody*, xli-i/3-1 (2016), p. 1028.

32 Martha Lahana, 'The Usefulness of Bees in Muscovy', *Russian History*, xlv/1 (2018), p. 34.

33 *Muscovite Law Code*, Chapter Ten, nos 218–19.

34 Matthew P. Romaniello, *The Elusive Empire: Kazan and the Creation of Russia, 1552–1671* (Madison, wi, 2012), p. 98.

35 Lahana, 'Usefulness', pp. 36–7.

36 Adrianne K. Jacobs, 'V. V. Pokhlëbkin and the Search for Culinary Roots in Late

Soviet Russia', *Cahiers du monde russe*, lii/1–2 (2013), p. 176.

37 Alexander Osipovich, 'At a Moscow Fair, Selling the Healing Powers of Honey', *International Herald Tribune* (13 September 2006); also at www.nytimes.com, 13 September 2006.

38 Paul of Aleppo, *The Travels of Macarius*, vol. i, p. 290.

39 Sigismund von Herberstein, *Zapiski o Moskovii* (Moscow, 2008), vol. i, p. 291.

40 Carol B. Stevens, 'Shabo: Wine and Prosperity on the Russian Steppe', *Kritika*, xix/2 (2018), pp. 273–304.

41 Stephen V. Bittner, *Whites and Reds: Wine in the Lands of Tsar and Commissar* (New York, 2021).

42 Susan Smith-Peter, 'Sweet Development: The Sugar Beet Industry, Agricultural Societies and Agrarian Transformations in the Russian Empire, 1818–1913', *Cahiers du monde russe*, lvii/1 (2016), p. 122; also Charles Steinwedel, 'Sugar as a "Basic Necessity": State Efforts to Supply the Russian Empire's Population in the Early Twentieth Century', in *The Life Cycle of Russian Things: From Fish Guts to Fabergé*, ed. Matthew P. Romaniello, Alison K. Smith, and Tricia Starks (London, forthcoming)..

43 Hamilton-Dyer, et al., 'Fish, Feather, Fur and Forest', pp. 99–100.

44 Henry Sutherland Edwards, *The Russians at Home* (London, 1861), p. 339.

45 P. S. Pallas, *Puteshestvie po raznym provintsiiam Rossiiskoi imperii* (St Petersburg, 1773), p. 199.

46 Edward Daniel Clarke, *Travels in Russia, Tartary and Turkey: A New Edition* (Aberdeen, 1848), p. 160.

47 Ibid., pp. 160–61.

48 L. N. Semenova, *Byt i naselenie Sankt-Peterburga (xviii vek)* (St Petersburg, 1998), pp. 165–7; Robert Jones, *Bread upon the Water: The St Petersburg Grain Trade and the Russian Economy*, 1703–1811 (Pittsburgh, pa, 2013).

49 James R. Gibson, *Feeding the Russian Fur Trade: Provisioning of the Okhotsk Seaboard and the Kamchatka Peninsula* (Madison, wi, 1969).

50 S. A. Kniaz'kov, *Golod v drevnei Rossii* (St Petersburg, 1913), p. 4.

51 Paul of Aleppo, *The Travels of Macarius*, vol. i, p. 342.

52 Guy Miège, *La relation de trois ambassades de monseigneur le Comte de Carlisle, de la part du serenissime tres-puissant Prince Charles ii, roy de la Grande Bretagne, vers leurs serenissimes Majestés Alexey Michailovitz Czar & Grand Duc de Moscovie, Charles roy de Suede, & Frederic iii, roy de Dannemarc & de Norvege,*

commencées en l'an 1663 & finies sur la fin de l'an 1664 (Rouen, 1670), pp. 28–31.

53 Henry Moor, *A Visit to Russia in the Autumn of 1862* (London, 1863), p. 100.

54 Samuel RobertGraves, *A Yachting Cruise in the Baltic* (London, 1863), pp. 237–8.

55 John Foster Fraser, *The Real Siberia: Together with an Account of a Dash through Manchuria* (London, 1902), p. 13.

56 Graves, *A Yachting Cruise in the Baltic*, p. 265.

57 For more on the Russian stove, see Snejana Tempest, 'Stovelore in Russian Folklife', in *Food in Russian History and Culture*, eds Musya Glants and Joyce Toomre (Bloomington, in, 1997), pp. 1–14.

58 On the early history, see R.E.F. Smith and David Christian, *Bread and Salt: A Social and Economic History of Food and Drink in Russia* (Cambridge, 1984), pp. 13–16.

59 A. B. Granville, *St Petersburgh: A Journal of Travels to and from That Capital* (London, 1828), vol. i, p. 504.

60 Genrikh Dikht, *Nastavlenie k uluchsheniiu russkoi pechi* (St Petersburg, 1838), pp. 3–4.

61 T. V. Privalova, *Byt Rossiiskoi derevni 60-e gody xix-20-e gody xx v.* (Moscow, 2000), p. 22.

62 Dikht, *Nastavlenie*, p. 4.

63 K. A. Avdeeva, *Ruchnaia kniga russkoi opytnoi khoziaiki, 6th edn* (St Petersburg, 1848), vol. i, pp. 8–9.

64 M. M., *Prakticheskii khoziain, ili kniga vsekh sostoianii, izlagaiushchaia polnoe sobranie noveishikh opytov i otkrytii, sdelannykh izvestnymi v Evrope Agronomami po vsem otrasliam estestvennykh nauk, tekhnogii, zemledel'cheskoi promyshlennosti, sel'skogo khoziaistva, iskustv i proch*, vol. i (Moscow, 1838), pp. 1–2.

65 Jean Kathryn Berger, 'The Daily Life of the Household in Medieval Novgorod' (PhD diss., University of Minnesota, 1998), p. 103.

66 D. K. Zelenin, *Russkaia etnografiia* (Moscow, 2013), pp. 164–75.

67 'Muka', in *Entsiklopedicheskii slovar'* (St Petersburg, 1897), vol. xx, p. 147.

68 P. A., 'Krupchatka', in *Entsiklopedicheskii slovar'* (St Petersburg, 1895), vol. xvia, p. 853.

69 Avdeeva, *Ruchnaia kniga*, vol. i, p. 25.

70 Ibid., p. 22.

71 Ivan Iakovlevich Vil'kins, *Sel'skii khoziain xix veka, ili Polnoe sobranie noveishikh opytov i otkrytii, sdelannykh v Evrope i Severnoi Amerike kak po chasti zemledel'cheskoi promyshlennosti voobshche, tak i po vsem otrasliam estestvennykh*

nauk i tekhnologii, vkhodiashchim v sostav sel'skoi ekonomii, i vo osobennosti poleznym dlia russikh pomeshchikov i upravliaiushchikh votchinami (Moscow, 1837), vol. iii, p. 278.

72 Bitter, 'George Forbes's "Account of Russia"', p. 908.

73 Alison K. Smith, 'From Gruyère to Gatchina: The Meanings of Cheese in Modern Russia', unpublished paper.

74 V. B., 'O prigotovlenii soloniny', *Ekonom*, 86 (1842), p. 269.

75 Robert Ker Porter, *Travelling Sketches in Russia and Sweden, during the Years 1805, 1806, 1807, 1808* (Philadelphia, pa, 1809), p. 100.

76 Thomas Raikes, *A Visit to St Petersburg, in the Winter of 1829–30* (London, 1838), pp. 42–3.

77 Ibid., p. 289.

78 Doktor Puf [V. F. Odoevskii], 'Vzgliad na morozhenuiu zhivnost' voobshche i na indeek v osobennosti', *Zapiski dlia khoziaev*, 1 (1845), p. 7.

79 Stefan Abramovich, 'Rubka kapusta', *Ekonom*, 29 (1850), p. 225.

80 'Kapusta', *Trudy Imperatorskogo vol'nogo ekonomicheskogo obshchestva*, iii/9 (1859), pp. 355–6.

81 'Poleznoe izobretenie dlia prodovol'stviia armii, flot i naroda', Ekonom, 20 (1849), p. 160.

第三章 俄羅斯萌芽歲月的吃與喝

1 On the power of this origin story, see Serhii Plokhy, *Lost Kingdom: The Quest for Empire and the Making of the Russian Nation, from 1470 to the Present* (New York, 2017).

2 Valerie A. Kivelson and Ronald Grigor Suny, *Russia's Empires* (New York, 2017), pp. 17, 22.

3 B. A. Kolchin and T. I. Makarova, eds., *Drevniaia Rus': Byt i kultura* (Moscow, 1997), p. 8.

4 *Domostroi: russkii semeinyi ustav*, trans. V. V. Kolesov (Moscow, 2005), p. 182.

5 M. G. Rabinovich, *Ocherki material'noi kul'tury russkogo feodal'nogo goroda* (Moscow, 1988), p. 214.

6 E. A. Rybina, *Arkheologicheskie ocherki istorii novgorodskoi torgovli* (Moscow, 1978), p. 30.

7 A. V. Artsikhovskii, 'Pishcha i utvar'', in *Ocherki russkoi kul'tury xiii–xv vekov,*

Chast' 1 Material'naia kul'tura (Moscow 1968), p. 299.

8 M. A. Brisbane, N. A. Makarov and E. N. Nosov, 'Medieval Novgorod in Its Wider Context', in *The Archaeology of Medieval Novgorod in Context*, eds Mark A. Brisbane, Nikolaj A. Makarov and Evgenij N. Nosov (Oxford, 2012), p. 7.

9 S. D. Zakharov, 'Buildings and Structures of the Minino Archaeological Complex', in *The Archaeology of Medieval Novgorod in Context*, pp. 58–75.

10 Mark Maltby, 'From *Alces to Zander*: A Summary of the Zooarchaeological Evidence from Novgorod, Gorodishche and Minino', in *The Archaeology of Medieval Novgorod in Context*, pp. 351–80.

11 Mark Maltby, 'From Bovid to Beaver: Mammal Exploitation in Medieval Northwest Russia', in *The Oxford Handbook of Zooarchaeology*, eds Umberto Albarella, et al. (Oxford, 2018), pp. 233–5.

12 Jean Kathryn Berger, 'The Daily Life of the Household in Medieval Novgorod' (PhD diss., University of Minnesota, 1998), pp. 102–3, 106, 119–20.

13 V. N. Shchepkin, 'Goloda v Rossii. Istoricheskii ocherk', *Istoricheskii vestnik*, vii/6 (1886), pp. 490–91.

14 S. A. Kniaz'kov, *Golod v drevnei Rossii* (St Petersburg, 1913), pp. 5–6.

15 A. S. Ermolov, *Nashi neurozhai i prodovol'stvennyi vopros* (St Petersburg, 1909), vol. i, p. 5.

16 Shchepkin, 'Goloda', p. 491.

17 Shchepkin counts fifteen, but also on average eight bad harvests a century during the era; Ermolov counts 25 famines, vol. i, p. 6; Kniaz'kov counts more: 43.

18 *The Laws of Rus': Tenth to Fifteenth Centuries*, trans. and ed. Daniel H. Kaiser (Salt Lake City, ut, 1992), pp. 15–19.

19 Ibid., pp. 20–34.

20 Ibid., pp. 20–34; some changes in the translation by me.

21 Ibid., pp. 15–19.

22 Serge A. Zenkovsky, ed., *Medieval Russia's Epics, Chronicles, and Tales* (New York, 1974), 67–8.

23 Christian Raffensperger, *Reimagining Europe: Kievan Rus' in the Medieval World* (Cambridge, ma, 2012).

24 Natalia Zajac, 'Women between West and East: The Inter-rite Marriages of the Kyivan Rus' Dynasty, ca. 1000–1204' (PhD diss., University of Toronto, 2017), pp. 46-9.

25 R.E.F. Smith and David Christian, *Bread and Salt: A Social and Economic*

History of Food and Drink in Russia (Cambridge, 1984), p. 12.

26 Gerasim Stepanov, *Polnyi kukhmister i konditer, ili Ruskii gastronom, sobrannyi i sostavlennyi iz sobstvennykh opytov i nabliudenii Gerasimom Stepanovym* (Moscow, 1834), pp. 9–12.

27 M. Shakhov, 'O poste', in *Monastyrskaia kukhnia* (Moscow, 1991), pp. 6–9.

28 Sigismund von Herberstein, *Zapiski o Moskovii* (Moscow, 2008), vol. i, p. 211.

29 Edward Daniel Clarke, *Travels in Russia, Tartary and Turkey: A New Edition* (Aberdeen, 1848), p. 37.

30 Iv[an Iakovlevich] Zatsepin, *O postnoi i skoromnoi pishche v meditsinskom otnoshenii* (Moscow, 1841).

31 Cited in Donald Ostrowski, *Muscovy and the Mongols: Cross-cultural Influences on the Steppe Frontier* (Cambridge, 1998), p. 67.

32 Zenkovsky, *Medieval Russia's Epics, Chronicles, and Tales*, p. 170.

33 Christopher Dawson, ed., *Mission to Asia: Narratives and Letters of the Franciscan Missionaries in Mongolia and China in the Thirteenth and Fourteenth Centuries Translated by a Nun of Stanbrook Abbey* (New York, 1966), pp. 29–30.

34 David Miller, 'Monumental Building as an Indicator of Economic Trends in Northern Rus' in the Late Kievan and Mongol Periods, 1138–1462', *American Historical Review*, xciv/2 (1989), pp. 360–90.

35 Artsikhovskii, 'Pishcha i utvar'', pp. 299, 304.

36 Stella Rock, 'Russian Piety and Orthodox Culture', in *The Cambridge History of Christianity*, vol. v, ed. Michael Angold (Cambridge, 2006), p. 266.

37 Carol Belkin Stevens, *Russia's Wars of Emergence, 1460–1730* (London, 2007), p. 13.

38 For example in the life of St Sergei of Radonezh, as explained in Artsikhovskii, 'Pishcha i utvar'', pp. 297–8.

39 Artsikhovskii, 'Pishcha i utvar'', p. 298.

40 Herberstein, *Zapiski*, vol. i, p. 289.

41 Ibid., p. 291, and for the doubt, Herberstein, *Zapiski*, vol. ii, p. 404.

42 Herberstein, *Zapiski*, vol. i, p. 291.

43 Ibid., pp. 541–3.

44 Ibid., p. 543.

45 Ibid., pp. 543–61.

46 Ibid., p. 205.

47 On the origins of the *Domostroi, see Carolyn Pouncy, The Domostroi: Rules for*

Russian Households in the Time of Ivan the Terrible (Ithaca, ny, 1994), p. 4.

All descriptions below are my translations from Domostroi. Russkii semeinyi ustav (Moscow, 2005) unless otherwise noted.

48 Nikolaas Vitsen, *Puteshestvie v Moskoviiu, 1664–1665*, trans. V. G. Trisman (St Petersburg, 1996), p. 99.

49 *Domostroi*, pp. 92, 188.

50 Ibid., pp. 93–4.

51 Ibid., p. 140.

52 Ibid., p. 141.

53 Ibid., pp. 184–5.

54 Ann M. Kleimola, 'The Road to Beloozero: Ivan iv's Reconciliation with the "Devil in a Skirt"', *Russian History*, xlii/1 (2015), p. 69.

55 Ibid., p. 70.

56 Ibid., pp. 71–3, 77.

57 'Stolovaia kniga Patriarkha Filareta Nikiticha', *Starina i novizna*, xi (1906), pp. 67–163.

第四章 俄羅斯成為帝國

1 Matthew P. Romaniello, *Enterprising Empires: Russia and Britain in Eighteenthcentury Eurasia* (Cambridge, 2019).

2 Giles Fletcher, *Of the Russe Common Wealth; or, Maner of Gouerment of the Russe Emperour* (Commonly Called the Emperour of Moskouia) (London, 1591), p. 6ob.

3 Ibid., pp. 7–12.

4 Ibid., p. 11ob.

5 Ibid., p. 59.

6 On salt farming, see R.E.F. Smith and David Christian, *Bread and Salt: A Social and Economic History of Food and Drink in Russia* (Cambridge, 1984), Chapter Two.

7 Yuri Slezkine, *Arctic Mirrors: Russia and the Small Peoples of the North* (Ithaca, ny, 1994), p. 23.

8 On this problem in one region of Siberia, particularly in the eighteenth century, see James R. Gibson, *Feeding the Russian Fur Trade: Provisionment of the Okhotsk Seaboard and the Kamchatka Peninsula* (Madison, wi, 1969).

9 On numbers, see V. I. Shunkov, *Ocherki po historia kolonizatsii Sibiri v xvii–nachale xviii vekov* (Moscow, 1946), p. 45.

10 F. G. Safronov, *Russkie na severo-vostoke azii v xvii–seredine xix v. Upravlenie, sluzhilye liidi, krest'iane, gorodskoe naselenie* (Moscow, 1978), pp. 108–9.

11 Janet M. Hartley, *Siberia: A History of the People* (New Haven, ct, 2014), p. 59.

12 Ibid., pp. 63–4.

13 T. A. Voronina, 'The Diet of Siberian Peasants on Lenten Days (the 19th Century)', *Archaeology, Ethnology and Anthropology of Eurasi*a, xxxix/4 (2011) pp. 136–41.

14 Z. P. Gor'kovskaia and O. N. Kationov, 'Pishcha russkikh krest'ian Sibiri v povsednevnoi zhizni (period kapitalizma)', in *Kul'turnyi potential Sibiri v dosovetskii period* (Novosibirsk, 1992), p. 56.

15 Ibid., p. 58.

16 Harry de Windt, *Siberia as It Is* (London, 1892), p. 247.

17 Gor'kovskaia and Kationov, 'Pishcha russkikh krest'ian Sibiri', p. 58.

18 Augustus von Kotzebue, *The Most Remarkable Year in the Life of Augustus von Kotzebue; Containing an Account of His Exile into Siberia, and of the Other Extraordinary Events Which Happened to Him in Russia*, trans. Benjamin Beresford (London, 1802), vol. i, p. 211.

19 Kotzebue, *Most Remarkable Year*, vol. ii, p. 17.

20 Ibid., pp. 58–61.

21 'The Life of Archpriest Avvakum by Himself ', in *Medieval Russia's Epics, Chronicles, and Tales*, ed. Serge A. Zenkovsky (New York, 1974), pp. 416–17.

22 V. N. Shchepkin, 'Goloda v Rossii. Istoricheskii ocherk', *Istoricheskii vestnik*, vii/6 (1886), p. 491.

23 Fletcher, *Of the Russe*, p. 14.

24 Shchepkin, 'Goloda', p. 492.

25 *Istoricheskii obzor pravitel'stvennykh meropriiatii po narodonou prodovol'stviiu v Rossii*, vol. i (St Petersburg, 1892–3), p. 6; Shchepkin, 'Goloda', p. 493.

26 A. S. Ermolov, *Nashi neurozhai i prodovol'stvennyi vopros* (St Petersburg, 1909), vol. i, p. 11.

27 The classic work on the Time of Troubles is S. F. Platonov, *The Time of Troubles: A Historical Study of the Internal Crisis and Social Struggle in Sixteenth- and Seventeenth-century Muscovy*, trans. John T. Alexander (Lawrence, ka, 1970).

A more recent examination of the era is Chester S. L. Dunning, *Russia's First Civil War: The Time of Troubles and the Founding of the Romanov Dynasty* (University Park, pa, 2001).

28 Fletcher, *Of the Russe*, p. 44.

29 Samuel Collins, *The Present State of Russia: In a Letter to a Friend at London* (London, 1671), p. 59.

30 Fletcher, *Of the Russe*, p. 44.

31 David Christian, *'Living Water': Vodka and Russian Society on the Eve of Emancipation* (Oxford, 1990), pp. 28–9.

32 Adam Olearius, *The Voyages and Travels of the Ambassadors from the Duke of Holstein, to the Great Duke of Muscovy, and the King of Persia*, trans. John Davies (London, 1662), p. 11.

33 Ibid., p. 82.

34 Paul of Aleppo, *The Travels of Macarius, Patriarch of Antioch*, trans. F. C. Belfour (London, 1836), vol. i, p. 400.

35 Collins, *The Present State*, p. 138.

36 Ibid., p. 61.

37 Olearius, *Voyages*, p. 87.

38 Fletcher, *Of the Russe*, p. 108ob.

39 Ibid., p. 112.

40 Olearius, *Voyages*, p. 52.

41 Ibid., pp. 14–15.

42 Ibid., p. 52.

43 Ibid., pp. 8–9.

44 Ibid., pp. 10–11.

45 Paul of Aleppo, *The Travels of Macarius*, vol. i, pp. 287, 303.

46 Olearius, *Voyages*, p. 26.

47 Ibid., p. 87.

48 Paul of Aleppo, *The Travels of Macarius*, vol. i, p. 392.

49 Paul of Aleppo, *The Travels of Macarius*, vol. ii, pp. 83–4.

50 Guy Miège, *La relation de trois ambassades de monseigneur le Comte de Carlisle, de la part du serenissime tres-puissant Prince Charles ii, roy de la Grande Bretagne, vers leurs serenissimes Majestés Alexey Michailovitz Czar & Grand Duc de Moscovie, Charles roy de Suede, & Frederic iii, roy de Dannemarc & de Norvege, commencées en l'an 1663 & finies sur la fin de l'an 1664* (Rouen, 1670), pp. 34–5.

51 Olearius, *Voyages*, p. 64. This note, repeated from Herberstein, does suggest a degree of copying between the various travel accounts!

52 Olearius, *Voyages*, p. 65.

53 Lindsey Hughes, '"A Beard is an Unnecessary Burden": Peter I's Laws on Shaving and their Roots in Early Russia', in *Russian Society and Culture and the Long Eighteenth Century: Essays in Honour of Anthony G. Cross*, ed. Roger Bartlett and Lindsey Hughes (Münster, 2004), pp. 26–27.

54 Matthew P. Romaniello, 'Through the Filter of Tobacco: The Limits of Global Trade in the Early Modern World', *Comparative Studies in Society and History*, xlix/4 (2007), pp. 914–37.

55 'The Life of Archpriest Avvakum', p. 407.

56 Evgenii V. Anisimov, *The Reforms of Peter the Great: Progress through Coercion in Russia*, trans. John T. Alexander (Armonk, ny, 1993),, p. 23.

57 'Regulations for Holding Assemblies', in William Marshall, ed., *Peter the Great* (London, 1996), p. 124.

第五章 香檳酒與克瓦斯：分裂的俄羅斯

1 *Polnoe sobranie zakonov Rossiiskoi Imperii: Pervoe sobranie* [henceforth psz (St Petersburg, 1830), v/3338 (20 March 1719).

2 Evgenii V. Anisimov, *The Reforms of Peter the Great: Progress through Coercion in Russia*, trans. John T. Alexander (Armonk, ny, 1993), p. 145.

3 Ibid., p. 165.

4 Ibid.

5 On changes in dress, see Christine Ruane, *The Empire's New Clothes: A History of the Russian Fashion Industry, 1700–1917* (New Haven, ct, 2009).

6 'Peter iii's Manifesto Freeing Nobles from Obligatory Service, 1762', *Documents in Russian History*, http://academic.shu.edu/russianhistory, accessed 24 July 2020.

7 Priscilla Roosevelt, *Life on the Russian Country Estate: A Social and Cultural History* (New Haven, ct, 1995).

8 John Randolph, *The House in the Garden: The Bakunin Family and the Romance of Russian Idealism* (Ithaca, ny, 2007); Katherine Pickering Antonova, *An Ordinary Marriage: The World of a Gentry Family in Provincial Russia* (New York, 2013).

9 W. Bruce Lincoln, *Nicholas i, Emperor and Autocrat of All the Russias* (London,

1978), p. 187.

10 Sheila Fitzpatrick, *Stalin's Peasants: Resistance and Survival in the Russian Village after Collectivization* (New York, 1994), p. 315.

11 David Moon, *The Russian Peasantry, 1600–1930: The World the Peasants Made* (London, 1999), p. 1.

12 Moon, *The Russian Peasantry*, p. 21.

13 Aleksandr Nikolaevich Radishchev, *A Journey from St Petersburg to Moscow*, trans. Leo Wiener, ed. Roderick Page Thaler (Cambridge, ma, 1958).

14 'Po otchetu o sostoianii Kazanskoi Gubernii za 1839 g.', rgia f. 1281, op. 3, d. 105, l. 12.

15 Ivan Boltin, *Primechaniia na istoriiu drevniia i nynyshniia Rossii G. Leklerka* (St Petersburg, 1788), vol. ii, pp. 179, 328–9.

16 I. M. Snegirev, *Ruskie v svoikh poslovitsakh. Razsuzhdeniia i issledovaniia ob otechestvennykh poslovitsakh i pogovorkakh* (Moscow, 1831), vol. ii, p. 3.

17 Ibid., pp. 6–7.

18 Ibid., pp. 7–13.

19 Ibid., pp. 13–14.

20 *Bagatelles. Promenades d'un désœuvré dans la ville de St-Pétersbourg* (St Petersburg, 1811), vol. i, p. 95.

21 Samuel S. Cox, *Arctic Sunbeams; or, From Broadway to the Bosphorus by Way of the North Cape* (New York, 1882), p. 231.

22 Patricia Herlihy, *The Alcoholic Empire: Vodka and Politics in Late Imperial Russia* (New York, 2002), p. 6.

23 David Christian, *'Living Water': Vodka and Russian Society on the Eve of Emancipation* (Oxford, 1990), pp. 88–92.

24 D. Ch. Stremoukhov, 'Mysli o vozmozhnosti uluchsheniia Selskogo Khoziaistva v Rossii osnovannye na prirode chelovecheskoi i na drevnikh Rossiiskikh obychaiakh', *Zemledel'cheskii zhurnal*, ix/25 (1829), p. 72.

25 Boris Volzhin [Vladimir Burnashev], *Derevenskii starosta Miron Ivanov. Narodnaia byl' dlia Russkikh prostoliudinov* (St Petersburg, 1839), p. 2.

26 S. M., 'Novyi chainyi magazin', *Kazanskie gubernskie vedomosti (neoffitsialnye)* (25 January 1860), p. 31.

27 A. A., *O nastoiashchem sostoianii khoziaistva u krest'ian, s pokazaniem prichin, prepiatstvuiushchikh razvitiiu ego, s ukazaniem sredstv k otvrashcheniiu tekh prichin, i s prisovokupleniem kratkikh pravil zemledeliia, dlia srednei polosy Rossii*

(Moscow, 1846), pp. 54–5.

28 Henry Sutherland Edwards, *The Russians at Home* (London, 1861), p. 352.

29 Thomas Hunt, *The Life of William H. Hunt* (Brattleboro, vt, 1922), p. 289.

30 Audra Jo Yoder, 'Tea Time in Romanov Russia: A Cultural History, 1616–1917' (PhD diss., University of North Carolina, Chapel Hill, 2016), Chapter Three.

31 E. Alipanov, *Khanskii chai. Sel. vodevil'* (St Petersburg, 1835).

32 Fridrich Vul'f, 'Prodolzhenie otvertov gospodina Barona fon Vul'fa na zadannye v pervoi chasti ekonomicheskie voprosy', *Trudy imperatorskogo vol'nogo ekonomicheskogo obshchestva*, x (1768), pp. 68–9.

33 Laksman, 'Ekonomicheskie otvety, kasaiushchiesia do khlebopashestva v lezhashchikh okolo reki Sviri i iuzhnoi chasti Olontsa mestakh', *Trudy imperatorskogo vol'nogo ekonomicheskogo obshchestva*, xiii (1769), p. 27.

34 Volzhin [Burnashev], *Derevenskii starosta*, p. 48.

35 O. G. Ageeva, *Evropeizatsiia russkogo dvora 1700–1796 gg.* (Moscow, 2006), and Paul Keenan, *St Petersburg and the Russian Court, 1703–1761* (Houndmills, Basingstoke, 2013).

36 Darra Goldstein, 'Gastronomic Reforms under Peter the Great', *Jahrbücher für Geschichte Osteuropas*, xlviii/4 (2000), p. 495.

37 Shreter, 'Opyt domostroitel'stva i planov na ekonomicheskuiu zadachu 1770 i 1771 goda', *Trudy imperatorskogo vol'nogo ekonomicheskogo obshchestva*, xxii (1772), pp. 37–60.

38 Iosif Regensburger, 'O razdelenii izvestnoi summy na godovoi prozhitok', *Trudy imperatorskogo vol'nogo ekonomicheskogo obshchestva*, xxi (1772), pp. 117–327.

39 Ibid., p. 138.

40 Sergei Drukovtsov, *Povarennye zapiski* (St Petersburg, 1779), pp. 1–2.

41 Ibid., pp. [45–7].

42 V. A. Levshin, *Slovar' povarennyi, prispeshnichii, kanditorskii i distillatorskii, soderzhashchii po azbuchnomu poriadku podrobnoe i vernoe nastavlenie k podrobnoe i vernoe nastavlenie k prigotovleniiu vsiakogo roda kushan'ia iz Frantsuzskoi, Nemetskoi, Gollandskoi, Ispanskoi i Angliskoi povarni, pirozhnogo, dessertov, varenii, salatov, vod, essentsii, ratafii, likerov, dvoviiu vodok, i pr.; takzhe k uchrezhdeniiu stola s planami, podach, uslugi i proch. i s prisovokupleniem v osoblivykh paragrafakh polnoi Meshchanskoi povarni i Novoi; ravnym obrazom povaren Avstriiskoi, Berlinskoi, Bogemskoi, Saksonskoi i Ruskoi* (Moscow, 1795–7).

43 Edward Daniel Clarke, *The Life and Remains of the Rev. Edward Daniel Clarke,*

l.l.d., Professor of Mineralogy in the University of Cambridge (London, 1824), pp. 388–9.

44 They have been collected in Yuri Lotman and Jelena Pogosjan, *High Society Dinners: Dining in Tsarist Russia*, trans. Marian Schwartz (Totnes, 2014).

45 'Oplachennye scheta',r gada f. 1264, op. 1, d. 195, ll. 12, 38, 154.

46 E. R. Dashkova, *The Memoirs of Princess Dashkova*, trans. and ed. Kyril Fitzlyon (Durham, nc, 1995).

47 'Nastavleniia grafa Aleksandra Romanovicha Vorontsova upravliaiushchemu o vedenii domashnego khoziaistva i o sostavlenii meniu vo vremia prebyvaniia kniagini v 1802-i godu', rgada f. 1261, op. 7, d. 1203, ll. 3–3ob.

48 'Vypiski o raskhode gospodskogo garderopa, o veshchakh, otpravlennykh iz Peterburga v Andreevskoe i o khraniashchikhsia v Moskovskom dome, o mel'nitsakh v slobode Vorontsovki, o sostoianii Istashenskogo doma o s"estnykh pripasakh v kladovoi', rgada f. 1261, op. 7, d. 900, ll. 12–12ob.

49 'Raznye zapisi po khoziaistvu spiski posudy, materialov, produkhtov i dr. predmetov iz sostava imushchestva Vorontsovykh', rgada f. 1261, op. 2, d. 668, l. 14.

50 'Usloviia i obiazatel'stva raznykh lits pri postuplenii ili prieme na rabotu po khoziaistvu i v lichnye usluzhenie k Vorontsovym', rgada f. 1261, op. 2, d. 605, ll. 2–3, 21–4, 38–38ob.

51 'Tetrad's zapisiami raskhoda stolovykh produktov i ezhednevnykh obedennykh meniu', rgada f. 1261, op. 2, d. 666, l. 1.

52 'Tetrad'', l. 11.

53 Edward Daniel Clarke, *Travels in Russia, Tartary and Turkey: A New Edition* (Aberdeen, 1848), pp. 27–8.

54 Arcadius Kahan, 'The Costs of "Westernization" in Russia: The Gentry and the Economy in the Eighteenth Century', *Slavic Review*, xxv (1966), pp. 40–66.

55 A. A. Fet, Moi vospominaniia, 1848–1889 (Moscow, 1890), vol. i, p. 4.

56 O. P. Verkhovskaia, Kartinki proshlogo. Iz vospominanii detstva (Moscow, 1913), pp. 89–90.

57 On Shcherbatov, see Isabel de Madariaga, *Politics and Culture in Eighteenthcentury Russia* (London, 1999), pp. 249–57; Gary M. Hamburg, *Russia's Path toward Enlightenment: Faith, Politics, and Reason, 1500–1801* (New Haven, ct, 2016), pp. 675–97.

58 M. M. Shcherbatov, *On the Corruption of Morals in Russia*, trans. A. Lentin

(Cambridge, 1969), pp. 120, 122; my translation.

59 Shcherbatov, *On the Corruption of Morals*, p. 140; on Peter the Great and cheese, see Goldstein, 'Gastronomic Reforms', p. 499.

60 Shcherbatov, *On the Corruption of Morals*, pp. 239, 244.

61 Ibid., p. 222.

62 Ibid., p. 241.

63 M. M. Shcherbatov, 'O nyneshnem v 1787 godu pochti povsemestnom golode v Rossii, o sposobakh onomu pomoch' i vpred predupredit' podobnoe zhe neshchastie', *Chteniia v Imperatorskogo obshchestve istorii i drevnostei rossiiskikh pri moskovskom universitete*, 1 (Jan–Mar 1860), pp. 81–112, here 82.

第六章 現代化的俄羅斯

1 Richard Wortman, *Scenarios of Power: Myth and Ceremony in Russian Monarchy from Peter the Great to the Abdication of Nicholas ii* (Princeton, nj, 2006).

2 Léon Godard, *Pétersbourg et Moscou. Souvenirs du couronnement d'un tsar* (Paris, 1858), p. 60.

3 Helen Baker, 'Monarchy Discredited? Reactions to the Khodynka Coronation Catastrophe of 1896', *Revolutionary Russia*, xvi/1 (2003), p. 6.

4 David Moon, *The Abolition of Serfdom in Russia*, 1762–1907 (Harlow, 2001).

5 'Sel'skokhoziaistvennye obshchestva', in *Entsiklopedicheskii slovar'* (St Petersburg, 1900), vol. xxix, pp. 414–19.

6 Leonard G. Friesen, 'Toward a Market Economy: Fruit and Vegetable Production by the Peasants of New Russia, 1850–1900', *Canadian Slavonic Papers*, xl/1–2 (1998), pp. 27–42.

7 Cassius Marcellus Clay, *The Life of Cassius Marcellus Clay: Memoirs, Writings, and Speeches, Showing His Conduct in the Overthrow of American Slavery, the Salvation of the Union, and the Restoration of the Autonomy of the States* (Cincinnati, oh, 1886), vol. i, p. 419.

8 On this in the context of a longer history of migration, see Willard Sunderland, 'Catherine's Dilemma: Resettlement and Power in Russia, 1500s–1914', in *Globalising Migration History: The Eurasian Experience (16th–21st centuries)*, eds Jan and Leo Lucassen (Leiden, 2014), p. 56.

9 John Foster Fraser, *Russia of To-day* (New York, 1915), p. 274.

10 Peter I. Lyashchenko, *History of the National Economy of Russia to the 1917*

Revolution, trans. L. M. Herman (New York, 1970), pp. 519–20.

11 Francis B. Reeves, *Russia Then and Now, 1892–1917: My Mission to Russia during the Famine of 1891–1892, with Data Bearing upon Russia of To-day* (New York, 1917), p. 61.

12 T. V. Privalova, *Byt Rossiiskoi derevni 60-e gody* xix-20-e gody xx v. (Moscow, 2000), p. 44.

13 Augustus von Kotzebue, *The Most Remarkable Year in the Life of Augustus von Kotzebue; Containing an Account of His Exile into Siberia, and of the Other Extraordinary Events Which Happened to Him in Russia*, trans. Benjamin Beresford (London, 1802), vol. i, p. 171.

14 Robert D. Pinkerton, *Russia; or, Miscellaneous Observations on the Past and Present State of That Country and Its Inhabitants* (London, 1833), p. 295.

15 Harry de Windt, *Siberia as It Is* (London, 1892), pp. 83–4.

16 Iv. Ivaniukov, 'Ocherki provintsial'noi zhizni', *Russkaia mysl'* (August 1895), p. 172.

17 Patricia Herlihy, *The Alcoholic Empire: Vodka and Politics in Late Imperial Russia* (New York, 2002), pp. 6–7.

18 David Christian, *'Living Water': Vodka and Russian Society on the Eve of Emancipation* (Oxford, 1990), p. 6.

19 Raphael Pumpelly, *Across America and Asia: Notes of Five Years' Journey around the World and of Residence in Arizona, Japan, and China* (New York, 1870), p. 404.

20 Samuel Robert Graves, *A Yachting Cruise in the Baltic* (London, 1863), pp. 257–8.

21 Privalova, *Byt rossiiskoi derevni*, p. 61.

22 *Pervaia vseobshchaia perepis' naseleniia Rossiiskoi imperii 1897 goda*, vol. viii (St Petersburg, 1905).

23 G. Reinbeck, *Travels from St Petersburgh through Moscow, Grodno, Warsaw, Breslaw &c to Germany in the Year 1805* (London, 1807), p. 14.

24 Alison K. Smith, 'Provisioning Kazan': Feeding the Provincial Russian Town', *Russian History*, xxx/4 (2003), p. 378ftnt.

25 George Augustus Sala, *A Journey Due North; Being Notes of a Residence in Russia* (Boston, ma, 1858), pp. 452–4.

26 P. An – ov, 'Zamechanie provintsiala o S. Peterburge', *Zavolzhskii muravei* no. 11 (June 1832), p. 618.

27 Ibid., p. 619.

28 Alison K. Smith, 'Eating Out in Imperial Russia: Class, Nationality, and Dining

before the Great Reforms', *Slavic Review*, lxv/4 (2006), pp. 747–68.

29 I. Levitov, *Putevoditel'* (Moscow, 1881), p. 4.

30 F. V. Dombrovskii, *Polnyi putevoditel' po Peterburgu i vsem ego okrestnostiam* (St Petersburg, 1896), p. 43.

31 *Vsia torgovo-promyshlennaia Rossiia* (Kiev, 1913), columns 183–5, 502–3.

32 Pavel Sumarokov, *Progulka po 12-ti guberniiam s istoricheskimi i statisticheskimi zamechaniiami* (St Petersburg, 1839), pp. 75–6.

33 Godard, *Pétersbourg et Moscou*, p. 79.

34 [Jacques] Boucher de Perthes, *Voyage en Russie, retour par la Lithuanie, la Pologne, la Silèsie, la Saxe et le Duche, de Nassau; séjour a Wisebade en 1856* (Paris, 1859), pp. 307–8.

35 On its history, see Anya von Bremzen, *Mastering the Art of Soviet Cooking: A Memoir of Food and Longing* (New York, 2013), p. 316.

36 I. G., 'Moskva za stolom', *Moskvitianin*, ii/8 (1856), p. 455.

37 Lee Meriwether, *A Tramp Trip: How to See Europe on 50 Cents a Day* (New York and London, 1886), p. 229.

38 Louise McReynolds, *Russia at Play: Leisure Activities at the End of the Tsarist Era* (Ithaca, ny, 2003), p. 204.

39 Advertisement in *Odesskaia pochta*, 1934 (1 May 1914), p. 4. Thanks to Felix Cowan for this and the following advertisements.

40 Advertisement in *Kievskaia pochta*, 2 (14 May 1909), p. 1.

41 Advertisement in *Odesskaia pochta*, 1931 (28 April 1914), p. 4; advertisement in *Saratovskaia kopeechka*, 414 (18 November 1911), p. 4; advertisement in *Kur'er-kopeika,* 183 (7 November 1910), p. 1.

42 Advertisement in *Saratovskaia kopeechka*, 1099 (18 October 1913), p. 1.

43 Advertisements in: *Kur'er-kopeika* (Tiflis), 113 (19 May 1911), p. 4; *Khersonskaia gazeta kopeika*, 140 (25 October 1909), p. 1.

44 *Povolzhskaia kopeika*, 20 (28 July 1910), p. 1.

45 Boucher de Perthes, *Voyage en Russie*, p. 307.

46 Advertisement for the Tiflis restaurant Versailles, *Kur'er-kopeika*, 46 (27 February 1911), p. 1.

47 *Kur'er-kopeika*, 46 (24 February 1913), p. 1.

48 Deirdre Ruscitti Harshman, 'A Space Called Home: Housing and the Management of the Everyday in Russia, 1890–1935' (PhD diss., University of Illinois at Urbana-Champaign, 2018), pp. 28–9.

49 August von Haxthausen, *The Russian Empire: Its People, Institutions, and Resources*, trans. Robert Farie (London, 1856), vol. ii, pp. 141–2.

50 Thomas Michell, *Russian Pictures, Drawn with Pen and Pencil* (London, 1889), p. 103.

51 Henry Sutherland Edwards, *The Russians at Home* (London, 1861), pp. 385–6.

52 Ibid., p. 386.

53 S. A. Kniaz'kov, *Golod v drevnei Rossii* (St Petersburg, 1913), p. 4.

54 Alison K. Smith, *Recipes for Russia: Food and Nationhood under the Tsars* (DeKalb, il, 2008), pp. 13–43.

55 A. S. Ermolov, *Nashi neurozhai i prodovol'stvennyi vopros* (St Petersburg, 1909), vol. i, pp. 98–101.

56 Ibid., pp. 100–101.

57 Ibid., pp. 102–3.

58 Ibid., p. 229.

59 Peter Gatrell, *A Whole Empire Walking: Refugees in Russia during World War i* (Bloomington, in, 1999), p. 3.

60 Lars T. Lih, *Bread and Authority in Russia, 1914–1921* (Berkeley, ca, 1990), p. 8.

61 Sarah Badcock, *Politics and the People in Revolutionary Russia: A Provincial History* (Cambridge, 2009), p. 213.

62 Peter Gatrell, 'Poor Russia, Poor Show: Mobilising a Backward Economy for War, 1914–1917', in *The Economics of World War* i, eds Stephen Broadberry and Mark Harrison (Cambridge, 2009), pp. 256–9.

63 Badcock, *Politics and the People*, pp. 213–18.

64 Sergei Nefedov, 'The Food Crisis in Petrograd on the Eve of the February Revolution', *Quaestio Rossica*, v/3 (2017), pp. 635–55.

65 For a detailed chronology of the events of February/March 1917, see Tsuyoshi Hasegawa, *The February Revolution, Petrograd, 1917* (Leiden, 2018).

第七章 飢餓與豐足：蘇維埃經驗

1 Alexander Vucinich, 'Soviet Ethnographic Studies of Cultural Change', *American Anthropologist*, lxii/5 (1960), p. 867.

2 S. P. Tolstov, N. N. Cheboksarov and K. V. Chistov, eds, *Ocherki obshchei etnografiia. Evropeiskaia Chast' sssr* (Moscow, 1968), p. 120.

3 Ibid., p. 121.

4 Ibid., p. 123.

5 Ibid., p. 124.

6 A standard overview of this early phase is Sheila Fitzpatrick, *The Russian Revolution*, 4th edn (Oxford, 2017).

7 Vera S. Dunham, *In Stalin's Time: Middleclass Values in Soviet Fiction* (Cambridge, 1976).

8 Andrei Markevich, 'Russia in the Great War: Mobilisation, Grain, and Revolution', in *The Economics of the Great War: A Centennial Perspective*, eds Stephen Broadberry and Mark Harrison (London, 2018), p. 104.

9 Mauricio Borrero, *Hungry Moscow: Scarcity and Urban Society in the Russian Civil War, 1917–1921* (New York, 2003).

10 Donald J. Raleigh, 'The Russian Civil War, 1917–1922', in The Cambridge History of Russia, ed. Ronald Grigor Suny (Cambridge, 2008), vol. iii, pp. 140–67, and Hugh D. Hudson, *Peasants, Political Police, and the Early Soviet State: Surveillance and Accommodation under the New Economic Policy* (New York, 2012), pp. 25–45.

11 Sheila Fitzpatrick, *Stalin's Peasants: Resistance and Survival in the Russian Village after Collectivization* (New York, 1994), pp. 44–69, and Carole Leonard, *Agrarian Reform in Russia* (Cambridge, 2011), pp. 68–71.

12 Sarah Cameron, 'The Kazakh Famine of 1930–33: Current Research and New Directions', *East/West: Journal of Ukrainian Studies*, iii/2 (2016), pp. 117–32, and *The Hungry Steppe: Famine, Violence, and the Making of Soviet Kazakhstan* (Ithaca, ny, 2018).

13 For a recent discussion of these issues, with comment from historians who argue both of these cases, see 'Soviet Famines', *Contemporary European History*, xxvii/3 (2018), pp. 432–81.

14 Donald Filtzer and Wendy Z. Goldman, 'Introduction: The Politics of Food and War', in *Hunger and War: Food Provisioning in the Soviet Union during World War ii*, eds Wendy Z. Goldman and Donald Filtzer (Bloomington, in, 2015), pp. 1–2.

15 *Ob uvelichenii proizvodstva kartofelia* (Syktykvar, 1942), p. 3.

16 Filtzer and Goldman, 'Introduction', pp. 14–20.

17 Alexis Peri, *The War Within: Diaries from the Siege of Leningrad* (Cambridge, ma, 2017), p. 6.

18 Peri, *The War Within*, p. 131, quoting the diary of Anna Likhacheva.

19 Rebecca Manley, 'Nutritional Dystrophy: The Science and Semantics of Starvation in World War ii', in *Hunger and War*, eds Goldman and Filtzer, pp. 602–64.

20 Peri, *The War Within*, p. 57, quoting the diary of Natalia Uskova.

21 Alexander Solzhenitsyn, *One Day in the Life of Ivan Denisovich*, trans. Ralph Parker (New York, 1998), p. 14. I have slightly altered the translation.

22 Golfo Alexopoulos, *Illness and Inhumanity in Stalin's Gulag* (New Haven, ct, 2017), p. 10. The following paragraph draws from her account, esp. pp. 19–43.

23 E. Kabo, *Pitanie russkogo rabochego do i posle voiny* (Moscow, 1926).

24 Alison K. Smith, *Recipes for Russia: Food and Nationhood under the Tsars* (DeKalb, il, 2008), pp. 61–2.

25 Anton Masterovoy, 'Eating Soviet: Food and Culture in the ussr, 1917–1991' (PhD diss., cuny, 2013), p. 44.

26 Basile Kerblay, L'Évolution de l'alimentation rurale en Russie (1896–1960)', *Annales*, xvii/5 (1962), p. 898.

27 Fitzpatrick, *Stalin's Peasants*, pp. 130–31.

28 Il'ia E. Zelenin, 'N. S. Khrushchev's Agrarian Policy and Agriculture in the ussr', *Russian Studies in History*, l/3 (2011), pp. 53–4.

29 Zelenin, ' N. S. Khrushchev's Agrarian Policy', pp. 55–7, and Anatolii Strelianyi, 'Khrushchev and the Countryside', in *Nikita Khrushchev*, eds William Taubman, Sergei Khrushchev and Abbott Gleason (New Haven, ct, 2000), pp. 113–37.

30 On this point, I. V. Glushchenko, *Obshchepit: Mikoian i sovetskaia kukhnia* (Moscow, 2010), p. 10.

31 Glushchenko, *Obshchepit*, p. 118.

32 Masterovoy, 'Eating Soviet', p. 55.

33 Sheila Fitzpatrick, *Everyday Stalinism: Ordinary Life in Extraordinary Times. Soviet Russia in the 1930s* (New York, 1999), pp. 79–106.

34 Masterovoy, 'Eating Soviet', pp. 35–45.

35 Glushchenko, *Obshchepit*, pp. 120–21.

36 Jenny Leigh Smith, 'Empire of Ice Cream: How Life Became Sweeter in the Postwar Soviet Union', in *Food Chains: From Farmyard to Shopping Cart*, eds Warren Belasco and Roger Horowitz (Philadelphia, pa, 2009), pp. 142–57.

37 Leigh, 'Empire of Ice Cream', and Nataliia Lebina, *Sovetskaia povsednevnost': Normy i anomalii ot voennogo kommunizma k bol'shomu stiliu* (Moscow, 2015),

pp. 39–40.

38 Glushchenko, *Obshchepit*, p. 137.

39 Ibid., p. 143.

41 'Pitanie', *Bol'shaia sovetskaia entsiklopediia* (Moscow, 1940), vol. xlv, pp. 453-4.

40 Diane P. Koenker, 'The Taste of Others: Soviet Adventures in Cosmopolitan Cuisines', *Kritika*, xix/2 (2018), 243-72.

42 Nataliia Lebina, *Passazhiry kolbasnogo poezda. Etiudy k kartine byta rossiiskogo goroda: 1917–1991* (Moscow, 2019), p. 368.

43 Postanovlenie tsk vkp(b), 19 August 1931.

44 Lebina, *Passazhiry*.

45 A. I. Mikoyan, 'Za vysoko kul'turnuiu stolovuiu', *Obshchestvennoe pitanie*, 1 (1933), p. 2.

46 *Obshchestvennoe pitanie v Moskve* (Moscow, 1962).

47 Iu. Appak, E. Danchevskaia, and Norkina, 'Luchshaia stolovaia v gorode', *Obshchestvennitsa*, 3 (September 1936), p. 12.

48 On the restaurants, *Obshchestvennoe pitanie v Moskve*, pp. 24–5, and Lynn and Wesley Fisher, *The Moscow Gourmet: Dining Out in the Capital of the ussr* (Ann Arbor, mi, 1974), p. 61.

49 Adrianne K. Jacobs, 'The Many Flavors of Socialism: Modernity and Tradition in Late Soviet Food Culture, 1965–1985' (PhD diss., University of North Carolina, Chapel Hill, 2015), p. 110.

50 Ibid., pp. 121–2.

51 Erik R. Scott, 'Edible Ethnicity: How Georgian Cuisine Conquered the Soviet Table', *Kritika*, xiii/4 (2012).

52 Masterovoy, 'Eating Soviet', p. 148.

53 T. V. Privalova, *Byt Rossiiskoi derevni 60-e gody xix-20-e gody xx v.* (Moscow, 2000), pp. 63–4; also David Christian, 'Prohibition in Russia, 1914–1925', *Australian Slavonic and East European Studies*, ix/2 (1995), pp. 89–118.

54 A. Bezrodnyi, *Samogonka i golod* (Moscow, 1919), p. 3.

55 Patricia Herlihy, *The Alcoholic Empire: Vodka and Politics in Late Imperial Russia* (New York, 2002), p. 152.

56 Ibid., p. 154.

57 Anna L. Bailey, *Politics under the Influence: Vodka and Public Policy in Putin's Russia* (Ithaca, ny, 2018), pp. 19–22; Stephen V. Bittner, *Whites and Reds: Wine*

in the Lands of Tsar and Commissar (New York, 2021).

58 Venedikt Erofeev, *Moscow to the End of the Line*, trans. H. William Tjalsma (New York, 1980).

59 Herlihy, *The Alcoholic Empire*, pp. 154–6.

60 Anya von Bremzen, Mastering the Art of Soviet Cooking: A Memoir of Food and Longing (New York, 2013), p. 226.

61 E. A. Osokina, Ierarkhiia potrebleniia. O *zhizni liudei v usloviiakh stalinskogo snabzheniia. 1928–1935 gg.* (Moscow, 1993), and *Our Daily Bread: Socialist Distribution and the Art of Survival in Stalin's Russia, 1927–1941*, trans. Kate Transchel and Greta Bucher (London, 2001).

62 William Taubman, *Khrushchev: The Man and His Era* (New York, 2003), pp. 606–8.

63 Chris Miller, 'Gorbachev's Agriculture Agenda: Decollectivization and the Politics of Perestroika', *Kritika*, xvii/1 (2016), p. 113.

64 Susan E. Reid, 'Cold War in the Kitchen: Gender and the De-Stalinization of Consumer Taste in the Soviet Union under Khrushchev', *Slavic Review*, lxi/2 (2002), p. 211.

65 Anastasia Lakhtikova and Angela Brintlinger, 'Introduction: Food, Gender, and the Everyday through the Looking Glass of Socialist Experience', in *Seasoned Socialism: Gender and Food in Late Soviet Everyday Life*, eds Anastasia Lakhtikova, Angela Brintlinger and Irina Glushchenko (Bloomington, in, 2019), p. 9.

66 'Govoriat rabotnitsy Rostova: pochemu doma gotoviat vkusnee, chem v stolovoi?', *Obshchestvennoe pitanie*, 2 (1933), pp. 10–11.

67 Masterovoy, 'Eating Soviet', p. 63.

68 Ibid., p. 64.

69 Ibid., p. 67, quoting Donald J. Raleigh, *Soviet Baby Boomers: An Oral History of Russia's Cold War Generation* (New York, 2012), p. 224.

70 Bremzen, *Mastering the Art*, p. 250.

71 Reid, 'Cold War in the Kitchen'.

尾聲 再次成為俄羅斯

1 Anthony Ramirez, 'Pepsi Will Be Bartered for Ships and Vodka in Deal With Soviets', *The New York Times* (9 April 1990), section A, p. 1.

2 Francis X. Clines, 'Upheaval in the East; Moscow McDonald's Opens:

Milkshakes and Human Kindness', *The New York Times* (1 February 1990).

3 Theodore P. Gerber and Michael Hout, 'More Shock Than Therapy: Market Transition, Employment, and Income in Russia, 1991–1995', *American Journal of Sociology*, civ/1 (1998), pp. 21–3.

4 David Sedik and Doris Wiesmann, 'Globalization and Food and Nutrition Security in the Russian Federation, Ukraine and Belarus', esa Working Paper No. 03–04 (May 2003), pp. 1–2.

5 Gerber and Hout, 'More Shock Than Therapy', pp. 21–3.

6 J. Patrick Lewis, 'Down and Out in Russia: The Pain of Emerging Capitalism', *Business and Society Review*, 87 (1993), p. 20.

7 Konstantin E. Axenov, Isolde Brade and Alex G. Papadopoulos, 'Restructuring the Kiosk Trade in St Petersburg: A New Retail Trade Model for the Post-Soviet Period', *GeoJournal*, xlii/4 (1997), p. 419.

8 Margaret Shapiro, 'Perils of Kiosk Capitalism: Russia's New Entrepreneurs Pay for Permits and Protection', *The Washington Post* (28 August 1993).

9 Sedik and Wiesmann, 'Globalization and Food and Nutrition Security', pp. 3–4.

10 Andrea Chandler, 'Democratization, Social Welfare and Individual Rights in Russia: The Case of Old-age Pensions', *Canadian Slavonic Papers/Revue canadienne des slavistes*, xliii/4 (2001), pp. 409–35.

11 James Meek, 'Winter Survival Down to Toil of Villagers', The Guardian (19 September 1998), p. 19. See also Melissa L. Caldwell, *Not by Bread Alone: Social Support in the New Russia* (Berkeley, ca, 2004).

12 Louiza M. Boukhareva and Marcel Marloie, *Family Urban Agriculture in Russia: Lessons and Prospects* (Cham, 2015), p. 22.

13 Melissa L. Caldwell, 'Feeding the Body and Nourishing the Soul', *Food, Culture and Society*, x/1 (2007), pp. 48–50.

14 Danielle Berman, 'When Global Value Chains Are Not Global: Case Studies from the Russian Fast-food Industry', *Competition and Change*, xv/4 (2011), p. 281.

15 Andrew E. Kramer, 'Russia's Evolution, as Seen through the Golden Arches', *The New York Times* (2 February 2010), p. b3.

16 Stephen K. Wegren, Frode Nilssen and Christel Elvestad, 'The Impact of Russian Food Security Policy on the Performance of the Food System', *Eurasian Geography and Economics*, lvii/6 (2016), p. 682.

17 Stephen K. Wegren and Christel Elvestad, 'Russia's Food Self-sufficiency and Food

Security: An Assessment', *Post-Communist Economies*, xxx/5 (2018), pp. 565–87.

18 Zvi Lerman and David Sedik, 'Russian Agriculture and Transition', in *The Oxford Handbook of the Russian Economy*, eds Michael Alexeev and Shlomo Weber (Oxford, 2013), pp. 514–40.

19 usda gain Report, Number rs1819 (July 2018).

20 Julia Ioffe, 'The Borscht Belt: Annals of Gastronomy', *The New Yorker*, lxxxviii/9 (2012).

21 Anastasia Lakhtikova, 'Professional Women Cooking: Soviet Manuscript Cookbooks, Social Networks, and Identity Building', in *Seasoned Socialism: Gender and Food in Late Soviet Everyday Life*, eds Anastasia Lakhtikova, Angela Brintlinger and Irina Glushchenko (Bloomington, in, 2019), pp. 80–109.

22 Ivan Gutterman, et al., 'A Timeline of All Russia-related Sanctions', Radio Free Europe/Radio Liberty, www.rferl.org, accessed 28 July 2020.

23 Alec Luhn, 'Shoppers React: Crimea or Cheese?', *The Guardian* (8 August 2014), p. 21.

24 'Putin vs Parmesan', *The New York Times* (21 August 2015).

25 Tom Parfitt, 'Russians Find Whey around Sanctions by Copying Cheese', *The Times* (London) (6 March 2018), p. 31.

26 Bayard Taylor, *Travels in Greece and Russia, with an Excursion to Crete* (New York, 1859), pp. 325–6.

食譜

1 Gerasim Stepanov, *Prodolzhenie k knige: polnyi kukhmister i konditer, ili russkii gastronom* (Moscow, 1835), pp. 8–9.

2 K. A. Avdeeva, *Ruchnaia kniga russkoi opytnoi khoziaiki, 6th edn* (St Petersburg, 1848), vol. i, p. 11.

3 E. Molokhovets, *Prostaia, obshchedostupnaia kukhnia*, 2nd edn (St Petersburg, 1891), p. 58.

4 Ibid., p. 12.

5 *Kniga o vkusnoi i zdorovoi pishche* (Moscow, 1945), p. 139.

6 Avdeeva, *Ruchnaia kniga*, vol. i, pp. 59–60.

7 *Kniga o vkusnoi i zdorovoi pishche* (1945), p. 138.

8 Stepanov, *Prodolzhenie k knige*, pp. 55–6.

9 Molokhovets, *Prostaia, obshchedostupnaia kukhnia*, pp. 38–9.

10 I. M. Radetskii, *S.-Peterburgskaia kukhnia, zakliuchaiushchaia v sebe okolo 2,000 razlichnykh kushan'ev i prigotovlenii, s podrobnym ob''iasneniem i risunkami kak prigotovliat' i nakladyvat' na bliuda* (St Petersburg, 1862), p. 115.

11 Molokhovets, *Prostaia, obshchedostupnaia kukhnia*, p. 36.

12 Ibid., p. 38.

13 Gerasim Stepanov, *Polnyi kukhmister i konditer, ili Ruskii gastronom, sobrannyi i sostavlennyi iz sobstvennykh opytov i nabliudenii Gerasimom Stepanovym* (Moscow, 1834), p. 53.

14 A. P., *Ruchnaia ekonomicheskaia entsiklopediia* (Moscow, 1835), p. 23.

15 Ibid., p. 24.

16 Ibid.

17 Ibid., pp. 24–5.

18 *Russkaia postnaia povarikha, zakliuchaiushchaia v sebe 121 pravilo dlia postnogo stola, sostavlennaia iz mnogoletnikh opytov i nabliudenii russkoi khoziaikoi* (Moscow, 1851), p. 24.

19 Radetskii, *S.-Peterburgskaia kukhnia*, p. 110.

20 Avdeeva, *Ruchnaia kniga*, vol. i, pp. 4–5.

21 Ibid., p. 43.

22 Stepanov, *Prodolzhenie k knige*, pp. 8–9.

23 Radetskii, *S.-Peterburgskaia kukhnia*, pp. 76–7.

24 Stepanov, *Polnyi kukhmister i konditer*, pp. 42–5.

25 Ibid., p. 37.

26 Molokhovets, *Prostaia, obshchedostupnaia kukhnia*, p. 64–5.

27 Avdeeva, *Ruchnaia kniga*, vol. i, pp. 12–13.

28 Ibid., p. 14.

29 Ibid., pp. 15–16.

30 Molokhovets, *Prostaia, obshchedostupnaia kukhnia*, p. 23.

31 Ibid., pp. 86–7.

32 Ibid., pp. 87–8.

33 Radetskii, *S.-Peterburgskaia kukhnia*, p. 171.

34 *Kniga o vkusnoi i zdorovoi pishche* (1945), pp. 146–7.

35 Ibid., pp. 119–20.

36 Molokhovets, *Prostaia, obshchedostupnaia kukhnia*, p. 16.

37 Avdeeva, *Ruchnaia kniga*, vol. i, pp. 152–3.

38 Ibid., pp. 153–4.

39 Ibid., pp. 5–6.

40 Molokhovets, *Prostaia, obshchedostupnaia kukhnia*, p. 94.

41 Avdeeva, *Ruchnaia kniga*, pp. 30–31.

42 Molokhovets, *Prostaia, obshchedostupnaia kukhnia*, pp. 24–5.

43 *Kniga o vkusnoi i zdorovoi pishche* (1945), pp. 115–16.

44 Molokhovets, *Prostaia, obshchedostupnaia kukhnia*, pp. 107–8.

45 Radetskii, *S.-Peterburgskaia kukhnia*, p. 478.

46 Molokhovets, *Prostaia, obshchedostupnaia kukhnia*, pp. 128–9.

47 Ibid., p. 113.

參考書目（Bibliography）

Archival Materials

'Nastavleniia grafa Aleksandra Romanovicha Vorontsova upravliaiushchemu o vedenii domashnego khoziaistva i o sostavlenii meniu vo vremia prebyvaniia kniagini v 1802-i godu', Rossiiskii gosudarstvennyi arkhiv drevnykh aktov [Russian State Archive of Ancient Acts, henceforth rgada] f. 1261, op. 7, d. 1203

'O proezdakh v g. Gatchine e.i.v. gosudaryni imperatritsy Marii Feodorovny i e. velichestva velikogo Kniazia Mikhaila Aleksandrovicha', Gosudarstvennyi arkhiv Rossiiskoi Federatsii [State Archive of the Russian Federation, henceforth garf] f. 97, op. 3, d. 16

'O vozmozhnosti uluchshit' sostoianie zemledeliia i zemledel'tsa v Rossii', R ossiisskii gosudarstvennyi istoricheskii arkhiv [Russian State Historical Ardhive, henceforth rgia] f. 398, op. 8, d. 2537

'Oplachennye scheta', rgada f. 1264, op. 1, d. 195

'Po otchetu o sostoianii Kazanskoi Gubernii za 1839 g.', rgia f. 1281, op. 3, d. 105

'Prosheniia, raporty i otnosheniia na imia Glavnoupravliaiushchego Obol'ianinova', RGIA f. 491, op. 1, d. 93

'Raporta v Mosk. dom. kont. iz votchinnykh pravlenii gr. S. R. Vorontsova', RGADA f. 1261, op. 7, d. 1172

'Raznye zapisi po khoziaistvu spiski posudy, materialov, produkhtov i dr. predmetov iz sostava imushchestva Vorontsovykh', rgada f. 1261, op. 2, d. 668

'Tetrad' s zapisiami raskhoda stolovykh produktov i ezhednevnykh obedennykh meniu', RGADA f. 1261, op. 2, d. 666

'Usloviia i obiazatel'stva raznykh lits pri postuplenii ili prieme na rabotu po khoziaistvu i v lichnye usluzhenie k Vorontsovym', RGADA f. 1261, op. 2, d. 605

'Vypiski o raskhode gospodskogo garderopa, o veshchakh, otpravlennykh iz Peterburga v Andreevskoe i o khraniashchikhsia v Moskovskom dome, o mel'nitsakh v slobode Vorontsovki, o sostoianii Istashenskogo doma o s''estnykh pripasakh v kladovoi', RGADA f. 1261, op. 7, d. 900

'Zapisnye knizhki po denezhnym raskhodam na pokupku stolovykh produktov', RGADA f. 1261, op. 2, d. 918

Printed Primary Materials

A., A., *O nastoiashchem sostoianii khoziaistva u krest'ian, s pokazaniem prichin, prepiatstvuiushchikh razvitiiu ego, s ukazaniem sredstv k otvrashcheniiu tekh prichin, i s prisovokupleniem kratkikh pravil zemledeliia, dlia srednei polosy Rossii* (Moscow, 1846)

Abramovich, Stefan, 'Rubka kapusta', *Ekonom*, 29 (1850), p. 225

Alipanov, E., *Khanskii chai. Sel. vodevil'* (St Petersburg, 1835)

An—ov, P., 'Zamechanie provintsiala o S. Peterburge', *Zavolzhskii muravei* no. 11 (June 1832), pp. 614–22

Anichkov, V., *Voennoe khoziaistvo* (St Petersburg, 1860)

Appak, Iu., E. Danchevskaia, and Norkina, 'Luchshaia stolovaia v gorode', *Obshchestvennitsa*, 3 (September 1936), p. 12

Arsen'ev, K. I., *Nachertanie statistiki Rossiiskogo gosudarstva* (St Petersburg, 1818)

Avdeeva, K. [A.], *Ruchnaia kniga russkoi opytnoi khoziaiki*, 6th edn (St Petersburg, 1848)

——, *Rukovodstvo k ustroistvu ferm i vedeniiu na nikh khoziaistva* (St Petersburg, 1863)

B., V., 'O prigotovlenii soloniny', *Ekonom*, 86 (1842), p. 269

——, 'Tolokno', *Ekonom*, 84 (1842), p. 252

Bagatelles. Promenades d'un désœuvré dans la ville de St-Pétersbourg (St Petersburg, 1811)

Bezrodnyi, A., *Samogonka i golod* (Moscow, 1919)

Bitter, Michael, 'George Forbes's "Account of Russia", 1733–1734', *The Slavonic and East European Review*, LXXXIV/4 (2004), pp. 886–920

Boltin, Ivan, *Primechaniia na istoriiu drevniia i nynyshniia Rossii G. Leklerka* (St Petersburg, 1788)

Boucher de Perthes, [Jacques], *Voyage en Russie, retour par la Lithuanie, la Pologne, la Silèsie, la Saxe et le Duche, de Nassau; séjour a Wisebade en 1856* (Paris, 1859)

Bur'ianov, Viktor, [Burnashev, Vladimir] *Besedy s det'mi o khoziaistve: domashnem, sel'skom, manufakturnom i o tovarov* (St Petersburg, 1837)

——, *Progulka s det'mi po Rossii* (St Petersburg, 1837)

Burke, Richard Southwell, *St Petersburg and Moscow: A Visit to the Court of the Czar* (London, 1846)

Carr, John, *A Northern Summer; or, Travels round the Baltic, through Denmark, Sweden, Russia, Prussia, and Part of Germany, in the Year 1805* (London, 1805)

Clarke, Edward Daniel, *The Life and Remains of the Rev. Edward Daniel Clarke, L.L.D., Professor of Mineralogy in the University of Cambridge* (London, 1824)

——, *Travels in Russia, Tartary and Turkey: A New Edition* (Aberdeen, 1848)

Clay, Cassius Marcellus, *The Life of Cassius Marcellus Clay: Memoirs, Writings, and Speeches, Showing His Conduct in the Overthrow of American Slavery, the Salvation of the Union, and the Restoration of the Autonomy of the States* (Cincinnati, oh, 1886)

Collins, Samuel, *The Present State of Russia: In a Letter to a Friend at London* (London, 1671)

Cox, Samuel S., *Arctic Sunbeams; or, From Broadway to the Bosphorus by Way of the North Cape* (New York, 1882)

Coxe, William, *Travels into Poland, Russia, Sweden, and Denmark* (London, 1792)

Dashkova, E. R., *The Memoirs of Princess Dashkova*, trans. and ed. Kyril Fitzlyon (Durham, nc, 1995)

Dawson, Christopher, ed., *Mission to Asia: Narratives and Letters of the Franciscan Missionaries in Mongolia and China in the Thirteenth and Fourteenth Centuries Translated by a Nun of Stanbrook Abbey* (New York, 1966)

Deiatel'nost' komissii pitaniia russkogo obshchestva okhraneniia narodnogo zdraviia v 1892–1893 gody (St Petersburg, 1893)

Dikht, Genrikh, *Nastavlenie k uluchsheniiu russkoi pechi* (St Petersburg, 1838)

Dombrovskii, F. V., *Polnyi putevoditel' po Peterburgu i vsem ego okrestnostiam* (St Petersburg, 1896)

Domostroi: russkii semeinyi ustav, trans. V. V. Kolesov (Moscow, 2005)

Drukovtsov, Sergei, *Povarennye zapiski* (St Petersburg, 1779)

Edwards, Henry Sutherland, *The Russians at Home* (London, 1861)

The Englishwoman in Russia: Impressions of the Society and Manners of the Russians at Home. By a lady, ten years resident in that country (New York, 1855)

Ermolov, A. S., *Nashi neurozhai i prodovol'stvennyi vopros* (St Petersburg, 1909)

Erofeev, Venedikt, *Moscow to the End of the Line*, trans. H. William Tjalsma (New York, 1980)

Fet, A. A., *Moi vospominaniia, 1848–1889* (Moscow, 1890)

Fletcher, Giles, *Of the Russe Common Wealth; or, Maner of Gouerment of the Russe Emperour* (Commonly Called the Emperour of Moskouia) (London, 1591)

Fraser, John Foster, *Russia of To-day* (New York, 1915)

G., I., 'Moskva za stolom', *Moskvitianin*, ii/8 (1856), pp. 417–58

Godard, Léon, *Pétersbourg et Moscou. Souvenirs du couronnement d'un tsar* (Paris, 1858)

'Govoriat rabotnitsy Rostova: POCHEMU DOMA GOTOVIAT VKUSNEE, CHEM V STOLOVOI?', *Obshchestvennoe pitanie*, 2 (1933), pp. 10–11

Granville, A. B., *St Petersburgh: A Journal of Travels to and from That Capital* (London, 1828)

Graves, Samuel Robert, *A Yachting Cruise in the Baltic* (London, 1863)

Haxthausen, August von, *The Russian Empire: Its People, Institutions, and Resources*, trans. Robert Farie (London, 1856)

Herberstein, Sigismund von, *Zapiski o Moskovii* (Moscow, 2008)

Hunt, Thomas, *The Life of William H. Hunt* (Brattleboro, vt, 1922)

Istoricheskii obzor pravitel'stvennykh meropriiatii po narodonou prodovol'stviiu v Rossii

(St Petersburg, 1892–3)

Ivaniukov, Iv., 'Ocherki provintsial'noi zhizni', *Russkaia mysl'* (August 1895), pp. 160–77

'Iz istorii bor'by za farsh', *Obshchestvennoe pitanie*, I (1933), p. 27

Jesse, Captain, *Notes of a Half-pay in Search of Health; or, Russia, Circassia, and the Crimea, in 1839–40* (London, 1841)

Johnston, Robert, *Travels through Part of the Russian Empire and the Country of Poland along the Southern Shores of the Baltic* (New York, 1816)

Kabo, E. *Pitanie russkogo rabochego do i posle voiny* (Moscow, 1926)

'Kapusta', *Trudy Imperatorskogo vol'nogo ekonomicheskogo obshchestva*, iii/9 (1859), pp. 347–56

Kartina Rossii izobrazhaiushchaia istoriiu i geografiiu, khronologicheski, genealogicheski i statisticheski so vkliucheiem obozreniia o dukhovnoi, voennoi i grazhdanskoi ei chastiam, kak v pervobytnom ei sostoianii, tak i v Tsarstvovanie gosudaria imperatora Aleksandra i (Moscow, 1807)

Kniga o vkusnoi i zdorovoi pishche (Moscow, 1945)

Kniga o vkusnoi i zdorovoi pishche (Moscow, 1954)

Kohl, J. G., *Russia* (London, 1844)

Kotzebue, Augustus von, *The Most Remarkable Year in the Life of Augustus von Kotzebue; Containing an Account of His Exile into Siberia, and of the Other Extraordinary Events Which Happened to Him in Russia*, trans. Benjamin Beresford (London, 1802)

'Kukhnoistoricheskie i fililogicheskie iz''iskaniia doktora Pufa, professora vsekh nauk i mnogikh drugikh', *Zapiski dlia khoziaev*, 23–26 (1845), pp. 182–3, 190–91, 198–9, 205–7

'Kvas', *Zhurnal obshchepoleznykh svedenii*, I (1847), p. 65

Laksman, 'Ekonomicheskie otvety, kasaiushchiesia do khlebopashestva v lezhashchikh okolo reki Sviri i iuzhnoi chasti Olontsa mestakh', *Trudy imperatorskogo vol'nogo ekonomicheskogo obshchestva*, xiii (1769), pp. 7–43

The Laws of Rus': Tenth to Fifteenth Centuries, trans. and ed. Daniel H. Kaiser (Salt Lake City, ut, 1992)

Levitov, I., Putevoditel' (Moscow, 1881)

Levshin, V. A., *Slovar' povarennyi, prispeshnichii, kanditorskii i distillatorskii, soderzhashchii po azbuchnomu poriadku podrobnoe i vernoe nastavlenie k podrobnoe i vernoe nastavlenie k prigotovleniiu vsiakogo roda kushan'ia iz Frantsuzskoi, Nemetskoi, Gollandskoi, Ispanskoi i Angliskoi povarni, pirozhnogo, dessertov, varenii, salatov, vod, essentsii, ratafii, likerov, dvoviiu vodok, i pr.; takzhe k uchrezhdeniiu stola s planami, podach, uslugi i proch. i s prisovokupleniem v osoblivykh paragrafakh polnoi Meshchanskoi povarni i Novoi;*

ravnym obrazom povaren Avstriiskoi, Berlinskoi, Bogemskoi, Saksonskoi i Ruskoi (Moscow, 1795–7)

'The Life of Archpriest Avvakum by Himself ', in *Medieval Russia's Epics, Chronicles, and Tales*, ed. Serge A. Zenkovsky (New York, 1974)

Londonderry, Marquis of, *Recollections of a Tour in the North of Europe in 1836–1837* (London, 1838)

M., M., *Prakticheskii khoziain, ili kniga vsekh sostoianii, izlagaiushchaia polnoe sobranie noveishikh opytov i otkrytii, sdelannykh izvestnymi v Evrope Agronomami po vsem otrasliam estestvennykh nauk, tekhnogii, zemledel'cheskoi promyshlennosti, sel'skogo khoziaistva, iskustv i proch* (Moscow, 1838)

M., S., 'Novyi chainyi magazin', *Kazanskie gubernskie vedomosti* (neoffitsialnye) (25 January 1860), p. 31

May, J.-B., *Saint-Petersbourg et la Russie en 1829* (Paris, 1830)

Meriwether, Lee, *A Tramp Trip: How to See Europe on 50 Cents a Day* (New York and London, 1886)

Michell, Thomas, *Russian Pictures, Drawn with Pen and Pencil* (London, 1889)

Michie, Alexander, *The Siberian Overland Route from Peking to Petersburg, through the Deserts and Steppes of Mongolia, Tartary, &c.* (London, 1864)

Miège, Guy, *La relation de trois ambassades de monseigneur le Comte de Carlisle, de la part du serenissime tres-puissant Prince Charles ii, roy de la Grande Bretagne, vers leurs serenissimes Majestés Alexey Michailovitz Czar & Grand Duc de Moscovie, Charles roy de Suede, & Frederic iii, Roy de Dannemarc & de Norvege, commencées en l'an 1663 & finies sur la fin de l'an 1664* (Rouen, 1670)

Mikoyan, A. I., 'Za vysoko kul'turnuiu stolovuiu', 1 *Obshchestvennoe pitanie* (1933), p. 2

Mitford, Algernon, Memories (London, 1915)

Molokhovets, E[lena], *Prostaia, obshchedostupnaia kukhnia*, 2nd edn (St Petersburg, 1891)

Moor, Henry, *A Visit to Russia in the Autumn of 1862* (London, 1863)

The Muscovite Law Code (Ulozhenie) of 1649, trans. and ed. Richard Hellie (Irvine, ca, 1988)

Nikishova, A. I., *Povarennaia kniga: rukovodstvo domashnego stola* (Tver, 1928)

Novikov, Nikolai, *Drevniaia rossiiskaia vivliofika, ili sobranie drevnostei rossiiskikh, do rossiiskie istoriia, geografii i genealogii kasaiushchikhsia* (St Petersburg, 1775)

'O morozhenom, sherbete; Neschastnye sluchai ot upotrebleniia slivok', *Zhurnal obshchepoleznykh svedenii* (supplement), 21–22, 23–4 (1838), pp. 127-8, 130–1

'O razvedenii zemlianykh iablok', *Ezhemesiachnye sochineniia*, [i] (1758), pp. 378–9

Ob uvelichenii proizvodstva kartofelia (Syktykvar, 1942)

Obshchestvennoe pitanie v Moskve (Moscow, 1962)

Olearius, Adam, *The Voyages and Travels of the Ambassadors from the Duke of Holstein,*

to the Great Duke of Muscovy, and the King of Persia, trans. John Davies
(London, 1662)

P., A., *Ruchnaia ekonomicheskaia entsiklopediia* (Moscow, 1835)

Pallas, P. S., *Puteshestvie po raznym provintsiiam Rossiiskoi imperii* (St Petersburg, 1773)

Paul of Aleppo, *The Travels of Macarius, Patriarch of Antioch*, trans. F. C. Belfour
(London, 1836)

Pavil'on 'kartofel' i ovoshchi'. Putevoditel' (Moscow, 1939)

Pervaia vseobshchaia perepis' naseleniia Rossiiskoi imperii 1897 goda, vol. viii (St
Petersburg, 1905)

'Peter iii's Manifesto Freeing Nobles from Obligatory Service, 1762', *Documents in
Russian History*, http://academic.shu.edu/russianhistory, accessed 24 July 2020

Pinkerton, Robert D., *Russia; or, Miscellaneous Observations on the Past and Present
State of That Country and Its Inhabitants* (London, 1833)

'Pis'ma k doktoru Pufu', *Zapiski dlia khoziaev*, 27 (1845), pp. 214–15

Polevitskii, N. I., *Domashnee prigotovlenie fruktovykh prokhladitel'nykh napitkov:
prigotovlenie meda, bragi, buzy, kvasa, fruktovykh vodichek, gazirovannykh vod,
shipovok, siropov, sokov i proch* (Leningrad, 1927)

'Poleznoe izobretenie dlia prodovol'stviia armii, flot i naroda', *Ekonom*, 20 (1849),
p. 160

Polnoe prakticheskoe nastavlenie kak pech' khleb obyknovennyi (nasushnyi) (St
Petersburg, 1851)

Polnoe sobranie zakonov Rossiiskoi Imperii: Pervoe sobranie, 45 vols (St Petersburg,
1830)

Porter, Robert Ker, *Travelling Sketches in Russia and Sweden, during the Years 1805,
1806, 1807, 1808* (Philadelphia, pa, 1809)

'Priem gostei u Tatar', *Kazanskie Izvestiia* (7 October 1814), pp. 563–4

'Prizhival'shchiki i prizhivalki', *Russkii arkhiv*, 3 (1883), pp. 70–79

Puf, Doktor, [Odoevskii, V. F.,] 'Lektsiia iv', *Zapiski dlia khoziaev*, 4 (1844), pp. 30–31

——, 'Lektsiia v', *Zapiski dlia khoziaev*, 5 (1844), pp. 58–9

——, 'Lektsiia xxxv', *Zapiski dlia khoziaev*, 35 (1844), pp. 278–9

——, 'Vzgliad na morozhenuiu zhivnost' voobshche i na indeek v osobennosti',
Zapiski dlia khoziaev, 1 (1845), p. 7

Pumpelly, Raphael, *Across America and Asia: Notes of Five Years' Journey around the
World and of Residence in Arizona, Japan, and China* (New York, 1870)

Radetskii, I. M., *S.-Peterburgskaia kukhnia, zakliuchaiushchaia v sebe okolo 2,000
razlichnykh kushan'ev i prigotovlenii, s podrobnym ob''iasneniem i risunkami kak
prigotovliat' i nakladyvat' na bliuda* (St Petersburg, 1862)

Radishchev, Aleksandr Nikolaevich, *A Journey from St Petersburg to Moscow*, trans.
Leo Wiener, ed. Roderick Page Thaler (Cambridge, ma, 1958)

Raikes, Thomas, *A Visit to St Petersburg, in the Winter of 1829–30* (London, 1838)

Reeves, Francis B., *Russia Then and Now, 1892–1917: My Mission to Russia during the Famine of 1891–1892, with Data Bearing upon Russia of To-day* (New York, 1917)

Regensburger, Iosif, 'O razdelenii izvestnoi summy na godovoi prozhitok', *Trudy imperatorskogo vol'nogo ekonomicheskogo obshchestva*, xxi (1772), pp. 117–327

Rego, E., 'Razvedenie shampinionov', *Zemledelcheskaia gazeta* (27 December 1855), p. 409

'Regulations for Holding Assemblies', in *Peter the Great*, ed. William Marshall (London, 1996)

Reinbeck, G., *Travels from St Petersburgh through Moscow, Grodno, Warsaw, Breslaw &c to Germany in the Year 1805* (London, 1807)

Ritchie, Leitch, *A Journey to St Petersburg and Moscow through Courland and Livonia* (London, 1836)

Robinson, Robert, *Black on Red: My 44 Years inside the Soviet Union* (Washington, DC, 1988)

Roland, Betty, *Caviar for Breakfast* (Melbourne, 1979)

Rudol'f, Ernst, *Zemledel'cheskii kalendar'* (St Petersburg, 1849)

The Russian Primary Chronicle: Laurentian Text, trans. and ed. Samuel Hazzard Cross and Olgerd P. Sherbowitz-Wetzor (Cambridge, ma, 1953)

Russkaia postnaia povarikha, zakliuchaiushchaia v sebe 121 pravilo dlia postnogo stola, sostavlennaia iz mnogoletnikh opytov i nabliudenii russkoi khoziaikoi (Moscow, 1851)

Sala, George Augustus, *A Journey Due North; Being Notes of a Residence in Russia* (Boston, ma, 1858)

Semenev, V. N., *Obshchestvennoe pitanie na perelome* (Moscow, 1932)

Shcherbatov, M. M., 'O nyneshnem v 1787 godu pochti povsemestnom golode v Rossii, o sposobakh onomu pomoch' i vpred predupredit' podobnoe zhe neshchastie', *Chteniia v Imperatorskogo obshchestve istorii i drevnostei rossiiskikh pri moskovskom universitete*, I (Jan–Mar 1860), pp. 81–112

——, *On the Corruption of Morals in Russia*, trans. A. Lentin (Cambridge, 1969)

Shreter, 'Opyt domostroitel'stva i planov na ekonomicheskuiu zadachu 1770 i 1771 goda', *Trudy imperatorskogo vol'nogo ekonomicheskogo obshchestva*, xxii (1772), pp. 1–240

Smyth, Charles Piazzi, *Three Cities in Russia* (London, 1862)

Snegirev, I. M., *Ruskie v svoikh poslovitsakh. Razsuzhdeniia i issledovaniia ob otechestvennykh poslovitsakh i pogovorkakh* (Moscow, 1831)

——, 'Vospominaniia I. M. Snegireva', *Russkii arkhiv*, 4 (1866), pp. 513–62

Solzhenitsyn, Alexander, *One Day in the Life of Ivan Denisovich*, trans. Ralph Parker (New York, 1998)

Stepanov, Gerasim, *Noveishii dopolnenie k opytnomu povaru, o prisovokupleniem Aziatskogo stola, ili vostochnogo gastronoma* (Moscow, 1837)

——, *Polnyi kukhmister i konditer, ili Ruskii gastronom, sobrannyi i sostavlennyi iz sobstvennykh opytov i nabliudenii Gerasimom Stepanovym* (Moscow, 1834)

——, *Prodolzhenie k knige: polnyi kukhmister i konditer, ili russkii gastronom* (Moscow, 1835)

'Stolovaia kniga Patriarkha Filareta Nikiticha', *Starina i novizna*, xi (1906), pp. 67–163

Stremoukhov, D. Ch., 'Mysli o vozmozhnosti uluchsheniia Selskogo Khoziaistva v Rossii osnovannye na prirode chelovecheskoi i na drevnikh Rossiiskikh obychaiakh', *Zemledel'cheskii zhurnal*, ix/25 (1829), pp. 3–27

'Sukhari – Krendeli – khlebi', *Zhurnal obshchepoleznykh svedenii*, 23–4 (1837), p. 218–9

Sumarokov, Pavel, *Progulka po 12-ti guberniiam s istoricheskimi i statisticheskimi zamechaniiami* (St Petersburg, 1839)

Taylor, Bayard, *Travels in Greece and Russia, with an Excursion to Crete* (New York, 1859)

Thayer, Charles W., *Bears in the Caviar* (Philadelphia, pa, 1950)

Thompson, Edward P., *Life in Russia; or, The Discipline of Despotism* (London, 1848)

Tolley, Kemp, *Caviar and Commissars: The Experiences of a u.s. Naval Officer in Stalin's Russia* (Annapolis, md, 1983)

Tooke, William, *View of the Russian Empire during the Reign of Catharine the Second, and to the Close of the Present Century* (London, 1799)

Turnerelli, Edward Tracy, *Russia on the Borders of Asia. Kazan, the Ancient Capital of the Tartar Khans; with an Account of the Province to Which It Belongs, the Tribes and Races Which Form Its Population, Etc.* (London, 1854)

'Uluchshenie samovarov', Zhurnal obshchepoleznykh svedenii, 31 (1837), pp. 281–2

Varlamova, Raida, *Semeinyi magazin sovremennykh usovershenstvovanii k rasprostraneniiu mezhdu vsemi klassami liudei iziashchnego vkusa, poriadka i udobstva v domashnei i obshchestvennoi zhizni* (Moscow, 1856)

Verkhovskaia, O. P., *Kartinki proshlogo. Iz vospominanii detstva* (Moscow, 1913)

Vil'kins, Ivan Iakovlevich, *Sel'skii khoziain xix veka, ili Polnoe sobranie noveishikh opytov i otkrytii, sdelannykh v Evrope i Severnoi Amerike kak po chasti zemledel'cheskoi promyshlennosti voobshche, tak i po vsem otrasliam estestvennykh nauk i tekhnologii, vkhodiashchim v sostav sel'skoi ekonomii, i vo osobennosti poleznym dlia russikh pomeshchikov i upravliaiushchikh votchinami* (Moscow, 1837)

Vitsen, Nikolaas, *Puteshestvie v Moskoviiu, 1664–1665*, trans. V. G. Trisman (St Petersburg, 1996)

Volzhin, Boris, [Burnashev, Vladimir,] *Derevenskii starosta Miron Ivanov. Narodnaia byl' dlia Russkikh prostoliudinov* (St Petersburg, 1839)

Vsia torgovo-promyshlennaia Rossiia (Kiev, 1913)

Vul'f, Fridrich, 'Prodolzhenie otvertov gospodina Barona fon Vul'fa na zadannye v pervoi chasti ekonomicheskie voprosy', *Trudy imperatorskogo vol'nogo ekonomicheskogo obshchestva*, x (1768), pp. 59–78

Windt, Harry de, *Siberia as It Is* (London, 1892)

Zatsepin, Iv[an Iakovlevich], *O postnoi i skoromnoi pishche v meditsinskom otnoshenii* (Moscow, 1841)

Zenkovsky, Serge A. ed., *Medieval Russia's Epics, Chronicles, and Tales* (New York, 1974)

Secondary Materials

Ageeva, O. G., *Evropeizatsiia russkogo dvora 1700–1796 gg.* (Moscow, 2006)

Alexopoulos, Golfo, *Illness and Inhumanity in Stalin's Gulag* (New Haven, ct, 2017)

Anisimov, Evgenii V., *The Reforms of Peter the Great: Progress through Coercion in Russia*, trans. John T. Alexander (Armonk, ny, 1993)

Antonova, Katherine Pickering, *An Ordinary Marriage: The World of a Gentry Family in Provincial Russia* (New York, 2013)

Artsikhovskii, A. V., 'Pishcha i utvar'', in *Ocherki russkoi kul'tury xiii–xv vekov, Chast' 1 Material'naia kul'tura* (Moscow, 1968), pp. 297–306

Axenov, Konstantin E., Isolde Brade and Alex G. Papadopoulos, 'Restructuring the Kiosk Trade in St Petersburg: A New Retail Trade Model for the Post-Soviet Period', *GeoJournal*, xlii/4 (1997), pp. 419–32

Badcock, Sarah, *Politics and the People in Revolutionary Russia: A Provincial History* (Cambridge, 2009)

Bailey, Anna L., *Politics under the Influence: Vodka and Public Policy in Putin's Russia* (Ithaca, ny, 2018)

Baker, Helen, 'Monarchy Discredited? Reactions to the Khodynka Coronation Catastrophe of 1896', *Revolutionary Russia*, xvi/1 (2003), pp. 1–46

Berg, Auri C., 'Reform in the Time of Stalin: Nikita Khrushchev and the Fate of the Russian Peasantry' (PhD diss., University of Toronto, 2012)

Berger, Jean Kathryn, 'The Daily Life of the Household in Medieval Novgorod' (PhD diss., University of Minnesota, 1998)

Berman, Danielle, 'When Global Value Chains are Not Global: Case Studies from the Russian Fast-food Industry', *Competition and Change*, xv/4 (2011), pp. 274–95

Bittner, Stephen V., *Whites and Reds: Wine in the Lands of Tsar and Commissar* (New York, 2021)

Borrero, Mauricio, *Hungry Moscow: Scarcity and Urban Society in the Russian Civil*

War, 1917–1921 (New York, 2003)

Boukhareva, Louiza M., and Marcel Marloie, *Family Urban Agriculture in Russia: Lessons and Prospects* (Cham, 2015)

Bremzen, Anya von, *Mastering the Art of Soviet Cooking: A Memoir of Food and Longing* (New York, 2013)

Brisbane, M. A., N. A. Makarov and E. N. Nosov, eds, *The Archaeology of Medieval Novgorod in Context* (Oxford, 2012)

Caldwell, Melissa L., 'Feeding the Body and Nourishing the Soul', *Food, Culture and Society*, x/1 (2007), pp. 43–71

——, *Not by Bread Alone: Social Support in the New Russia* (Berkeley, ca, 2004)

Cameron, Sarah, *The Hungry Steppe: Famine, Violence, and the Making of Soviet Kazakhstan* (Ithaca, ny, 2018)

——, 'The Kazakh Famine of 1930–33: Current Research and New Directions', *East/ West: Journal of Ukrainian Studies*, iii/2 (2016), pp. 117–32

Chandler, Andrea, 'Democratization, Social Welfare and Individual Rights in Russia: The Case of Old-age Pensions', *Canadian Slavonic Papers/Revue canadienne des slavistes*, xliii/4 (2001), pp. 409–35

Christian, David, *'Living Water': Vodka and Russian Society on the Eve of Emancipation* (Oxford, 1990)

——, 'Prohibition in Russia, 1914–1925', *Australian Slavonic and East European Studies,* ix/2 (1995), pp. 89–118

Claiborne, Craig, 'To My Mind, The World's Greatest Dish', *The New York Times* (27 December 1976), p. 41

Dunham, Vera S., *In Stalin's Time: Middleclass Values in Soviet Fiction* (Cambridge, 1976)

Dunning, Chester S. L., *Russia's First Civil War: The Time of Troubles and the Founding of the Romanov Dynasty* (University Park, pa, 2001)

Fasmer, Maks, *Etimologicheskii slovar russkogo iazyka* (St Petersburg, 1996)

Fisher, Lynn and Wesley, *The Moscow Gourmet: Dining Out in the Capital of the ussr* (Ann Arbor, mi, 1974)

Filtzer, Donald, and Wendy Z. Goldman, 'Introduction: The Politics of Food and War', in *Hunger and War: Food Provisioning in the Soviet Union during World War II*, eds Wendy Z. Goldman and Donald Filtzer (Bloomington, in, 2015), pp. 1–43

Fitzpatrick, Sheila, Everyday Stalinism: *Ordinary Life in Extraordinary Times. Soviet Russia in the 1930s* (New York, 1999)

——, The Russian Revolution, 4th edn (Oxford, 2017)

——, Stalin's Peasants: Resistance and Survival in the Russian Village after Collectivization (New York, 1994)

Fletcher, Nichola, Caviar: A Global History (London, 2010)

Fraser, John Foster, *The Real Siberia: Together with an Account of a Dash through*

Manchuria (London, 1902)

Friesen, Leonard G., 'Toward a Market Economy: Fruit and Vegetable Production by the Peasants of New Russia, 1850–1900', *Canadian Slavonic Papers*, xl/1–2 (1998), pp. 27–42

Gatrell, Peter, 'Poor Russia, Poor Show: Mobilising a Backward Economy for War, 1914–1917', in *The Economics of World War I*, ed. Stephen Broadberry and Mark Harrison (Cambridge, 2009), pp. 256–9

——, *A Whole Empire Walking: Refugees in Russia during World War I* (Bloomington, in, 1999)

Gerber, Theodore P., and Michael Hout, 'More Shock Than Therapy: Market Transition, Employment, and Income in Russia, 1991–1995', *American Journal of Sociology*, civ/1 (1998), pp. 1–50

Gibson, James R., *Feeding the Russian Fur Trade: Provisioning of the Okhotsk Seaboard and the Kamchatka Peninsula* (Madison, wi, 1969)

Glushchenko, I. V., *Obshchepit: Mikoian i sovetskaia kukhnia* (Moscow, 2010)

Goldstein, Darra, 'Gastronomic Reforms under Peter the Great', *Jahrbücher für Geschichte Osteuropas*, xlviii/4 (2000), pp. 481–510

——, *The Georgian Feast: The Vibrant Culture and Savory Food of the Republic of Georgia* (New York, 1993)

Gor'kovskaia, Z. P., and O. N. Kationov, 'Pishcha russkikh krest'ian Sibiri v povsednevnoi zhizni (period kapitalizma)', in *Kul'turnyi potential Sibiri v dosovetskii period* (Novosibirsk, 1992), pp. 55–67

Gronow, Jukka, *Caviar with Champagne: Common Luxury and the Ideals of the Good Life in Stalin's Russia* (Oxford, 2003)

Hamburg, Gary M., *Russia's Path toward Enlightenment: Faith, Politics, and Reason, 1500–1801* (New Haven, ct, 2016)

Hamilton-Dyer, Sheila, Mark Brisbane and Mark Maltby, 'Fish, Feather, Fur and Forest: Exploitation of Wild Animals in Novgorod and Its Territory', *Quaternary International*, 460 (2017), pp. 97–107

Harshman, Deirdre Ruscitti, 'A Space Called Home: Housing and the Management of the Everyday in Russia, 1890–1935' (PhD diss., University of Illinois at Urbana-Champaign, 2018)

Hartley, Janet M., *Siberia: A History of the People* (New Haven, ct, 2014)

Hasegawa, Tsuyoshi, *The February Revolution, Petrograd, 1917* (Leiden, 2018)

Herlihy, Patricia, *The Alcoholic Empire: Vodka and Politics in Late Imperial Russia* (New York, 2002)

Hudgins, Sharon, 'Raw Liver, Singed Sheep's Head, and Boiled Stomach Pudding: Encounters with Traditional Buriat Cuisine', Sibirica, iii/2 (2003), pp. 131–52

Hudson, Hugh D., *Peasants, Political Police, and the Early Soviet State: Surveillance and Accommodation under the New Economic Policy* (New York, 2012)

Hughes, Lindsey, '"A Beard is an Unnecessary Burden": Peter I's Laws on Shaving and their Roots in Early Russia', in *Russian Society and Culture and the Long Eighteenth Century: Essays in Honour of Anthony G. Cross*, ed. Roger Bartlett and Lindsey Hughes (Münster, 2004), pp. 21–34

Huhtamaa, Heli, 'Climatic Anomalies, Food Systems, and Subsistence Crises in Medieval Novgorod and Ladoga', *Scandinavian Journal of History*, xl/4 (2015), pp. 562–90

Ioffe, Julia, 'The Borscht Belt: Annals of Gastronomy', The New Yorker, lxxxviii/9 (2012)

Jacobs, Adrianne K., 'The Many Flavors of Socialism: Modernity and Tradition in Late Soviet Food Culture, 1965–1985' (PhD diss., University of North Carolina, Chapel Hill, 2015)

——, 'V. V. Pokhlëbkin and the Search for Culinary Roots in Late Soviet Russia', *Cahiers du monde russe*, lii/1–2 (2013), pp. 165–86

Jones, Robert, Bread upon the Water: *The St Petersburg Grain Trade and the Russian Economy, 1703–1811* (Pittsburgh, pa, 2013)

Joravsky, David, *The Lysenko Affair* (Chicago, il, 1986)

Kahan, Arcadius, 'The Costs of "Westernization" in Russia: The Gentry and the Economy in the Eighteenth Century', *Slavic Review*, xxv (1966), pp. 40–66

Keenan, Paul, *St Petersburg and the Russian Court, 1703–1761* (Houndmills, Basingstoke, 2013)

Kerblay, Basile, L'Évolution de l'alimentation rurale en Russie (1896–1960)', *Annales*, xvii/5 (1962), pp. 885–922

Kivelson, Valerie A., and Ronald Grigor Suny, *Russia's Empires* (New York, 2017)

Kleimola, Ann M., 'The Road to Beloozero: Ivan iv's Reconciliation with the "Devil in a Skirt"', *Russian History*, xlii/1 (2015), pp. 64–81

Kliuchevskii, V. O., *Istoriia russkogo byta* (Moscow, 1995)

Kniaz'kov, S. A., *Golod v drevnei Rossii* (St Petersburg, 1913)

Koenker, Diane P., 'The Taste of Others: Soviet Adventures in Cosmopolitan Cuisines', *Kritika*, xix/2 (2018): 243-72.

Kolchin, B. A. and T. I. Makarova, eds., *Drevniaia Rus': Byt i kultura* (Moscow, 1997)

Kramer, Andrew E., 'Russia's Evolution, as Seen through the Golden Arches', *The New York Times* (2 February 2010), p. b3

Lahana, Martha, 'The Usefulness of Bees in Muscovy', *Russian History*, xlv/1 (2018), pp. 29–51

Lakhtikova, Anastasia, 'Professional Women Cooking: Soviet Manuscript Cookbooks, Social Networks, and Identity Building', in *Seasoned Socialism:*

Gender and Food in Late Soviet Everyday Life, eds Anastasia Lakhtikova, Angela Brintlinger and Irina Glushchenko (Bloomington, in, 2019), pp. 80–109

——, and Angela Brintlinger, 'Introduction: Food, Gender, and the Everyday through the Looking Glass of Socialist Experience', in *Seasoned Socialism: Gender and Food in Late Soviet Everyday Life*, eds Anastasia Lakhtikova, Angela Brintlinger, and Irina Glushchenko (Bloomington, in, 2019), pp. 1–30

Lebina, Nataliia, *Passazhiry kolbasnogo poezda. Etiudy k kartine byta rossiiskogo goroda: 1917–1991* (Moscow, 2019)

——, *Sovetskaia povsednevnost': Normy i anomalii ot voennogo kommunizma k bol'shomu stiliu* (Moscow, 2015)

Leonard, Carole, *Agrarian Reform in Russia* (Cambridge, 2011)

Lerman, Zvi, and David Sedik, 'Russian Agriculture and Transition', in *The Oxford Handbook of the Russian Economy*, eds Michael Alexeev and Shlomo Weber (Oxford, 2013), pp. 514–40

Lewis, J. Patrick, 'Down and Out in Russia: The Pain of Emerging Capitalism', *Business and Society Review*, 87 (1993), pp. 18–22

Lih, Lars T., *Bread and Authority in Russia, 1914–1921* (Berkeley, ca, 1990)

Lincoln, W. Bruce, *Nicholas i, Emperor and Autocrat of All the Russias* (London, 1978)

Lotman, Yuri, and Jelena Pogosjan, *High Society Dinners: Dining in Tsarist Russia*, trans. Marian Schwartz (Totnes, 2014)

Luhn, Alec, 'Shoppers React: Crimea or Cheese?', *The Guardian* (8 August 2014), p. 21

Lyashchenko, Peter I., *History of the National Economy of Russia to the 1917 Revolution*, trans. L. M. Herman (New York, 1970)

Madariaga, Isabel de, *Politics and Culture in Eighteenth-century Russia* (London, 1999)

Maltby, Mark, 'From Bovid to Beaver: Mammal Exploitation in Medieval Northwest Russia', in *The Oxford Handbook of Zooarchaeology*, eds Umberto Albarella, et al. (Oxford, 2018), pp. 230–44

Manley, Rebecca, 'Nutritional Dystrophy: The Science and Semantics of Starvation in World War II', in *Hunger and War: Food Provisioning in the Soviet Union during World War II*, eds Wendy Z. Goldman and Donald Filtzer (Bloomington, in, 2015), pp. 206–64

Markevich, Andrei, 'Russia in the Great War: Mobilisation, Grain, and Revolution', in *The Economics of the Great War: A Centennial Perspective*, eds Stephen Broadberry and Mark Harrison (London, 2018), pp. 103–08

Masterovoy, Anton, 'Eating Soviet: Food and Culture in the ussr, 1917–1991' (PhD diss., cuny, 2013)

McReynolds, Louise, *Russia at Play: Leisure Activities at the End of the Tsarist Era* (Ithaca, ny, 2003)

Meek, James, 'Winter Survival Down to Toil of Villagers', *The Guardian* (19

September 1998), p. 19

Miller, Chris, 'Gorbachev's Agriculture Agenda: Decollectivization and the Politics of Perestroika', *Kritika*, xvii/1 (2016), pp. 95–118

Miller, David, 'Monumental Building as an Indicator of Economic Trends in Northern Rus′ in the Late Kievan and Mongol Periods, 1138–1462', A*merican Historical Review*, xciv/2 (1989), pp. 360–90

Mironov, Boris, 'Do Russians Need Cliotherapia?' *Bylye gody*, xli-1/3-1 (2016), pp. 1003–52

Moon, David, *The Abolition of Serfdom in Russia, 1762–1907* (Harlow, 2001)

——, *The Russian Peasantry, 1600–1930: The World the Peasants Made* (London, 1999)

Nefedov, Sergei, 'The Food Crisis in Petrograd on the Eve of the February Revolution', *Quaestio Rossica*, v/3 (2017), pp. 635–55

Osipovich, Alexander, 'At a Moscow Fair, Selling the Healing Powers of Honey', *International Herald Tribune* (13 September 2006)

Osokina, E. A., *Ierarkhiia potrebleniia. O zhizni liudei v usloviiakh stalinskogo snabzheniia. 1928–1935 gg.* (Moscow, 1993)

——, *Our Daily Bread: Socialist Distribution and the Art of Survival in Stalin's Russia, 1927–1941*, trans. Kate Transchel and Greta Bucher (London, 2001)

Ostrowski, Donald, *Muscovy and the Mongols: Cross-cultural Influences on the Steppe Frontier* (Cambridge, 1998)

Parfitt, Tom, 'Russians Find Whey around Sanctions by Copying Cheese', The Times (London) (6 March 2018), p. 31

Peri, Alexis, *The War Within: Diaries from the Siege of Leningrad* (Cambridge, MA, 2017)

Platonov, S. F., *The Time of Troubles: A Historical Study of the Internal Crisis and Social Struggle in Sixteenth- and Seventeenth-century Muscovy*, trans. John T. Alexander (Lawrence, ka, 1970)

Plokhy, Serhii, Lost Kingdom: *The Quest for Empire and the Making of the Russian Nation, from 1470 to the Present* (New York, 2017)

Pokhlebkin, V. V., *Istoriia vodki* (Moscow, 1997)

Pouncy, Carolyn, trans. and ed., *The Domostroi: Rules for Russian Households in the Time of Ivan the Terrible* (Ithaca, ny, 1994)

Privalova, T. V., *Byt Rossiiskoi derevni 60-e gody xix-20-e gody xx v.* (Moscow, 2000)

Rabinovich, M. G., *Ocherki material'noi kul'tury russkogo feodal'nogo goroda* (Moscow, 1988)

Raffensperger, Christian, *Reimagining Europe: Kievan Rus′ in the Medieval World* (Cambridge, ma, 2012)

Raleigh, Donald J., 'The Russian Civil War, 1917–1922', in *The Cambridge History of Russia*, vol. iii, ed. Ronald Grigor Suny (Cambridge, 2008), pp. 140–67

Ramirez, Anthony, 'Pepsi Will Be Bartered for Ships and Vodka in Deal with Soviets',
The New York Times (9 April 1990), section A, p. 1

Randolph, John, *The House in the Garden: The Bakunin Family and the Romance of Russian Idealism* (Ithaca, ny, 2007)

Reid, Susan E., 'Cold War in the Kitchen: Gender and the De-Stalinization of Consumer Taste in the Soviet Union under Khrushchev', *Slavic Review*, lxi/2 (2002), pp. 211–52

Rock, Stella, 'Russian Piety and Orthodox Culture', in *The Cambridge History of Christianity*, vol. v, ed. Michael Angold (Cambridge, 2006), pp. 251–75

Rodionov, Boris, *Istoriia russkoi vodki: Ot polugara do nashikh dnei* (Moscow, 2012)

Romaniello, Matthew P., *The Elusive Empire: Kazan and the Creation of Russia, 1552–1671* (Madison, wi, 2012)

——, *Enterprising Empires: Russia and Britain in Eighteenth-century Eurasia* (Cambridge, 2019)

——, 'Through the Filter of Tobacco: The Limits of Global Trade in the Early Modern World', *Comparative Studies in Society and History*, xlix/4 (2007), pp. 914–37

Roosevelt, Priscilla, *Life on the Russian Country Estate: A Social and Cultural History* (New Haven, ct, 1995)

Ruane, Christine, *The Empire's New Clothes: A History of the Russian Fashion Industry, 1700–1917* (New Haven, ct, 2009)

Rybina, E. A., *Arkheologicheskie ocherki istorii novgorodskoi torgovli* (Moscow, 1978)

Saffron, Inga, *Caviar: The Strange History and Uncertain Future of the World's Most Coveted Delicacy* (New York, 2002)

Safronov, F. G., *Russkie na severo-vostoke azii v xvii–seredine xix v. Upravlenie, sluzhilye liidi, krest'iane, gorodskoe naselenie* (Moscow, 1978)

Scott, Erik R., 'Edible Ethnicity: How Georgian Cuisine Conquered the Soviet Table', *Kritika*, xiii/4 (2012), pp. 831–58

Sedik, David, and Doris Wiesmann, 'Globalization and Food and Nutrition Security in the Russian Federation, Ukraine and Belarus', esa Working Paper No. 03–04 (May 2003)

Semenova, L. N., *Byt i naselenie Sankt-Peterburga (xviii vek)* (St Petersburg, 1998)

Shakhov, M., 'O poste', in Monastyrskaia kukhnia (Moscow, 1991), pp. 6–9

Shapiro, Margaret, 'Perils of Kiosk Capitalism: Russia's New Entrepreneurs Pay for Permits and Protection', *The Washington Post* (28 August 1993)

Shchepkin, V. N., 'Goloda v Rossii. Istoricheskii ocherk', *Istoricheskii vestnik*, vii/6 (1886), pp. 489–521

Shunkov, V. I., *Ocherki po historia kolonizatsii Sibiri v xvii–nachale xviii vekov*

(Moscow, 1946)

Slezkine, Yuri, *Arctic Mirrors: Russia and the Small Peoples of the North* (Ithaca, ny, 1994)

Smith, Alison K., 'Eating Out in Imperial Russia: Class, Nationality, and Dining before the Great Reforms', *Slavic Review*, lxv/4 (2006), pp. 747–68

——, 'From Gruyère to Gatchina: The Meanings of Cheese in Modern Russia', unpublished paper

——, 'Provisioning Kazan': Feeding the Provincial Russian Town', *Russian History*, xxx/4 (2003), pp. 373–401.

——, *Recipes for Russia: Food and Nationhood under the Tsars* (DeKalb, il, 2008)

Smith, Jenny Leigh, 'Empire of Ice Cream: How Life Became Sweeter in the Postwar Soviet Union', in *Food Chains: From Farmyard to Shopping Cart*, eds Warren Belasco and Roger Horowitz (Philadelphia, pa, 2009), pp. 142–57

Smith, R.E.F., and David Christian, *Bread and Salt: A Social and Economic History of Food and Drink in Russia* (Cambridge, 1984)

Smith-Peter, Susan, 'Sweet Development: The Sugar Beet Industry, Agricultural Societies and Agrarian Transformations in the Russian Empire, 1818–1913', *Cahiers du monde russe*, lvii/1 (2016), pp. 101–24

'Soviet Famines', Contemporary European History, xxvii/3 (2018), pp. 432–81

Steinwedel, Charles, 'Sugar as a "Basic Necessity": State Efforts to Supply the Russian Empire's Population in the Early Twentieth Century', in *The Life Cycle of Russian Things: From Fish Guts to Fabergé*, ed. Matthew P. Romaniello, Alison K. Smith, and Tricia Starks (London, forthcoming).

Stevens, Carol Belkin, *Russia's Wars of Emergence, 1460–1730* (London, 2007)

——, 'Shabo: Wine and Prosperity on the Russian Steppe', Kritika, xix/2 (2018), pp. 273–304

Sunderland, Willard, 'Catherine's Dilemma: Resettlement and Power in Russia, 1500s–1914', in *Globalising Migration History: The Eurasian Experience (16th–21st centuries)*, eds Jan and Leo Lucassen (Leiden, 2014), pp. 55–70

Taubman, William, *Khrushchev: The Man and His Era* (New York, 2003)

Tempest, Snejana, 'Stovelore in Russian Folklife', in *Food in Russian History and Culture*, eds Musya Glants and Joyce Toomre (Bloomington, in, 1997), pp. 1–14

Thayer, Charles Wheeler, *Bears in the Caviar* (Philadelphia, pa, 1951)

Tolstov, S. P., N. N. Cheboksarov and K. V. Chistov, eds, *Ocherki obshchei etnografiia. Evropeiskaia Chast' sssr* (Moscow, 1968)

Tsalkin, V. I., *Materialy dlia istorii skotovodstva i okhoty v drevnei rusi* (Moscow, 1956)

Voronina, T. A., 'The Diet of Siberian Peasants on Lenten Days (the 19th Century)', *Archaeology, Ethnology and Anthropology of Eurasia*, xxxix/4 (2011) pp. 136–41

Vucinich, Alexander, 'Soviet Ethnographic Studies of Cultural Change', *American*

Anthropologist, lxii/5 (1960), pp. 867–77

Wegren, Stephen K., and Christel Elvestad, 'Russia's Food Self-sufficiency and Food Security: An Assessment', *Post-Communist Economies*, xxx/5 (2018), pp. 565–87

Wegren, Stephen K., Frode Nilssen and Christel Elvestad, 'The Impact of Russian Food Security Policy on the Performance of the Food System', *Eurasian Geography and Economics*, lvii/6 (2016), pp. 671–99

Wortman, Richard, *Scenarios of Power: Myth and Ceremony in Russian Monarchy from Peter the Great to the Abdication of Nicholas ii* (Princeton, nj, 2006)

Yoder, Audra Jo, 'Tea Time in Romanov Russia: A Cultural History, 1616–1917' (PhD diss., University of North Carolina, Chapel Hill, 2016)

Zajac, Natalia, 'Women between West and East: The Inter-rite Marriages of the Kyivan Rus' Dynasty, ca. 1000–1204' (PhD diss., University of Toronto, 2017)

Zelenin, D. K., *Russkaia etnografiia* (Moscow, 2013)

Zelenin, Il'ia E., 'N. S. Khrushchev's Agrarian Policy and Agriculture in the ussr', *Russian Studies in History*, l/3 (2011), pp. 44–70

Zelnik, Reginald E., 'Wie es Eigentlich Gegessen: Some Curious Thoughts on the Role of Borsch in Russian History', in *For Want of a Horse: Choice and Chance in History*, ed. John M. Merriman (Lexington, ma 1985

致謝（Acknowledgements）

　　我構思了很久，甚至可能是太久了，最後終於坐在莫斯科市中心俄羅斯國立圖書館（Russian State Library）的閱覽室裡，真正開始寫作本書第一章——通常人們稱這座圖書館為 Leninka，來自其在蘇聯時代的全名。我上午在閱覽室寫作，在它迷人的食堂吃午飯（第一章裡有所描述），然後穿過紅場，去莫斯科另一座宏偉的圖書館，俄羅斯國家歷史公共圖書館（State Public Historical Library of Russia）。在莫斯科待了幾個星期之後，我轉往聖彼得堡，在俄羅斯國家圖書館（Russian National Library），繼續享受唾手可得的資料與出色的食堂（那裡的廚房必定有一位煮湯大師）。沒有這三座圖書館，就不可能有這本書。這三座圖書館不僅有當場即可閱讀的龐大館藏，而且將館藏資料數位化，讓這些資料更容易取得，這是非凡的工作成果。

　　我也非常感謝多倫多大學傑克曼人文學院（Jackman Humanities Institute at the University of Toronto）的研究員研究獎學金，讓我能夠花上整整六個月寫這本書。我還必須感謝三位研究助理，他們翻閱了幾十本遊記，尋找飲食的參考資料：謝謝你們，瑪莉亞‧（Maria Dawson）道森、亞歷克斯‧賈奇（Alex Judge）、塞維達‧史巴克斯（Sevda Sparks）。我還要感謝菲立克斯‧考恩（Felix Cowan），在聖彼得堡的一次談話後給我寄來幾十份一戈比廉價報紙的廣告掃描；尤其還有馬特‧羅曼尼洛（Matt Romaniello）以及特里施‧史塔克斯（Trish Starks），通讀了整本手稿，找出錯誤並提出建議；也許最重要的是艾瑪‧達維多夫娜‧安茨里維奇（Emma Davydovna Antselevich），十三年來，她一直是我在莫斯科的朋友與東道主。

影像來源（Photo Acknowledgements）

The author and publishers wish to express their thanks to the below sources of illustrative material and/or permission to reproduce it. Some locations of artworks are also given below, in the interest of brevity:

From K. K. Arsen'ev and F. F. Petrushevskiĭ, eds, *Entsiklopedicheskii slovar*, vol. xxvii (St Petersburg, 1899): pp. 40, 94, 141; from Piotre Artamof, *La Russie historique, monumentale et pittoresque*, vol. i (Paris, 1862): p. 10; from Katerina Avdeeva, *Ruchnaia kniga Russkoi opytnoi khoziaiki, sostavlennaia iz sorokaletnikh opytov i nabliudenii dobroi khoziaiki russkii*, 10th edn (St Petersburg, 1865): pp. 58, 59, 191; from Platon Petrovich Beketov, *Opisanie v litsakh torzhestva* (Moscow, 1810), photos courtesy Getty Research Institute, Los Angeles: p. 154; from George G. Chisholm, Handbook of *Commercial Geography* (London, 1889): p. 75; collection of the author: pp. 63, 261, 266, 272; from Samuel Collins, *The Present State of Russia, in a Letter to a Friend at London* (London, 1671): p. 13; from *Contes de L'isba* (Paris, 1931): p. 111; Davis Center for Russian and Eurasian Studies, Harvard University, Cambridge, ma: p. 146; photo David Fedulov/Unsplash: p. 67; from John Foster Fraser, *Russia of To-day* (New York, 1915): p. 236; Hoover Institution Library & Archives, Stanford, ca: p. 26; Houghton Library, Harvard University, Cambridge, ma: p. 144; from *Illustrated London News*, 30 January 1892: p. 229; iStock.com: pp. 42 (Ihor Smishko), 46 (JackF), 47 (bondarillia), 57 (maxsol7), 106 (Nikolaeva Elena); from E. O. Kabo, *Pitanie russkogo rabochego do i posle voiny* (Moscow, 1926): p. 254; from Kur'er-kopeika: pp. 223 (27 February 1911), 224 (*left*, 23 October 1911), 224 (*right*, 24 February 1913); Library of Congress, Prints and Photographs Division, Washington, dc: pp. 25, 27, 55, 86 (ProkudinGorskiĭ Collection), 95 (Photochrom Print Collection), 114 (Brumfield Photograph Collection), 166, 185, 211, 212 (Prokudin-Gorskiĭ Collection), 232 (Winokur-Munblit Collection of Russian Empire Postcards), 277 (Brumfield Photograph Collection); McHenry Library, University of California, Santa Cruz: p. 68; from Anastas Mikoian and I. K. Sivolap, eds, *Kniga o vkusnoi i zdorovoi pishche* (Moscow, 1952): pp. 15, 237; National Galleries of Scotland, Edinburgh: p. 8; The New York Public Library: pp. 22, 35, 61, 82, 118, 127, 129, 132, 149, 171, 173, 180, 181, 183, 204, 205, 214; from Niva, xxi/44 (1890): p. 18; from Edmund Ollier, *Cassell's Illustrated History of the Russo-Turkish War*, vol. i (London, 1890): p. 16; from Robert Pinkerton, *Russia: Or, Miscellaneous*

Observations on the Past and Present State of that Country and Its Inhabitants (London, 1833): p. 87; from Robert Ker Porter, *Travelling Sketches in Russia and Sweden, During the Years 1805, 1806, 1807, 1808*, vol. i (London, 1809), photo courtesy Getty Research Institute, Los Angeles: p. 99; private collection: pp. 215, 245, 250, 264; from Alexander Pushkin, *Skazka o Tsare Saltane* (St Petersburg, 1905), photo courtesy Getty Research Institute, Los Angeles: p. 115; from Ignaty M. Radetskii, *S.-Peterburgskaia kukhnia, zakliuchaiushchaia v sebe okolo 2,000 razlichnykh kushan'ev i prigotovlenii . . .* (St Petersburg, 1862): p. 195; Russian State Library, Moscow: p. 239; photo © Alexander Savin/WikiCommons (Free Art License): p. 136; from *Selskii listok* (1861): p. 176; from P. P. Semenov, ed., *Zhivopisnaia Rossiia*, vol. i/pt 2 (St Petersburg, 1881): pp. 122, 207, 217; photos Alison K. Smith: pp. 34, 65, 200, 280, 281; Soviet Information Bureau Photograph Collection, Fung Library, Harvard University, Cambridge, ma: pp. 91, 249, 258; State Archive of the Perm Krai: p. 255; The State Tretyakov Gallery, Moscow: pp. 38, 70; from *Vasilisa Prekrasnaia* (St Petersburg, 1902): p. 102; from *Zhivopisnaia Russkaia biblioteka*, vol. i/no. 44 (1856): p. 220.

Mirror 024

俄羅斯美食史：包心菜和魚子醬
Cabbage and Caviar : A History of Food in Russia

國家圖書館出版品預行編目 (CIP) 資料

俄羅斯美食史：包心菜和魚子醬 / 艾利森 K. 史密斯 (Alison K. Smith) 作；杜蘊慈譯.
-- 初版 . -- 臺北市：天培文化有限公司出版：九歌出版社有限公司發行 d2022.05
　　面；　公分 . -- (Mirror；24)
譯自：Cabbage and caviar : a history of food in Russia.
ISBN 978-626-95775-6-9(平裝)

1.CST: 飲食風俗 2.CST: 俄國

538.7848　　　　　　　　　　　111004628

作　　者——艾利森‧K‧史密斯（Alison K. Smith）
譯　　者——杜蘊慈
責任編輯——莊琬華
發 行 人——蔡澤松
出　　版——天培文化有限公司
　　　　　　台北市 105 八德路 3 段 12 巷 57 弄 40 號
　　　　　　電話／ 02-25776564‧傳真／ 02-25789205
　　　　　　郵政劃撥／ 19382439
九歌文學網　www.chiuko.com.tw
印　　刷——晨捷印製股份有限公司
法律顧問——龍躍天律師 ‧ 蕭雄淋律師 ‧ 董安丹律師
發　　行——九歌出版社有限公司
　　　　　　台北市 105 八德路 3 段 12 巷 57 弄 40 號
　　　　　　電話／ 02-25776564‧傳真／ 02-25789205
初　　版——2022 年 5 月
定　　價——500 元
書　　號——0305024
I S B N——978-626-95775-6-9
9786269577552（PDF）

Cabbage and Caviar : A History of Food in Russia by Alison K. Smith was first published by Reaktion Books
in the Foods and Nations series, London, UK, 2021. Copyright © Alison K. Smith 2021.
Translation © 2022 Ten Points Publishing Co., Ltd.